Karl Heinrich Marx

马克思主义
经典著作解读

杨金洲　编著

武汉大学出版社

WUHAN UNIVERSITY PRESS

图书在版编目(CIP)数据

马克思主义经典著作解读/杨金洲编著.—武汉：武汉大学出版社，
2019.11(2023.7 重印)
ISBN 978-7-307-21120-9

Ⅰ.马…　Ⅱ.杨…　Ⅲ.马列著作研究　Ⅳ.A85

中国版本图书馆 CIP 数据核字(2019)第 181320 号

责任编辑:黄金涛　　责任校对:汪欣怡　　版式设计:马　佳

出版发行:**武汉大学出版社**　(430072　武昌　珞珈山)

(电子邮箱: cbs22@ whu.edu.cn　网址: www.wdp.com.cn)

印刷:武汉邮科印务有限公司

开本:787×1092　1/16　印张:16　字数:379 千字　插页:1

版次:2019 年 11 月第 1 版　　2023 年 7 月第 2 次印刷

ISBN 978-7-307-21120-9　　定价:39.80 元

目　　录

第一章　共产主义崇高理想的萌芽

——《青年在选择职业时的考虑》解读

　　1835 年 8 月，17 岁的马克思写下了他的中学毕业论文《青年在选择职业时的考虑》（以下简称《考虑》）。在马克思主义思想发展史上，马克思的《1844 年经济学哲学手稿》都被国内外大多数学者认为是不成熟之作，相比之下，《考虑》当然更显单纯稚嫩。其基本理念也只是"德国启蒙运动和古典时期的人道主义者的理想观念——个人的全面发展和相互依赖的人群共同体的全面发展"①。在这篇文章中，既没有对德国古典哲学尖锐深刻的批判，也没有与现实经济的激烈遭遇，更没有新世界观的诞生和唯物史观的发现。的确，这不是一篇使马克思成为马克思的著作。然而，我们认为《考虑》是马克思早期的重要文本，因为这篇文章异常清晰地为我们展示了马克思在走向德国古典哲学的前夕所处的精神状态，在将要面对复杂的现实经济政治矛盾时的思想准备，展现了马克思思想发展史的最初足迹，暗含着马克思为整个人类社会做出划时代贡献的内在必然性。文章中充满着热情自由的精神、严肃独立的思考和远大崇高的理想，蕴涵着使马克思成为马克思的深刻契机。今天我们解读这一文本不仅对我们研究马克思的思想发展史具有重大理论意义，而且对当代大学生树立正确的世界观、人生观、价值观，坚定理想信念，积极投身新时代中国特色社会主义的伟大事业具有极大的现实启迪。

一、职业与自由

　　自由是人类文化中最美好的字眼，是社会生活中最绚丽的花朵，是人类世世代代所奋斗和追求的目标。在马克思后来的理论中，自由具有两个内在相关的含义，一是把人的自由看成是与自然相区别的自由自觉的生命存在，一是把人的自由理解为消灭私有制、消除异化的共产主义运动。在《考虑》中，马克思是以人是自由自觉的生命存在这一含义为前提思考人的职业问题的。我们认为正是马克思对人的自由的深刻体认和强烈意识才使马克思走上了批判资本主义、消灭私有制、消除"异化"的共产主义革命的伟大道路。文章开篇就指出："自然本身给动物规定了它应该遵循的活动范围，动物也就安分地在这个范围内活动，不试图越出这个范围，甚至不考虑有其他什么范围。神也给人指定了共同的目标——使人类和他自己趋于高尚，但是，神要人自己去寻找可以达到这个目标的手段；神让人在社会上选择一个最适合于他、最能使他和社会得到提高的地位。能这样选择是人比

---

① 戴维·麦克莱伦著，王珍译：《马克思传》，中国人民大学出版社 2010 年版，第 13 页。

其他生物远为优越的地方。"①马克思指出，动物的生命活动是被动的、本能的，人的生命活动是自由的、自决的。尽管马克思在这里提到"神"的概念，但神的作用只是一个中介。神指示了人的崇高性目的，但这一目的要通过人的自我努力才能达到。同时这段话表明17 岁的马克思就具有较为深厚的人文素养，深受文艺复兴时期的人文主义思想的影响，并且熟悉人文主义作家的经典文本。马克思上述的这段话与意大利伟大的人文主义学者皮科的一段话极为相似。在这段话里，皮科借上帝之口对人说道："亚当呀，我们没有给你固定的位置或专属的形式，也没有给你独有的禀赋。这样，任何你选择的位子、形式、禀赋，你都是照你自己的欲求和判断拥有和掌控的。其他造物的自然一旦被规定，就都为我们定的法则所约束。但你不受任何限制的约束，可以按照你的自由抉择决定你的自然，我们已把你交给你的自由抉择。"②马克思和皮科的话共同之处在于，两者都指出人最高贵的最有尊严的地方就在于他唯一地可以凭自己的自由意志选择自己的生活，决定自己是什么和不是什么，这是一种自然不具有、甚至连神也不具有的自由的能力。人是自己把自己造成的存在。

在《考虑》中，马克思把西方深厚的人文主义自由观作为前提和基础贯穿于自己对职业的思考之中。他指出，选择职业，就是选择一种生活，而任何一种生活都应该以意识到人是一个自由的存在为前提并努力实现自己的自由。马克思说，如果我们的生活条件容许我们选择任何一种职业，那么我们就可以选择一种使我们最有尊严的职业，所谓"尊严"就是最能使人高尚起来、使人的活动和人的一切努力具有高尚品质的东西。"但是，能给人以尊严的只有这样的职业，在从事这种职业时我们不是作为奴隶般的工具，而是在自己的领域内独立地进行创造。"③最有尊严的职业应该是能发挥人的自由自觉的创造性的职业。只有这种职业才可以使我们长期从事而始终不会感到厌倦，始终不会松劲，始终不会情绪低落。职业应该是自由的实现。

怎样评价马克思的上述自由观？对于包含《考虑》在内的马克思早期的自由思想，学术界历来有不同的看法，一种把它归之于早期不成熟的甚至是反科学的意识形态，其代表如法国的结构主义哲学家阿尔都塞。另一种把马克思 1845 年以后的作品视为其创造力衰退的产物，而把早期的自由思想视为马克思思想的中心，其代表如迈尔、弗罗姆、马尔库塞等。本书认为，马克思关于人的自由思想贯穿于他的全部学说之中，并不存在断裂与衰退。在《考虑》中作为萌芽的抽象的自由思想，经过《博士论文》对个体自我意识的自由的强调来打破黑格尔绝对精神的王国，马克思使自己的自由思想具有了较为深厚的哲学根据、较为锐利的理论锋芒。到《1844 年经济学哲学手稿》时，马克思的哲学与经济学初次相遇，马克思用自由这个思想武器展开了对异化劳动的批判，把资本主义私有制理解为人类自由自觉的劳动活动异化的结果并提出了扬弃异化的历史前景。自由思想具有了现实的经济根据和发展方向。到了 1845 年的《关于费尔巴哈的提纲》，马克思从世界观的高度提

---

① 《马克思恩格斯全集》第 1 卷（下），人民出版社 2002 年版，第 455 页。

② 皮科·米兰多拉著，顾超一，樊虹谷译：《论人的尊严》，北京大学出版社 2010 年版，第 25 页。

③ 《马克思恩格斯全集》第 1 卷（下），人民出版社 2002 年版，第 458 页。

出了对物质感性、人类思维、社会生活的实践理解。实践，这一人类自由地改造世界的感性活动成为了马克思主义的本体。更进一步，在《德意志意识形态》中，马克思的自由思想走入更为宽广的社会历史、社会生产、社会结构和"世界历史"的深处。他指出，历史就是世代交替的过程，在这一过程中，生产关系的发展史就是生产力的发展史，就是人的本质力量、自由能力发展的历史。科学的历史唯物主义最终确立，自由思想具备科学的形态与彻底现实的品格。"共产主义对我们来说不是应当确立的状况，不是现实应当与之相适应的理想。我们所称为共产主义的是那种消灭现存状况的现实的运动。"①自由思想的实现就是共产主义运动。至此，马克思的自由思想从《考虑》中的幼苗一步步成长为人类思想的参天大树，并成为共产主义思想与运动的理论基础。

长期以来，国内学界特别是教科书体系，因马克思早期思想中的抽象人本主义倾向而忽略、回避、贬低马克思早期的自由思想。在现实中，片面强调社会存在对社会意识的决定性，人的主体能动性、人的生命的自由创造性被遮蔽了。今天，中国特色社会主义的伟大实践呼唤并需要千百万人的自由创造与能动性的发挥。十九大报告提出的以人民为中心的发展，其实质归根到底是为了中国人的自由全面的发展。当代中国改革开放的事业是马克思自由思想的崭新现实形态。

二、职业与思考

自由选择是神赋予人特有的天命，是人之所以高贵、之所以具有尊严的内在根据，但同时，这种选择可能毁灭人的一生，破坏一个人的计划并使他陷入不幸。因此，独立严肃冷静的思考是一个刚刚走上生活道路的年轻人的首要责任。"重视作为我们职业的基础的思想会使我们在社会上占有较高的地位，提高我们本身的尊严，使我们的行为不可动摇。"②由此，马克思指出，如果我们的生活条件容许我们选择任何一种职业，那么我们就可以选择一种建立在我们深信其正确的思想上的职业。正确的思想是职业的基础。

怎样才能形成正确的思想呢？马克思的思考有如下环环相扣的四个层次。

首先要排除外在精神的干扰。马克思在《考虑》中多次谈到神：神也给人指定了共同的目标，神总是轻声而坚定地作启示。但马克思随之又把神的力量移于人的身上，向神的权威提出了质疑：神要人自己去寻找可以达到共同目的的手段，因为我们认为是灵感的东西可能须臾而生，同样可能须臾而逝，而我们受到的鼓舞可能是一种迷误，我们认为是神的召唤的东西也可能是一种自欺。马克思这个时期还没有无神论的思想，很显然也没有对神的崇拜。在对职业、事业的思考中，他把独立的思考放在高于神的位置之上。

其次要警惕并排除内心的幻象。我们应当认真考虑：所选择的职业是不是真正使我们受到鼓舞？当我们自己以为寻找到一个伟大的职业的时候，我们的幻想油然而生，我们的感情激动起来，我们的眼前浮想联翩，我们狂热地追求我们以为是神本身给我们指出的目标。但是，我们梦寐以求的东西很快就使我们厌恶。因为这只是由伟大的东西所引起的虚

---

① 《马克思恩格斯选集》第 1 卷，人民出版社 2012 年版，第 166 页。

② 《马克思恩格斯全集》第 1 卷(下)，人民出版社 2002 年版，第 459 页。

荣心，对年轻人来说，虚荣心容易给人以鼓舞或者让我们觉得是鼓舞的东西。虚荣心往往与名利、欲念相连，"被名利弄得鬼迷心窍的人，理智已经无法支配他，于是他一头栽进那不可抗拒的欲念驱使他去的地方"①。因此，作为内心幻象的虚荣心是首先必须被排除的。

马克思接着指出：不只是虚荣心能够引起对这种或那种职业突然的热情。也许，我们自己也会用幻想把这种职业美化，把它美化成人生所能提供的至高无上的东西。我们没有仔细分析它，没有衡量它的全部分量，即它让我们承担的重大责任，我们既不是依靠经验，也不是依靠深入的观察，而是被感情欺骗，受幻想蒙蔽。因此，作为内心幻象的狂热、冲动和幻想也是必须被排除的。

再次要考虑身体、体质的客观条件。职业是一种生命的活动。马克思给予了身体在职业思考中的重要地位。他认为，如果我们的职业超越我们体质的限制，"我们就是冒险把大厦建筑在残破的废墟上，我们一生也就变成一场精神原则和肉体原则之间的不幸的斗争"②。一旦我们选择了力不胜任的职业，我们"不能持久地工作，而且工作起来也很少乐趣"③，因此"我们决不能把它作好，我们很快就会自愧无能"④。由此产生的必然结果就是妄自菲薄。而妄自菲薄会啃噬我们的心灵，毒害生命的血液，给人生注入厌世和绝望的情绪。所以，职业和事业的大厦应该建立在健全、健康的体魄的基地上。

最后要把自身的完美与人类的幸福结合起来。如果我们把上述几个方面都考虑过了，那么，我们就应该选择一种具有坚定的原则和不可动摇的信念并愿意为之竭尽全力甚至牺牲生命的职业，就应该选择一种能使自己怀着崇高的自豪感去从事并使人的尊严和创造性得到实现的职业。而这种职业就是为人类而工作的职业。这一职业成了马克思终生的事业和崇高的理想。

对马克思的上述思考，我们应给予高度重视。从内容上看，独立思考的前提、核心与目的还是人的自由。排除神的权威，排除内心的虚荣心、幻想与自欺，是为了从精神上真正确立人的自由。而人的体质是人能从事真正自由的工作的物质条件。为人类工作是自由的动力、目的与实现。从形式上看，马克思思维的严整性、逻辑性、辩证性已初现端倪。在文章中，马克思从神与人、尊严与虚荣、身体与精神、个人与人类等多个对立的方面来探寻正确的思想，探寻真正确立与实现人的自由的方向。这一探讨是卓有成效的。从马克思思想的发展史来看，正是这种建立在自由之上的辩证的、严密的逻辑思考使马克思获得了锐利的思想武器并超出早期的职业思考的范围，踏入广阔的现实世界，透过社会的表面迷雾深入资本主义的结构和矛盾之中，发现了唯物史观和剩余价值论，并运用这些科学思想无情地展开对现实的批判。马克思真正成为马克思的是他彻底辩证的思维方式，在这一思维方式下，人的自由得到最大程度的肯定与理解。

---

① 《马克思恩格斯全集》第1卷（下），人民出版社2002年版，第456页。
② 《马克思恩格斯全集》第1卷（下），人民出版社2002年版，第457页。
③ 《马克思恩格斯全集》第1卷（下），人民出版社2002年版，第457页。
④ 《马克思恩格斯全集》第1卷（下），人民出版社2002年版，第457页。

三、职业与人类的幸福

对职业的选择除了有内在自由的要求，有严肃独立的思考，更为重要的是目的和目标的确定。什么才是真正使人伟大的目标呢？马克思回答，如果我们的生活条件容许我们选择任何一种职业，那么我们就可以选择一种能给我们提供广阔场所来为人类进行活动、接近共同目标（对于这个目标来说，一切职业只不过是手段）即完美境地的职业。因此，"在选择职业时，我们应该遵循的主要指针是人类的幸福和我们自身的完美。不应认为，这两种利益是敌对的、互相冲突的，一种利益必然消灭另一种。人类的天性本来就是这样的：人们只有为同时代人的完美，为他们的幸福而工作，才能使自己也达到完美"①。与之相反，如果一个人只为自己劳动，他可能成为著名学者、大哲人、卓越诗人，然而他永远不能成为完美无瑕的伟大人物。个人的自由与完美取决于个人社会性价值的实现。

"人类的幸福"是马克思选择职业的目标和理想。尽管这一目标与理想在马克思17岁的心中如初升的太阳清新明亮，但是在德国的现实中却没有足够的根据。马克思把寻找根据的目光投向了历史、经验与宗教。历史承认那些为共同目标劳动因而自己变得高尚的人是伟大人物；经验赞美那些为大多数带来幸福的人是最幸福的人；宗教本身也教诲我们，人人敬仰的理想人物，就曾为人类牺牲了自己。不仅如此，马克思对在历史、经验与宗教中的伟大人物有了更深刻的领会与理解，并把他们为之努力的"人类的幸福"这一理想变成了自己整个职业、事业乃至生命的动力。马克思坚定地指出："如果我们选择了最为人类福利而劳动的职业，那么，重担就不能把我们压倒，因为这是为大家献身；那时我们所感到的就不是可怜的、有限的、自私的乐趣，我们的幸福将属于千百万人，我们的事业将默默地、但是永远发挥作用地存在下去。面对我们的骨灰，高尚的人们将洒下热泪。"②尽管《考虑》中的思想还很不成熟，带着极为浓厚的抽象人本主义色彩，其人生理想也过于单纯与空洞，但这段文字感人肺腑，催人泪下，不在于字里行间所表现出的马克思为自己的理想而自豪、为自己的幸福属于千万人而快乐、为自己理想的崇高而感动，而在于马克思用了自己的整整一生去实现这个理想。正是有了这一理想，才有他对自己事业的坚定与热爱。面对各种艰难困苦，他以巨大的毅力用40年时间完成《资本论》，系统而深刻地揭示了资本主义的实质与矛盾，指出了人类解放的必要性。正是有了这一理想，马克思投身于无产阶级的解放运动，指出共产主义既有经济运动的客观条件，更有无产阶级这一最革命的主体力量，为无产阶级的解放指明了方向与道路：代替那存在着阶级和阶级对立的资产阶级旧社会的，将是这样一个联合体，在那里，每个人的自由发展是一切人的自由发展的条件。马克思为人类的解放事业献出了自己的一生。在这一理想之光的照耀下，马克思个人的爱情、事业和家庭，他的思想、行动和奋斗，都散发出巨大的人格魅力，折射出异常感人的精神与道德力量。面对商品拜物教和个人主义对我国大学生思想、行为的影响，面对理想、信念、价值目标在现实生活中的淡化与缺失，我们应该加强社会主义核心价值

---

① 《马克思恩格斯全集》第1卷（下），人民出版社2002年版，第459页。
② 《马克思恩格斯全集》第1卷（下），人民出版社2002年版，第459~460页。

体系的建设与培育。而马克思的人格力量和崇高理想将是我们当代大学生建设内在精神世界的重要资源。

通过对《考虑》的解读，我们认为，马克思思想所具有的理论特质在这里已有了基本的雏形，自由构成了贯穿于马克思整个思想的核心，是马克思的哲学、政治经济学、科学社会主义、人类学等学科的理论拱顶石，也是马克思开创的社会主义、共产主义事业的最高价值目的。而独立严谨的理论思考构成了马克思批判旧世界、创立科学理论的思想武器。马克思为人类的幸福而工作的崇高理想和精神境界为我们在人格、道德、精神、情感方面树立了不朽的典范。

第二章　马克思主义的真正诞生地与秘密

——《1844 年经济学哲学手稿》解读

《1844 年经济学哲学手稿》（以下简称《手稿》）是马克思早期最重要的著作之一，是马克思思想的真正诞生地与秘密，是哲学中革命变革的起源。著作一发表就以其内容的重要和深刻引起人们的高度重视，从 1932 年到今天，人们对它的争论、研究、讨论就一直没有停止过。它不仅涉及早期马克思与中晚期马克思思想的关系问题，进而涉及如何从整体上把握马克思主义思想的理论特征与精神实质问题，由此也必然涉及马克思主义对整个现代西方哲学及当代现实生活所具有的批判性、超越性的重大意义问题。可以说，这部著作所涉及的领域之广、规模之大和程度之深是哲学史上罕见的。在此，根据文本的结构与逻辑，我们从关于《手稿》的写作、出版和价值，异化劳动学说，共产主义思想，超越黑格尔四个方面进行简要的解读与阐述。

一、手稿的写作、出版和价值

（一）马克思写作《手稿》的思想背景

《手稿》是马克思 1844 年 4 月到 8 月间在巴黎为了总结思想、弄清问题而写的。在当时是什么问题在苦恼着马克思呢？是历史之谜。那些反映在青年马克思头脑中的使他苦恼、激动、思索的问题，决不是抽象的哲学。马克思最终形成自己的哲学观点也决不像我们教科书上所讲的是把黑格尔的辩证法的"合理内核"与费尔巴哈的唯物主义相结合而成。相反，推动马克思思想形成的是时代深刻的社会矛盾及其理论表现。

从 18 世纪 60 年代开始，发生在英国的工业革命，到 19 世纪 40 年代已经取得了伟大胜利，大机器生产在各个重要工业部门中都占据了主要地位。资本主义生产得到飞速发展。随着资产阶级的日益壮大，其他阶级迅速没落，社会阶级日益分裂为两大对抗的阶级，社会矛盾也日益尖锐。英国随之产生了欧文的社会主义思想和行动以及早期英国的社会主义学说。1825 年，英国发生了第一次经济危机。到了 30 年代，英国工人阶级登上了历史舞台，发动了宪章运动。在法国，法国大革命后，反封建的思想已经深入人心。法国资本主义迅速发展。可是在大革命中作为主人的工人阶级随着资本主义的发展日益陷入贫困。他们不断为自身的利益而战斗并寻求解放自己的理论和道路。19 世纪初圣西门、傅立叶的社会主义和巴贝夫的共产主义思想就是早期法国无产阶级要求和愿望的反映。1831—1834 年里昂工人举行武装起义，表明无产阶级已经登上历史舞台。虽然这时英国、法国的工人阶级的斗争还处于初期阶段，共产主义学说还带有空想的性质，但是它们从现代资本主义生产方式的矛盾中产生，具有鲜明的时代特征。不过，这些学说还建立在旧唯物主义、抽象的理性、抽象的人性论的基础之上，有些还带着浓厚的宗教神秘主义色彩，不具备科学的形态，尽管代表时代提出了问题，但还不能解决这些问题。在德国，由于宗教改革和农民战争的失败，使整个民族长期处于四分五裂、停滞落后的状态。德国的资产阶级既要反封建，又没有足够强大的力量与之抗衡；既向往法国大革命，又害怕革命的恐怖与激情。德国资产阶级的两面性、软弱和妥协使它很快就投入封建势力的阵营中去了。德国资产阶级希望依靠专制势力来实现国家统一，于是他们就只能以自己的知识界为代表，在纯粹的精神王国里向往法国大革命的理性、人权、自由，在头脑深处表达他们的革命理想和愿望。从康德到黑格尔都表达了资产阶级在不同发展阶段上的矛盾性、两面性。他们发展了人类思维所具有的普遍性、必然性和自由的意义，发展了理性、思维对存在具有的能动作用和批判作用的思想。在黑格尔哲学中，理性、精神的主体能动性体现为它必然要异化并最终扬弃这种异化的辩证法。黑格尔的思想具有巨大的历史感，表现了德国古典哲学的革命意义。但是理性、精神的这种主体能动性却始终只是在概念、思维本身的范围内活动，一旦与现实接触就暴露出它的唯心性、虚伪性、片面性。正如马克思所说，德国只是用抽象的思维活动伴随了现代各国的发展，而没有积极参加这种发展的实际斗争，它的思维的抽象与自大总是同它的现实的片面性和低下并列。直到马克思进入青年时代，德国还没有取得反封建的胜利，完成实际的资产阶级革命仍是德国的主要任务。与此同时，无产阶级又提出了反对资产阶级的政治任务，提出了更高更新的社会理想。因此，德国何去何从，成为了一个先进知识分子必须回答的紧迫问题。

既然德国古典哲学家们用思想跟随并反映了现代各国的发展，要回答德国及世界历史何去何从的问题，也就必须首先登上德国哲学这一思维高峰，并对之进行批判地扬弃和改造。马克思所走的革命道路正是一条异常艰苦的哲学之路。

1836 年，马克思入柏林大学读书。尽管黑格尔已经离世五年，但他的哲学仍然是德国思想界的权威。黑格尔逝世后，由于施特劳斯、鲍威尔、甘斯等人的活动，其学说分裂为青年黑格尔派和老年黑格尔派。青年黑格尔派是从黑格尔学派中分裂出来的一个激进的哲学派别，其成分与倾向都很复杂，但在发挥黑格尔的革命辩证法的这一点上却是一致的。此派别包括大卫·施特劳斯、鲍威尔兄弟、施蒂纳、卢格等人。特别是鲍威尔兄弟，他们认为历史的真正动力不是绝对精神，而是自我意识。只有个人的主体自我意识才是真正的实体。历史中的客观规律正是由人自己的主观能动性所造成的。自我意识对于现成世界的批判活动就能改变世界。他们在普鲁士专制政府的迫害下，对德国资产阶级的软弱性深感失望，又找不到真正的力量，日益陷入主观唯心主义和个人主义、无政府主义的泥潭。马克思曾参加过青年黑格尔派的活动，在柏林大学时深入钻研黑格尔哲学，参加了博士俱乐部的活动。他的博士论文借助伊壁鸠鲁的原子偏斜运动对德谟克利特的原子直线运动的超越表达了个体自我意识对现实世界的能动性。不过，他不赞成鲍威尔把自我意识与现实世界绝对割裂与对立的倾向。马克思大学毕业后进入《莱茵报》工作，他反对封建专制，是一个激进的革命民主主义者。他接触到了尖锐的政治问题。碰到要对物质利益发表意见的事件，社会对立阶级在经济上的冲突和政治上的表现给了他启发，从而推动了他思想的发展，动摇了他坚持的黑格尔的"国家是历史发展决定力量"的观点。1843 年 3 月，

《莱茵报》被当局查封之后，马克思全力投入对黑格尔法哲学的批判。这一批判进一步涉及整个黑格尔哲学的基础。在马克思世界观转变的节骨眼上，1842年、1843年，费尔巴哈《关于哲学改造的临时纲要》和《未来哲学原理》的相继发表，展开了从唯物主义观点出发对黑格尔乃至全部德国古典唯心主义的第一次根本性批判，把哲学从僵死的精神的境界拉回到有血有肉的活生生的、多灾多难的现实人间，用一种纯粹而真实的人的态度去思想、去说话、去行动。他把上帝、绝对精神归结为人的本质的异化，提出要从感性的物质的人和自然出发，把被黑格尔颠倒的世界重新颠倒过来。马克思虽然赞同费尔巴哈的唯物主义，但同时指出他只注重自然，忽视了政治和社会生活。同费尔巴哈只局限于对宗教的批判和只从理论上注重现实的、感性的人不同，马克思不仅注意到宗教批判，而且投身于政治斗争；不仅注意到人的自然本质，更注重人的社会生活、社会本质，并进而深入到社会的经济事实，揭示人的现实本质。正是1843—1844年对黑格尔法哲学的批判，马克思大量阅读和深入钻研了资产阶级的政治史和政治理论方面的著作后指出，政治解放本身还不是人类解放。他说："我的研究得出这样一个结果：法的关系正像国家的形式一样，既不能从它们本身来理解，也不能从所谓人类精神的一般发展来理解，相反，它们根源于物质的生活关系，这种物质的生活关系的总和，黑格尔按照18世纪的英国人和法国人的先例，概括为'市民社会'，而对市民社会的解剖应该到政治经济学中去寻求。"[1]马克思给自己提出了一个根本的任务，就是去研究市民社会、研究资本主义的经济关系、研究政治经济学，可以从根本上弄清社会生活的矛盾及其异化，并为克服异化、为人类的解放、社会的解放寻找一条有效途径。正是带着这样的任务和目的，马克思于1843年10月来到巴黎，开始了他的政治经济学研究与探索。在巴黎，他一方面进行理论研究，一方面深入接触、了解工人，把哲学变革和工人解放联系起来。马克思认为，无产阶级是人类解放的心脏，而革命的哲学是其头脑。因此，弄清资本主义社会的根本矛盾，弄清无产阶级的本性及要求在社会经济生活中的现实根据，为无产阶级和人类解放提供科学的精神武器，就成为他的哲学的根本任务。《手稿》正是为完成这一任务所作的最初的理论攻尖，也是马克思世界观发生决定性转折时期最集中最全面的重要成果，是马克思整个思想的诞生地。

(二)《手稿》的出版与评价

马克思的手稿是由三份稿子组成的整体。第一份手稿共27页，前16页上是对斯密等人经济学著作的摘录及马克思的批判性分析。17—21页是地租。从22—27页，是马克思自己的批判研究部分。第二份手稿目前仅存最后四页，剖析私有财产下的种种关系。第三份手稿包括对第二份手稿第36页和第39页的补充，全部《手稿》的序言，对黑格尔的批判和一个论述货币的片断。第三份手稿的主要部分实际上既包括马克思新世界观的中心内容即共产主义学说，又包括对黑格尔的批判。

马克思的《手稿》生前没有公开问世，直到1927年才在俄文版《马克思恩格斯文库》第三卷中第一次被收入、发表，但内容不完整。标题为《〈神圣家族〉的预备著作》。《手稿》第一次以德文原文全文发表是在1932年，当时有两个版本，一个是莫斯科苏联马克思恩

_____

[1] 《马克思恩格斯选集》第2卷，人民出版社2012年版，第2页。

格斯研究院编的德文版《马克思恩格斯全集》第三卷，另一个是德国人朗兹胡特和迈耶尔出版的《马克思历史唯物主义的早期著作》第一卷。1954 年莫斯科马克思列宁主义研究院在准备出版《马克思恩格斯全集》俄文第二版时，把《手稿》也编入了，并对 1932 年的版本进行了改正，增加了注释。1974 年由苏联、英国、美国三家出版公司与莫斯科马列研究院合出的五十卷本《马克思恩格斯全集》国际英文版第三卷中的《手稿》英译本，是按俄文新版译出的最新英文版本。中文的第一个全译本是 1956 年何思敬译、宗白华校的版本。同年有贺麟翻译的《手稿》最后一章《黑格尔辩证法和哲学一般的批判》单行本。新译本是 1979 年问世的，一个是由刘丕坤译，人民出版社出版的。原来主要是根据 1956 年俄文版《马克思恩格斯早期著作选》翻译的，后来在编排次序、文稿分段、标题目录上又参照了民主德国马克思列宁主义研究院编的《马克思恩格斯全集》补卷第 1 分册，做了改动。另一个是中央编译局译出的《马克思恩格斯全集》第四十二卷的本子，由人民出版社出版。书后注明，这一手稿部分，是根据刘丕坤译文校订的，并送老一辈西方哲学史家朱光潜、熊伟，请他们提出过修改意见。2000 年，中央编译局又在《马克思列宁主义文库》中，发表了手稿的中文第三种版本。这一版本主要是根据 MEGA2 的逻辑改编稿翻译出版的。

七十多年来，对《手稿》的评价，形成了两种主要的而且彼此尖锐对立的观点。一种是过分抬高《手稿》的地位，甚至把马克思早期与后期的思想对立起来的观点。这一观点是西方长期以来比较流行的观点，从《手稿》问世的时候起就产生了。从 1932 年至四十年代末，五十年代初，产生了"两个马克思"的极端论调。他们把马克思主义归结为人道主义，把马克思后期著作中的阶段斗争理论、剩余价值学说从整个学说中排除出去。《手稿》的第一个德文版本的出版者朗兹胡特和迈耶尔在出版前言中就说：《手稿》是"真正的马克思主义的启示录"，"是马克思的最重要的著作"，"是新的福音书"，对论证"新的马克思主义观"有"决定的意义"，是"概括了马克思的全部精神范围的唯一文献"。之所以对《手稿》如此评价，是因为他认为《手稿》中的人道主义否定了"通过剥夺剥夺者而实现的生产资料的社会化和废除剥削，是历史的真正目的"①。德曼在《新发现的马克思》(1932 年)一文中也声称马克思的其他任何一部著作，都不像这部著作这样清楚地展示出隐藏在马克思社会主义思想后面的人道主义动机，因此这对于重新理解马克思学说的发展进程和全部含义具有决定性的意义。他还说，"马克思的成熟的顶点是在 1843 年至 1848 年之间"，切不可高估马克思的晚期著作，相反，这些著作暴露出他的创作能力的某种衰退和削弱。

五十年代以后，很多西方学者改变了上述那种通过贬低和否定马克思的后期著作来论证人道主义的做法，而是抹杀《手稿》和后期著作的区别，强调二者统一于人道主义。他们用《手稿》的人道主义理论来解释和概括整个马克思思想。弗洛姆的《马克思关于人的概念》就是这种观点的代表之作。他认为，马克思后期著作所运用的概念是青年马克思所写的《手稿》中关于人的本质的概念的继续，这一概念在撰写《资本论》的马克思的思想中又继续占有中心地位。前西德哲学家伊·菲切尔说，只有根据《手稿》等早期著作才能了解马克思所有著作的全部意义。存在主义哲学家埃·蒂尔也说，没有《手稿》所提供的那个

---

① 转引自《马克思早期思想研究》，生活·读书·新知三联书店 1963 年版，第 78~79 页。

指导线索，就根本不可能理解较晚期的马克思主义，这个指导线索，就是对人的本质和任务的理解。这一时期，与对整个马克思主义进行人道主义理解的同时，西方学者还把对《手稿》的研究同对斯大林的批判、对现代资本主义社会人的遭遇的研究结合起来，进一步推动了"手稿热"。这一思潮对南斯拉夫实践派、波兰的人文学派均有重大影响。

另一种观点则是看不到、甚至贬低《手稿》在马克思思想中的地位和价值。苏联、东欧的官方哲学及一些追随者就持这种观点。他们为了应付西方用《手稿》研究来攻击苏联东欧社会中存在的问题，以捍卫真正的马列主义的姿态迎战。他们认为，只有成熟时期的马克思著作才代表真正的马克思的观点。而以《手稿》不成熟为由，一概抹煞其重要价值。民主德国科学院中央哲学研究所的所长布尔就认为：《手稿》是不成系统的残篇断简，混合着各种各样的思想，这些思想就是"马克思从传统和当时的政治经济学中，从德国的唯物主义和乌托邦社会主义、共产主义中，从黑格尔、费尔巴哈以及从青年黑格尔分子，从莫泽斯·赫斯和恩格斯那里接受下来的并写进《手稿》中的庞杂思想"①。这些思想由拼凑而成，没有内在联系和统一性。这种观点与第一种观点实质上是一样的，都把《手稿》中的马克思看作一个人道主义者，只是前者加以了肯定，后者加以了贬低。

六十年代以后，西方又出现了一股"反人道主义"思潮，其中最著名的是法国结构主义者阿尔都塞。他在结构主义的解读模式框架下提出了"征候阅读法"。根据这种阅读法，他认为1845年马克思思想有一个巨大的"认识论断裂"。而《手稿》是马克思"黎明前最黑暗时期"的著作，经历着重大的"理论危机"，很不成熟。他认为那些使马克思思想人道主义化的人使马克思主义面临严重的危机。马克思的早晚期著作有着截然不同的主题，前者是人道主义，后者是历史唯物主义，人道主义是反科学的意识形态，历史唯物主义才是马克思独到的科学。马克思正是在与《手稿》的人道主义理论彻底决裂后，才形成了"科学的历史理论"。这一极端的观点使苏联、东欧的一些理论家也十分反感，他们认为，阿尔都塞完全否定《手稿》，否定马克思主义的人道主义内容，犯了片面性的错误。

与上述二种对立的观点不同的是，还有一些学者和科学工作者孜孜不倦、认真严肃地进行调查研究，对《手稿》作出了较为客观、合理的评价。如科尔纽的《马克思恩格斯传》中指出：《手稿》标志着马克思思想上的一个决定性的转折点。列·巴日特诺夫在《哲学中的革命变革的起源》指出：《手稿》使我们可以更深刻地理解马克思主义形成过程，它同自己的理论来源的关系，它的各个组成部分的联系，从而可以更全面、更具体地甚至可以用新的方式提出马克思完成的革命变革的问题。

我们认为，《手稿》在整个哲学史上占有重要地位，是马克思世界观发生决定性转折的思想结晶，是新世界观的开端。开端之为开端，就在于它为后来的全部发展提供了出发点、源泉，开辟了道路，为我们理解马克思思想的历史提供了线索。马克思在开始时的深刻思考后来有巨大发展，但这些思想作为马克思主义的真正源头对我们今天在复杂的思想背景和环境下发展马克思主义无疑具有重要的指导作用。

---

① M. 布尔：《异化、哲学人本学和"马克思批判"》，《德国哲学杂志》1966 年第 7 期，转引自《哲学译丛》1980 年第 2 期第 1~2 页的译文。

二、异化劳动学说

（一）异化劳动学说的理论来源

马克思新世界观的开端首先表现在"异化劳动"这一概念的形成。这是第一手稿的中心。马克思对它进行了基本的分析、论述，为全部手稿的基本思想奠定了基础。"异化劳动"概念的提出是以往异化理论的发展和质变，但它决不是建立在纯粹思维的逻辑推演基础之上，而是从对经济学的研究中产生的。

"异化"作为一个重要的哲学概念是从黑格尔开始的，但是异化的思想却早已有之。卢卡奇通过对黑格尔的研究认为，德文"异化"和"外化"都不是新名词，而是英语alienation 的德文翻译。Alienation 在英国经济学里被用来表示货物的出售，出让。在一切自然法的社会契约学说里被用来表示原始自由的丧失，表示人的自然权利向根据契约而成立的社会的转让或出让。异化的思想首先在资本主义的经济学说和政治学说中产生，然后才在德国古典哲学中得到深刻的反思而成为一个哲学概念。

英国的霍布斯在《利维坦》中批判君权神授理论时力求从人的自然本性中寻求社会权力的根源。他认为，在自然状态下人都有自保的本能，自私自利使人的自然权利毫无保障。因此，他们订立契约，放弃自己的自然权利，并把这个权利交由国家，由国家力量来保证大家的和平与安全。国家是通过人们转让自己的自然权利而产生的。这里就包含了外化、异化的思想。卢梭在《论人类不平等的起源》中提出的社会契约论比霍布斯更进一步。他认为在社会契约里面"有一些名词意义含混，需要解释：我们可以举转让一词为例。转让就是赠送或出售"①。而一个人把自己的权利交付于别人并无条件地服从却不能获得任何的补偿，这是不可思议的。因此应该"找出一种联合的方式，以全部的共同力量来捍卫和保护每一个参加联合者的人身和财产，而通过这种方式，每一个人虽然与所有的人联合，却只是服从他自己，并且仍然同以前一样自由。这就是社会契约所解决的基本问题"②。如果"社会公约一旦受到破坏，每个人就马上恢复了他原有的权利，收回了他的天然的自由"③。卢梭不仅承认国家权力来自人民的自然权利，而且提出人民享有收回自己权利的权利，可以反对和推翻压迫自己的异己的国家。这种学说对于反对封建制度、建立资产阶级国家制度具有重大作用。恩格斯高度称赞卢梭的这种关于否定、异化和扬弃否定、消除异化的辩证思维方式。但他的学说还只是一种资产阶级的政治学说。

在德国古典哲学中，费希特、谢林开始使用了"外化"、"物化"这些词。如费希特的自我哲学就认为"自我"对设"非我"，客体是由主体的外化所建立的。真正把异化概念发展为高度抽象的哲学概念的是黑格尔。黑格尔认为世界的本原是绝对精神，它具有自身否定、自身矛盾、自身异化的能动本性。在经过逻辑阶段后，绝对精神异化为自然界和人类

---

① 《十八世纪法国哲学》，商务印书馆 1963 年版，第 166 页。
② 《十八世纪法国哲学》，商务印书馆 1963 年版，第 171 页。
③ 《十八世纪法国哲学》，商务印书馆 1963 年版，第 171 页。

社会，又通过人的意识的否定性达到自我意识。而人的自我意识逐渐认识了自然、社会和精神现象的本质后，最终意识到这一切都是精神异化和扬弃异化的具体形式，这就达到了对绝对精神本身的认识。绝对精神从最初单纯空洞抽象的东西变成了最具体最丰富的主体、实体。因此，否定性原则、异化和异化的扬弃构成了黑格尔辩证法的本质。但黑格尔的异化理论的主体不是现实的自然界和人，也不是人的精神，而是一种非人的、超人的客观精神，辩证法就被神秘化了。同时，黑格尔把异化与对象化混同起来了，一方面把各种不合理的社会矛盾仅仅当成精神上的问题，只要思想上扬弃了异化，异化就消除了。这是典型的唯心主义的呓语。另一方面，用对象化这种人类历史的必然运动的合理性掩盖了异化的非合理性，这是黑格尔哲学保守性的表现。但黑格尔异化理论的巨大功绩是把能动的原则发展为深刻的自否定的辩证法。

费尔巴哈的异化理论，特别是宗教异化理论是马克思异化理论的直接来源之一，因此，我们要详细探讨他的异化理论的前提、主要观点和局限。

费尔巴哈把感性的自然界和人作为哲学的出发点。他的哲学的核心是关于人的本质的学说。而"人的本质"的学说，首先是从批判黑格尔对人的本质的唯心主义观点中建立起来的。费尔巴哈与黑格尔哲学的决裂，表现在对黑格尔的主观主义以及理性主义的批判两个方面，但在开始则更着重于用感觉论和直观经验驳斥黑格尔的抽象理性的思辨。在《黑格尔哲学批判》(1839)一文中，他着重揭露了黑格尔的逻辑学与感性直观之间、思辨的"纯存在"与现实的存在之间的尖锐对立，揭露了貌似从"感性确定性"出发的"精神现象学"也不过是"现象学上的逻辑学"，即不过是同样的抽象概念体系。费尔巴哈人本主义的最初出发点是感觉论。他认为自我意识是一个"凭借抽象为媒介的实体，因为是一个可以怀疑的实体。只有感觉的对象，直观的对象，知觉的对象，才是无可怀疑地、直接地确实存在着的"①。黑格尔的抽象假定了"人以外的人的本质"，它"缺少直接的统一性，直接的确定性，直接的真理"②。在黑格尔那里，自我意识是人的一切精神活动的最高抽象，它能动地"异化"出一切内容，自身却是一个没有具体内容的纯粹独立的"主体"。费尔巴哈则指出，"自我意识"不是别的，正是感性的人的属性。由于费尔巴哈在根本出发点上的这种感觉论使他在批判黑格尔的唯心主义时，对黑格尔的"作为推动原则和创造原则的否定辩证法"的"伟大之处"视而不见。他只看到"黑格尔哲学使人与自己异化，从而在这种抽象活动的基础上建立起他的整个体系"③，却没有看到这种"异化"所包含的现实的活生生的内容，没有看到它"抓住了劳动的本质"，没有看到"人作为现实的类的存在物即作为人的存在物的实现……首先又只有通过异化的形式才有可能"④。通过批判黑格尔的"人"的观点而建立起来的费尔巴哈关于人的本质的学说，不可避免地具有一切狭隘的感

① 费尔巴哈：《费尔巴哈哲学著作选集》，上卷，荣震华等译，生活·读书·新知三联书店1959年版，第170页。

② 费尔巴哈：《费尔巴哈哲学著作选集》，上卷，荣震华等译，生活·读书·新知三联书店1959年版，第105页。

③ 费尔巴哈：《费尔巴哈哲学著作选集》，上卷，荣震华等译，生活·读书·新知三联书店1959年版，第105页。

④ 马克思：《1844年经济学哲学手稿》，人民出版社2000年版，第101页。

觉论者和经验主义者所共有的缺陷。

费尔巴哈的人本主义，归根结底是建立在自然主义的基础之上的。在理论上，费尔巴哈的自然主义是他的人本主义的基础，反之，在实际的理解上，他恰恰是从人本学、从人的感受力或感性、从直接呈现在人感觉中的形象来看待自然界和人的。在自然主义中费尔巴哈遇到的麻烦是必须把人和自然界其他事物、把生命和无生命相区别。而在感觉论这里，他遇到的最大的困难便是把人的感觉和动物的感觉相区别。在这个问题上，他改换了种种说法，最终却还是没有把两者区别开来。因此，在费尔巴哈把感觉当成人的本质的时候，他自然就很容易把这个本质归结到自然物质基础——肉体感官之上。精神和肉体的对立被归结为"头同身体、躯干、腹部之间的对立"①，这就把心理学又还原为生理学，把心与物的关系还原为物与物的关系。他认为人和一切动物一样，具有一种"自我保持、自我维持"的本能的欲望，由这对自己生命的原始的"爱"，费尔巴哈引出了基于种的延续的"愿望"和两性解剖学差异之上的另一种"爱"——性爱。

然而这样一些矛盾并未妨碍费尔巴哈大力宣扬他的"合理利己主义"和"爱的宗教"。在他看来，既然"凡是活着的东西就有爱，即使只爱自己和自己的生命"②，而这"爱"又基于人的自保本能，那么人的本质就表现在"合理利己主义"之上。但是也要看到费尔巴哈强调两性的爱，还有另一方面的作用，这就是试图通过爱和性爱而过渡到人的社会性。实际上，两性关系的确是人的自然属性和社会属性的交叉点或集中表现。他指出，"'我'与'你'之间的区别——一切人格性、一切意识之基本条件——只是一种比男女之间的区别更为现实、更为活跃、更为激烈的区别"③，两性关系在他看来只不过是"你""我"关系的最直接、最完善的形式。费尔巴哈的"我"和"你"的区别最终归结为人的身体、气质、性别等方面的自然区别，人与人的关系归结为生物学上生存需要的关系。正由于费尔巴哈对"类"的这种感觉论的理解，使他无法看到人的"类"即社会同生物的类的本质区别。

费尔巴哈由纯粹感觉论和自然主义的唯物主义出发由于无法真正理解人与社会而必然地要达到对人的本质的历史唯心主义理解。"究竟什么是人跟动物的本质区别呢？对这个问题的最简单、最一般、最通俗的回答是：意识。"但是，"只有将自己的类、自己的本质性当作对象的那种生物，才具有最严格意义上的意识。动物固然将个体当作对象，因此它有自我感，但是，它不能将类当作对象，因此它没有那种由知识得名的意识……只有将自己的类、自己的本质性当作对象来对待的生物，才能够把别的事物或实体各按其本质特性作为对象。所以，动物只有单一的生活，而人却具有双重的生活。在动物，内在生活跟外在生活合而为一，而人，却既有内在生活，又有外在生活。人的内在生活，是对他的类、他的本质发生关系的生活。人思维，其实就是人跟自己本人交谈、讲话……思维、讲话是

①　费尔巴哈：《费尔巴哈哲学著作选集》，上卷，荣震华等译，生活·读书·新知三联书店 1959年版，第 211 页。

②　费尔巴哈：《费尔巴哈哲学著作选集》，上卷，荣震华等译，生活·读书·新知三联书店 1959年版，第 535 页。

③　费尔巴哈：《费尔巴哈哲学著作选集》，上卷，荣震华等译，生活·读书·新知三联书店 1959年版，第 122 页。

真正的类的职能，人本身，既是'我'，又是'你'；他就能够将自己假设成别人"①。因而在费尔巴哈那里，人与动物的本质区别，人的类本质、作为类的类，就是把自己的本质当作对象的意识、类意识，也就是换了一种说法的自我意识。自我意识正是"把自己的本质当作对象来看待"的那种意识。自我意识使人具有了外在的和内在的双重生活，使人对他的类、他的本质发生了思想关系。只有人能够自言自语，能把自己假设为别人——这一切都是唯心主义哲学家（如黑格尔）早已陈述过无数次的关于人的本质的基本观点。注意到这一点，则费尔巴哈在《基督教的本质》中一反过去那种事事都立即归结到自然主义之上的习惯，而作出和唯心主义一致的对人的本质的规定，就不奇怪了。他说："人自己意识到人的本质究竟是什么呢？或者，在人里面形成类，即形成本来的人性的东西究竟是什么呢？就是理性、意志、心。……理性，爱，意志力，这就是完善性，这就是最高的力，这就是作为人的人的绝对本质，就是人生的目的。"②在这里，人作为动物的"自保本能"已被置之不顾，人的这种观念性的"绝对本质"似乎与人的物质生活毫无关系，人完全成了一种超脱物质生存的本质性。可是问题正在于如何填补由人的自然主义基础过渡到人的精神属性，由人的自然本质过渡到人的本质这之间的空白。自然观上的庸俗唯物主义和历史观上的主观唯心主义成了费尔巴哈唯物主义的两个必然归宿。

费尔巴哈的异化理论集中表现于他对待基督教神学的态度之中。同黑格尔相反，费尔巴哈认为，不是精神、上帝异化出自然界和人，而是人创造了上帝、绝对精神这些异化的对象。费尔巴哈对宗教（基督教）的批判，正是通过他揭示出宗教的本质无非是人的本质、上帝无非是异化了的人这一"神学的秘密"而实现的。他认为，现实世界的罪恶在于人们理性上的迷误，现实的人被异化为上帝了，人把自己的本质，自己的理性、意志和爱交给了上帝之后，人间便失去了理性、意志和爱，人把人类受难史变成上帝的受难史之后，人就意识不到人间苦难了。因此，只要从理论上揭露宗教世界观的现实的、属人的基础，把神归结到人，宗教就会被人们抛弃，异化的人就会被还原为现实的人，人的本质就会被从上帝那里还给人自身，人间就会重新充满着理性、道德意志和普遍的人类之爱。正因为费尔巴哈把阶级社会中人的异化都归结为宗教的异化，所以他的历史观也就被归结为宗教史观了："人类的各个时期的彼此不同，仅仅是由于宗教上的变迁。"③而宗教的起源，在他看来只是原始人在自然界面前所具有的本能的"依赖感"，在幻想的作用下，这种依赖感便产生出"自然宗教"。同样，人对于国家统治者、君主的依赖感则产生出基督教。

从费尔巴哈的异化理论中，我们可以得到对费尔巴哈关于人的本质的学说的一种更为全面的理解。虽然我们说，在逻辑上，费尔巴哈人本主义的最初出发点是他的感觉论和自然主义，是对黑格尔抽象思辨的批判，然而，在理论的倾向性上，费尔巴哈一开始就使自

---

① 费尔巴哈：《费尔巴哈哲学著作选集》，下卷，荣震华等译，生活·读书·新知三联书店 1962 年版，第 26~27 页。

② 费尔巴哈：《费尔巴哈哲学著作选集》，上卷，荣震华等译，生活·读书·新知三联书店 1959 年版，第 28 页。

③ 费尔巴哈：《费尔巴哈哲学著作选集》，上卷，荣震华等译，生活·读书·新知三联书店 1959 年版，第 95 页。

己批判的矛头对准基督教神学。他在《宗教的本质》中总结自己的哲学体系时说："我的著作可以分成两部分。一部分以一般哲学为对象，另一部分则主要地探讨宗教和宗教哲学。……尽管我的著作这样分成两部分，但严格说来它们却都只有一个目的、一个意志和思想、一个主题。这个主题正是宗教和神学，以及与此有关的一切东西。"①的确，他在与黑格尔哲学决裂的最初一篇宣言《黑格尔哲学批判》中，就已经把黑格尔哲学的根本错误与"上帝化身成人"的错误看成一回事，提出"黑格尔的哲学，是理性化和现代化了的神学"②。尽管他这时还未直接全面地展开对宗教的批判，但他实际上已在通过批判黑格尔哲学这一"神学的最后避难所和最后的理性支柱"而批判神学了。因此，费尔巴哈认为他的哲学的任务，"就是从绝对哲学中，亦即从神学中将人的哲学的必要性，亦即人本学的必要性推究出来，以及通过神的哲学的批判而建立人的哲学的批判"③。

从费尔巴哈这种哲学批判与宗教批判紧密结合的特点来看，我们还可以进一步深入到费尔巴哈自然主义和人本主义的内在联系。从逻辑上来说，费尔巴哈用自然主义的、感觉论的唯物主义来批判黑格尔哲学，然后用从中建立起来的人本主义来批判宗教；而从思想倾向来说，人本主义和对宗教的批判是他一切原理和一切批判的核心。正如他所说的："我的'方法'是什么呢？是借助人，把一切超自然的东西归结为自然，又借助自然，把一切超人的东西归结为人。"④其中，自然主义是人本主义的逻辑前提，而人本主义则是自然主义的思想前提，是他整个哲学的出发点、目的和归宿。和黑格尔一样，费尔巴哈仍然只是在异化的范围之内来克服人的异化，自以为他一旦在自己头脑中揭开了宗教的秘密，也就同时把现实的宗教连同它的现实基础都抛弃了。然而，现实的人类社会带着一切罪恶、不平等、冲突和矛盾作用于费尔巴哈的感官。

因此，费尔巴哈虽然找到了唯物主义这个正确的出发点，却无法把它贯彻到社会历史领域。在他那里，偶尔也可以发现一些零星的超出他自己理论局限的观点，但马上又被他的狭隘理论窒息了。费尔巴哈最大的理论矛盾则表现在无法从自然界过渡到人类社会及其历史，而这一步只有通过对人类生产劳动实践的研究才能做到。如果说，黑格尔"只看到劳动的积极的方面，没有看到它的消极的方面"⑤，那么，费尔巴哈则恰恰相反。在他那里，正是"实践"产生了一系列消极的后果。"如果人仅仅立足于实践的立场，并由此出发来观察世界，而使实践的立场成为理论的立场时，那他就跟自然不睦，使自然成为他的自

---

① 费尔巴哈：《费尔巴哈哲学著作选集》，下卷，荣震华等译，生活·读书·新知三联书店1962年版，第507页。

② 费尔巴哈：《费尔巴哈哲学著作选集》，上卷，荣震华等译，生活·读书·新知三联书店1959年版，第11页。

③ 费尔巴哈：《费尔巴哈哲学著作选集》，上卷，荣震华等译，生活·读书·新知三联书店1959年版，第134页。

④ 费尔巴哈：《费尔巴哈哲学著作选集》，上卷，荣震华等译，生活·读书·新知三联书店1959年版，第249页。

⑤ 马克思：《1844年经济学哲学手稿》，人民出版社2000年版，第101页。

私自利、他的实践利己主义之最顺从的仆人。"①这正是神学创世说等关于人的本质异化的祸根。虽然他也说过"理论所不能解决的那些疑难，实践会给你解决"②，但这里的实践不过是用哲学家的眼光抽象过了、净化过了的饮食男女活动，一旦将它具体化，他从中就只看到荒淫、损人利己和卑鄙无耻。于是，他就退回纯粹理论的立场，"仅仅把理论的活动看作是真正人的活动"了。费尔巴哈的出路何在？必须从费尔巴哈的"感性的对象"上升到"感性的活动"，从哲学家的直观上升到现实的人的实践，从人的生物学的饮食消化等生存本能上升到人类为了自己的生存而对自然界的有意识、有目的的能动的改造，从人的个体上升到人为了实现个体而建立的人与人之间普遍的、物质性的社会关系，从而，在作为自然界产物的人和人意识到自己的精神的人之间建立现实的中介——作为社会历史产物的人。

马克思正是在这方面突破了费尔巴哈的局限性，他批判地改造了费尔巴哈关于人的"类本质"及其异化的学说。"人的本质的对象化"在费尔巴哈那里与"人的本质的异化"混为一谈而被看作是宗教的根源，马克思则把人的本质的对象化看作劳动的本质特征和人类本身产生、发展的动力，并把在劳动中发生的劳动的自我异化看作私有制、宗教等一切人的本质的异化现象的最终基础。这样，整个历史归根结底不是宗教的历史，而是物质生产劳动的产生、发展、异化的历史。

马克思批判地研究了历史上的异化理论，找到了从人类劳动的现实异化理解社会异化的正确思路，提出了"劳动异化"的理论。

(二) 劳动异化的内容

马克思第一份手稿的经济学根据就是斯密的《国富论》。以"工资""资本的利润"和"地租"三个标题，概述了古典国民经济学家们的重大贡献，即劳动价值学说，并揭示了其中所包含的深刻的哲学意义，即劳动异化和人的本质的异化。经济学家们并未明确意识到这种意义而只是从现象进行了描述。他们认为，劳动是一切财富的价值源泉。而他们研究生产和劳动时，又把私有财产、私有制当作不言而喻的前提，甚至把私有制这种异化视为国民经济学努力追求的最佳理想状态。他们从资本、地产和劳动三种生产要素的相互分离出发，研究资本主义社会中社会三大阶级在生产、分配中的经济关系的规律，得出资本家和工人是生产者阶级，而土地所有者是剥削阶级因而需要消灭的结论。古典经济学所研究的问题的三大部分，即工资（劳动者）、资本（资本家）和地租（土地所有者），反映出当时的社会关系正处于从封建土地所有制向资本主义所有制过渡的现状。早期重农学派立足于地租来为基于农业的资本主义原则作辩护，论证地租与工资、资本的一致性。到李嘉图等人，则立足于资本主义大生产，将地租作为消融在资本主义生产中的一个一般因素和环节来看待了。土地仅仅成了各种资本中的一种，它的自然性质被物化劳动所取代或"换

---

① 费尔巴哈：《费尔巴哈哲学著作选集》，下卷，荣震华等译，生活·读书·新知三联书店 1962 年版，第 145 页。

② 费尔巴哈：《费尔巴哈哲学著作选集》，上卷，荣震华等译，生活·读书·新知三联书店 1959 年版，第 248 页。

算"，社会经济运动被归结为劳动(工资)和资本的对立。

马克思认为，劳动和资本的对立首先是建立在二者同一的基础上的："资本是积累的劳动"①，即物化劳动；但它反过来又使劳动成为自身运动的一个手段，成为资本机器上的一个零件。资本的目的和本质就是要榨取劳动，使劳动非人化，与劳动相对立。但这不是资本的罪过，而是资本主义劳动本身的罪过。正是这种劳动，自己使自己非人化，自己与自己相异化。因此劳资对立的根源并不在双方外在的、偶然的关系(例如，并不取决于某个资本家的恶意和歹毒)，而在于劳动本身的内在矛盾性和异化性，亦即人的本质的自我异化性，它表现在：人的劳动——感性的、活生生的自由的生命活动——成为了国民经济学意义上的"抽象一般劳动"。正如黑格尔用抽象一般的自我意识冒充人的本质，国民经济学也用抽象劳动取代了人的自由活动，从而得出了"工人完全像每一匹马一样"②的观点。但抽象劳动毕竟不是某种人为的结果，而正是劳动本身的内在本质的展开。当一个社会发展到普遍交往的时代，劳动的这一社会本质便会日益纯粹化，抽象的"社会一般必要劳动"便会使"具体劳动"大失光彩，交换价值便会凌驾于使用价值之上，金钱、货币便会成为一切劳动所追求的共同目标和衡量尺度。

马克思通过工资和资本利润的关系揭露了古典经济学的自相矛盾。马克思指出，国民经济学从私有财产的事实出发，但是，它没有给我们说明这个事实。国民经济学没有给我们提供一把理解劳动和资本分离的根源的钥匙。针对这种现状，马克思提出了两个发人深思的问题："(1)把人类的最大部分归结为抽象劳动，这在人类发展中具有什么意义？"③国民经济学家没有看出，这将导致人类发展达到其异化的极致，且只有在这一最彻底的异化中，伴随着人类的巨大痛苦而产生出巨大的生产力，才能为异化的扬弃创造条件。"(2)……把工资的平等看作社会革命的目标，他们究竟犯了什么错误？"④蒲鲁东等人从小资产阶级立场出发，主张不触动资本主义生产方式而搞工资平均主义，以道德化的批判来解决贫富悬殊的矛盾，这是违背和阻碍历史发展规律的，也是空想和反动的。社会革命的目的只能由资本主义生产的再次自我否定来实现。

因此，问题的关键便在于，考察私有财产的本质，分析土地、资本和劳动三者分离的的现状、结构和根源，探讨劳动的异化和抽象化在什么意义上是必然的、不可避免的以及它如何才能得到扬弃。正是从无产阶级和人类发展的高度，马克思对古典经济学的无批判的前提提出批判，提出了"异化劳动"的四个规定。

第一，劳动者的劳动同他的产品之间的异化关系。

马克思指出，"现有的经济事实"已证明："劳动的现实化就是劳动的对象化。在国民经济学假定的状况中，劳动的这种现实化表现为工人的非现实化，对象化表现为对象的丧失和被对象奴役，占有表现为异化、外化。"⑤劳动是劳动者现实地占有感性自然界(对

---

① 马克思：《1844 年经济学哲学手稿》，人民出版社 2000 年版，第 7 页。
② 马克思：《1844 年经济学哲学手稿》，人民出版社 2000 年版，第 14 页。
③ 马克思：《1844 年经济学哲学手稿》，人民出版社 2000 年版，第 14 页。
④ 马克思：《1844 年经济学哲学手稿》，人民出版社 2000 年版，第 14 页。
⑤ 马克思：《1844 年经济学哲学手稿》，人民出版社 2000 年版，第 52 页。

象)的过程,但他越是劳动,感性的外部世界越是不属于他,甚至他自己的肉体必需品也越是不属于他,他成了他自己的对象的奴隶。这就是"劳动产品的异化"①。

具体地说,劳动所生产的对象,即劳动的产品,作为一种异己的存在物,作为不依赖于生产者的力量,同劳动者相对立。劳动者生产的财富越多,他的产品的力量和数量越大,他就越贫穷。因为,产品原是工人劳动力量的对象化,但却同它的创造者发生了对立的关系,对象化成为丧失对象,受对象的奴役。劳动者的生命力变成了同自己敌对的对象的生命力,变成了金钱、商品、资本的无上权力。

马克思从资本主义世界普遍存在的这一异化现象出发、进一步把劳动者同产品的异化深化到劳动者同整个自然界的异化关系之中,因为劳动和产品的关系就是劳动的对象化活动和对象的关系。劳动者在劳动中把自身的力量对象化到一个外部对象中,形成产品,必须以自然界为前提。自然界不仅提供生产资料,还提供劳动者本身的生活资料。劳动的目的正是为了通过人自己的劳动改造外部自然界,占有这两种资料。人的劳动活动的发展把自然界的越来越大的部分纳入劳动领域,人周围的对象世界在越来越大的程度上成为人的活动的产物的总和。归根结底,社会追求的是掌握整个自然界,使之变成人的无机身体。劳动的客观发展过程把人作为自然界一部分的本来历史地位正好颠倒过来:现在是自然界本身逐渐成为社会的人的一个组成部分,从这里可以看出劳动作为实现人对自然界的这种统治的手段的真正使命。但是,在资本主义私有制条件下,社会越是使自然界受自己支配,人通过劳动为自己重新建立起来的周围世界便越是奴役这个一切物质财富创造者本身。这个世界本身,作为为劳动者提供劳动材料、劳动工具和一切维持肉体生存所需的资料的劳动者的作坊,越来越不再属于劳动者的劳动。劳动者越是通过自己的劳动去占有外部世界,他就越是失去它们,成为它们的奴隶。并且,他只有成为生产资料的奴隶,才能得到工作,他只有成为生活资料的奴隶,他才去劳动。结果,由于劳动的异化,社会对自然界的支配对直接生产者来说变成了自己的对立物,直接生产者成为他所创造的社会财富世界的奴隶,而且这种奴隶地位随着自然界日益为他的劳动所占有而日益深化。"劳动为富人生产了奇迹般的东西,但是为劳动者生产了赤贫。劳动生产了宫殿,但是给工人生产了棚舍。劳动生产了美,但是使工人变成畸形。劳动用机器代替了手工劳动,但是使一部分人回到野蛮的劳动,并使另一部分人变成机器。劳动生产了智慧,但是给工人生产了愚钝和痴呆。"②通过这种揭示,劳动者同全部对象世界的异化关系,彻底暴露了出来。

第二,劳动活动本身的异化。

劳动与产品的异化来自劳动自身本质的异化。马克思进一步指出:"劳动对象的异化不过是劳动活动本身的异化、外化的结果。"③"如果工人不是在生产行为本身中使自身异化,那么工人活动的产品怎么会作为相异的东西同工人对立呢?产品不过是活动、生产的总结。因此,如果劳动的产品是外化,那么生产本身就必然是能动的外化,活动的外化,

---

① 马克思:《1844 年经济学哲学手稿》,人民出版社 2000 年版,第 54 页。
② 马克思:《1844 年经济学哲学手稿》,人民出版社 2000 年版,第 54 页。
③ 马克思:《1844 年经济学哲学手稿》,人民出版社 2000 年版,第 54 页。

外化的活动。在劳动对象的异化中不过总结了劳动活动本身的异化、外化。"①劳动活动本身的异化是劳动的自我异化，它比劳动产品的异化更深一层，即不仅是主体和对象的对立，而且是主体自己与自己相对立、相离异。它表现为人在这种本应是自由自觉的感性的活动中不是肯定自己，而是否定自己，不是感到幸福，而是感到不幸，感到不自由和被强迫，因而是对人的肉体和精神的双重摧残，是对人的感性的消灭，使人只剩下动物机能。

具体来说，劳动活动本身的异化表现为：劳动对于劳动者来说是外在的，不属于他自己的。劳动不是自由地发挥自己的体力和智力，而是非自愿的强制性的活动；不是满足劳动的需要，而是满足劳动需要以外的需要的一种手段，是工人为了维持生计而不得不从事的活动。因而，它也就只是人谋生的手段，而不是目的。人只有在不劳动时，即在运用自己的动物机能——吃、喝、性行为，至多还有居住、修饰等的时候，才觉得自己是自由活动，才能觉得自己是人，而在运用人的机能，即在劳动时，觉得自己不过是动物。动物的东西成为人的东西，而人的东西成为动物的东西。吃、喝、性行为等，固然也是真正的人的机能，但如果使这些机能脱离了人的其他活动，并使他们成为最后的和唯一的终极目的，那么，在这种抽象中，它们就是动物的机能。通过这一深化，马克思就把问题的本质引向研究人类劳动本身。马克思指出，劳动活动本身的异化是"自我异化"。劳动是人本身所特有的创造性活动，是自由自觉的能动活动，在劳动活动中，人创造满足自己需要的各种对象，如衣食住行和科学艺术，在这种创造活动中，自己的潜力得到发挥，自由本质得到体现。劳动成了人获得自身自由的源泉。在现实的社会中，"真正的劳动"消失了。而资产阶级却把"异化劳动"看成真正的人的劳动，因此也就发现不了劳动的异化性质。古典经济学的最大成就就是发现和肯定了只有劳动才是一切商品、货币的价值实体，而资本无非是积累起来的劳动。但是，古典经济学却不去考察商品、货币、资本与生产者的异化关系，更不去追问这种异化结果的原因。他们的劳动价值论并没有贯彻到底：既然商品、货币、资本是由劳动创造的，那么，这些产品的异化性质也应该是由劳动创造的，而且这种劳动既然能创造产品的异化性质，它本身就一定是自我异化了的。因此，当资产阶级经济学谈到商品、货币、资本是由"劳动"所创造的时候，他们的劳动决不是本来意义上的人类劳动、自由劳动，而是异化劳动。古典经济学把"异化劳动"当作人类本然的劳动，必然陷入自相矛盾：劳动是价值的源泉，劳动者必然要全部占有自己的产品，然而，资本却购买劳动力，驱使劳动为其增殖服务。马克思由此揭穿了古典经济学内在矛盾的实质。也正是由此出发，马克思进一步探讨了作为"异化劳动"的主体的异化。

第三，人同自己的"类"本质的异化。

基于劳动产品和劳动活动本身的异化这两个经济学的事实，马克思又推出了异化劳动的"第三个规定"，即人同自己的"类"本质的异化。人是类存在物，不仅因为人把自身的类以及其他物的类当作自己的对象，而且因为他把自身当作普遍的因而也是自由的存在物来对待。从理论领域来说，植物、动物、石头、空气、光等，一方面作为自然科学的对象，一方面作为艺术的对象，都是人的意识的一部分，是人的精神的无机界，是人必须事先加工以便享用和消化的精神食粮。同样，在实践领域说来，这些东西也是人的生活的一

---

① 《马克思恩格斯全集》第 42 卷，人民出版社 1979 年版，第 93 页。

部分。但异化劳动，由于使自然界，使人的生命活动同人相异化，也就使人把类生活变成维持个人生活的手段。而人的类特征恰恰就是自由的自觉的活动。这样，人同自己的类的本质发生了异化。有些学者，如杨适先生认为，马克思在《手稿》中由于没有科学地理解意识的起源和本质，把人通过劳动才能得到自由，说成是人由于有意识才有自由。其实不然。马克思认为，动物和它的生命活动是直接同一的，但是人却使自己的生命活动本身变成了自己的意识对象，正因为这一点，人才是类存在物，他的活动才是自由的活动。但是，人为什么能把自己的生命活动变成自己的意识对象呢？仅仅是通过实践创造对象世界，即改造无机界，证明了人是有意识的类存在物。而相比之下，动物的生产是片面的，动物只是在直接的肉体需要的支配下生产，而人甚至不受肉体需要的支配也进行生产，并且只有不受这种需要的支配时才进行真正的生产；动物只生产自身，而人在生产整个自然界；动物只按照它所属的那个种的尺度和需要来建造，而人却懂得按照任何一个种的尺度来进行生产，并且懂得怎样处处都把内在的尺度运用到对象上去。因此，劳动的对象是人的类生活的对象化，不仅像在意识中那样理智地复现自己，而且能动地、现实地复现自己，从而在他所创造的世界中直观自身。异化劳动不仅使劳动产品、自然界与劳动相异化，而且使劳动本身相异化，从而使人的类本质变成异己的本质。

在这里，所涉及的已不只是国民经济学的劳动概念，而是作为人的本质（类本质）的劳动概念，劳动异化被作为人的本质的自我异化来考察。从这一角度上看，异化劳动所涉及的就不仅仅是物质的事实，而且是意识的和精神的事实了，因为人的本质是精神和物质（肉体）的统一体。"所谓人的肉体生活和精神生活同自然界相联系，不外是说自然界同自身相联系。"[1]所以，异化劳动使人的物质生活和精神生活与自然界相分离，使之成为抽象空洞的、非感性的、不自由的谋生活动，这不仅是一个经济学上在特定时代具有积极意义的现象，更是一个在哲学上具有否定人、否定人的类本质的消极意义的现象。这是黑格尔和国民经济学家都没有看到的，他们都没有看到劳动的消极方面，因为他们都"不把工人作为人来考察"[2]。

马克思则认为，一旦把劳动者看作是人，便会看出劳动作为人的生命活动不应当仅仅是人的谋生的手段，而是"自由自觉的活动"，是"创造生命的生活"。在其中，人"则使自己的生命活动本身变成自己意志的和意识的对象。……有意识的生命活动把人同动物的生命活动直接区别开来"[3]。当然，人在这种生命活动中也包含着对自身的某种间接性关系，他不像动物那样只生产直接需要的东西，而是"摆脱肉体的需要进行生产"。然而这种间接性毕竟是回复到直接性的——"人不仅像在意识中那样在精神上使自己二重化，而且能动地、现实地使自己二重化，从而在他所创造的世界中直观自身"[4]。异化劳动就在于将人"化分为二"之后，就切断了双方的直接联系，使之对立起来，这就"把人对动物所具有

---

① 马克思：《1844年经济学哲学手稿》，人民出版社2000年版，第56~57页。
② 马克思：《1844年经济学哲学手稿》，人民出版社2000年版，第14页。
③ 马克思：《1844年经济学哲学手稿》，人民出版社2000年版，第57页。
④ 马克思：《1844年经济学哲学手稿》，人民出版社2000年版，第58页。

的那种优点变成缺点，因为从人那里夺走了他的无机的身体即自然界"①。于是，不仅每个人都与自己的类本质异化了，而且每个人都与其他人异化了。人被物化的结果，既失去了自我，也失去了与他人的相通的可能性。

第四，人与人的异化。

人同自己的类本质相异化，这一事实，所造成的直接结果就是人同人相异化。一般地说，人同自己的任何关系、人同自己的类本质的异化只有通过一个人与其他人的异化关系才能实现和表现。如果说劳动产品对我来说是异己的，是作为异己的力量同我相对立，那么，它到底属于谁呢？如果我自己的活动不属于我，而是一种异己的活动、被迫的活动，那么，它到底属于谁呢？如果工人的活动对他本身来说是一种痛苦，那么，这种活动就必然给另一个人带来享受和欢乐。不是神也不是自然界，只有人本身才能成为统治人的异己力量。这个人只能是在劳动者之外的另一个人。通过异化的、外化的劳动，"人不仅生产出他对作为异己的、敌对的力量的生产对象和生产行为的关系，而且还生产出他人对他的生产和他的产品的关系，以及他对这些他人的关系"②，即生产出不生产的人对生产和产品的支配，生产出一个跟劳动格格不入的、站在劳动之外的同这个劳动的关系。这个"他人"就是资本家！私有财产是异化劳动的产物、结果。"因此，我们通过分析，从外化劳动这一概念，即从外化的人、异化劳动、异化的生命、异化的人这一概念得出私有财产这一概念。"③这样，马克思就解决了资产阶级经济学当作不言而喻的前提即私有财产的来源、本质问题。通过对上述劳动异化的哲学分析、特别是人与自己相异化导致人与人相异化的分析，我们认识到异化劳动在现实生活中体现为私有制。私有制本身并非劳动异化的根源，而是它的"产物、结果和必然归宿"，因为"尽管私有财产表现为外化劳动的根据和原因，但确切地说，它是外化劳动的后果……后来，这种关系就变成相互作用的关系"④。但正因为存在着"私有制是万恶之源"，也是异化劳动之源这一表面现象，所以自人类进入文明社会以来，人们便不断地幻想通过"废除"私有财产来消除异化，但异化却总是愈演愈烈。"直到私有财产发展的最后的，最高的阶段"，才暴露出私有财产不是某个人可以任意规定和取消的，而是劳动的外化或者说劳动实现出来的必然产物和必要手段。马克思强调说："这些论述使至今没有解决的各种矛盾立刻得到阐明。"⑤首先，国民经济学虽然从劳动是生产的真正灵魂出发，但是，它没有给劳动提供任何东西，而是给私有财产提供了一切。甚至工人的工资也不过是异化劳动的后果，因为在工资中，劳动本身不表现为目的，而是表现为工资的奴仆。即使强制提高工资也无非是给奴隶较多报酬，而丝毫不会使工人获得人的身份和尊严。其次，从异化劳动同私有制的关系可以进一步得出这样的结论：社会从私有财产的解放，从奴役制的解放，是通过工人解放这种政治形式表现出来的，而且还不仅涉及工人的解放，还包含全人类的解放。因为整个人类奴役制就包含在工

---

① 马克思：《1844年经济学哲学手稿》，人民出版社2000年版，第58页。
② 马克思：《1844年经济学哲学手稿》，人民出版社2000年版，第60~61页。
③ 马克思：《1844年经济学哲学手稿》，人民出版社2000年版，第61页。
④ 马克思：《1844年经济学哲学手稿》，人民出版社2000年版，第61页。
⑤ 马克思：《1844年经济学哲学手稿》，人民出版社2000年版，第62页。

人同生产的关系中。而这正是对以往空想共产主义进行批判的基点。

（三）异化劳动的根源

异化劳动的根源是什么？学术界历来在这个问题上争论不休。一个根本原因就是在《手稿》中马克思并没有直接明确地对这一问题进行阐述。邓晓芒教授依据马克思的文本对这个问题提出了独到深刻而有说服力的见解。他提出，在"异化劳动"的四个规定中，劳动活动本身的异化是最为根本的。劳动产品的异化是劳动活动本身的异化的"结果"。而人的类本质的异化和人与人的异化是同一问题的两个侧面（因为人是人的社会关系的总和），严格说来它们已不能算异化劳动本身的规定，而是异化劳动所"导致"的"结果"。可见，异化劳动的四个规定具有内在的因果层次关系，而作为始初原因的，是它的第二个规定——劳动活动本身的异化。不紧紧抓住这一点，就无法理解异化劳动的真正根源。

什么是劳动活动本身的异化呢？上文我们已经指出过，这就是："劳动对工人来说是外在的东西，也就是说，不属于他的本质；因此，他在自己的劳动中不是肯定自己，而是否定自己，不是感到幸福，而是感到不幸，不是自由地发挥自己的体力和智力，而是使自己的肉体受折磨、精神遭摧残。"[1]"工人自己的体力和智力，他个人的生命……是不依赖于他，不属于他、转过来反对他自身的活动。这是自我异化"[2]。

可见，"劳动活动本身的异化"可以归结为两个方面：（1）劳动者的肉体能力在劳动中受到损伤，他的肉体活动不属于他的本质，而是他为了生存所作的支出或牺牲，是一种自我折磨。（2）劳动者的精神能力在劳动中受到压抑和摧残，精神活动只在劳动之外的活动中才得到表现。正由于人的肉体活动纯粹成了维持肉体生存的手段，成了折磨人的、片面的劳动，这个活动便丧失了与人的精神能力相结合的特性；反过来说，这种劳动之所以折磨人、损害人，从本质上说并不在于劳动的强度，而在于它的非精神性。劳动者不能在进行这种肉体活动的同时发挥他的精神能力（包括认识能力、审美能力和自由意志），他对这种劳动丧失了任何兴趣，而把它看成维持动物式生存的单纯手段。

在马克思的阐述中，这一特点是极为突出的：马克思把人的精神力量的被摧残列为"劳动活动本身的异化"不可缺少的因素。人在劳动中的精神状态，人"感到"幸福或不幸，自由或不自由，成了劳动异化内在的环节之一。这在许多人头脑里引起了极大的迷惑。他们或者认为这不过是马克思早期不成熟的思想里的费尔巴哈人本主义的残余，或者干脆回避马克思对"劳动活动本身的异化"的强调，而把着重点转到作为这种异化的结果的劳动产品的异化上去。这也引起了西方一些资产阶级学者们的狂喜，他们以为从这里可以发现马克思的"早期伦理世界观"的证据，而把早期的马克思看作一个"自由主义的人道主义者"，以另一种方式在马克思的早期和后期思想之间人为地划下一道不可逾越的鸿沟。然而这两种曲解都是站不住脚的。在马克思看来，在异化劳动中被异化出去的人的精神能力，既不是哲学家头脑中那种脱离物质活动的、抽象化了的"纯粹"的精神或意识，更不是动物式的情欲和自保本能，而是劳动意识，它是作为人的自由自觉的生命活动或有意识

① 马克思：《1844 年经济学哲学手稿》，人民出版社 2000 年版，第 54 页。
② 马克思：《1844 年经济学哲学手稿》，人民出版社 2000 年版，第 56 页。

的生命活动的劳动的本质环节之一。人的劳动与动物的生命活动之区别，正在于人"把自己的生命活动本身变成自己的意志和意识的对象"，"有意识的生命活动把人同动物的生命活动直接区别开来"①。也就是说，人之不同于动物在于劳动，而人的劳动之不同于动物的活动在于人的劳动意识，在于人在劳动中具有自觉性和目的性，因而具有自由的特点。在非片面的"人的劳动"中，这种劳动意识与人的肉体的生命活动是紧密结合、不可分割的，因而是主观对客观的自由的能动的改造。在这种劳动中，人一方面"按照任何物种的尺度来进行生产"，从而使自己对劳动对象（自然界）及人本身的认识日益深入；另一方面，也"用内在固有的尺度来衡量对象"，从而获得美感②。因而这种劳动同时又是人的自由意志的实现，是人对自身全面本质的占有，成为人的一种自我享受。反之，"异化劳动把这种关系颠倒过来，以致人正因为是有意识的存在物，才把自己的生命活动，自己的本质变成仅仅维持自己生存的手段"③。人的意识使人的本质与人的存在有了区别，能把自己的生命活动当作意识的对象，这本来使人无限地优越于动物，使人能进行"摆脱肉体需要"的全面的生产，但劳动的异化使这种相区别变成了相脱离，使人不得不通过非人的劳动来维持人的生存，这就把"人对动物所具有的优点变成缺点"④。因为动物的生存与其本质是不相离异的。马克思把异化劳动叫作"片面的、抽象的劳动"，也就是这样一种劳动：它被抽掉了人的劳动意识，抽掉了劳动者在其中所表现的智慧、美感、创造性和主动性，只剩下动物式的或机械般的体力支出。马克思指责那些资产阶级经济学家把无产者（即靠"片面的、抽象的劳动为生的人"）"只是看作劳动者"，认为劳动者"应当和牛马完全一样"，"国民经济学不考察不劳动时的工人，不把工人作为人来考察"，⑤"把工人只当作劳动的动物，当作仅仅有最必要的肉体需要的牲畜"⑥。而我们有些人也认为劳动、实践仅仅只是一种物质活动，仅仅是人的肉体与客观自然界之间的作用和关系，一听说劳动还包含主观精神的环节，就以为是唯心主义，对于"主观目的"是不是实践的要素也大为怀疑。但马克思对这种抽象劳动从来就没有作诗意的赞美，相反，他在《德意志意识形态》中多处干脆提出了"消灭劳动"⑦。当然，这里的劳动决不能理解为整个人类社会存在基础的具体劳动。至于把精神劳动视为非劳动，把脑力劳动者视为非劳动者，则是上述对劳动、实践的误解所导致的必然推论。

从马克思的论述中可以得出如下观点：劳动，非异化的、完全意义上的人的劳动，本身包含两个不可分割的本质环节——精神活动和生命活动。由于有这两个环节，劳动才是主体对客观世界的能动的改造，才是"实践"本身的规定。而劳动活动本身的异化不是别的，正是劳动的这两个本质环节的相互脱离、相互离异，正是主观意识被夺去了自己的生命活动，只剩下动物式的感性机能，而生命活动则被夺去了能动的主观意识，只剩下动物

①　马克思：《1844 年经济学哲学手稿》，人民出版社 2000 年版，第 57 页。
②　马克思：《1844 年经济学哲学手稿》，人民出版社 2000 年版，第 58 页。
③　马克思：《1844 年经济学哲学手稿》，人民出版社 2000 年版，第 57 页。
④　马克思：《1844 年经济学哲学手稿》，人民出版社 2000 年版，第 58 页。
⑤　马克思：《1844 年经济学哲学手稿》，人民出版社 2000 年版，第 14 页。
⑥　马克思：《1844 年经济学哲学手稿》，人民出版社 2000 年版，第 15 页。
⑦　《马克思恩格斯选集》第 1 卷，人民出版社 2012 年版，第 198 页。

式的被迫意识，机械麻木的意识。只有这种劳动活动本身的异化才是最深刻、最根本的劳动异化，因为它导源于劳动本身的内在本质矛盾。

那些责难马克思在对劳动异化的分析中渗入了大量心理学因素和"费尔巴哈人本主义残余"的人，那些对此感到高兴的唯心主义哲学家们，都没有看到，既然劳动是人的本质，那么在劳动中也必然包含着人的全部心理的直接基础。生产劳动"是感性地摆在我们面前的、人的心理学"①，古典经济学仅仅把劳动看作"有用的"，是与人的心理因素不相干的，并单独地把宗教、政治、文学艺术等看作人的本质的实现。而责难马克思的"早期的不成熟"的人，同样把人的心理与人的"有用的"劳动割裂开来，把心理学重新理解为仅仅是宗教、政治、文学艺术领域的事，把生产劳动则看作非人的、物化的（"纯物质"的）过程。在这种二元论的割裂中，唯心史观和庸俗唯物论都可以找到自己的归宿，而劳动异化是"永恒规律"的神话也就成为绝对"真理"了。

那么，人的劳动活动本身的两个本质环节，即精神活动和生命活动，是如何发生分离的呢？用马克思的话说就是："人怎么使他的劳动的外化、异化？这种异化又怎么以人的发展的本质为根据？"②马克思对这个问题进行了经济的和历史的研究，指出：劳动异化产生的根源在于分工。正是分工，导致了劳动活动本身的异化，从而导致了劳动产品和劳动者的对立，导致了人的本质的异化和私有制的产生。不过，马克思也并没有笼统地把劳动异化的根源追溯到分工就完事，他还对各种不同的劳动分工及其层次关系进行了仔细的分析，并把它们放在人类历史发展的不同阶段上来研究。这里只须引用《德意志意识形态》中所提出的历史进程中的前两个阶段，就可说明问题了。在"部落所有制"阶段，"分工还很不发达，仅限于家庭中现有的自然产生的分工的进一步扩大"③，"后来是由于天赋（例如体力）、需要、偶然性等而自发地或'自然地产生的'分工"④。这些分工显然并不直接导致劳动的异化，它们在猿群那里也可以被看到，在共产主义社会中也是不会消失的。在这个阶段的末期，产生了"第一次社会大分工"，即农业和畜牧业的分工。这种分工虽仍基于自然地域条件的偶然差别之上，但它本身已是一种社会关系，因为它引起了氏族之间产品的交换，而不再是纯粹自然的了。因此，恩格斯在《家庭、私有制和国家的起源》里把它算作第一次社会大分工。但是，这种分工虽然为劳动的异化以及私有制产生和阶级分化创造了社会性的基础和条件，但终究还是立足于劳动对象（自然地域）的偶然差异之上，本身并不直接导致劳动的异化。从事农业的民族和从事畜牧业的民族虽然进行的是不同质的具体劳动，但如果没有其他条件，这种区别并不使他们自己的劳动过程和产品对他们成为异己的力量。所以，农业和畜牧业的分工虽然被恩格斯称为"第一次社会大分工"，但这是一种直接基于自然基础上的社会分工，它介于纯粹的自然分工和纯粹的社会分工之间，我们可以称它为"半社会性"的分工。总之，对劳动异化的理解，不能建立在自然分工和半社会性分工的基础上，而只能建立在纯粹的社会分工的基础上，否则无法解释共产

---

① 马克思：《1844 年经济学哲学手稿》，人民出版社 2000 年版，第 88 页。
② 马克思：《1844 年经济学哲学手稿》，人民出版社 2000 年版，第 63 页。
③ 《马克思恩格斯全集》第 3 卷，人民出版社 1960 年版，第 25 页。
④ 《马克思恩格斯全集》第 3 卷，人民出版社 1960 年版，第 35 页。

主义社会中异化的扬弃，因为那时这些自然差别并不会消失。可以想象，在未来共产主义社会的劳动中，这种基于性别、年龄、个人生理特质和自然地域的分工以及基于劳动对象的自然特性的日益精密的技术性分工，仍将存在着，但劳动活动本身的本质环节即精神劳动和物质劳动的分离，则将被扬弃。

在"古代公社所有制和国家所有制"阶段，"分工已经比较发达。城乡之间的对立已经产生，国家之间的对立也相继出现"①。马克思和恩格斯说："某一民族内部的分工，首先引起工商业劳动和农业劳动的分离，从而也引起城乡的分离和城乡利益的对立。"②这里说的大致相当于恩格斯在《家庭、私有制和国家的起源》中所说的第二次社会大分工——手工业和农业的分工，并且也正是《反杜林论》中说的纯粹意义上的"第一次"社会大分工——城乡的分离。在分工的这一阶段，在由交换已经形成的普遍性社会关系的基础上，手工业从农业中分化出来已不需要借助偶然性的自然地域条件，原料的供应和产品的消费打破了劳动者个人所生活的地区的局限，并只有依赖打破这种局限，这种分工才能取得确定的形式。这已不是由外在的偶然条件所形成的分工，而是劳动的本质矛盾自身发展的必然结果，它基于劳动者之间自然形成的、作为劳动意识内容的科学技术和经验知识的不平衡。随着生产力的发展，这种不平衡所导致的分工以一种不可抗拒的必然性在各个自然条件不尽相同的社会里生长起来，因为它正是这个生产力向前发展的一个前提条件。

而这种包含在劳动活动的本质中的分工的倾向，就是体力活动和脑力活动，即物质劳动和精神劳动或劳动的物质方面和精神方面的分工。这也就是我们上面说过的，劳动活动的两个本质环节——精神活动和生命活动——的相互离异，即劳动的"自我异化"。马克思和恩格斯在谈到使用"自然产生的生产工具"(耕地、水等)和"由文明创造的生产工具"两者之间的差异时说："在前一种情况下，只要具备普通常识就够了，体力活动和脑力活动彼此还完全没有分开；而在后一种情况下，脑力劳动和体力劳动之间实际上已经必须实行分工。"③也就是说，农业和工业(手工业)的分工是在体力劳动和脑力劳动分工的基础上发展起来的。由之引起的城乡分离也是如此，"物质劳动和精神劳动的最大的一次分工，就是城市和乡村的分离"④。可见，在所谓"三大差别"中，脑力劳动和体力劳动的差别是最本质的、内在于劳动活动两环节之中的差别，而工农、城乡差别则是它的表现形式。所以马克思说："分工只是从物质劳动和精神劳动分离的时候起才开始成为真实的分工。"⑤

正是在城市和乡村的分离和对立中，即在这一次最大、最普遍、最纯粹的社会化的即物质劳动和精神劳动的分工中，马克思和恩格斯看出了劳动异化及由之而来的人的本质的异化的最深刻的根源。马克思和恩格斯指出，城乡的对立"鲜明地反映出个人屈从于分工、屈从于他被迫从事的某种活动，这种屈从现象把一部分人变为受局限的城市动物，把

① 《马克思恩格斯全集》第3卷，人民出版社1960年版，第26页。
② 《马克思恩格斯全集》第3卷，人民出版社1960年版，第24~25页。
③ 《马克思恩格斯全集》第3卷，人民出版社1960年版，第73页。
④ 《马克思恩格斯全集》第3卷，人民出版社1960年版，第56~57页。
⑤ 《马克思恩格斯全集》第3卷，人民出版社1960年版，第35页。

另一部分人变为受局限的乡村动物，并且每天都不断地产生他们利益之间的对立"①。这种异化劳动正是私有制存在的前提。恩格斯还指出，城乡的分离"立即使农村居民陷于数千年的愚昧状况，使城市居民受到各自的专门手艺的奴役。它破坏了农村居民的精神发展的基础和城市居民的肉体发展的基础"②。但是，最初的物质劳动和精神劳动的分离，虽然产生了私有制以及产生和分化出一系列社会意识形态，但还没有把现实劳动中人的一切积极性、自主活动剥夺干净，它有一个发展过程，只是到了资本主义时代才完成这一过程，发展到了极端。"由于劳动被分割，人也被分割了。为了训练某种单一的活动，其他一切肉体的和精神的能力都成了牺牲品。人的这种畸形发展和分工齐头并进，分工在工场手工业中达到了最高的发展。"③马克思指出："工场手工业分工的产物，就是物质生产过程的智力作为别人的财产和统治工人的力量同工人相对立。这个分离过程在简单协作中开始，在工场手工业中得到发展，在大工业中完成。"④"生产过程的智力同体力劳动相分离，智力变成资本支配劳动的权力，是在以机器为基础的大工业中完成的。"⑤

可见，工场手工业及大工业的分工，从本质上来说，同样是物质劳动和精神劳动的进一步分离，它使劳动活动本身进一步异化，使人的"类本质"进一步异化，使私有制及建立于其上的一切社会弊病以空前尖锐的形式表现出整个人类社会巨大而深刻的分裂，表现出"人屈从于自己的产物"这种颠倒的怪事。

物质劳动和精神劳动的分工是人类生产向前发展的最初的内在动力和必然趋势，其不可抗拒的必然性、自发性正根源于它构成劳动活动本身的内在本质的矛盾性。劳动活动在运动中必然表现为这二者的矛盾并发展为二者的对立，反之，又正是这种内在矛盾推动了劳动活动的运动和扩展，推动了生产力的进步，推动了人类文明的创立和发展，同时也推动人的本质的异化的产生并使之在形式上不断纯粹化、彻底化、尖锐化，从而为人的异化的扬弃以及最终为劳动活动本身异化的扬弃准备了现实的物质基础。

马克思劳动异化论具有两方面的哲学意义。一，它彻底批判一切唯心主义（包括黑格尔唯心主义）。黑格尔用精神、绝对精神作为说明全部世界历史发展的本原、本体和灵魂；现在马克思则是用现实的人的劳动实践作为说明人类历史发展（以及人类产生之后的作为人类生活环境的自然界的变化）的根源。"劳动异化论"对"精神异化论"的批判是唯物主义对唯心主义的根本批判，而从马克思对黑格尔的批判来说，是辩证的唯物主义对辩证的唯心主义的批判。二，它彻底批判旧的资产阶级的人本主义，即资产阶级的对人和人类历史的理解。包括费尔巴哈在内的以前的社会历史理论，虽然也想抓住人，对人进行科学的理解，但实际上做不到这一点。用他们所理解的抽象的人和人性说明不了社会发展和人间苦难的原因。现在马克思用劳动及其异化来说明人的本质及其异化的发展，就为对人的理解开辟了一条通向光明的道路。马克思同费尔巴哈的异化理论，其出发点和主体都是

① 《马克思恩格斯全集》第 3 卷，人民出版社 1960 年版，第 57 页。
② 《马克思恩格斯选集》第 3 卷，人民出版社 2012 年版，第 679 页。
③ 《马克思恩格斯选集》第 3 卷，人民出版社 2012 年版，第 679 页。
④ 《马克思恩格斯全集》第 23 卷，人民出版社 1972 年版，第 400 页。
⑤ 《马克思恩格斯全集)第 23 卷，人民出版社 1972 年版，第 464 页。

人，而且他们都力图用唯物主义去理解人和人的本质，但费尔巴哈所理解的只是感性存在的人，而马克思所理解的是从事感性活动的即从事劳动和实践的人，是在劳动中发展、异化从而形成现实的社会历史的人。费尔巴哈对人的理解仍然是抽象、唯心的，只有"劳动异化"概念才真正提供了科学理解人的本质的钥匙。这样，马克思才踏上了创立唯物史观的道路。

三、共产主义思想

（一）马克思共产主义思想的理论来源

马克思对空想共产主义的批判是从对蒲鲁东的无政府主义的社会经济思想的批判入手，而深入到对傅立叶、圣西门和巴贝夫等空想社会主义者的思想的彻底批判的①。因为这里面有某种一贯的，合乎逻辑的线索："自我异化的扬弃同自我异化走的是一条道路"②，空想共产主义的原则不过是它们要废除的私有制原则的普遍化和彻底化而已。因为蒲鲁东和空想共产主义者都只是从私有财产的"客观方面"即外在方面来考察，要么试图通过平均工资来取消资本(蒲鲁东)，要么把资本主义生产仅当作农业生产的补充(傅立叶)，要么主张在资本主义生产中改善劳动者的待遇(圣西门)。但马克思则是从私有财产的内在方面、主体方面来看问题，认为异化的真正扬弃、即"社会从私有财产等等的解放"，最终取决于"工人的解放"亦即"普遍的人的解放"③。在这方面，他提出了两个最具关键性的问题："(1)通过私有制同真正人的和社会的所有制的关系来确定私有财产作为异化劳动的结果的普遍本质"；(2)探讨劳动异化的根源，"这种异化又怎么以人的发展的本质为根据?"④马克思在第二份手稿和第三份手稿中，主要是解决第一个问题，而在"需要、生产和分工"这一片断中，正当马克思着手来解决第二个问题时，手稿却中断了。通过上文，我们已经在《德意志意识形态》中找到对这个问题的全面、系统而彻底的解答。但无论如何，正是马克思在《手稿》中对第一个问题的解决，导致了马克思对空想共产主义的扬弃和其科学共产主义思想的形成。

在"私有财产的关系"这个片断中，与空想共产主义对私有制进行单纯的道德批判不同，马克思运用辩证法揭示了现代资本主义连同其私有财产的反人性本质在历史上产生出来的必然性，即从资本和劳动最初的统一发展为差异、对立以致达到敌对的对立即矛盾的合乎逻辑的过程。这些分析中明显表露出黑格尔《精神现象学》中"奴隶和主人"以及"德行与世界行程"的思想的影子。而在"私有财产和劳动"这一片断中，马克思进一步讨论了劳动异化的进程如何决定私有制的进程。马克思指出，在这种关系上，国民经济学家的看法完全是颠倒的，类似于宗教改革家路德的做法：路德把宗教纳入人心的同时，也把人心归

①　马克思：《1844 年经济学哲学手稿》，人民出版社 2000 年版，第 78 页。
②　马克思：《1844 年经济学哲学手稿》，人民出版社 2000 年版，第 78 页。
③　马克思：《1844 年经济学哲学手稿》，人民出版社 2000 年版，第 62 页。
④　马克思：《1844 年经济学哲学手稿》，人民出版社 2000 年版，第 63 页。

结为宗教；亚当·斯密把私有财产归结为劳动的同时，也把劳动归结为私有财产，他们都是把异化了的人宣布为人的真正本质。当重农主义学派把"财富的主体本质已经移入劳动中"①时，他们已经不是单从私有财产的客观方面、而且是从其主体即劳动活动方面来考察了。然而"劳动还不是从它的普遍性和抽象性上被理解的"②，也就是劳动本身的异化还不彻底。因此"一个必要的进步"就在于要认识到财富（私有财产）的普遍本质，它"不是某种特定的劳动"，"而是一般的劳动"。而这种认识的进程是由劳动本身现实的历史进程决定的："地产是私有财产的第一个形式，而工业在历史上最初仅仅作为财产的一个特殊种类与地产相对立——或者不如说它是地产的获得自由的奴隶——同样，在科学地理解私有财产的主体的本质，理解劳动时，这一过程也在重演。而劳动起初只作为农业劳动而出现，后来才作为一般劳动得到承认。"③只有当劳动不再是具体的、感性的、自由自觉的生命活动，而成为由普遍交往所制约的社会一般劳动，私有制才会以如此赤裸裸的方式成为人类进行一切社会生活时渗透到每个毛孔中的普遍原则，才暴露出它违背人的本质而与"真正人的和社会的所有制"相对抗的"普遍本质"。

于是，马克思在"私有财产和共产主义"这一片断中，以"真正人的和社会的所有制"即"完成了的"（而非"粗陋的""还未完成的"）共产主义作为参照系，系统批判了过去一切空想的共产主义学说。首先是从古代柏拉图开始的"粗陋的共产主义"④。马克思指出，这种共产主义在它所主张的"共妻制"上暴露了自己的"秘密"，即："这种共产主义——由于到处否定人的个性——只不过是私有财产的彻底表现，私有财产就是这种否定"⑤。它是私有制的必然伴随物，它的嫉妒和平均欲导致从文明向野蛮倒退，"他不仅没有超越私有财产的水平，甚至从来没有达到私有财产的水平"⑥。马克思在这里特别强调了妇女地位是衡量人的解放的标尺的观点："男女之间的关系是人与人之间的直接的、自然的、必然的关系……因此，这种关系以一种感性的形式，一种显而易见的事实，表明属人的本质在何种程度上对人说来成了自然界，或者，自然界在何种程度上成了人的属人的本质。"⑦这正表明，马克思所要求的共产主义以及他对以往共产主义的批判，都是建立在对人的感性生命活动的直接性的理解之上的。这种理解，即后来表述为"实践的唯物主义"的理解，是马克思主义的哲学、政治经济学和科学共产主义的最根本的基点。

其次是具有民主或专制的政治性质的共产主义和干脆废除国家的（无政府主义的）共产主义，这两种共产主义都已意识到最终是要解放人（而不光是出于嫉妒和平均主义），但还不懂得怎样才能解放人，不懂得私有财产对于满足人的需要也具有积极的、属人的性质，因而不能简单地废除它，而要由它的自身的运动来提供扬弃私有制的现实的和理论的

---

① 马克思：《1844 年经济学哲学手稿》，人民出版社 2000 年版，第 75 页。
② 马克思：《1844 年经济学哲学手稿》，人民出版社 2000 年版，第 75 页。
③ 马克思：《1844 年经济学哲学手稿》，人民出版社 2000 年版，第 76~77 页。
④ 通常认为这里的"粗陋的共产主义"是指巴贝夫或卢梭的观点，似不正确，他们都没有提出过马克思在此着力批评的"共妻制"的思想。
⑤ 马克思：《1844 年经济学哲学手稿》，人民出版社 2000 年版，第 79 页。
⑥ 马克思：《1844 年经济学哲学手稿》，人民出版社 2000 年版，第 79 页。
⑦ 马克思：《1844 年经济学哲学手稿》，人民出版社 2000 年版，第 79 页。

根据。

那么，什么是马克思用来批判这些空想共产主义的参照呢？什么是他认为"完成了"的共产主义即"真正人的和社会的所有制"呢？

马克思说，真正完成了的共产主义"是私有财产即人的自我异化的积极的扬弃"，它是在"以往发展的全部财富的范围内生成的"，它"作为完成了的自然主义＝人道主义，而作为完成了的人道主义＝自然主义"①。人与自然的统一使人回复了人的感性活动，消除了人与社会、个人和类、存在与思维的抽象对立。共产主义就是"人以一种全面的方式，就是说，作为一个总体的人，占有自己全面的本质"②。它解放了人的感觉，使之成为了"人的"即社会性的感觉，"别人的感觉和享受成了我自己的所有物"，成了"社会的器官"，因此，"感觉在自己的实践中直接成为理论家"③，它不再是个人孤立的感觉，而是社会普遍的、随时可以"对象化"而为他人的欣赏所共鸣的感觉。因而人的本质力量的对象化和对象的人化便成为人的本质力量和个性的社会性确证。所以马克思说："理论的对立本身的解决，只有通过实践方式，只有借助于人的实践的力量，才是可能的"④，只有从"工业的历史"这部打开了的、感性的人的心理学中，才能找到扬弃异化的真正道路。所以马克思得出结论："全部历史是为了使'人'成为感性意识的对象和使'人作为人'的需要成为需要而做准备的历史(发展的历史)"⑤，"整个所谓世界历史不外是人通过人的劳动而诞生的过程，是自然对人来说的生成过程，所以，关于他通过自身而诞生、关于他的形成过程，他有直观的、无可辩驳的证明。因为人和自然界的实在性……已经成为实际的、可以通过感觉直观的，所以关于某种异己的存在物、关于凌驾于自然界和人之上的存在物的问题，即包含着对自然界和人的非实在性的承认的问题，实际上已经成为不可能的了"⑥。这就是马克思所理解的真正的、完成了的共产主义，但这同时也是"实践的唯物主义"和"实践存在论"的明白无误的表述。

很少有人把马克思的实践唯物论原理和共产主义理论在这种直接同一的意义上来理解，人们常常把科学共产主义理解为未来某个时候人类将要建立起来的某种特定的"社会制度"。但马克思本人的表述却是："共产主义是最近将来的必然的形式和有效的原则。但是，共产主义本身并不是人的发展的目标，并不是人的社会的形式。"⑦在《德志意识形态》中也有同样的表述："共产主义对我们来说不是应当确立的状况，不是现实应当与之相适应的理想。我们所称为共产主义的是那种消灭现存状况的现实的运动。"⑧马克思并不想预言家式地规划未来，他所关注的只是人的解放，即人的感性活动的解放和复归。人的感性的、现实的实践存在——这是全部马克思主义哲学、政治经济学和科学共产主义学

① 马克思：《1844 年经济学哲学手稿》，人民出版社 2000 年版，第 81 页。
② 马克思：《1844 年经济学哲学手稿》，人民出版社 2000 年版，第 85 页。
③ 马克思：《1844 年经济学哲学手稿》，人民出版社 2000 年版，第 86 页。
④ 马克思：《1844 年经济学哲学手稿》，人民出版社 2000 年版，第 88 页。
⑤ 马克思：《1844 年经济学哲学手稿》，人民出版社 2000 年版，第 90 页。
⑥ 马克思：《1844 年经济学哲学手稿》，人民出版社 2000 年版，第 92 页。
⑦ 马克思：《1844 年经济学哲学手稿》，人民出版社 2000 年版，第 93 页。
⑧ 《马克思恩格斯选集》第 1 卷，人民出版社 2012 年版，第 166 页。

说的基点和实质。

(二)马克思共产主义思想的内涵

第一,共产主义观念总述。

马克思提出的他对于共产主义的见解,集中于如下一段话中:"共产主义是私有财产即人的自我异化的积极的扬弃,因而是通过人并且为了人而对人的本质的真正占有;因此,它是人向自身、向社会的(即人的)人的复归,这种复归是完全的、自觉的而且保存了以往发展的全部财富的。这种共产主义,作为完成了的自然主义,等于人道主义,而作为完成了的人道主义,等于自然主义,它是人和自然界之间、人和人之间的矛盾的真正解决,是存在和本质、对象化和自我确证、自由和必然、个体和类之间的斗争的真正解决。它是历史之谜的解答,而且知道自己就是这种解答。"这是马克思在《手稿》中关于共产主义的全部论述的一个总提要。我们需要逐句加以简要讨论,才能抓住马克思观点中的基本之点,把握住后面论述的总联系。

"共产主义是私有财产即人的自我异化的积极的扬弃"。这里,(1)共产主义当然是对私有财产的扬弃;(2)重要的是要把它认作人的自我异化的积极的扬弃。这是反拜物教的继续。私有财产作为异化于人的对象或物质财富的东西,无非是人和人的劳动的自我异化的表现,它的本质不在物的形态本身里面,而是在主体方面的异化里面。所以扬弃私有财产的共产主义,必须着重抓住本质,即它是对主体、对人本身的自我异化的积极的扬弃。

因此,共产主义就有如下三点互相联系的基本规定。(1)它是通过人并且为了人而对人的本质的真正占有;(2)它是人向自身、向社会(即人的)人的复归;(3)这种复归是完全的、自觉的而且保存了以往发展的全部财富的。

第一点,所谓"通过人",就是说,共产主义不是单纯通过物(私有财产这种异化了的物的形态)的扬弃可以获得的,而是要通过对异化了的人本身所具有的异化性质的扬弃才能得到的。"为了人",就是说,不是单纯为了占有物,占有对象形态的财富,而是为了人本身的解放。"对人的本质的真正占有",在异化劳动和私有财产的统治和支配下,人不仅失去了外部世界(生产和生活的资料,乃至整个的自然界),而且因此失去了自身,失去了自由,失去了自己的本质,并且追究起来,人正是因为自身的异化,才导致他同物的世界相异化。所以,共产主义的意义,最根本就是要使人自己的本质得到重建,真正占有自己作为人的本质。

第二点比第一点更进一步,不仅指出共产主义是人的本质的真正占有即复归,而且强调了这种复归是"向社会的人的复归",只有向社会的人的复归才是向人自身的复归。这是"对人的本质的真正占有"的基本含义的确定,因而更加重要。马克思的意思是说,人从根本上说,就是人的社会,或是社会的人。人的本质就是社会性。在私有制和异化劳动的活动中,人异化了,丧失了他本来应能具有、享有的社会性质,变为孤立的利己的个人而同他人、同社会相隔绝、相对立。人失去了社会,也就失去了全部的外部世界,也就失去了自己作为人的地位、意义、价值和本质。在这一点上最深刻地表现了人的本质的自我异化。马克思在这里着重提出的这一观点,同在第一份手稿里谈的"类"和"类本质"相比,是一个重要的思想进展。而人的社会本质是人的自身的活动、劳动的最根本的产物。

第三点，"这种复归是完全的、自觉的并且保存了以往发展的全部财富的"。共产主义的复归不是倒退，不是对以往全部文化和文明的抽象否定，而是一种人类自身的辩证发展。离开了这种自我发展，就不可能有人对人自己本质的真正占有，就不可能向社会的人的复归。在马克思看来，异化不仅是消极的、否定的，而且也是必然的、有意义、有价值的人类发展阶段。共产主义不是抽象地同私有制对立的，毋宁说正是异化阶段的必然的辩证进展。在私有制和人的异化中得到高度发展的生产力、工业和科学，为丰富具体的共产主义创造了现实的前提。

"这种共产主义，作为完成了的自然主义，等于人道主义，而作为完成了的人道主义，等于自然主义。""自然主义"是用自然界及其规律来解释一切的学说，在17世纪到18世纪哲学上的自然主义是同唯灵论作斗争的唯物主义学说。"人道主义"一词是《马克思恩格斯全集》中文版第42卷中的译法，人民出版社的《手稿》中文单行本译为"人本主义"。现在通译为"人道主义"。马克思在这里用人道主义的含义，是同自然主义相比较的，是强调以人为中心为本位来理解和说明世界的一种哲学观点。人道主义在外文中本来就是一种强调人本身、强调人的价值和尊严的学说或思想，不只具有道德的意义。

马克思说，他所说的共产主义，作为一种充分贯彻到底的自然主义就等于人本主义，而作为一种充分贯彻到底的人本主义也就等于自然主义。这是什么意思呢？这是马克思用这两个概念的一致来表达他自己的唯物主义。自然主义把自然界认作世界的唯一真正的本体和基础，人也是自然物之一，这是唯物主义。人本主义强调人是世界的真正主人，人本身具有最高的价值，同时人还是人类社会历史上的一切创造物的主体本质和基础。马克思认为这二者都是重要的，并且应该统一起来。充分发展了的完备的以自然界为基础的唯物主义，应该以人为中心，而充分发展了的完备的人本主义，应该把人本身首先看作是自然界的一部分，与自然主义相一致。因为在马克思看来，人本身是自然物质的感性的存在和力量，并不是单纯唯灵论的存在，人的主体活动的基础是劳动、实践，是物质的感性的活动，是人本身的自然力量同外部自然界之间的能动关系。因此，我们要在自然唯物主义的基础上着重强调人的作用和意义，同时要把人及其活动本身主要理解为自然的物质的感性活动。人是在自然界和对象中实现自己的，而自然界也要成为人化的自然，通过人的活动使自然界达到更高的发展阶段。马克思所要肯定的唯物主义不是片面地强调自然或强调人的学说，而是把这两者高度统一的学说。共产主义扬弃了把人和人、人和自然对立起来的异化，因而实现了人和人、人和自然界的统一，所以它是这样的唯物主义的实现。这种唯物主义包括了以往自然主义和人本主义发展的全部丰富成果，并且是它们的高度发展了的统一。

马克思说，这样的共产主义因而"是人和自然界之间、人和人之间的矛盾的真正解决，是存在和本质、对象化和自我确证、自由和必然、个体和类之间斗争的真正解决"。这是因为，从马克思上述的辩证的历史的唯物主义看来，这样一些矛盾着的对立面，它们的本性是统一的，或者说是能够统一的。在异化劳动和私有财产下，人的活动异化了，人自身异化了，因而人同自然界，同别人，同类，同自己生产的对象之间，也统统异化了，因而这一切对立的方面都处于尖锐的无法解决的矛盾之中。共产主义既然扬弃了异化，也就必然会恢复人的社会的本质、恢复人和自然界、人和人、人和物之间的正确关系，使上述种种矛盾得到真正的解决。所以，马克思得出结论说，共产主义，"它是历史之谜的解答"，它掌握了这些矛盾的秘密，理解了这些矛盾的本质和如何解决这些矛盾，所以，"它知道自己就是这种解答"。

马克思的这个纲要，概括了他站在唯物主义的(从自然界和人本身出发，这种人的本质是社会的实践的主体活动)和辩证的(把异化看作是人类社会发展的必由之路，把扬弃这种异化看作是人类自身的必然发展，是保存了以往全部发展成果的否定之否定)立场，去考察历史中发生的一切矛盾(它们无非是人类自我异化的形式)及其解决的成果。因此，马克思把自己哲学思想的精华集中于他的共产主义概念之中。通过这一概念，马克思表述、阐发并形成了自己的新世界观。

第二，对共产主义观点的具体阐述。

马克思首先论述了关于共产主义是人向自身即向社会的人的复归这一思想，并反映出它是对人和自然、人和人、个体和类、思维和存在的矛盾的解决。马克思指出："我们已经看到，在被积极扬弃的私有财产的前提下，人如何生产人——他自己和别人；直接体现他的个性的对象如何是他自己为别人的存在，同时是这个别人的存在，而且也是这个别人为他的存在。"在私有财产的制度下，人们生产的目的不是为别人，而是为了交换价值，为了得到私有财产，得到自己的谋生的资料，为了得到物的财富。"被积极扬弃了的私有财产"就不再是私有财产，而是共产主义下的对象化生产了。在这种生产的条件下，人对物质财富的生产，同私有制的生产的根本区别就在于，它是为了人的。任何个人的产品作为这个人个性的对象化，既体现了他自己的存在，又体现了别人的存在，因为它为别人提供了生活、享受、发展的对象、源泉；这个产品既体现了他为别人而存在，为别人劳动，又体现了别人为他而存在，他需要别人对他的产品、对体现他的个性的对象的享受与评价，作为发展他自己的品质、能力的源泉。在扬弃了私有财产的共产主义生活中，人们的劳动的产品不再使人与人相隔绝，相对立，相异化，而是彼此生产着对方和自己的存在和丰富性，生产着人本身。这样人或人的总和，既不是人与人之间的一场战争，也不是一种单纯的"类"或"物种"，而是在生产活动中，在人的一切活动中彼此生产的"社会"。人的本质就是在他们的这种相互生产中形成的，即在社会中形成的。每个人的存在、生命、本质都是在同别人、同社会的互相生产中生产出来的。社会生产每个人。每个人都生产着别人，生产着社会。"因此，社会性质是整个运动的一般性质；正像社会本身生产作为人的人一样，人也生产社会。"这是马克思的重要结论。人们通过劳动生产，不仅生产产品，更重要的是生产着别人和自己的存在以及相互的关系，生产着人本身和社会。人就是社会。人和人的本质，都是社会生产出来的。所以，社会性才是人的本质。人的本质不是自然界里动物"物种"或某种抽象的人的共同体"类"的属性，而是人和人彼此相互生产出来的，具有无比丰富的历史发展的特性。扬弃私有财产就是恢复人的社会本质。在这里，"活动和享受，无论就其内容或就其存在方式来说，都是社会的，是社会的活动和社会的享受"。这就是说，不仅活动和享受的内容实际上都是社会创造的，人们相互创造的，而且，由于消除了劳动和产品的异化性质，消除了私有制下活动和享受似乎只是孤立的、彼此隔绝的、彼此敌对的个人行为的状况，使活动和享受的存在方式也成为社会性的了。人们直接感受到他们的活动和享受都是同其他人一致的、相互创造的、互为的，而不是靠异

33

化的私有财产来进行的了。

首先，向"社会的人"的回归，是人和人，人和自然界之间矛盾的解决。"自然界的人的本质只有对社会的人说来才是存在的；因为只有在社会中，自然界对人说来才是人与人联系的纽带，才是他为别人的存在和别人为他的存在，才是人的现实的生活要素；只有在社会中，自然界才是人自己的人的存在的基础。"所谓"自然界的人的本质"，是指自然界、对象作为人的活动和享受的对象的性质和意义。它"只有对社会的人来说才是存在的"，因为在私有财产的形态中，它对劳动者来说实际上已经失去了为人的意义。只有在"社会"中即在共产主义里，他的自然存在成为人们相互的创造、社会的创造的结果，所以才成为他人的存在，具有人的意义的存在。同时，他自己的自然存在，所有别人的自然存在，以及整个外部的物的世界，对他说来才不再是一种异己的东西，异己的对象，异己的环境，谋生的手段，同自己的人的本质相对立的物的世界，而是人的世界。这整个的外部世界、物质世界、自然界才真正具有人的意义。共产主义扬弃了私有财产同人的异化关系，使人和自然界(整个客观世界)统一了起来，"因此，社会是人和自然界完成了的本质的统一，是自然界的真正复活，是人的实现了的自然主义和自然界实现了的人本主义"。人本身的自然和人面对的自然界，在共产主义的社会中都获得了新生。"社会"是自然主义和人本主义的真正实现：自然界真正成为人的基础和对象，人化的自然，自然界通过自己的产物人而把自己发展到一个高级阶段，这是自然界的真正实现或新生；人重新获得了全部自然界，获得了自己感性活动感性生活的全部真正基础，使人本身得到了真正的实现。人和自然界同时都得到了真正的解放。

人向自己社会本质的复归，也是个体和类、意识和现实生活、思维和存在之间矛盾的解决。在共产主义中，个人和社会是一致的。把社会当作抽象的普遍共同体同个人对立起来，这是异化劳动所形成的人的自我异化的突出表现，是私有制下的现象。后来马克思在《德意志意识形态》中曾着重分析过这一点。在《共产党宣言》中，马克思提出以下著名论点："代替那存在着阶级和阶级对立的资产阶级旧社会的，将是这样一个联合体，在那里，每个人的自由发展是一切人的自由发展的条件。"这个"联合体"就是《手稿》中的"社会"，它不再是同各个人相敌对的抽象的东西，本身就是一切人的自由发展，这种一切人的自由发展正是以各个人的自由发展为条件的。而每个个人，也就在这种同一切人共同的自由发展中，成为具有真正社会性的个人。所以，共产主义"社会"，是个体和类、意识和生活、思维同存在的一致。

其次，向"社会的人"的复归是马克思关于共产主义的最核心的规定，而其他两点则是对它的进一步阐发和说明。它是历史之谜的解答，也是马克思对以往提出的一切理论问题的解答。因为理论之谜无非是现实生活之谜的思想表现。共产主义作为现实生活之谜的现实解决，必将带来理论之谜的解决。在此基础上，马克思深入探讨了共产主义的另两点有关的规定，即：它是人对自己本质的真正占有和它是对私有财产的积极的扬弃的含义。

马克思探讨这一问题是从这样一种唯物主义的认识论观点出发的：人的本质是在他同对象之间发生的能动和受动的关系中形成和发展起来的。人在劳动和各种生活活动中能动地改变世界，使自己的性质对象化、创造出体现自己本质的对象，又通过享受、消化这些对象，客观地确证和发展自己的人的主体本质，再生产他自己的人的本质。因此，马克思把人的感性本质——感性活动和感性意识等，当成人的本质中现实的基础的东西，着重给予了考察。并且认为，人的本质是在历史现实中发展的，异化和异化的扬弃对人的本质的发展形成具有最深刻的意义。这种历史的考察，就构成马克思考察人对自己本质的占有的基本线索。

马克思认为：在私人财产下，人失去了自己从事活动的材料和对象，失去了进行感性的活动、劳动、生活和感性意识的源泉，失去了获得自己的人的感性本质的源泉。私有制使人们变得这样愚蠢片面，以致达到这样的程度。一个对象，只有当它被我拥有的时候，或者作为我的资本，或者作为我正在吃、喝、穿、住的对象的时候，我才把它看作是我自己对象。人们的一切活动和享受都被限制在这样一种狭隘的范围之内，我有多少钱，有多少私有财产，我的眼睛才能看到多远，我的耳朵才能听到多大范围内的声音，我才能有多大范围的活动和享受。人们的全部肉体的感觉和精神的感觉，都绝对地受私有财产这种异化的权力所支配而贫困化，一切人的感觉因而都异化为一种单纯的感觉，即"拥有"的感觉。追求私有财产的占有这样一种感觉和欲望，便成了他唯一的起决定作用的感觉。马克思认为这种感觉的绝对贫困和非人化将导致它的反面，人将从自身产生出它的丰富性。这种转变将由扬弃私有财产来实现。

扬弃私有财产，消除了对象的异化，必将"是人的一切感觉特性的彻底解放"。在共产主义下，"为了人并且通过人对人的本质和人的生命、对象性的人和人的产品的感性的占有，不应当仅仅被理解为直接的、片面的享受，不应当仅仅被理解为占有、拥有。人以一种全面的方式，也就是说，作为一个完整的人，占有自己的全面的本质"。"这种扬弃之所以是这种解放，正是因为这些感觉和特性无论在主体上还是在客体上都变成人的。"人和对象都发生了深刻变化：人不再是一种异己的，不被当作人看待的对象，人们相互把对方当作人，因而他自己也和别人一起成为人；对象世界不再是异己的即私有财产这种同人对立的对象世界，它成为"人的"对象，向人展开了它的怀抱，使人的全面丰富的本质、力量得以充分发展和对象化。这样人就成为完整的人，同别人同社会一致而非分裂非异化的人，他所面对的自然界和社会这个对象世界也成为真正的人所应能占有的对象世界。而人就能从对象所具有的、体现了人自身的全面丰富的本质力量中，去确证自己、肯定自己，发展自己的人的本质。

人能占有对象，是因为主体方面有同对象相应的器官，而人的器官、感觉、思维、活动等之所以能存在和有意义，又只是因为它有相应的对象。从主体方面看，真正意义的占有，就表现为人的全部器官同对象发生全面的人的关系。人的全部器官——视、听、嗅、味、触觉、思维、感情、活动、意志等的器官，打破了私有财产的限制和束缚，得到了自己的对象，得到了运用和发展的天地。并且，人不仅是通过个体的器官同对象发生关系，更重要的是通过社会的器官同对象发生关系。

同主体方面的改变，即"需要和享受失去了自己的利己主义性质"变成社会的人的需要和享受相一致，"自然界失去了自己的纯粹的有用性"。自然界不再是人们单纯地用以充饥御寒等满足自己原始的生活需要的对象，也不再是作为私有财产的形式、作为人谋取自己肉体生存的有用的对象，而成了人们借以发展自己的全面本质、供人们从事创造活动和享受的对象。扬弃了异化的社会的人，对自然界加工改造，把自己的全部创造力、本质力量，以及真善美的本质，都倾注在自然界和对象上。这样，自然界作为社会的人的活动和本质的对象化，也就具有了深刻的人的本质。人在享受、感受这个自然界中，也就从中客观的感受到人自身的力量，感受到人本身的真、善、美的本质。人不再把自然界仅仅看作为维持生活所需的对其有用的对象，而是从物中感受到人本身。自然界成了对象化的人的本质。

人的感性的生活和感觉，是人的现实存在的本质。共产主义解放了人的感性和人的对象，使人的本质得到了现实的解放。这里关键在于通过革命的实践，实际地解决劳动的异化、人自身的异化和私有财产的异化，解决人与人的对立，实现社会的人自身，使人占有自己的人的本质。所以，马克思说，"只是在社会状态中"，主观主义和客观主义，唯灵主义和唯物主义(这里指旧唯物主义，即对于对象只从客体上去把握，而不从人这个主体方面去把握的片面的唯物主义学说)，活动和受动才失去它们彼此的对立，并失去它们作为这样的对立面的存在。因为这种理论的对立，无非是现实感性生活的异化和对立的表现，所以，"理论的对立本身的解决，只有通过实践方式，只有借助于人的实践力量，才是可能的"。理论对立的解决决不只是认识的任务，而是一个现实生活的任务。以往的哲学没有能解决这个任务，正因为它把这仅仅看成是认识的任务。黑格尔、费尔巴哈的哲学也是这样的。只有在实践中，才能解决现实生活的任务，从而才能解决理论的任务，然而这也就是需要哲学本身的根本改造。实践的观点，是马克思哲学的根本观点，马克思在这里所讲的实践，已经有了深刻的内容和极其丰富的规定。

再次，马克思在对工业和科学的分析基础上，提出了人在劳动中的历史性生成。

"在社会主义的人看来，整个所谓世界历史不外是人通过人的劳动而诞生的过程。"人通过劳动而自我产生和自我创造，这是马克思的深刻洞见。1863 年，赫胥黎依据达尔文进化论，在进行了彻底的解剖学研究之后，肯定了人是从某些猿类进化而来的。只是在这之后，通过进一步的大量考古发掘的科学研究，人们才肯定了劳动在从猿到人演变过程中的决定作用。马克思关于人通过自己的劳动而诞生的观点，不仅预示了后来这一重大的科学发现，更重要的是提出了这样一种历史观：人类的全部历史是在劳动的基础上通过异化而发展，通过扬弃异化而得到自我解放的过程。这是一种真正现实的、实践的人的自我创造过程。在这种劳动和实践中，人创造了自身，创造了自己丰富的本质，创造了自己的独立和自由。这样，异己的凌驾于自然界和人之上的创造主问题，即否定自然界和人的实在性的观点，就再也没有存在的理由了。因为人以双脚自己站立这件事情，在社会主义或共产主义中，由于扬弃了异化变成了一个实践的感性的现实。

四、对黑格尔哲学的扬弃

具体来说，马克思《手稿》的主题严格说来只是政治经济学批判，其意图正如马克思在"序言"中所说的，是想在"国民经济学"(即政治经济学)所涉及的相关范围内对国家、法、道德、市民生活等进行批判，"最后再以一本专门的著作来说明整体的联系、各部分的关系以及对这一切材料的思辨加工进行批判"①。即是说，首先要"通过完全经验的分析"对国民经济学进行认真的批判，由此引入对社会历史的批判和共产主义理论，最后以对黑格尔辩证法和一般哲学的批判结束。这就构成了该手稿的"经济学(包括社会批判)—哲学"的结构。然而，从实质上来看，马克思的思维发展过程与这一表述过程恰好是相反的，即马克思并不是从经济学中总结出哲学的原理，而是在用已经形成了的、能够适合于"完全经验的分析"的哲学原理去剖析经济学的事实。因此，要真正理解《手稿》的内在思路，必须"倒过来"读，即从最后一部分对黑格尔哲学的批判读起，才能最迅速地把握马克思在国民经济学的批判研究中到底想达到什么目的。当然，这两部分也不是相互脱离的。马克思在批判国民经济学时，暗地里处处都在影射和批判黑格尔，而在批判黑格尔辩证法时，主要又是针对黑格尔对待经济学观点(如劳动观点)的哲学立场。但马克思是从青年黑格尔派开始转向唯物主义的，因而对一般哲学，尤其是对黑格尔哲学的批判就成为理解他的思想发展历程及其内在结构的起点。

巴黎手稿的主题是"批判"，而真正彻底的批判是对批判本身进行批判。然而在马克思看来，当时的青年黑格尔派布鲁诺·鲍威尔之流所叫嚷的"批判的批判"，完全是非批判的和形式上的，只有费尔巴哈从本质上对于用来进行批判的黑格尔辩证法进行了批判。费尔巴哈指出：(1)哲学不是人的本质，而只是人的本质的异化；(2)人的真正本质是人的现实，即人与人之间的社会关系；(3)这个本质的现实是"积极地以自身为根据的肯定"②，即人(包括哲学家自己)的直接的出发点，而不是抽象的、哲学上的"否定之否定"的结果。费尔巴哈以此来推翻黑格尔从神学抽象物出发并由间接性回到直接性，最后又恢复到神学抽象物这样一种虚假的"实证科学"，而主张真正从直接性来建立起实证的科学，使之成为具有"感性确实的，以自身为根据的肯定"③。

马克思的唯物辩证法正是吸取了费尔巴哈这一直接性、感性和实证的基本立场，并用来批判改造黑格尔的唯心辩证法而形成起来的。这首先体现在对黑格尔哲学的"真正诞生地和秘密"的批判的揭示上。马克思指出，黑格尔哲学表面上似乎是从《逻辑学》开始的，然而其"真正的"诞生地其实并不是逻辑学，而是"精神现象学"。这就意味着，对黑格尔哲学的理解不能从那不知从何而来，也不知存在于何处的"客观的"哲学精神出发，而应从哲学家本人意识的主观经验出发，并把那种客观精神看作不过是人的主观思维的异化。但是，正由于黑格尔在《哲学全书》中从抽象的、超人的哲学思辨即逻辑学开始，其"绝对理念"就成了一个"举止如此奇妙而怪诞、使黑格尔分子伤透了脑筋的"④谜，它掩盖了黑格尔超人的绝对精神不过是哲学家个人意识经验的异化物这一"秘密"。其实，精神现象学并不像黑格尔自己宣称的那样，只是其哲学体系的"导言"或"前科学"，相反，它是整个黑格尔哲学(包括逻辑学)的暗中理解和注脚，是真正的开端。所以，精神现象学不应当划归"应用逻辑学"，相反，逻辑学本质上来自于现象学，是现象学展示了纯逻辑概念

---

① 马克思：《1844年经济学哲学手稿》，人民出版社2000年版，第3页。
② 马克思：《1844年经济学哲学手稿》，人民出版社2000年版，第96页。
③ 马克思：《1844年经济学哲学手稿》，人民出版社2000年版，第97页。
④ 马克思：《1844年经济学哲学手稿》，人民出版社2000年版，第115页。

如何通过哲学家本人的思维自我异化的历程而产生出来，并颠倒为凌驾于哲学家本人之上的"绝对知识"的。马克思从这一视角出发，就揭示出黑格尔的"双重的错误"。

第一个错误在于："哲学家——他本身是异化了的人的抽象形象——把自己变成异化的世界的尺度。因此，全部外化历史和外化的全部消除，不过是抽象的、绝对的思维的生产史。因此，异化……是抽象的思维同感性的现实或现实的感性在思想本身范围内的对立。"①在这里，纯思、自我意识取代了人，成了人的本质。黑格尔预先非批判地用自己的抽象思维这一异化尺度裁割了感性现实及其历史，使之成为不过是在抽象概念之中的历史。所以"逻辑学是精神的货币"②，它自以为具有"绝对尺度"的本质，实际上不过是精神价值的抽象（异化）的代表。

黑格尔的第二个错误体现在"应用逻辑学"即自然哲学和精神哲学中，这就是对人的本质力量的感性现实重新占有和恢复时所采取的抽象的唯心主义方式，这种方式同样根源于现象学。在现象学中"黑格尔晚期著作中那种非批判的实证主义和同样非批判的唯心主义——现有经验在哲学上的分解和恢复——已经以一种潜在的方式，作为萌芽、潜能和秘密存在着了"③。换言之，日常素朴意识不顾黑格尔的抽象，要求把感性的对象世界归还给人并扬弃异化，因此黑格尔在将现实世界异化为哲学家的抽象思维和逻辑理念之后，也不能不考虑重新恢复感性世界的形象。但他却把整个过程置于哲学思维本身，即在异化中来扬弃异化。这样，"感性、宗教、国家政权等是精神的本质，因为只有精神才是人的真正的本质，而精神的真正的形式则是能思维的精神，逻辑的、思辨的精神"，自然界和历史的人类性就成了"抽象精神的产品"④。所以，逻辑理念要外化出自然界，也不过是纯思的哲学家以纯思的方式"想到了"自然界，因为他在绝对理念中感到了"无"，感到了"寂寞"和"对内容的眷恋"。但是"当他把自然界从自身释放出去时，他实际上从自身释放出去的只是这个抽象的自然界……只是自然界的思想物"⑤。但他欺骗自己，仿佛这样一来，他就弥补了抽象理念的不足，而把真正现实感性的自然界克服了、吞并了。其实他只是从字面上、思想上克服了这个本来就是思想物的对象，真正现实的对象则原封未动。

黑格尔的上述两个错误是"汇集了思辨的一切幻想"⑥，即一方面，"意识，也就是作为知识的知识、作为思维的思维，直接地把自己冒充为有别于自身的地者，冒充为感性、现实、生命"，从而把人和自我意识等同起来；另一方面，他又"重新通过这个外化的形态确证了精神世界，把这个世界冒充为自己的真实的存在，恢复这个世界，假称在自己的异在本身中就是在自身。……黑格尔的虚假的实证主义或他那只是虚有其表的批判主义的根源就在于此"⑦。对黑格尔哲学的"秘密"的这一揭示表明，黑格尔首先通过抽象、异化而把现实的人及其感性的对象性置之不理，至多在抽象异化的形式中用逻辑理念冒充感性

---

① 马克思：《1844 年经济学哲学手稿》，人民出版社 2000 年版，第 99 页。
② 马克思：《1844 年经济学哲学手稿》，人民出版社 2000 年版，第 98 页。
③ 马克思：《1844 年经济学哲学手稿》，人民出版社 2000 年版，第 100~101 页。
④ 马克思：《1844 年经济学哲学手稿》，人民出版社 2000 年版，第 100 页。
⑤ 马克思：《1844 年经济学哲学手稿》，人民出版社 2000 年版，第 117 页。
⑥ 马克思：《1844 年经济学哲学手稿》，人民出版社 2000 年版，第 109 页。
⑦ 马克思：《1844 年经济学哲学手稿》，人民出版社 2000 年版，第 109 页。

现实；真正彻底的批判则要求追溯这种抽象或异化的感性现实的根源，即追溯在人的现实的感性活动中到底发生了什么。马克思由此发现了人的感性活动(实践、劳动)的自我异化和自我否定的本质倾向。

马克思指出："因为《现象学》坚持人的异化——尽管人只是以精神的形式出现——所以它潜在地包含着批判的一切要素，并且这些要素往往已经以远远超过黑格尔观点的方式准备好和加过工了。"①例如，他"站在现代国民经济学家的立场上。他把劳动看作人的本质"②。正如国民经济学将异化劳动宣布为人的本质，黑格尔也只看到劳动的积极方面，而没有看到其消极方面，只知道并承认抽象的精神劳动。但他毕竟以抽象的方式为马克思理解现实的人及其历史提供了哲学前提。"因此，黑格尔的《现象学》及其最后成果——辩证法，作为推动原则和创造原则的否定性——的伟大之处首先在于，黑格尔把人的自我产生看作一个过程，把对象化看作非对象化，看作外化和这种外化的扬弃；可见，他抓住了劳动的本质，把对象性的人，现实的因而是真正的人理解为他自己的劳动的结果。"③换言之，人要实现自己的本质，使自己成为现实的、"类"的存在物，必须充分发挥自己的本质的，类的力量，"而这首先仍然只有通过异化的形式才有可能"④。能动的、否定的辩证法——劳动及其对象化和异化——异化的扬弃——人，作为类的现实的人，这些在马克思和黑格尔那里都是同一层次的概念。不同的是，黑格尔只在异化范围内扬弃异化。他把劳动仅仅理解为异化劳动，把人的本质理解为异化了的人——思辨哲学家，其最高的类的现实性则是高踞于一切个体之上的绝对精神、上帝。马克思则直接从现实的人的感性活动出发，通过对现实社会历史的分析看出，人的能动的社会实践不仅具有对象化和异化的本质倾向，而且具有扬弃异化、真正实现人的类本质或感性本质这一必然前景。马克思由此建立了实践唯物论的基础，即人的现实的、感性的能动活动。这种活动不是抽象的主体，而是"对象性的本质力量的主体性"⑤；它建立于对象性的自然存在物(即感性的人)的自然力、生命力之上，但又不止于直接的自然状态，而是通过"历史"，通过"一种有意识地扬弃自身的产生过程"而使人成为"类存在物"⑥。可见，正是对黑格尔哲学的批判，把马克思带到了对人的直接的对象性活动、感性实践活动即劳动的深入研究，而这一研究通过费尔巴哈给他提供了对古典国民经济学进行批判的基本立足点。马克思的异化劳动理论、马克思的共产主义理论、马克思的历史唯物论都是建立在这一对黑格尔哲学的批判的扬弃的基础之上的。

---

① 马克思：《1844 年经济学哲学手稿》，人民出版社 2000 年版，第 100 页。
② 马克思：《1844 年经济学哲学手稿》，人民出版社 2000 年版，第 101 页。
③ 马克思：《1844 年经济学哲学手稿》，人民出版社 2000 年版，第 101 页。
④ 马克思：《1844 年经济学哲学手稿》，人民出版社 2000 年版，第 101 页。
⑤ 马克思：《1844 年经济学哲学手稿》，人民出版社 2000 年版，第 105 页。
⑥ 马克思：《1844 年经济学哲学手稿》，人民出版社 2000 年版，第 107 页。

第三章 实践唯物主义的大纲
——《关于费尔巴哈的提纲》解读

一、被传统哲学遗忘的"实践"

《关于费尔巴哈的提纲》①(以下简称《提纲》)是马克思于 1845 年春旅居比利时的布鲁塞尔时所写的笔记,这些笔记写在他的 1844—1847 年的笔记本中,笔记上端写着:"1.关于费尔巴哈"。这是匆匆写成的准备作进一步研究、写作用的提纲,当时并没准备发表。马克思逝世五年之后,恩格斯在整理马克思的遗稿时发现了这个提纲,1888 年恩格斯在自己的《路德维希·费尔巴哈和德国古典哲学的终结》一书的附录中第一次发表,发表时的标题为《马克思论费尔巴哈》。这篇不到一千五百字的提纲,以警句的形式凝结着马克思哲学思想的精华,它第一次较系统地概括了新世界观的基本思想,在马克思主义发展史上占有极其重要的地位。恩格斯称它是"包含着新世界观的天才萌芽的第一个文献,是非常宝贵的"②。

《提纲》概括了马克思《1844 年经济学哲学手稿》和马克思、恩格斯第一部合著的《神圣家族》所取得的重要成果,表明马克思已最终克服了费尔巴哈人本主义的唯物主义,并意识到自己的哲学同资产阶级哲学的本质区别。马克思在两个根本观点上同一切旧哲学划清了界限:第一,提出了"哲学家们只是用不同的方式解释世界,而问题在于改变世界"的结论,概括了马克思主义哲学的根本特征,以革命实践的观点同一切旧哲学划清了界限;第二,提出了人的本质"是一切社会关系的总和"的科学论断,与费尔巴哈以"抽象的人"为基础所建立的唯心史观,与黑格尔以"绝对精神"为核心所建立的唯心史观彻底划清了界限。正是从这两个主要观点出发,马克思开始清算自己以前的哲学观点,走上创立历史唯物主义的道路。马克思与恩格斯于 1846 年春完成的《德意志意识形态》详细地阐发了《提纲》的观点。当然,马克思对费尔巴哈的抽象的人的批判并不是从《提纲》才开始的,早在《1844 年经济学哲学手稿》中,马克思就提出了人的本质是"社会的本质",在《神圣家族》中开始以"现实的人"的论述超越出费尔巴哈"抽象的人"。但是,当时的马克思还没有从根本的世界观和整个理论体系上与费尔巴哈划清界限,对费尔巴哈的批判还不可能彻

---

① 《马克思恩格斯选集》第 1 卷,人民出版社 2012 年版,第 133~140 页,以后凡引此文不再注出处。

② 《马克思恩格斯选集》第 4 卷,人民出版社 2012 年版,第 219 页。

底。又如在《1844年经济学哲学手稿》中马克思虽然提出了"人的本质是人的真正的社会联系"①的科学论断，也积极寻求解决"现实的人"（指资本家和工人）之间的矛盾的出路。但是，对这些问题的理论概括，还沿用了费尔巴哈的术语，把人概括为"类存在物"，把人的本质抽象为"类的本质"，把工人被资本家剥削的事实概括为"人的本质的异化"。而《提纲》是马克思最终脱离费尔巴哈这个"中间环节"而开始系统创立马克思主义哲学的转折点，是马克思转向彻底的辩证唯物主义和历史唯物主义的重要标志。

《提纲》作为开始创立马克思主义哲学的转折点，究竟发生了什么根本的转变呢？或者说一种根本区别于旧世界观的崭新的世界观的立足点是什么呢？那正是被传统哲学所遗忘的实践。整个《提纲》从阐述实践的观点出发，又归结到"改变世界"的实践，体现着马克思主义哲学在哲学史上所实现的伟大革命。

传统哲学在何种程度上遗忘了实践呢？撇开古希腊以存在为主题的哲学，也不谈中世纪的唯灵论和教父哲学，我们仅仅以德国古典哲学的历程为例就可以清楚看出实践处于何种位置以及它是怎样被近代哲学所遮蔽的。

近代哲学的主题是认识论。从培根和笛卡儿开始的哲学家们凭着理性（广义上的）万能的信念，反思人的认识能力，试图在认识的主体中达到人与自然、思维与存在的统一。经过唯理论和经验论的反复斗争，近代哲学已经提出了这一根本问题：人与自然、思维和存在如何可能是一致的？从康德到费尔巴哈都是在解决这一矛盾的努力中发展起来。德国古典哲学极大地发挥了人的主体能动性思想，但这一切都是在认识论领域或者说在纯粹思想领域发生的。可以说，伟大的德国古典哲学家们发动了一场意在遮蔽、埋没、遗忘感性实践的意识形态革命。

康德所提出的哲学的根本问题从认识论的立场表述为：先天综合判断如何可能？康德试图通过对人类已有的科学知识进行分析，探寻使科学知识成为可能的先天条件。他发现，任何知识都是"我思"的原始自发的统觉能力运用范畴将感性材料统摄为一个"对象"的结果，没有自我意识、我思的能动性这种先验能力，人类不可能产生任何科学知识。经过知性形式、先验范畴去规范感性材料，人的经验就获得了固定的、确实的形式，也就成为客观必然的有关"对象"的知识了。而人的认识的感性经验、材料虽然是由意识之外的客观存在（物自体）刺激人的感觉而提供出来的，但这些材料及其在知性的统摄、整理下所形成的全部知识并不反映物自体的本来面貌，只是呈现一种现象。而现象背后的物自体是不能被我们所认识的。为什么会如此呢？依康德看来，一切出现于意识中的东西都只有从属于意识本身的规律才有可能，换句话说，出现在意识中的现象已经是意识依据自己的规律对之进行加工、改造的结果，它们是意识的创造物，作为被创造者当然必须同创造者一致，而跟物自体无关。认识的过程是主体整理感性现象、形成认识对象的过程，因而是离物自体愈来愈远的过程。因此，物自体世界就被设想为一个摆脱因果、必然性的"自由"世界，它不属于认识和科学领域，而属于实践和道德领域。康德试图通过审美判断力来达成二者的统一，解决科学与道德、思维与存在、主体和客体的矛盾。由于人类改造客观物质世界的实践活动没有被真正的考察，认识主体的先验性与认识客体的不可知性无法

---

① 《马克思恩格斯全集》第42卷，人民出版社1979年版，第24页。

得到说明，主客矛盾当然无法解决。

费希特在德国古典哲学中第一个站出来批判康德而同时又把康德的主体能动性思想加以进一步发展。费希特首先认为，并不是仅仅在纯粹认识论领域，而是在人类所有的知识领域，人的知识中的客体都是由主体所建立起来的，而自我本身不是由客体所建立的，而是自发的、能动的。人类经验和知识的唯一根据是自我意识。这样一来，在康德的认识论中起先验范导作用的原始自发的综合统一就扩展成在所有知识领域起根本作用的自我意识。与此同时，费希特把自我或自我意识看成是永恒的运动的源泉，是绝对第一性的东西，它不受自我之外的某种经验材料所规定，这样，康德的自在之物就被排除了。费希特的绝对自我通过它的本质所规定的自由的活动即"自我设定自己""自我设定非我与自己对立"，"自我在自我之中对设一个可分割的非我与可分割的自我相对立"三个阶段实现自己。但是，由自我所建立起来的非我客体，并不是真正的客体。因此，主体在自身中设定自己和自己的对立面，并意识到这个对立面其实还是自己这样一种内部过程，必定导致唯我论。因此，费希特的主体也不是真正的实体，实际上非我以自己特有的、不为自我所理解的方式限制自我，决定自我，这样，自我的主体性就成了一种被决定的东西，而丧失了其自发性、能动性了。被费希特所夸大的自我的能动性、主体的自发性只能产生于实践活动之中。自我要避免唯我论只能现实地变革客体。但是现实地变革客体的实践活动还远远没有纳入费希特的思维之中。

谢林"同一哲学"的出现使费希特的"自我哲学"黯然失色了。谢林认为：一切知识都以客观东西和主观东西的一致为基础。他把知识中一切纯客观的东西称为自然，一切主观的东西称为自我。依谢林看来，在认识活动中，表象、主观必须与客体自然一致，并随客观的变化而变化。在实践活动中，主观的、自我的东西应当支配感性世界，客观的东西被我们内心自由作出的表象所决定。谢林认为，这两种情况是矛盾的：要得到理论的确定性，就得丧失实践的确定性，反之，要得到实践的确定性，就要丧失理论的确定性。因此，哲学的最高任务就在于回答："如何能把表象认作是以对象为准的同时又把对象认作是以表象为准的问题"①，谢林认为，既不能像费希特那样以自我为根据，那样会丧失理性的确定性，又不能以自在之物为根据，那样会丧失实践的确定性，更不能像康德那样既以自我，又以自在之物为根据，那样会牺牲理性和实践二者的确定性。谢林断言，作为哲学根据和最高原则的，应当是主体和客体、思维和存在的"绝对同一"，也就是绝对的理性或精神。谢林哲学虽然是唯心主义的，浸透了神秘主义，但包含着一个合理思想，这就是思维和存在都遵循同一的规律，这是一切理论的绝对前提，否认这一前提，必然导致不可知论。然而，谢林哲学也面临着自身的内在矛盾。如果绝对同一先于人的一切思维和意识而存在，人又怎么能够知道并断言它的存在呢？人总得为这种"绝对"提供某种证明，但"证明"作为一种有限的人类思维活动又如何能达到无限的"绝对"呢？谢林认为，绝对同一与人类有限的自我相通，不是通过逻辑推理和证明这样一些有限的规定方式，而是凭借神秘的直观，即理智直观和艺术直观，在其中，人超出其有限的自身而体验到有限与无限的同一，从而静观到并且忘我地投身于那个绝对的同一。这样一来，绝对同一就是一种

---

① 谢林：《先验唯心主义体系》，梁志学、石泉译，商务印书馆 1997 年版，第 14 页。

只可意会、不可言传、不可规定和表达的东西了，只能靠个别人的天才和灵感才能领悟。最客观最绝对的东西成了最主观、最偶然的东西。当然，谢林无法认识到：实践才是主体与客体真正统一的基础与本源。

黑格尔哲学是德国古典唯心主义哲学发展的最高阶段。他一方面继承并发展了由康德所发挥的主体能动性思想，另一方面进一步发展了能动的、革命的辩证法观点，使这两种思想在绝对唯心主义的框架内得到最充分的展开。

黑格尔肯定了谢林所提出的"主体与客体绝对同一"的原则，但他认为，问题在于要对这个绝对同一及其发展过程进行概念的把握，真正将它描述为一个具有普遍必然性的有规律的过程。只有这样，每个人才能凭自己的普遍理性认识到这种同一，而不是靠天才的灵感或直觉才能领悟。思维与存在的同一，只能是具有普遍必然性的逻辑的东西。逻辑的东西凭自身的普遍必然性，既是人类思维的具有确定性和普遍可传达性的规律，又是客观世界的真理和本质，它才是真正贯穿在自然界、人类社会历史和精神生活中的本体。它不仅表明自己是本体，而且表明自己是如何以逻辑的必然性创造出万物。这就是"绝对精神"。"绝对精神"要具有这种创造一切、变化一切的主体能动性，必须是一种具有无限的"自己运动"的辩证本性的逻辑。如果说黑格尔以前的德国唯心主义最终只能通过主体的非逻辑的自发能动性来实现自由和必然的同一的话，那么黑格尔则使这种能动性本身成了一个客观必然过程，成了一种理性思维的逻辑过程。通过这种能动的逻辑，黑格尔使主体变成了客体，又使客体变成了能动的主体。因此，在黑格尔哲学中，逻辑学、本体论、认识论三者合一了。首先，客观精神这种既是能动的，又是必然的本性出自于逻辑的本性。形式逻辑的同一律是把差异和矛盾排除在外的，而真正的同一是有差别的同一，这种差别必然演变为矛盾，显示出矛盾是同一更深刻更本质的东西，矛盾就是同一个事物内部自己运动的根据。真正必然的东西是那包含内在矛盾、内在不安和冲动而把自己发展出来的东西，是具有能动的主体性和自由本性的东西，这就是逻辑的本性。其次，主客体、思维与存在的同一也是认识的本性。黑格尔认为，真正的认识，不仅是投入对象，更是回到自身并通过对象"回忆"自身。因此，认识并不是一种直观、静观，而是能动地从对象本身的规定性中达到概念，并在概念的推演中显示概念的自由能动本质，也就是主体自身的能动本质。认识从根本上只能是自我认识。最后，自由和必然的统一更体现为精神本体自由地发展自己、展示自己、实现自己的过程。在黑格尔看来，人类精神本质上是一个自由的王国，但这个自由只有通过必然的规律才能真正实现出来。尽管人们自由地创造着自己的历史，但历史却体现为一个必然的过程。这种必然性超越于每个人的目的和自由之上，但实际上它正是植根于每个人的真正的自由本质之中。当人们还没有意识到自己的真正自由本质的时候，历史必然性是一种异己的力量，但当人们一旦认识到历史正是根据于他们的自由本性在发展，他们就能自觉地服从历史的客观必然性。

黑格尔通过唯心主义辩证法，对近代以来直到谢林为止的思维和存在的矛盾做了最彻底的扬弃，使自然界、人类历史和思维成了一个贯通起来的统一整体和过程，并试图揭示这一过程的内在规律。然而，黑格尔哲学包含着自身巨大的矛盾，这就是能动的、革命的辩证法与其抽象僵硬的体系之间的矛盾。"一方面，它以历史的观点作为基本前提，即把人类的历史看作一个发展过程，这个过程按其本性来说在认识上是不能由于所谓绝对真理的发现而结束的；但是另一方面，它又硬说自己是这个绝对真理的化身。关于自然和历史的无所不包的、最终完成的认识的体系，是同辩证思维的基本规律相矛盾的……"①，辩证的、发展的革命内容窒息在绝对精神的体系之中。同时，由于黑格尔的辩证法使主体实体化了，使能动的实践活动成了思维创造存在的中介，并使能动的实践限制在纯粹精神和思维本身的领域，而和感性的人类现实实践活动脱离了联系。不仅客观存在，人类实践，而且主体的人，全部都只存在于纯粹思想的王国。黑格尔的"绝对精神"及其王国仍与真实的感性的现实世界处于尖锐的对立之中。马克思主义认为黑格尔哲学具有巨大的历史感，不仅指认了黑格尔哲学所强调的客观必然性与人类自由本性的统一，更为重要的是肯定了二者之间的变动性、过程性、历史性的合理之处，但是，二者统一的根据究竟是什么，它们是如何统一的？由于黑格尔哲学是不知道现实的感性的活生生的人类实践活动的，因此，他就无法把这种统一从纯粹的精神王国下降到现实王国，更无法发现现实深处的矛盾，他的理论就变成了为现实辩护的保守理论，甚至沦为神的避难所。

费尔巴哈哲学的出发点正是从对黑格尔哲学的清算开始的。他说："黑格尔哲学是近代哲学的完成，因此新哲学的历史必然性及其存在理由，主要是与对黑格尔的批判有联系的。"②他把思辨哲学看成是"醉熏熏的思想"，是"理性的神学"，是"神学的最后避难所和最后支柱"。费尔巴哈认为，黑格尔哲学在思维的范围内使思维和存在达到形式上的统一，问题在于如何达到思维和现实的感性存在的统一。黑格尔恰好把感性存在撇在一边了。而费尔巴哈则主张直接从感性的人出发，因而也就是从感性的自然界出发。他认为，人的感性才是人和自然、精神和肉体、思维和存在同一的真正根据。并由此建立了自然主义的人学：首先，人是统一的、完整的实体，以身体为基础。我们可以在理论上把人分割为精神和肉体，但在生活中，它们是绝对不可分割的。精神不过是大脑的机能和产物，而大脑则是自然的产物。器官即身体从哪里来，它的机能即精神也从哪里来。其次，人和自然界是不可分割的统一体，以自然界为基础，人依靠身体同客观世界发生物质的、精神的关系。人借助于外部客体而再生产自己，说明了人就是自然界的人，具有自然的本质。最后，人和人之间是统一的。他特别强调人和人社会关系的基础首先是男女的自然性的联系。正是人类自己的再生产这种实在的、感性的自然过程，证明了人和人之间的统一的真实可靠性。

费尔巴哈从自然的人、感性的人出发，唯物主义地建立了思维与存在的统一性。他把自然和人确立为新哲学研究的主要对象。他热情地呼唤：观察自然、观察人吧，在这里你们可以看到哲学的秘密。这种建立在直观的感性前提下的人与自然、思维与存在的统一，对整个德国古典唯心主义是一个彻底的颠覆。在此之前的德国思辨哲学家们认为，主体思维的能动性是主客观统一的条件或根据，没有这一根据，就会导致二元论或不可知论。但费尔巴哈发现，只有从感性的直接性中才能找到二者统一的根据。这一同一性将以最亲切、最明了、最合乎人性的常识的方式展示人与人、人与自然的本来面目。

---

① 《马克思恩格斯选集》第 3 卷，人民出版社 2012 年版，第 794 页。

② 费尔巴哈：《未来哲学原理》，见《费尔巴哈哲学著作选集》上卷，生活·读书·新知三联书店 1959 年版，第 147 页。

但是，费尔巴哈的哲学产生了更加尖锐的矛盾。第一，直观唯物主义诉诸人的感性的自然时，他没有把这种感性理解为感性活动。在这里，事物、现实、感性都只是从客体或者直观的形式去理解，而不是从主体的、能动的方面去理解，人的感性的、现实的实践活动消失不见了。第二，当他把感性存在当作人的直接本质并用来解释人的社会活动时，陷入了唯心主义。特别是当他把"爱"这一感性存在的方式作为人类的理想和真正的宗教教条来崇拜时，他的理论与社会存在、社会现实的状况和矛盾就完全脱节了，成了空洞的说教和抽象的名词。

马克思主义哲学作为"实践的唯物主义"是从德国古典哲学的全部成果中，特别是批判地吸取了黑格尔辩证法和主体能动性思想，以及费尔巴哈的唯物主义的基本内核的基础上产生和发展起来的。马克思以人的实践活动为出发点。他说，人的实践活动，是客观世界的改变、人自身的改变、人和世界的关系的改变三者一致的真正基础和根据。在这里，人的现实的社会实践活动能动地改造自然、改变着历史的进程、改变着人自身，人的自由的主体性通过这一活动得到真正的实现。这是历史之谜的真正解答。他把自然、社会和人类精神的永恒运动和发展真正置于唯物主义的大地之上。从《提纲》开始，思维和存在、自由和必然、人和社会的矛盾被诉之于人类面向未来而进行不懈努力的社会实践活动，诉之于无产阶级争取自身解放和全人类解放的革命活动了。

二、新世界观的全面确立

《提纲》以实践为核心，全面创立新的世界观，其基本思想，有着内在的严密的逻辑联系。《提纲》大致划分为三个部分：第一条和第二条构成第一部分，是新世界观的总纲；第三条至第十条构成第二部分，是新世界观的具体展开；第十一条构成第三部分，是新世界观的结论。

第一部分　新世界观的总纲

从本体论维度确立实践对物质、自然、感性，对思维、精神、意识的双重决定作用。作为新世界观的总纲，第一部分是以后各条的理论前提。

《提纲》第一条的中心思想指出，包括费尔巴哈在内的一切旧唯物主义的根本缺陷是不了解革命实践的意义，即不了解物质、自然、感性对实践的依赖关系。离开人的感性活动，离开主体的人的历史发展去研究感性自然，只能是机械的直观的被动的唯物主义。下面从三个方面去理解：

第一，新唯物主义用实践理解整个物质世界。它批判旧唯物主义只把客观世界看作认识对象，而不把客观世界首先当作实践的对象、改造的对象，把认识世界和改造世界割裂开来的直观性思维方式。

"从前的一切唯物主义"包括古代朴素唯物主义和近代形而上学唯物主义，特别是指17世纪、18世纪英国、法国的唯物主义及19世纪德国费尔巴哈的人本学唯物主义。这些唯物主义都坚持主张物质决定精神，把认识看作客观世界的反映，坚持唯物主义反映论的观点。费尔巴哈在解决思维与存在何者为第一性的问题上，认为"思维与存在的真正关系只是这样的：存在是主体，思维是宾词。思维是从存在而来的，然而存在并不来自思维"①。在费尔巴哈的著作中"事物、现实、感性"三个词都是指客观世界的意思，其中也包括人。在他的心目中客观世界是与人的实践活动无关的纯客体。他说"凡是你所能看到的，没有经过人的手和思想接触过的，都是自然界"②，而又把人当作自然界的一部分，自然界是人存在的根据。他说"自然是与存在没有区别的实体，人是与存在有区别的实体。没有区别的实体是有区别的实体的根据——所以自然是人的根据"。③ 他提出口号"观察自然，观察人吧！在这里你们可以看到哲学的秘密。"④那么客观事物怎样反映到人的头脑中来呢？由于费尔巴哈不了解实践在认识中的作用，所以只能强调直观，认为"直观是生活的原则"⑤甚至说"直观提供本质、真理、现实……直观的成效，是货真价实的"⑥。所以马克思在《提纲》第一条指出费尔巴哈对事物"只是从客体的或者直观的形式去理解"。就是说他把客观事物、人和现实社会等，都当作与人的实践活动毫无联系的客体去理解，或者离开人的实践活动，把人看作只以消极被动的感性直观去认识客观对象的感受主体。他对事物不是"从主观方面去理解"，是指费尔巴哈不把客观事物当作实践的对象、手段、结果，因此也不了解人在实践过程中有目的地改造客观事物的能动性。同一切旧唯物主义一样，他把人对客观世界的关系，只看作反映与被反映的关系，不看作改造与被改造的关系，不懂得人在变革现实的实践中认识世界的能动性。

　　马克思和恩格斯在《德意志意识形态》中批判费尔巴哈"没有看到，他周围的感性世界决不是某种开天辟地以来就直接存在的、始终如一的东西，而是工业和社会状况的产物，是历史的产物，是世世代代活动的结果，其中每一代都立足于前一代所奠定的基础上，继续发展前一代的工业和交往，并随着需要的改变而改变他们的社会制度。甚至连最简单的'感性确定性'的对象也只是由于社会发展、由于工业和商业交往才提供给他的，大家知道，樱桃树和几乎所有的果树一样，只是在几个世纪以前由于商业才移植到我们这个地区。"⑦恩格斯在《自然辩证法》中也批判旧唯物主义，说它忘记了人也反作用于自然界，改变自然界，为自己创造新的生存条件。地球的表面、气候、植物界、动物界以及人类本身都不断地变化，而且这一切都是由于人的活动。这些都是针对旧唯物主义的直观性所作的生动批判。人类生存必须依赖于自然界，不可能生活在自然界之外，但是人周围的自然界本身，决不是它在人类出现以前的状况。人类在自己发展的历史中总是根据自己的需要和可能不断地改变着自己周围的自然环境。更重要的事实是，人不可能生活在社会之外，人们要生存就必须从事物质生产活动，而人们如果不以一定方式结合起来共同活动和互相交换其活动，便不能进行生产。为了进行生产，人们便发生一定的联系和关系，只有在这些社会联系和社会关系的范围内，才会有他们对自然界的关系，才会有生产。人的全部生

①　费尔巴哈：《费尔巴哈哲学著作选集》（上卷），商务印书馆1984年版，第115页。
②　费尔巴哈：《费尔巴哈哲学著作选集》（下卷），商务印书馆1984年版，第592页。
③　费尔巴哈：《费尔巴哈哲学著作选集》（上卷），商务印书馆1984年版，第116页。
④　费尔巴哈：《费尔巴哈哲学著作选集》下卷，商务印书馆1984年版，第592页。
⑤　费尔巴哈：《费尔巴哈哲学著作选集》上卷，商务印书馆1984年版，第116页。
⑥　费尔巴哈：《费尔巴哈哲学著作选集》上卷，商务印书馆1984年版，第115页。
⑦　《马克思恩格斯选集》第1卷，人民出版社2012年版，第155~156页。

活都依赖于社会，现代社会本身，是人类世世代代活动的结果。所以必须重视人的感性的、对象性的物质活动，即实践活动的重要意义，尤其是社会的生产实践活动的决定意义。

第二，由于唯心主义从反面夸大了人的能动性，而旧唯物主义否认了人的能动性，所以旧唯物主义不能彻底克服唯心主义。

马克思指出："和唯物主义相反，唯心主义却发展了能动的方面，但只是抽象地发展了。"在这里，马克思首先指出了唯心主义优越于唯物主义的地方，即对人的能动性、主动性的张扬。从我们前面对德国古典哲学历程的简要追溯中可以看出，从康德到黑格尔的唯心主义无一不贯穿着能动性的思想。马克思又指出，问题在于，一切唯心主义哲学都夸大精神、意识的能动性，甚至把它说成是支配一切的独立实体。因此，真正现实的能动性被抽象化了、神化了。如黑格尔把"绝对精神"说成是真实的存在、宇宙的基础，在自然界和人类社会出现以前，只有"绝对精神"存在着，由于它自身的辩证发展而外化（即创造）出自然界和人类社会。主观唯心主义者休谟把人的感觉当作唯一真实的存在，看作一切事物的基础，认为宇宙万物都由于人的感觉而存在。显然，这些说法都无限地夸大了精神、意识的作用，抽象地讲精神、意识的决定作用，而认识不到精神的能动性只能来源于现实的人的主体能动性。而现实的人的主体能动性只能来源于具体的现实的感性实践活动。所以马克思指出唯心主义抽象地发展了人的能动方面。

与一切唯心主义哲学相反，旧唯物主义则主张意识对物质、人对其周围世界的绝对的依赖性。只有外部世界影响人，决定着人的物质生活和精神生活，而人只是受外部世界影响的消极客体，只能是无所作为地直观着世界的存在物。如费尔巴哈说，他的哲学与对象发生感性的，也即受动的、领受的关系。上述两个方面各走极端，彼此对立。《提纲》第一条批判了在思维与存在关系问题上这两种片面性。运用唯物辩证法考察人和周围世界的关系，一方面是外部世界作用于人；另一方面人也反作用于外部世界。两者的相互作用是在实践基础上的统一，即表现为主体与客体在实践基础上的统一。

第三，费尔巴哈对实践错误理解的根源何在？

在德国古典哲学中是费尔巴哈对德国古典唯心主义展开了第一次反击。马克思指出："费尔巴哈想要研究跟思想客体确实不同的感性客体，但是他没有把人的活动本身理解为客观的活动。"是指费尔巴哈在批判黑格尔唯心主义时坚决反对把神秘的"绝对观念"这种"思想客体"作为研究对象，这是正确的。但是，费尔巴哈不把人的活动看作改造世界的客观物质活动，因而他不能从人的实践活动的角度来理解感性客体与思想客体。在费尔巴哈的著作中也曾多次出现"实践"概念，而且从字面上看，他也非常重视实践的作用。他说，理论所不能解决的疑难问题，实践将为你解决。理想到实在的过渡，只有在实践哲学中才有它的地位。但他并不理解实践的意义。在大多数情况下，他把人的生理活动如呼吸、吃、喝看作最基本的实践活动。有时他把实践看作利己主义的活动，如在《基督教的本质》一书中说：直到今天，犹太人还不变其特性。他们的原则，他们的上帝，乃是最实践的原则，是利己主义。他崇尚理论的活动，他认为理论的直观是充满喜悦的，在自由知性之光中，对象像金刚石一样闪发出异样耀目的光辉，像水晶石一样清彻透明。只有通过理论活动才能认识自然；有时他还把实践混同于理论。例如他说，什么是理论？什么是实践？它们的区别在哪儿呢？仅仅在我的头脑中的就是理论，而在许多人的头脑中的就是实践。凡此种种说法，都说明费尔巴哈不懂得实践的科学含义。因此，《提纲》第一条指出"他在《基督教的本质》一书中仅仅把理论的活动看作真正人的活动，而对于实践则只是从它的卑污的犹太人活动的表现形式去理解和确定"。正由于费尔巴哈不了解实践的意义，所以他的唯物主义是不彻底的。他说：我不能承认肉体从我的精神派生出来，因为我必须先吃饭或先能吃饭，然后思想，而不是先思想，然后吃饭，我不思想却能吃饭，譬如动物，但我不吃饭却不能思想。费尔巴哈在这里提出了，人首先要能够生存，然后才能进行思考这个重要的问题，但是他就此止步不前了。他没有提出人类生存所必需的物质生活资料必须通过物质生产实践才能获得的问题。当然，他更不会再进一步分析生产活动不是个人单独进行的，必须结成一定的社会关系进行生产并交换其活动，也必然不会得出人们的活动不仅包括他们对自然的影响，而且也包括人们彼此之间的影响的科学结论。

由于费尔巴哈不了解实践的意义，所以就不能正确认识人和动物的本质区别。他说，究竟什么是人跟动物的本质区别呢？是"严格意义上的意识"，在人里面的真正人的东西的特征是理性、意志、心。费尔巴哈同法国 18 世纪的唯物主义者一样，把人与动物的本质区别只归结为人的理性、意志、感情等活动。即人的精神生活和理论认识的能动性。所以马克思批判费尔巴哈"仅仅把理论的活动看作真正人的活动"。由于费尔巴哈不了解实践的意义，所以他就永远找不到从他所反对的思想客体过渡到感性客体的通道，也就无法真正地克服思想客体对世界、对社会甚至对费尔巴哈本人的主宰、异化、压制，最后他还是滑入到唯心主义的老路上去了。

马克思从上述三个方面批判了费尔巴哈不了解"革命的""实践批判"活动的意义，同旧唯物主义一样，离开人的社会性和社会实践，抽象地、形而上学地考察人和客观现实之间的关系。这是费尔巴哈和一切旧唯物主义者陷入唯心史观的认识根源。

第二条的中心思想是从本体论维度指出实践对思维的决定作用，即用实践理解整个精神世界。对这一条我们要从两个层次上来解读。

第一，从认识论层次上解读。绝大多数马克思主义研究者都从字面上理解这一段，指出马克思针对旧唯物主义关于真理标准的错误观点，证明了实践是检验认识真理的唯一标准。这种理解没有错。在马克思主义产生以前，关于什么是真理标准的问题一直没有得到正确的解决。一切唯心主义者都否认真理内容的客观性，以不同方式从认识本身去寻找真理的标准。因此他们提出的标准总是主观的。旧唯物主义者承认真理的客观性，但是他们不了解实践在认识中的决定作用，所以把认识看成是对客观事物的直观被动的反映，也不能正确地解决真理标准的问题。如费尔巴哈在一般情况下，强调把感性直观当作检验真理的唯一标准。但是对社会领域认识的真理标准问题，他又提出，多数人的意见一致就是真理。他说：真理的东西不仅仅是我或您的创造物，而是大家的创造物。那种把我和您联合起来的思想，就是真理的思想。只有这样联合才是真理的标准、标志和确证。后来费尔巴哈又进一步解释：别人跟我意见一致仅仅是"真理之第一特征"，而人类的理性才是真理的尺度。他说，类是真理之最终尺度，跟类之本质相一致的就是真的，跟类之本质相矛盾就是假的。真理就只有这样一条法则，除此以外就没有了。可见费尔巴哈无论以个人的感觉为依据的"感性直观"或多数人的意见一致，还是以人类"理性"当作真理的标准，都没有超出人的感觉或意识的范围，仍没有脱离主观标准。针对费尔巴哈的错误观点，马克思提出："人应该在实践中证明自己思维的真理性，即自己思维的现实性和力量，亦即自己思维的此岸性。"在这句话里，"真理性""现实性和力量""思想的此岸性"三个词的含义是一致的。"真理性"是指人的认识与客观事实相符合、一致；"现实性和力量"是指正确反映了现实的思维，可以通过实践转变为现实，正确的思想一旦掌握了群众就会变成改造客观世界的物质力量。思维的正确性只能在实践中得到证明。这里讲的思维的"力量"，一方面是指人们可以通过事物的表面现象而达到对事物内在本质的认识，即深刻地反映事物的本质的力量；另一方面是指正确的思想，通过实践活动可以转化为改造客观事物的现实力量，使预先思考的思想内容转化为现实。"思维的此岸性"是指人的思维具有能动性，可以正确地认识客观事物的本质。"此岸"与"彼岸"是康德哲学的术语。康德认为"自在之物"是离开人的意识而独立存在的，也是人们认识的来源。但是人们的认识能力是有限的，只能认识自在之物的现象不能认识"自在之物"自身。在本质和现象、"此岸"和"彼岸"之间存在着不可逾越的鸿沟。黑格尔在唯心主义范围内批判了康德把本质和现象割裂开来、绝对的对立起来的不可知论。论证了本质和现象的辩证统一，强调意识具有通过现象认识本质的能力。所以在黑格尔那里思维的"此岸性"即指思维的能动性。马克思在这里使用"思维的此岸性"词义，是从黑格尔那里借用来的，按唯物主义的含义解释人的认识的能动性，即思维具有透过事物的现象反映事物的本质的能动性，整个物质世界对我们的认识来讲都是可以认识的，都属于"此岸世界"。

"关于离开实践的思维是否具有现实性的争论，是一个纯粹经院哲学的问题。"在这里马克思指出，一切旧哲学，离开社会实践标准去争论什么是真理的问题，必然陷入烦琐哲学或神秘主义。所谓经院哲学是指中世纪占统治地位的一种哲学。其特点是脱离实际，反对研究自然界和人类社会的各种现实问题，用繁琐的、形式主义的抽象思维方式为基督教的各种信条作论证。后来人们把这种脱离实际、引经据典、咬文嚼字的研究风气称作经院哲学或繁琐哲学。如果离开实践去争论某种理论、思维是否具有真理性，那就失掉了判断的标准，就像中世纪经院哲学的争论一样繁琐无聊。通过批判旧哲学的错误，从正面肯定了实践是检验认识真理性的唯一标准。

第二，本体论层次上的解读。首先，我们不能孤立地看这一条，而应该把它与第一条联系起来。如果说第一部分是总纲，确立了以实践为核心的新世界观。而第一条主要是从本体论维度强调实践对物质世界的本原作用。那么第二条必定也是从本体论维度强调实践对精神世界的本原作用。强调实践对精神的本原作用绝对不能用实践是检验认识真理性的唯一标准这一认识论问题来代替。我们以前之所以把这一条简单理解为认识论问题是因为我们对实践也仅仅从认识论上去理解。俞吾金先生说："事实上，马克思一直是从本体论维度出发去理解实践活动的。"①他甚至还把马克思的《提纲》与恩格斯的《路德维希·费尔巴哈和德国古典哲学的终结》加以比较，特别指出恩格斯着重从认识论框架来讨论思维与存在的关系并引出实践问题。在引用了恩格斯论述哲学基本问题第二方面关于对不可知论的反驳的一大段话后，俞吾金认为恩格斯把实践看成了认识论一个环节，对后来的马克思

---

① 俞吾金：《重新理解马克思》北京师范大学出版社 2005 年版，第 92 页。

主义哲学的解释者产生了重大影响。列宁在《哲学笔记》中写道：理论观念(认识)和实践的统一——要注意这一点——这个统一正是在认识论中。而马克思把人的实践活动看成理解人与物的关系的本体论基础，当然也是认识与思维的本体论基础。马克思还把自己的学说作为"实践的人道主义"与无神论的"理论的人道主义"对立起来。

因此，核心的问题是如何从实践的本体论维度重新理解实践检验认识的真理性问题。上面我们已经介绍过了，对真理标准问题的回答历来有两种，即独断论和怀疑论。关于独断论，黑格尔是代表。在他那里"对这个问题的肯定回答是不言而喻的，因为我们在现实世界中所认识的，正是这个世界的思想内容……在这里，要证明的东西已经默默地包含在前提里面了"①。而休谟和康德的怀疑论已经由费尔巴哈和黑格尔对他们作了驳斥。尽管这种驳斥并不深刻。黑格尔之所以独断，费尔巴哈之所以不深刻，正是由于他们都只是限于肯定思维能够认识存在的物质世界，这或者是因为断言存在本来就是思维的外在形态，或者是因为断言存在就是思维的本质，而都忽略了思维怎么样才能认识存在，为什么能认识存在的问题。马克思认为是感性实践活动，恩格斯认为是实验和工业才使我们的思维能够认识存在。如果我们通过实践活动能够制造出某一自然过程，按照它的条件把它生产出来，并使它为我们的目的服务，从而证明我们对这一自然过程的理解是正确的，那么康德的不可捉摸的自在之物就完结了。

我们还要进一步追问，为什么我们制造某一自然过程并使它为我们的目的服务就能证明我们的认识是正确的呢？恩格斯在《终结》中举了两个例子说明问题。第一个是我们现在能够从煤焦油中提取我们过去只能从茜草中提取的色素了。证明茜草已经被我们所认识。第二个是天文学家运用哥白尼学说推算并发现了一个新行星，证明了哥白尼学说是正确的。对第一个例子的考察，我们认为问题在于从茜草中提取色素和从煤焦油中提取色素没有本质不同，都是制造了一个自然过程，但是否能证明我们对这一过程的理解是正确的呢？中国古代的阴阳学说、经络学说、炼丹学说甚至原始巫术都能有效地制造某一自然过程，是否就证明他们对事物的结构、性质、规律的理解就是正确的呢？对于第二个例子，问题在于，哥白尼学说及后继者并没有制造新的行星及其运动过程，只是发现了这一过程，却也同样能证明其学说的正确性，那么制造某一过程是否有必要？其实这两个问题都不难解决，因为人类的实践活动具有历史性和内在性。对于历史性，18世纪意大利哲学家维科曾经提出过一个原则："如果谁创造历史也就由谁叙述历史，这种历史就最确凿可凭了。"②因为人在他所创造的东西中认识的就是他自己，认识与创造其实是一回事。恩格斯的例子只是把维科的历史主义认识论扩展到了自然界本身。实践标准和实用标准的本质区别就在于其中的历史主义精神，也就是既承认实践在历史中的相对性，又突出其作为无限过程的绝对性。因此从茜草中提取色素发展到从煤焦油中提取色素说明人类对某一物的认识获得越来越多的确证、获得越来越大的效用，也就证明了我们人类的认识越来越趋向绝对真理。对于内在性，人们通常把实践理解为外在的物质过程，这是不符合马克思的原意的。马克思在《1844年经济学哲学手稿》中说："工业的历史和工业的已经生成的对象性

---

① 《马克思恩格斯选集》第4卷，人民出版社2012年版，第231页。

② 维科：《新科学》，朱光潜译，人民文学出版社1987年版，第145页。

的存在，是一本打开了的关于人的本质力量的书，是感性地摆在我们面前的人的心理学；对这种心理学人们至今还从它同人的本质的联系，而总是仅仅从外在的有用性这种关系来理解。"①马克思、恩格斯关注的正是实践的内在性一面，即把实践理解为主体的有目的的活动来考察。所以，当我们按照哥白尼的学说，借助科学仪器发现了一个新的行星时，尽管我们没有改变客观世界，但我们掌握了外部世界的本质和规律，为我们改造外部世界奠定了更加完善的主体素质，这本身就是人在自然界中的实践能力的扩大。因此，思维怎么样才能认识存在、为什么能认识存在，就在于实践活动的效用历史性的展开和主体能力的扩展。

但是，为什么实践活动的效用历史性的展开和主体能力的扩展能证明思维的真理性呢？人们通常看到人类的实践是连接主体和客体的中介和桥梁，认为这才是它能作为检验认识真理性标准的理由。这仍然是传统符合真理论的观点。而马克思恩格斯的真理观是对符合真理观的扬弃，它立足于一种"直接真理论"，即立足于在实践活动中的感性的、直接的自明性。实践之所以能成为真理的标准，是因为在主客观分离之前它本身就已经是真理的直接呈现，马克思说："感觉在自己的实践中直接成为理论家。"②具有历史性和内在性的真正的人的感性活动本身体现了人对自己以往全部发展的深刻认识，体现了人对自己的本质和对象之间的全面丰富关系的认识，并且是这种认识的现实的实现。这种感觉是在实践中人的感性和理性的统一、生活和理论的统一。"人不仅通过思维，而且以全部感觉在对象世界中肯定自己。"③这种感觉，对于对象世界的感性占有也就直接变成了理论家，它是现实的感性的有血有肉的理论家。科学只有从历史的内在的感性活动出发，它才能成为真正的科学。马克思开创了把思维和存在的关系诉之于在感性活动中的本源的未分化的统一的崭新思路。

因此，从本体论的维度正面理解马克思提纲第二条的深刻含义是：思维或思想产生的根源、思维的内容、思维发展的动力、检验认识真理性的标准、认识最终目的以及其现实性的确证全部都从属于人类的感性实践活动。后来马克思在《德意志意识形态》中进一步提出并阐述了社会存在决定社会意识的观点。

第二部分　新世界观的具体展开

马克思在第三条至第十条中把实践观全面应用于社会历史领域的研究，批判了旧唯物主义、唯心主义在历史观上的错误观点，分析其认识根源，并概括地表述了历史唯物主义的基本观点。

第三、四、五条，批判旧唯物主义在对待人与环境、教育的关系问题上和宗教问题上由于否认人的社会实践的意义和作用陷入唯心主义。

第三条主要指出，通过实践能动地改变环境，同时在改变环境的实践中也不断提高人的主体能力的一致性。批判旧唯物主义，由于不了解社会实践在社会生活中的作用，而不能正确地解释人和环境、教育的关系，在社会存在与社会意识的关系问题上陷入唯心主

① 马克思：《1844 年经济学哲学手稿》，人民出版社 2000 年版，第 88 页。
② 马克思：《1844 年经济学哲学手稿》，人民出版社 2000 年版，第 86 页。
③ 马克思：《1844 年经济学哲学手稿》，人民出版社 2000 年版，第 87 页。

义。马克思在这一条提出，"有一种唯物主义学说，认为人是环境和教育的产物。因而认为改变了的人是另一种环境和改变了的教育的产物"。这是指十八世纪法国唯物主义者爱尔维修、霍尔巴赫等人的观点。这些观点后来为十九世纪的空想社会主义者和费尔巴哈等唯物主义者所继承。他们曾提出过"人是环境的产物"这一唯物主义的命题。但是，由于他们不了解实践在认识过程及社会生活中的决定作用，脱离社会生活去分析人和环境的关系。所以，他们把"环境"归结为法律和执行法律的政治制度。如爱尔维修反复强调法律造成一切，法律决定我们的行为，把法律夸大为社会历史发展的决定因素。那么追根求源，怎样才能制定好的法律，出现好的环境呢？他们强调这取决于人的理性，只有进行完善的道德教育，改善人们的理性，使人们建立"明确的健全的道德观念"，才可能完善国家的法律和政体。这样，他们就陷入了"环境决定人"和"人（所受的教育和法律制度）决定环境"的循环论证之中。为了摆脱困境，他们不得不求助于"伟大的人物"或"天才"。爱尔维修说必须有天才，才能用好的法律代替坏法律。一些伟大的君主在那里召唤天才，天才召唤幸福。这样，他们又回到了把理性当作社会发展最后决定力量的唯心史观。完全颠倒了社会存在与社会意识的关系。他们认为"理性"只能由"少数天才"掌握，而广大群众只能接受英雄人物的教育。这又必然得出英雄创造历史的结论。所以马克思批判"这种学说忘记了：环境正是由人来改变的，而教育者本人一定是受教育的。因此，这种学说必然把社会分成两部分，其中一部分高于社会之上"。

恩格斯在发表《提纲》时，为便于理解，增添括号内的一句话："（例如在罗伯特·欧文那里就是如此）"。这是以欧文的观点为例，说明唯心史观的表现。罗伯特·欧文（1771—1858年）是英国著名的空想社会主义者。他的哲学观点是直接从十八世纪法国唯物主义的观点出发的。他认为，私有财产、宗教迷信和资产阶级婚姻制度等等所构成的环境，是造成人们愚昧无知和一切罪恶的根源，只有以真正的理性和正义所造成的社会主义环境，才能造就出身心健康的人。但是，这种社会主义的理性只有依靠天才人物、上层的开明统治者、厂主等去发现，而工人群众是不会发现这种真理的。所以实现社会主义只能是自上而下地改造环境，从而改变人民群众，教育他们身心健康、品格高尚、幸福快乐。欧文为实现这一理想，1824年到北美洲建立了"新和谐"共产主义移民区做试验。以后又以其他形式，经过多年努力最终在资本主义的竞争中失败而破产。1829年他回到英国直接从事工人运动，为把英国工人阶级组织起来，做了不少有益的贡献。恩格斯说，当时英国的有利于工人的一切社会运动、一切实际成就，都是和欧文的名字联在一起的。但是由于他的世界观所局限，为追求他的理想而做的许多试验都是失败的。

马克思指出："环境的改变和人的活动的一致，只能被看作是并合理地理解为革命的实践。"这句话科学地概括了人和环境的关系是在实践基础上的辩证统一。一方面承认环境（自然的和社会的环境）影响人，另一方面又要承认人也要改造、影响环境，在彼此相互作用中，人通过社会实践表现出能动性。人类正是在实践中改变周围的环境并改变人自身的，他们总是在实践中受到教育，提高认识，又反过来更好地改造客观环境，体现了改造客观世界与改造主观世界在实践基础上的辩证统一。只有理解了这一点才能克服旧唯物主义的局限性，才能理解新世界观所实行的变革的实质。

马克思和恩格斯在《德意志意识形态》中对主客体在革命实践中的辩证的历史的统一

作了进一步的阐发："历史不是作为'源于精神的精神'消融在'自我意识'中而告终的，历史的每一阶段都遇到一定的物质结果，一定的生产力总和，人对自然以及个人之间历史地形成的关系，都遇到前一代传给后一代的大量的生产力、资金和环境，尽管一方面这些生产力、资金和环境为新的一代所改变，但另一方面，它们也预先规定新的一代本身的生活条件，使它得到一定的发展和具有特殊的性质。由此可见，这种观点表明：人创造环境，同样，环境也创造人。"[1]马克思还把上述思想与共产主义运动联系起来，他指出："无论为了使这种共产主义意识普遍地产生还是为了实现事业本身，使人们普遍地发生变化是必需的，这种变化只有在实际运动中，在革命中才有可能实现；因此革命之所以必需，不仅是因为没有任何其他的办法能够推翻统治阶级，而且还因为推翻统治阶级的那个阶级，只有在革命中才能抛掉自己身上的一切陈旧的肮脏东西，才能胜任重建社会的工作。"[2]对这一基本观点，毛泽东在《实践论》中作了深入阐发，并明确地概括无产阶级和革命人民改造世界的斗争，包括实现下述的任务：改造客观世界，也改造自己的主观世界——改造自己的认识能力，改造主观世界同客观世界的关系。

第四条，中心思想是分析和批判费尔巴哈的宗教观。

马克思指出，由于费尔巴哈不了解社会实践在社会生活中的作用，他虽然在反对宗教的斗争中做出了卓越的贡献，但他没有正确地认识宗教产生的根源及克服宗教的正确途径。

第一，分析费尔巴哈批判宗教的出发点和卓越贡献。

费尔巴哈转向唯物主义以后，对宗教持坚决批判的态度。他说：在我的一切著作中，我无论如何不放过宗教问题和神学问题；它们永远是我的思考和我的生活的主要对象。他在《基督教的本质》和《未来哲学原理》中对宗教神学进行了深刻的批判。

费尔巴哈批判宗教的出发点是"宗教上的自我异化"，即世界被宗教分割为两个世界，一个是宗教的想象的世界；另一个是现实的人间世界。费尔巴哈认为只存在一个世俗的人间世界，根本不存在由上帝、天使、天堂、地狱等等构成的神秘的宗教世界。由此，马克思进一步指出费尔巴哈批判宗教的卓越贡献就在于"他致力于把宗教世界归结于它的世俗基础"。费尔巴哈在《未来哲学原理》的第一条中就明确提出，近代哲学的任务，是将上帝现实化和人化，就是说：将神学转变为人本学，将神学溶解为人本学。并进一步指出不是上帝创造了人，而是人创造了上帝。宗教无非是把人类的属性抽象出来，当作独立的实体（上帝）去崇拜。因此，"人的上帝就是人"，基督教所谓圣父、圣母、圣子等无非是把人间的家庭关系神圣化，并投射到"彼岸世界"中去。"上帝的一切特点是从人那里得来的。"他认为宗教不过是把人类自己的本质、品德、形象和生活需要等，经过抽象化，"异化"为天国的神。费尔巴哈正是通过把宗教世界归结于人间世界即"它的世俗基础"的方法，揭穿了宗教的秘密。

第二，费尔巴哈宗教观的错误及其根源。

费尔巴哈对宗教的批判只提出了宗教的产生是由于"世界被二重化"这一事实，但并

[1] 《马克思恩格斯选集》第1卷，人民出版社2012年版，第172页。
[2] 《马克思恩格斯选集》第1卷，人民出版社2012年版，第171页。

没有深入研究宗教产生的社会根源。由于费尔巴哈不了解社会实践的作用，把人看成脱离历史和社会关系而存在着的生物学上的人。所以他在揭露了宗教的神秘外衣之后就认为：我的主要任务完成了。我们把上帝的超世界的、超自然的和超人类的本质归结为人类本质的组成部分，即人类的基本部分。最后，我们又回到开始，人是宗教的开始、中心和结束。但是费尔巴哈并没有完成对宗教的批判，因为他并没有深入地分析"世俗的基础"为什么会"异化"出一个独立的"神的世界"，即还没有说明引起这一事实的深刻原因。所以马克思指出宗教产生"这一事实，只能用这个世俗基础的自我分裂和自我矛盾来说明"，即总结了人类社会自出现阶级以来，就已经分裂为剥削阶级和被剥削阶级并充满着阶级的矛盾。根本不存在费尔巴哈人本学中所讲的"统一的人类"的"类本质"。只有从现实的阶级存在和社会矛盾的事实出发，才能正确地认识宗教产生、发展的深刻原因。马克思主义认为，在阶级社会，宗教是统治阶级麻醉人民的鸦片。它以引诱人们争取"来世"的或"天堂"的"幸福"等神秘幻想去欺骗被压迫阶级忍受被压迫被剥削的苦难生活。而被压迫阶级在尚未认识到自己的力量之前，就只好把自己追求幸福的希望寄托在"来世"或"上帝"的身上。这就是宗教在阶级社会存在和发展的阶级根源。

第三，费尔巴哈没有、也不可能找到消灭宗教的正确途径。

费尔巴哈和十八世纪的启蒙学者一样，认为消灭宗教要靠教育。他说：不要使人们成为信仰宗教的，而要教育他们，把教育普及到各个阶级和各个阶层中，这就是当前的任务。其实费尔巴哈所批判的只是神学宗教。正如恩格斯指出费尔巴哈决不希望废除宗教，他是希望使宗教完善化，哲学本身应当溶化在宗教中。恩格斯指出费尔巴哈所讲的新哲学的任务是把"神学溶化为人本主义，"也就是用宣扬抽象的、全人类的"爱的真理"代替宗教，用新哲学替代了宗教，因为它本身包含着宗教的本质，事实上它就是宗教。

马克思针对费尔巴哈的错误，指出了消灭宗教的正确途径："对于世俗基础本身首先应当从它的矛盾中去理解，然后用排除这种矛盾的方法在实践中使之革命化。"这就是说，首先要从阶级社会存在的阶级矛盾和阶级斗争去正确理解宗教存在和发展的真正社会原因。然后才能通过无产阶级革命实践改造人类社会，即消灭阶级、消灭宗教存在和发展的社会根源。这一条的最后一句，以举例说明的方式深化了这一思想。即指出，既然在现实社会中发现了"神圣家族"（指由圣父圣约瑟圣母玛利亚、圣子耶稣等神灵构成的宗教世界）的秘密，就不应当就此止步，而应当在理论上进一步揭露和批判现实社会中宗教存在的社会根源——资本主义剥削制度，并且以无产阶级的革命实践去消灭阶级剥削和压迫，从根本上改造人类社会，只有这样才能真正克服宗教。

总之，费尔巴哈从人本主义出发，把自己哲学的任务，仅仅规定为对宗教进行理论的批判，而批判的目的又是为了完善宗教。而马克思从人的社会实践出发，分析了宗教存在和发展的社会和阶级的根源。于是对天国的批判变成对尘世的批判，对宗教的批判就变成对法的批判，对神学的批判就变成对政治的批判。

第五条分析和批判费尔巴哈唯心史观的认识根源。费尔巴哈为什么不能正确地认识人与环境、教育的关系，不能彻底批判宗教，而在这些问题上陷入历史唯心主义呢？其根源在于不了解社会实践的作用。在此我们有必要全面地分析了费尔巴哈哲学的性质。

前面我们已经知道，费尔巴哈最初属于青年黑格尔派，但他逐步认识到黑格尔哲学研究的对象是抽象的"绝对精神"，即以"思维本身"作为考察和研究的对象，而不是以自然界为研究对象。以后，他走上了反对黑格尔抽象思辨哲学的唯物主义道路。1841年费尔巴哈发表的《基督教的本质》一书，标志着唯物主义的胜利。他在批判宗教的同时，正确地指出黑格尔的思辨哲学与宗教的血肉联系。他说，思辨哲学的本质不是别的东西，只是理论化了的，实在化了的，现实化了的上帝的本质，黑格尔的逻辑学是理性化和现代化了的神学，是化为逻辑学的神学。所以，谁不扬弃黑格尔哲学，谁就不扬弃神学。费尔巴哈对黑格尔的思辨哲学与神学同样持反对和批判的态度。并在哲学基本问题上鲜明地坚持唯物主义原则，主张思维是从存在而来的，然而存在并不来自思维。他反对抽象的思辨而"诉诸感性的直观"，即坚持以客观存在的自然界为研究对象。他说：感性的、个别的存在的实在性，对于我们来说是一个用我们鲜血来打算保证的真理。尽管如此坚决，但是费尔巴哈并没有完全摆脱黑格尔的抽象思辨。在他的宗教观和伦理观中，充满了抽象思辨的唯心主义杂质。这是因为费尔巴哈的新哲学将人连同作为人的基础的自然当作哲学的唯一的、普遍最高对象，因而也将人类学连同生理学当作普遍科学。他把人看作自然界的产物，或自然界的一部分，当他运用这一观点反对宗教神学，批判上帝创造人的宗教信条时，表现出他坚持唯物主义。但是这一观点一进入社会历史领域，就暴露了他的直观性的错误。由于他只把人看作自然界的产物，离开了人的社会实践和人的社会性去观察人。在费尔巴哈眼里的"人"，只是人类学上和生理上的人，即生物的人。所以马克思批判费尔巴哈"把感性不是看作实践的、人类感性的活动"。即指出唯物主义的直观性和人本主义性质。恩格斯也指出因为费尔巴哈不能找到从他自己所极端憎恨的抽象王国通向活生生的现实世界的道路。他紧紧地抓住自然界和人，但是，在他那里自然界和人都是空话。这一分析深刻地说明了费尔巴哈不能摆脱思辨哲学的羁绊而陷入唯心史观的认识根源在于不了解社会实践的重大意义。

第六、七、八、九条，揭露和批判旧唯物主义对人的本质的错误观点，指出人的本质是"一切社会关系的总和""全部社会生活在本质上是实践的"两个重要结论，并深入分析和批判了由于旧唯物主义不能正确认识人的本质而带来的两个必然后果：第一，不能正确地解决社会意识与社会存在的关系；第二，不能正确认识社会的本质。

第六条批判费尔巴哈对人的本质的错误规定，提出人的本质是"一切社会关系的总和"的著名论断，为历史唯物主义奠定理论基础。

费尔巴哈反对把神作为哲学研究的对象，主张把人作为哲学研究的对象。有时强调人是他研究哲学的出发点，称自己的哲学是人本主义哲学或人本学。他说真理既不是唯物主义也不是唯心主义；既不是生理学，也不是心理学；真理只是人本学。然而，他所研究的人是脱离社会实践的，所以只能把人的本质说成是抽象地存在于人们之中的共同性、统一性，并不体现在各个人身上。他说，孤立的，个别的人，不管是作为道德实体或作为思维实体，都未具备人的本质。人的本质只是包含在团体之中，包含在人与人的统一之中。他在这里脱离个别，讲抽象的一般、共性，是违背辩证法关于共性与个性辩证关系的。他又把人人都具有的共同性抽象为"理性"。他说：人的本身最高的、绝对的本质及其生存的目的，是在于意志、思维与感情之中。人的生存就是为了认识、爱和希望。而认识、爱和希望都是受理性支配的。费尔巴哈实际上已把人的本质抽象为"理性"。但有时他认为人与人之间互相需要，使人与人必须互相联系，这种联系表现在，每个人都生而具有的同情心、感情和爱。费尔巴哈又用语源学的方法考证，宗教一词本来是"联系"的意思。从而推论两个人的任何联系都是宗教。他又把人与人之间的同情心、友谊、感情和性爱当作人的本质，当作是宗教。于是费尔巴哈在反对神的宗教之后，又提出新的爱的宗教。所以马克思批判费尔巴哈离开现实的人的活动和社会关系思考人的本质。在《德意志意识形态》中马克思和恩格斯进一步分析了费尔巴哈对人的本质的错误理解，指出："他把人只看做是'感性对象'而不是'感性活动'，因为他在这里也仍然停留在理论领域，没有从人们现有的社会联系，从那些使人们成为现在这种样子的周围生活条件来观察人们——这一点且不说，他还从来没有看到现实存在着的、活动的人，而是停留于抽象的'人'上，并且仅仅限于在感情范围内承认'现实的、单个的、肉体的人'，也就是说，除了爱与友情，而且是理想化了的爱与友情之外，他不知道'人与人之间'还有什么其他的'人的关系'。"① 在这里主要指出了费尔巴哈把人的本质看作单个人所固有的抽象物——"理想化了的爱与友情"。

针对费尔巴哈的错误观点，马克思鲜明地提出"人的本质并不是单个人所固有的抽象物。在其现实性上，它是一切社会关系的总和"。这一精辟论断概括了历史唯物主义的基本思想。历史唯物主义认为，只有进行社会生产，人类才能够生存和发展，而人在生产实践中必须结成一定的生产关系，由此，生产以及随生产而来的社会交往构成了一切社会制度的基础。人与人之间最重要的最根本的关系是生产关系，以此为基础形成人与人之间复杂的社会关系。生产关系是理解人的本质的基础。在阶级社会中生产关系总是表现为一定的阶级关系，因此在阶级社会中人的本质只能是阶级的本质。根本不存在费尔巴哈所谓的超现实、超历史时代的、抽象的人的本质。

这一条的第二段，马克思深入分析了由于费尔巴哈不了解社会实践的意义，对人的本质作了错误的抽象，带来两个必然发生的错误：第一，"撇开历史的进程，孤立地观察宗教感情，并假定出一种抽象的、孤立的人类个体"。马克思在这里指出，由于费尔巴哈把宗教的本质归结为人的本质，即"爱与友情"等，又把这些东西看作脱离社会实践而自然发生的，即每个人生来具有的本性。就必然把这种抽象的人性看作是超阶级的、超历史时代的、永恒存在的。因此，费尔巴哈可以假定这样一个抽象的、孤立的"人类个体"固有着不属于任何社会、不属于任何阶级的理性、意志、感情。第二，"他只能把人的本质理解为'类'，理解为一种内在的、无声的、把许多个人纯粹自然地联系起来的共同性"。马克思指出，由于费尔巴哈脱离人的社会实践和社会性去理解人的本质，就只能把人的本质理解为"类"——即一切人所具有的共同性。而这种共同性是从生物学角度把人看作与动物一样的自然物，不同点在于人是具有理智、意志、感情等理性的生物，把理性看作人的"绝对本质"，而这种"理性"是人之生来具有的存在于内心的一种看不见、听不着、摸不到的、抽象的东西。所以马克思在这里批判费尔巴哈把人的本质理解为一种"内在的、无声的"共同性。实际上这些共同性是指人类生理上的共同性，而不是人们的社会性和阶级性。在这种自然特性基础上形成的"类"，必然是指脱离一切社会历史的抽象的人性。

---

① 《马克思恩格斯选集》第 1 卷，人民出版社 2012 年版，第 157 页。

马克思对费尔巴哈的"人的本质"的改造，集中于对人的感性活动的实践的、能动的理解之上。这种理解，得益于被费尔巴哈当作脏水泼掉了的黑格尔关于对象化和异化的自身否定的辩证法。借助于在劳动中人的本质的对象化和自然界作为人的劳动对象的人化这一深刻思想，马克思把整个人类历史放在真正唯物主义的基础上来进行考察，从而发现了人类历史中人的本质对象化的异化形式，发现了由劳动异化而来的整个阶级社会历史中人的本质的异化史，发现了各种不同的人、人的各种历史形态，即相互矛盾着的社会阶级。从此，对人的本质的这种现实的理解便成为历史唯物主义的牢固的出发点，关于人的科学第一次成了真正意义上关于社会的科学，关于历史的科学。在这种历史唯物主义基础上，从来被唯心主义当作人的本质，甚至也被费尔巴哈称为人的"绝对本质"的人的"理性、意志、心"，人的意识或自我意识，也就得到了合理的解释。不是别的，正是劳动，才使人能够"将自己的类、自己的本质性当作对象来看待"，能够"将自己假设成别人"，总之，能够具有自我意识。马克思指出："费尔巴哈在关于人与人之间的关系问题上的全部推论无非是要证明：人们是相互需要的，并且过去一直是互相需要的。他希望加强对这一事实的理解，也就是说，和其他理论家一样，只是希望达到对现存事实的理解。然而一个真正的共产主义者的任务却在于推翻这种现存的东西。不过，我们完全承认，费尔巴哈在力图理解这一事实的时候，达到了理论家一般可能达到的地步，但他还是一位理论家和哲学家。"①这里，包含着对费尔巴哈的历史功绩的肯定，同时也包含着对他的哲学的扬弃。马克思主义的历史唯物主义及其必然导致的实践后果——指导旨在"推翻现存的存在"的德国工人运动，是费尔巴哈关于人的本质的学说的终结和出路。

第六条集中了唯物史观和唯心史观的一个根本分歧。马克思和恩格斯在《德意志意识》形态中概括唯物史观的基本特征时指出："这种历史观和唯心主义历史观不同，它……不是从观念出发来解释实践，而是从物质实践出发来解释观念的东西。"深入理解这一基本观点，可以帮助我们抓住第六条的理论实质。在认识人的本质问题上确实体现了两种历史观出发点的不同。

第七条，主要内容是进一步批判费尔巴哈关于人的本质的错误观点。指出社会意识是社会存在的产物。人总是生活在一定的社会中，根本不存在抽象的"人"。

在这一条，马克思对"宗教感情"加了引号，表明不是指一般理解的宗教信徒笃信上帝的虔诚等感情，而是专指费尔巴哈所谓每个人生来具有的理智、意志、感情等在人与人的联系中自然发生的"爱和友情"。由于费尔巴哈离开人的社会实践和社会关系，根本不能正确地认识人的本质。所以他根本不能理解宗教感情本身是社会的产物。马克思主义认为，人虽然具有许多高等动物相同的生理特征，但人不是纯自然的人，而是社会的人。人和动物的本质区别在于人的社会性，即社会本质。在社会发展的不同阶段中，人们处于不同的社会生产力和生产关系所决定的物质的和精神的生活当中，人们的社会意识会各不相同。人们的社会意识会随着社会历史的发展不断变化，根本不存在永恒不变的"宗教感情"和不属于任何社会、任何阶级的抽象的"理智、意志和感情"。马克思指出，不属于任何社会也不属于任何阶级的抽象的"人"，实际上人总是生活在一定的社会发展阶段上的

---

① 《马克思恩格斯全集》第3卷，人民出版社1960年版，第47页。

一定社会，一定阶级的具体的人。

第八条，中心思想是运用实践的观点，进一步阐明社会生活的本质，揭示了社会意识对社会实践的依赖关系，一切社会意识来源于社会存在。并针对第六条中揭露费尔巴哈"撇开历史进程孤立地观察宗教感情"的错误，进一步阐明社会意识的本质。

马克思指出"社会生活在本质上是实践的"即说明，社会生活的基础是实践，生产活动是最基本的实践活动，它标志着人与动物的本质区别。没有生产实践，人类社会就不能存在和发展。所以马克思主义把人类社会发展的历史看作一部生产发展的历史。自从阶级产生之后，在阶级社会中，阶级斗争是社会发展的直接动力。作为一定社会的意识形态，包括各种社会理论都是为一定的经济基础服务的。社会意识是社会存在的反映，包括宗教这种意识形式，虽然它歪曲地反映社会存在，但都有它产生和存在的社会根源。一切神秘的观念、思想、意识都可以在实践中找到合理的解释，而且这些神秘的东西必将随着实践的发展而被人们在意识中清除掉。相对于马克思科学的实践观来说，黑格尔的绝对精神是神秘的，费尔巴哈抽象的人也是神秘而不可理解的。但放到人类的社会实践活动中去理解的话就一点也不神秘了。马克思深刻地指出："凡是把理论导致神秘主义方面去的神秘的东西，都能在人的实践中以及对这个实践的理解中得到合理的解决。"

第九条，中心内容是总结直观唯物主义由于不了解社会实践的意义，不能正确认识人的本质，就必然不能正确认识社会的本质。从而进一步具体地分析、总结旧唯物主义陷入唯心史观的根源。

马克思在《〈政治经济学批判〉序言》指出，"人们在自己生活的社会生产中发生一定的、必然的、不以他们的意志为转移的关系，即同他们的物质生产力的一定发展阶段相适合的生产关系。这些生产关系的总和构成社会经济结构，即有法律的和政治的上层建筑竖立其上并有一定的社会意识形式与之相适应的现实基础。物质生活的生产方式制约着整个社会生活、政治生活和精神生活的过程"①。这段话精辟地概括了历史唯物主义的基本理论，从一定侧面理解，也揭示了人类社会的本质。即说明在社会发展的不同阶段中人们之间的社会联系的具体形式是不以人们的意志为转移的，是被生产关系这个客观的物质因素决定的。只能由此说明社会的本质。费尔巴哈由于不了解社会实践的意义，把社会看成是由孤立的单个人相加的组合，不能理解"这些个人是从事活动的，进行物质生产的"，因而，他看不到人与人之间最本质的联系即社会生产关系。他只能脱离"市民社会"去观察社会，只能直观到单个人活动的动机和结果。如某英雄人物进行某历史活动的动机和产生的成功或失败的结果，根本不能理解其背后的物质原因，也就必然把历史事件看作按少数英雄人物的意志活动的结果，把整个历史看作许多偶然的历史事件的堆积，而不能发现其规律性。

在这一条中，最大的理论难点和理解上的争议是对"市民社会"这一概念的不同理解，因此在这里有必要详细探讨马克思关于"市民社会"的思想。"市民社会"是马克思主义以前的资产阶级思想家用来表示以财产关系为核心的社会关系的用语。它有生产关系、经济基础、资本主义经济关系、资产阶级社会等多种含义。

---

① 《马克思恩格斯选集》第2卷，人民出版社2012年版，第2页。

在早期西欧资本主义社会中，随着私有财产关系的发展，出现了新兴的以手工业者和商人为代表的社会力量，13—14 世纪以后这股社会力量中的极少数变成剥削雇佣工人的资本家。马克思在《共产党宣言》中指出："从中世纪的农奴中产生了初期城市的城关市民；从这个市民等级中发展出最初的资产阶级分子。"①18 世纪资产阶级思想家用"市民社会"这个术语表示社会生活的财产关系和经济关系，并把它同表示国家政治法律关系的"政治社会"相对应。但他们并不了解市民社会对生产方式发展的依赖关系，而是用人的本性、政治、立法和道德等原因来说明它的形成。现代意义上的市民社会概念是由黑格尔提出并由马克思加以完善的。黑格尔对市民社会进行了历史地考察，指出市民社会是在现代社会中形成的。《法哲学原理》(1821 年)是黑格尔关于现代市民社会理论的代表作。他明确地将政治国家和市民社会区别开来并把由私人生活领域及其外部保障构成的整体定义为市民社会。他的这一概念包含如下内容：第一，具体的特殊的个人和自治性团体构成市民社会及其活动的基本要素。个人是权利主体和道德意识的主体。自治性团体是将个人与国家、私人利益与普遍利益联结的中介。第二，多样化的个人需要体系构成市民社会及其活动的主要内容。第三，在市民社会中，由于个人的特殊性获得了全面发展和伸张的权利，如果没有节制与尺度，势必导致市民社会的混乱与瘫痪。因而必须要由警察和法院使用强制性力量从外部建立秩序。正因为强制性的国家机构对维护市民社会的生存和秩序是必不可少的，所以黑格尔把它也归入市民社会的环节之中。第四，作为普遍性原则的体现者的国家乃是伦理精神发展的最高阶段，家庭和市民社会的法规和利益都必须从属于它。黑格尔第一个比较系统、完整地提出了现代市民社会理论并阐述了其主要特征。但是他把市民社会看作是伦理精神发展的一个阶段，颠倒了市民社会与国家的关系，把政治国家看成市民社会的基础。

马克思沿用了"市民社会"这一术语，并赋予它历史唯物主义的含义。马克思认为，从根本上说，市民社会就是特殊的私人利益关系的总和，它包含了处在政治国家之外的社会生活的一切领域。马克思在《德意志意识形态》中对"市民社会"作出了直接的解释："过去一切历史阶段上受生产力所制约、同时也制约生产力的交往形式，就是市民社会""市民社会包括各个人在生产力发展的一定阶段上的一切物质交往。……'市民社会'这一用语是在 18 世纪产生的，当时财产关系已经摆脱了古典古代的和中世纪的共同体。真正的市民社会只是随同资产阶级发展起来的；但是市民社会这一名称始终标志着直接从生产和交往中发展起来的社会组织，这种社会组织在一切时代都构成国家的基础以及任何其他的观念的上层建筑的基础。"②很明显，在马克思的上述引文中，生产关系、经济关系、经济基础、资本主义社会的都包含在市民社会的含义之中。马克思的市民社会理论具有以下三个特征：第一，从政治国家和市民社会的相互关系把握市民社会的规律。在阶级社会中，随着阶级利益分化为公共利益和私人利益而产生了政治国家和市民社会。二者的关系也不是一成不变的。在中世纪的市民社会中，二者是同一的，也就是说这种市民社会直接地就具有政治性质。在专制权力所依靠的封建社会中，市民社会淹没于政治国家之中，个人淹

---

① 《马克思恩格斯选集》第 1 卷，人民出版社 2012 年版，第 401 页。
② 《马克思恩格斯选集》第 1 卷，人民出版社 2012 年版，第 211 页。

没于等级、公会行帮、特权的包围之中。法国大革命作为典型的政治革命，把市民社会从政治国家中解放出来，完成了二者的分离。马克思指出，二者的分离才表现出二者真正的相互关系。第二，马克思精辟分析了市民社会和政治国家相分离的政治意义。马克思首先指出了政治制度发展的动力。"政治制度本身只有在私人领域达到独立存在的地方才能发展。在商业和地产还不自由还没有达到独立存在的地方，也就不会有政治制度。"①如在亚洲的专制制度中，政治国家只是一个人的独断专行，政治国家同市民社会一样都是专制王权的奴隶。当市民社会从政治国家或专制权力的束缚中解放出来获得独立存在的时候，代议制民主就获得了坚实的基础。第三，马克思指出了在市民社会诸领域物质生活关系的总和或经济关系具有的决定性意义。马克思认为在"需要的体系"中，个人的物质利益、物质需要居于首要的地位。为了满足这些利益和需要，人们必须从事一定的物质生产活动。同时人们必须在生产和交换中结成一定的经济关系或生产关系，这就是物质生活关系的总和。这一总和构成其他一切历史活动和其他一切社会关系的基础。马克思对此有过精彩的论述："这种历史观就在于：从直接生活的物质生产出发阐述现实的生产过程，把同这种生产方式相联系的、它所产生的交往形式即各个不同阶段上的市民社会理解为整个历史的基础，从市民社会作为国家的活动描述市民社会，同时从市民社会出发阐明意识的所有各种不同理论产物和形式，如宗教、哲学、道德等等，而且追溯它们产生的过程。"②

由此我们可以确认，马克思和恩格斯在当时使用这一概念从理论上是指一切历史阶段的生产关系、经济关系、经济基础，在理论的实际针对性上是指资本主义社会的经济关系或资本主义社会。

第十条是对第三至九条批判旧唯物主义的唯心史观的总结，概括了新旧唯物主义两种不同历史观在"立脚点"上的根本分歧。

马克思指出，旧唯物主义研究社会历史的立脚点是"市民"社会，即指旧唯物主义站在资产阶级立场上，它的阶级基础是资产阶级。"新唯物主义的立脚点则是人类社会或社会化了的人类。""社会化的人类"即是指超越了资本主义生产关系或经济关系后实现生产资料社会化、公有化的那种社会形态，也就是共产主义社会。因此，把这一句解释为辩证唯物主义和历史唯物主义的立脚点是无产阶级坚持的共产主义社会。在作为市民社会极端形态的资本主义社会，包括旧唯物主义在内的思想家们由于站在资产阶级的立场上，把私有制作为人类历史的天然形态，把私有感、拥有感作为人的唯一感觉，把资产阶级意识形态作为思考的先验前提，当然不能发现与批判资本主义的内在矛盾，找到克服矛盾的途径与方法。而马克思的唯物主义站在无产阶级的立场上，深入世俗社会的矛盾之中，以彻底改变现成社会为己任，以谋求人的解放与全面发展的"人类社会"为价值旨归。我们认为这一条是对旧唯物主义的唯心史观的认识根源的深刻总结。也是对新唯物主义——马克思主义哲学的唯物史观的出发点的科学概括。

第三部分　新世界观的结论

第十一条，是整个《提纲》的总结。中心思想是指出马克思主义哲学同一切旧哲学的

---

①　《马克思恩格斯全集》第 1 卷，人民出版社 1995 年版，第 283~284 页。

②　《马克思恩格斯选集》第 1 卷，人民出版社 2012 年版，第 171 页。

本质区别，科学地总结马克思在哲学史上所实行的革命变革的实质在于为新唯物主义哲学提出"改变世界"的任务。

马克思指出"哲学家们以不同的方式解释世界"，是指一切旧哲学，无论以唯心主义的方式还是以唯物主义的方式说明世界，但他们都没有为自己的哲学提出过改变世界的任务。这一思想在《德意志意识形态》中作出了进一步的阐发："青年黑格尔派的意识形态家尽管满口讲的都是'震撼世界'的词句，却是最大的保守派。……他们只是用词句来反对这些词句；既然他们仅仅反对这个世界的词句，那么他们就绝对不是反对现实的现存的世界。……这些哲学家没有一个想到要提出关于德国哲学和德国现实之间的联系问题，关于他们所作的批判和他们自身的物质环境之间的联系问题。"①马克思在批判费尔巴哈时也指出：他（费尔巴哈）希望加强对这一事实的理解，也就是说，和其他的理论家一样，只是希望达到对现存事实的正确理解，然而一个真正的共产主义者的任务却在于推翻这种现存的东西。

在这里马克思并不是抽象地提出一般地"改变世界"，而是针对当时资产阶级所维护的资本主义制度而提出的。他指出："对实践的唯物主义者即共产主义者说来，全部问题都在于使现存世界革命化，实际地反对并改变现存的事物。"②正因为如此，马克思所创立的唯物史观不仅是我们认识世界的科学理论，更是我们改造世界的强大思想武器。"哲学家们只是以不同的方式解释世界，而问题在于改变世界"这句名言被永远地镌刻在马克思墓碑上，也永远地镌刻在不断努力改变世界以求社会进步与人类发展的人民群众的心上。

当我们说哲学家们只是用不同的方式解释世界，而问题在于改变世界的时候，这是不是说以前的哲学家只限于解释现实而无意于改变现实呢？当然不是。从前面的讨论看，由于旧哲学总想从一个永恒不变的终极真理出发来规范现存的秩序，因而它最多只是完成了关于现存世界的思想体系。这种体系的自我封闭性意味着它已穷尽了历史发展的一切可能性，从而把对现存世界的解释变成了对现存世界的辩护。不仅黑格尔是这样，青年黑格尔派也是这样。当费尔巴哈从人本主义出发作出对现存宗教和伦理关系的批判时，他同样也没有摆脱这一理论困境。作为无产阶级革命家的马克思，把参与无产阶级推翻资本主义社会的解放事业当作他毕生为之奋斗的目标，因此，他无意于构架任何一种最终解释世界的哲学体系，而是全身心地关注着无产阶级在现存社会秩序中的真正处境和历史命运，致力于对资本主义社会的历史考察和科学分析，为无产阶级认识和改造现存社会制度提供革命的、科学的方法论。

在当代围绕马克思主义哲学的讨论中，一些学者也充分肯定了马克思关于改变世界的申明，但是他们不是把这种改变世界的努力归结于革命人民的社会实践，而是归结于人的自由本性，把马克思实现的哲学变革理解为关于"人"的思维方式的变化。在他们看来，实践的观点作为新哲学思维方式，首先就表征着人的观点的变化，从这一判断出发，他们强调从人的超越性活动中把握自身的多义属性，这显然又回到旧哲学的立场。

确切地说，马克思主义哲学作为一种崭新的思维方式，要旨不在于为"人"的讨论变

---

① 《马克思恩格斯选集》第 1 卷，人民出版社 2012 年版，第 145~146 页。
② 《马克思恩格斯选集》第 1 卷，人民出版社 2012 年版，第 155 页。

换一个前提，而在于从根本上摒弃关于抽象人的议论，扭转全部旧哲学的道德说教性质。当马克思已经认识到人"实际上是属于一定的社会形式的"时候，他就断定旧哲学关于人的抽象议论其实从来也没有能够超出属于"一定的社会形式"（市民社会）的意识形态范围。虽然费尔巴哈作出了冲破意识形态的尝试，宣称自己是共产主义者，但他至多也只做到对市民社会的单个人的直观。当马克思肯定市民社会只是"一定的社会形式"时，他便提出了对"人类社会"的非抽象理解。马克思明确地强调"社会生活在本质上是实践的"，因此也必须基于实践的立场合理地解决人类社会的现实矛盾和冲突。因此，当马克思强调"旧唯物主义的立脚点是'市民'社会"，而"新唯物主义的立脚点则是人类社会或社会化的人类"时，由此产生的哲学方法的变革，就要求理论家们自觉地反思自己的批判与自身的变化着的物质环境之间的联系，而不是把自身的物质环境当作既定的不变的前提。因此，如果要真正认同马克思在思维方式上的变革，就必须承认思维（意识）在本质上并没有自己的历史，它不过是一定的现实社会关系在观念上的反映。"生产力、资金和社会交往形式的总和，是哲学家们想象为'实体'和'人的本质'的东西的现实基础。"[1]因此，用一种意识来代替另一种意识，想象通过改变意识来改变世界，只不过是与现实的影子作斗争，所以费尔巴哈的"类意识"决不能自动导致现存世界秩序的改变，也并没有能够为社会的进步提供多少有益的帮助。它最多反映了自启蒙以来把"人"塑造为至高无上的主体这一资产阶级意识形态的冲动，而它的结果也自然是有利于对资本主义现实的辩护。人的问题至今解决了没有？历史已经给予了明确的回答，即使在为"知识经济"和"后现代主义"普遍叫好的今天，我们仍然深陷在对物的依赖性之中。如此看来，最基础的工作仍然是改变现实，而不是改变意识。

不理解这一点，我们便不能理解马克思主义哲学以实践为基点的思维方式的实质。因此，把实践抽象地理解为"超越性"活动这种立场，决不是马克思主义哲学的原本立场，它本质上属于马克思之前的旧哲学。这一点在南斯拉夫"实践派"那里表现得很明显。他们认为："在马克思看来，根本的问题是在创造一个更加人道的世界的同时如何实现人的本质。这一问题中所内含的基本的哲学假设是，人在本质上是一种实践的存在，即一种能够从事自由的创造活动，并通过这种活动改造世界、实现其特殊的潜能、满足其他人的需要的存在。对人来说，实践是一种根本的可能性，但在某种不利的历史条件下，这种可能性的实现会受到阻碍。个人的实际存在和潜在本质之间的这种差异，即实有和应有之间的差异，就是异化。哲学的基本任务就是对异化现象进行批判的分析，并指明走向自我实现、走向实践的实际步骤。"[2]这和马克思当初所批判的德国旧哲学本质上没有什么区别。

实际上，大凡近代和现代西方哲学所探讨过的重大人学问题，马克思本人和他的后继者们也都作过不同程度的探讨。不同的只是他们对于这些问题不是采取思辨的、抽象的、脱离实际生活的非现实、超历史的态度和方法，而是运用从实际出发的、密切结合实际生活内容的、辩证和历史的唯物主义的态度和方法。众所周知，马克思对诸如人的存在（社

---

① 《马克思恩格斯选集》第 1 卷，人民出版社 2012 年版，第 173 页。

② 马尔科维奇等编：《南斯拉夫"实践派"的历史和理论》，郑一明等译，重庆出版社 1994 年版，第 23 页。

会存在)、人的异化、人的自由、人的解放(无产阶级和人类的解放)等重大哲学课题,都作过深入的、开创性的、富有成果的研究。针对唯心主义的自由概念,马克思曾说过如下一段话:"实际上,事情是这样的:人们每次都不是在他们关于人的理想所决定和所容许的范围之内,而是在现有的生产力所决定和所容许的范围之内取得自由的。但是,作为过去取得的一切自由的基础是有限的生产力;受这种生产力所制约的、不能满足整个社会的生产,使得人们的发展只能具有这样的形式:一些人靠另一些人来满足自己的需要,因而一些人(少数)得到了发展的垄断权;另一些人(多数)……暂时(即在新的革命的生产力产生以前)失去了任何发展的可能性。"①同时,由于交往的发展范围的狭小以及因之造成的整个统治阶级的发展范围的狭小,不仅使被统治阶级用以满足自己需要的方式变为"非人的",而且也使统治阶级本身在其智力发展方面表现为"非人的"。从当今时代来说,鉴于这些"非人的东西"都是"现代关系的产物",因而真正自由的出路就在于彻底改造和扬弃"现代关系"。然而这是需要以生产力的充分发展为前提的。

马克思的"改造世界"的哲学革命与马克思的唯物辩证法是紧密相关的。马克思强调,"辩证法,在其合理形态上,引起资产阶级及其夸夸其谈的代言人的恼怒和恐怖,因为辩证法对现存事物的肯定的理解中同时包含对现存事物的否定的理解,即对现存事物的必然灭亡的理解;辩证法对每一种既成的形式都是从不断的运动中,因而也是从它的暂时性方面去理解;辩证法不崇拜任何东西,按其本质来说,它是批判的和革命的。"②在马克思看来,任何社会形态都是特定的、历史的、暂时的和过渡的,这源于社会生活的内在矛盾的必然发展。这种矛盾并不因为理性的和解而消失,只能够通过现实历史的发展和由此准备起来的一定的社会力量的革命实践才能真正解决。在旧哲学停留于对现存世界的解释和理解的地方,新哲学发现了改变世界的必然性和必要性。

三、哲学的性质与功能

《提纲》在整个西方哲学史上所实现的对一般哲学或从柏拉图到黑格尔的形而上学的扬弃,不仅使人们在对马克思主义理论实质的分析上,在对马克思主义发展史的逻辑结构的把握上有了唯物的辩证的科学理论指南,而且从根本上改变了我们关于哲学的性质与哲学的功能的理解,颠倒了我们关于哲学与现实生活的关系的理解。马克思恩格斯非常清楚,任何哲学的消亡都不是被纯粹的哲学批倒的,而本质上是被现实生活的实践批倒的。所以他们从黑格尔哲学中拯救出了哲学对哲学之外的现实生活的批判精神和能动的实践力量,积极投身于实践之中,紧紧地跟随现实生活本身对哲学的扬弃并参与了这种扬弃,他们把这种扬弃看作自己的"实践唯物主义"哲学实现出来的唯一方式。扬弃哲学不是取消哲学,不是马克思恩格斯之后没有哲学了,而是指哲学意识到了自身固有的实践性,哲学要么就是与感性和实践活动不可分离的哲学,要么就不再是哲学。新哲学的性质就只能是基于实践的自我否定或自我确证,新哲学的功能就是变成改造世界的感性活动。当然,对

---

① 《马克思恩格斯全集》第 3 卷,人民出版社 1960 年版,第 507 页。
② 《马克思恩格斯全集》第 23 卷,人民出版社 1972 年版,第 24 页。

新哲学的性质和功能的揭示并不是开始于《提纲》，但《提纲》作为新哲学的标志仍然具有无比重要的意义。

著名的西方马克思主义重要代表人物，法国的结构主义者阿尔都塞对《提纲》有较深刻而独到的解释，尽管我们不一定同意他全部的观点。阿尔都塞认为马克思在 1845 年所作的"哲学家们只是用不同的方式解释世界，问题在于改变世界"的宣告是一个开创了新科学的理论事件，而从这门新科学与一切旧哲学的关系来看，恰恰是一场认识论的巨大断裂。这一断裂集中表现为马克思思想由理论向实践的转变，这场断裂的内容是马克思为能够创立历史科学而与一切从自由的人类主体、需要、劳动、欲望的主体、道德和政治行为的主体出发去解释社会和历史的理论企图进行决裂。阿尔都塞还断言："不管我们是不是承认这个事实，我们今天仍然身处在那场断裂所标志并打开的理论空间中。"①

为什么以 1845 年为界，马克思的哲学发生了断裂呢？阿尔都塞在《哲学的改造》中指出："马克思主义哲学表现出一个内在的悖论。"这一悖论表述为：马克思主义哲学存在着，却又从来没有被当作"哲学"来生产。而过去的哲学满足于把人类实践和观念的总体引入其思想，并以思想统一性的名义兼并社会实践，从而把社会实践从它本身的空间中移开。从柏拉图到胡塞尔和海德格尔都是被当着"哲学"来生产的，这些"哲学"运用理性的理论体系把自己与其他话语或书写形式区别开来，运用关于整体、存在、真理、开端、意义等对象的知识来证明自己的存在并因此而把自己归属于"哲学史"领域。哲学因此而作为整个世界的观点、作为全部事物的整体的科学出现。所有的人类观念和人类实践都从属于哲学、服从于种种根本的"哲学形式"。哲学坚信如果它不存在，世界就会失去真理。这真理就是逻各斯、开端或意义。因此真理就只有在哲学的话语中才能被包揽、被抓住、被呈现。

正是根据上述对传统哲学的功能与形式的分析，阿尔都塞指出："现在，实践的入侵是对于被当作这样一种哲学来生产的哲学的发难。这就是说，它反对哲学想要拥抱全部社会实践（和观念）、看到——'整体'从而把它的统治建立在前述这些实践之上的要求。"②因此，马克思连勉强能够与古典的哲学话语形式相比的东西都没有给我们留下。在《提纲》的第一条中，阿尔都塞认为马克思"无疑使用了可以在先验的实践哲学的意义上加以阐释的一些套话。有些人一直坚持求助于这里的能动的主体性，指望它能将一种人道主义哲学合法化。然而马克思却是在谈论不同的东西，因为他宣布它是批判的和革命的。但是在这个特别用实践来反对'客体形式'和'直观形式'的谜一般的句子里，马克思没有采用任何与'客体形式'和'直观形式'等价的哲学概念，并由此取而代之，以建立一种新的哲学，开创一种新的哲学话语。不，他建立的是一种具有存在的特殊性的现实，这种存在的特殊性同时既要用所有的传统哲学话语来预设，却又天生地被排斥在这些话语之外"③。也就是说，在《关于费尔巴哈的提纲》中，马克思用实践来反对"客体形式"或"直观形式"，他"运用那种必然是哲学的语言来宣布与一切'解释的'哲学相决裂"，似乎预告着一

① 陈越：《哲学与政治》，吉林人民出版社 2003 年版，第 142 页。

② 陈越：《哲学与政治》，吉林人民出版社 2003 年版，第 228 页。

③ 陈越：《哲学与政治》，吉林人民出版社 2003 年版，第 227 页。

种新哲学的产生，一种新的实践哲学话语形式的出现。但接着出现的却是马克思长达 30 年之久的在哲学上的沉默。马克思没有开创一种新的哲学话语，它预告了完全不同于新哲学的东西：一门新的历史科学(唯物史观)、经济科学(资本论)。

尽管如此，"马克思主义内部哲学话语的缺席仍然生产出了巨大的哲学效应。谁也不能否认，我们所继承的哲学，伟大的古典哲学传统，由于马克思突然间引起的那场不可捉摸的、近乎无形的遭遇战的冲击，已经从根本上受到动摇。然而这一点从未以直接的哲学话语形式出现，完全相反；它出现在《资本论》那样的文本形式中。换言之，那不是一种哲学的文本，而是一种用以对资本主义进行考察的文本；最终，是一种只讨论与阶级斗争有关的那种科学知识的文本"①。"与哲学相对的，是马克思主义坚信哲学有一个'外部'——或者表述得更好一些，它坚信哲学只能由于并且为了这个'外部'而存在。这个外部就是实践。"②在《德意志意识形态》中马克思进一步清除了一切幻想，撕开了哲学的帷幕。他指出，哲学只不过是意识形态，它没有历史，看似在它里面发生的一切实际上都发生在它之外，发生在惟一现实的物质生活的历史中。马克思用实践颠覆了哲学。

颠覆了哲学的实践是不是实践哲学？与目前国内马克思主义理论界所认同的马克思的哲学是一种实践哲学相反，阿尔都塞认为，实践既不是真理，也不能归结为言说，它是一个改造的过程，"因而，在某种意欲成为实践哲学的新哲学中，当它把真理、根据、开端的角色指派给实践的时候，就隐含着一个难题。实践不是按照某种不可改变的哲学的意志而产生的真理的替代品；正好相反，它是打破了哲学的平衡的那个东西。无论就世事变幻还是就阶级斗争而言，实践都是哲学在其整个历史上始终未能兼并掉的东西"③。阿尔都塞由此指出："把实践那令人感到羞辱的裂痕引入哲学的最中心。这就是马克思的影响力有可能触及最深的地方。"④马克思用社会实践对哲学的颠覆开辟了一条不再是哲学的哲学之路。马克思赋予哲学以实践性，由此而改变了哲学的功能。

阿尔都塞以列宁为例阐述了新哲学的性质和功能。列宁是伟大的马克思主义者，他为什么会让俄国学院派哲学家，或者是绝大多数哲学家感到难以忍受？"根本上是因为，无论对他的哲学的前批判性质，对他在一些范畴上简单化的那一面会有什么说法，哲学家们感觉到并且明白，这并非真正的问题所在。他们感觉到并且明白，列宁根本不在乎他们的反对意见。他不在乎，首先是因为他早就预料到这些意见了。列宁亲口说过：我不是哲学家，我在这方面的修养不够(1908 年 2 月 7 日致高尔基的信)。列宁说："我知道我的提法和定义是含糊的、未经琢磨的；我知道哲学家们要指责我的唯物主义是'形而上学'。"但他又说："问题不在那里。我不仅不谈他们的哲学，而且也完全不像他们那样谈哲学。……而我以另一种方式对待哲学，我像马克思所打算的那样按照实际情况来实践它。正因为如此，我相信我是'辩证唯物主义者'"⑤。"列宁就这样把哲学实践的最终本质定

① 陈越：《哲学与政治》，吉林人民出版社 2003 年版，第 225 页。
② 陈越：《哲学与政治》，吉林人民出版社 2003 年版，第 228 页。
③ 陈越：《哲学与政治》，吉林人民出版社 2003 年版，第 229 页。
④ 陈越：《哲学与政治》，吉林人民出版社 2003 年版，第 231 页。
⑤ 陈越：《哲学与政治》，吉林人民出版社 2003 年版，第 135 页。

义为对于理论领域的干预。这种干预采取了双重的形式：在它对一些确定范畴的提法上是理论的；在这些范畴的功能上是政治的。这种功能包括：在理论领域内，在被宣布为正确的观念和被宣布为错误的观念之间、在科学的东西和意识形态的东西之间划清界限"①。"我们现在可以提出以下命题：哲学是政治在特定的领域、面对特定的现实、以特定方式的延续。"②列宁以整个俄国的实践答复了马克思《提纲》第 11 条里的预言，他以一种粗野的哲学实践的风格给出了答案。事实上，这是一种新的哲学实践，新在它已经不再是那种沉思冥想、一味从事着否认的哲学——用哲学理论来否认它对科学和政治的干预，新在它是已经放弃否认，以自知之明如实地去行动的实践。

马克思通过《提纲》把哲学以一种新的、令人困窘的形式置于实践之中，通过拒绝把哲学当作"哲学"来生产却又在他的政治的、批判的和科学的著作中实践着这种哲学——简言之，他通过开创一种哲学和社会实践之间新的"批判的和革命的"关系，成为第一个向我们指明道路的人。

---

① 陈越：《哲学与政治》，吉林人民出版社 2003 年版，第 163 页。
② 陈越：《哲学与政治》，吉林人民出版社 2003 年版，第 166 页。

第四章　作为"现实的人的科学"的历史唯物主义
——《德意志意识形态》解读

《德意志意识形态》(以下简称《形态》)是马克思、恩格斯1845年秋至1846年5月左右共同撰写的一部著作，它上承《1844年经济学哲学手稿》，下起《共产党宣言》，在马克思主义发展史上具有重要意义，标志着唯物史观的形成，是马克思主义发展史上的里程碑。本部分以《形态》第一章为依据，从《德意志意识形态》在马克思主义发展史上的地位、内容、价值三个方面进行深度解读。

一、《德意志意识形态》在马克思主义发展史上的地位在于两个重要创新

(一)历史唯物主义思想及其概念群的形成

《形态》写于1845年到1846年间，第一章于1924年发表，完整版于1932年问世。在马克思主义发展史上，《形态》无疑是一部里程碑式的著作，它标志着唯物史观的形成。大家知道，唯物史观与剩余价值学说一道成为马克思一生对人类科学思想的两个最大贡献。唯物史观不是一个狭义的历史观点，而是新世界观、新唯物主义。因此，《形态》的重要性是在整个哲学发展史上实现了一个革命性的变革，开拓了一个全新的方向。马克思的"历史唯物主义"是在批判黑格尔和费尔巴哈的理论斗争中产生的。

1. 拯救黑格尔的"历史"。马克思是从青年黑格尔派转向唯物主义的，因此对黑格尔哲学的批判成为理解马克思思想发展历程和内在结构的逻辑起点。在《1844年经济学哲学手稿》中马克思指出黑格尔的作为推动原则和创造原则的否定性的辩证法，其伟大之处首先在于，黑格尔把人的自我产生看作一个过程，他抓住了劳动的本质，把真正的人理解为他自己的劳动的结果，这是马克思给黑格尔哲学的最深入的理解和最高的评价。黑格尔以巨大的历史感把人、人类社会理解为一个通过劳动外化自己的本质力量，通过扬弃对象化而自我创造、自我实现的历史过程。这相当深刻地触及到历史的本质。但是，黑格尔的"历史"是被包裹在绝对精神的概念之中的，是唯心主义的。马克思指出，黑格尔的整个哲学"只是为历史的运动找到抽象的、逻辑的、思辨的表达"，这种历史还不是人的现实历史。人的本质也只能归结于自我意识，而对于劳动，黑格尔"惟一知道并承认的劳动是抽象的精神的劳动"，而不是人的感性对象性的活动。

只有联系到马克思拯救黑格尔的历史观这一理论活动的紧迫性、必要性，我们才能读懂《形态》中马克思对社会物质生活条件的反复强调和高度重视。马克思指出，历史唯物

主义不是从黑格尔的绝对精神、抽象精神出发的，而是从现实的人、现实的物质生活条件出发的。马克思把物质生活条件归结为四个要素：物质生活资料的生产、生产工具的再生产、人口的生产和再生产、生产关系的再生产。他指出，只有在考察了这四个物质要素之后，人们才发现人具有"意识"。只要描绘、解释人们的物质生产活动的历史，我们就可以理解整个人类的意识、精神、思想发展史。道德、宗教、形而上学和其他意识形态便不再保留独立性的外观了，笼罩在这些思想、意识上的神秘面纱就被揭开了。马克思得出结论："不是意识决定生活，而是生活决定意识。"

2. 拯救费尔巴哈的"唯物主义"。在《1844年经济学哲学手稿》中，马克思批判并超越国民经济学的地方就是对人类劳动的历史考察。而黑格尔仅仅以概念或逻辑的颠倒形式抓住了人类劳动的历史本质。因此，要批判黑格尔的唯心主义，马克思自然地首先认同并高度评价了费尔巴哈的实证唯物主义。然而，到1845年，马克思就开始了对费尔巴哈的清算与批判。在《关于费尔巴哈的提纲》开篇，马克思就指出，费尔巴哈唯物主义的"主要缺点是：对对象、现实、感性，只是从客体的或者直观的形式去理解，而不是把它们当作人的感性活动，当作实践去理解，不是从主体方面去理解"。费尔巴哈的唯物主义是离开了人的实践活动和社会生活，离开了人的历史性和主体性的唯物主义。

《形态》进一步深化和系统化了对费尔巴哈的批判。针对费尔巴哈钟爱的"自然界"或"感性确定性"，马克思指出，费尔巴哈把他周围的感性世界理解为某种开天辟地以来就一直存在的、始终不变的东西，而意识不到它们是工业、商业和社会活动的产物，是社会和历史发展的产物，是人类世世代代活动的结果。针对费尔巴哈特别强调的"直观"或"自然科学的直观"，马克思指出，如果没有工业活动和商业活动，就不会有自然科学，更不会有科学家的直观能力。针对费尔巴哈的"抽象的人"，马克思指出，费尔巴哈把人只看作是"感性对象"而不是感性活动，因为他没有从人们现有的社会联系来理解人，没有从人们活动的历史性、能动性、主体性来理解人。结果，人还原为生物学意义上的抽象人。

只有赋予费尔巴哈的"唯物主义"以历史性、社会性、主体性、能动性，唯物主义才会成为关于"现实的人"的科学，而不是仅仅关于对象、事物的学说。

综上所述，马克思用"感性对象"使黑格尔"自我意识"的抽象历史、"绝对精神"的抽象思辨在被拯救出人的主体能动性的精华后终于被克服了；马克思用"感性活动"使费尔巴哈的"感性直观""感性对象"在能动性、历史性的范导下终于被扬弃。能动性以物质性为基础，物质性以能动性为动力。近代哲学的积极理论成果被马克思以批判的形式继承下来。马克思正是把理论批判的成果与无产阶级改造自然、改造社会的实践运动结合起来，正是对千千万万现实的人的活动的主体性、能动性体现的客观规律性的科学把握才构成了真正的历史唯物主义。

围绕着历史唯物主义思想的形成，生产力、生产关系、经济基础、上层建筑、社会存在、社会意识、社会形态、社会矛盾、社会进程、历史目的等概念群得以建立起来，标志着这一思想的成熟。

(二)"现实的个人"的思想的系统表述

过去我们对上述第一个方面是非常重视的，但是历史唯物主义所说的历史，其核心内容又是什么呢？对这一问题的继续追问还不够。恩格斯把唯物史观定义为关于"现实的人及其历史发展的科学"。历史归根到底是现实的个人的历史。什么是人？人如何发展，这一历史主体及其发展的问题是任何历史观都要面对的问题。正是在《形态》中，关于"现实的个人"思想得到系统而深刻的阐述。马克思"现实的个人"的思想构成了唯物史观的前提、实质和归属，以此为基础，唯物史观的一系列观念才得以确立。

1. "现实的个人"的思想的形成过程。

从黑格尔和费尔巴哈的"抽象的个人"向"现实的个人"的转变是马克思创立唯物史观的核心。探讨马克思"现实的个人"思想本身的发展轨迹必须与各个阶段马克思所批判的特定思潮相联系。与马克思批判原子论唯物主义、黑格尔市民社会观、青年黑格尔派、费尔巴哈"类人学"的思想发展史相一致，马克思关于"现实的个人"的思想经历了"精神性的个人""市民与公民相统一的个人""类的个人"三个阶段，最后到"现实的个人"转变过程，并通过"现实的个人"走向了历史唯物主义。

首先，承认自我意识的"精神性的个人"：随着黑格尔体系的瓦解，青年马克思参加了"博士俱乐部"和青年黑格尔派的活动，意识到自我意识的重要性。马克思于1841年完成了他博士论文，在博士论文中，他赞同伊壁鸠鲁对神的否定，通过论文间接表达了对黑格尔用哲学论证神学的不满。在这里，马克思继承了青年黑格尔派"自我意识"的哲学观点，博士论文是马克思通过对德谟克利特的原子论哲学与伊壁鸠鲁的原子论哲学的比较，为"个人自由"的论证寻找哲学依据。博士论文阶段马克思主张的是原子式的个人概念，或者也就是精神性的个人概念。

其次，确立"市民与公民相统一的个人"：黑格尔的法哲学强调政治国家，把国家看成是保障个人的最高目标。而市民社会包含在国家中，它是满足自己需要的个人的集合，由市民社会所代表的特殊性包含在由国家所代表的普遍性中，国家构成了市民社会的基础和前提。马克思却认为不是国家决定市民社会，市民社会才是国家的前提。马克思认为：公民与市民的关系是辩证统一的，如果个人只作为公民而存在，那么他的存在只具有普遍本质，而不包含任何具体的现实的内容。而如果个人仅作为市民存在，虽然具有现实性和具体性，但却变成了一个彻底利己的动物，为了获得自己的利益，将他人当做工具，自己也同时下降为工具。市民如果抛开他的社会本质，就会失去人之为人的基础。要形成一个完整的个体存在，这两方面必须统一。马克思追求一种"市民与公民相统一的个人"，个人既是现实的、具体的个人，也是抽象的、普遍的个人。马克思在《论犹太人问题》一文中指出："只有当现实的个人同时也是抽象的公民，并且作为个人，在自己的经验生活、自己的个人劳动、自己的个人关系中间，成为类存在物的时候，人类解放才能完成。"

最后，创新"类的个人"："类"的概念是费尔巴哈哲学的重要术语，是他的人本学唯物主义的核心。人是感性实体。费尔巴哈从人与动物的区别上确定了人的感性本质。人是自然的产物。在费尔巴哈看来，人产生并依赖于自然界，受自然规律的制约和支配。人的肉体、人的思维都离不开自然界，他是自然的产物。人的本质是社会生活和环境的产物。人的类本质即普遍性，"就是理性、意志、心"。

2. "现实的个人"的基本规定。

其一，"现实的个人"是自然的、肉体的人。马克思指出：任何人类历史的第一个前提无疑是有生命的个人的存在。这突出了个人在这一前提中的根本地位，因而有生命的个人存在是社会存在和发展的自然前提和基础。人不仅是社会的自然前提和基础，而且还是社会生活的主体，是社会关系的承担者和体现者，社会这个有机体的各个要素都贯穿着人的活动，都渗透着人的影响和作用。正因如此，马克思在谈到人的解放时指出，解放是一种历史活动而不是思想活动。当人们还不能使自己的吃喝住穿在质和量两方面得到充分保证的时候就根本不能获得解放。

其二，"现实的个人"是劳动的实践的人。人与生物都是自然的、肉体的存在，他们的区别在哪里呢？马克思恩格斯说：我们可以随便根据意识、宗教或者别的东西来区别人与动物。但是人们一旦开始生产他们自己所需要的生活资料的时候，他们就从根本上把自己和动物区别开来。"个人怎样表现自己的生活，他们自己也就怎样。因此，他们是什么样的，这同他们的生产是一致的——既和他们的生产相一致，也和他们怎样生产相一致。因而，个人是什么样，这取决于他们进行物质生产的条件。"费尔巴哈把人的"类"本质归结于"理性、意志、心"，马克思批判了费尔巴哈的"类"本质观，认为人的"类"本质不在于精神活动，而在于"有意识的生命活动""劳动"。从资本主义现实状况来看，人的感性活动则是一种异化劳动。异化劳动是一种把自己生命活动，把自己的本质变为仅仅是维持自己生存的手段的劳动。共产主义就是要通过解放劳动开辟一条人学新路，就是要求展开深刻、广泛的劳动实践来把握人的本质。

其三，"现实的个人"是处在社会关系中的人。人的本质是一切社会关系的总和，这是马克思在《关于费尔巴哈的提纲》中提出的对人的本质的著名论断。在《形态》中，马克思进一步辩证地指出，生产劳动固然是历史的本源，但生产本身又是以个人彼此之间的交往为前提的。不管是物质资料的生产还是人口的再生产都包含着一定的社会关系，包含着许多个人的共同活动。"一定的生产方式或一定的工业阶段始终是与一定的共同活动方式或一定的社会阶段联系着的。"人是社会中存在的现实的人，是实践着的人。因此个人的本质也在一切社会关系的总和中实现。尽管这些社会关系以异化的方式否定人的存在，但人的存在就是要通过消除这种异化来实现人的真正本质。对人的社会性的强调是历史唯物主义的本质要求，是对人的科学理解的最重要部分。马克思从"劳动"这一前提出发，指出个人是一种社会存在物，只有通过社会关系的建立才能在劳动中实现自身的价值。

其四，"现实的个人"是世界历史意义上的人。从纵向上看，马克思恩格斯把人类的全部历史理解为"现实的人"实践的历史。在马克思看来，人类与历史是本质合一的，人类的存在为历史提供了现实的前提，而历史是人类通过人的劳动而创造出来的历史。任何人都处在一定的生产力发展及与之相适应的社会条件中，具体的生产力水平与生产关系水平决定了一定社会的具体形态及其发展变化，使其呈现出不同的历史阶段。因此，历史就是"世代依次交替"。

从横向上看，马克思恩格斯把人类的全部历史理解为从地域性向世界性转变的历史，即"世界历史"。由于生产导致的普遍交往的扩大和世界市场的形成，使每一个人都不再是封闭的、孤立的、地域性意义上的个人，而成为世界历史意义上的个人。个人不仅可以"获得利用全球的这种全面的生产的能力"，而且可以突破单个的、地域性的、自发的个人的局限而成为联合的、世界性的、自觉的无产阶级，从而为共产主义运动提供积极的主体力量。

其五，"现实的个人"是能动的表现生活的人。所谓人的类生活，就是指生产生活本身，而人的类特征就是"自由自觉的生命活动"，是个人超出其肉体限制显示社会尺度的活动。因此生产方式固然是人的本质活动，但是"这种生产方式不应当只是从它是个人肉体存在的再生产这方面加以考察。它在更大程度上是这些个人的一定的活动方式，是他们表现自己生活的一定方式、他们的一定的生活方式。个人怎样表现自己的生活，他们自己就是怎样"。"表现生活"使现实的个人提升到历史的创造者的高度。尽管历史的每一代人都不得不面临前代留下来的材料、资金和生产力，从而使自己的发展受到限制，显示其被动的一面。但是他们又能够"通过完全改变了的活动来变更旧的环境"，把旧的生产力、资金和环境提高到新的发展水平和层次，使其打上这一代人的个性、才能的印记，显示人是历史的创造者。

总之，对"现实的个人"的这种理解蕴含着马克思主义从"解释世界"到"改变世界"的革命转变。马克思恩格斯关于现实的个人的思想将哲学的理论视角引向了现实生活世界，使哲学由抽象思维的理论手段转变成为社会革命的思想武器。从而为科学社会主义的生成奠定了理论基础，为马克思主义的整体性提炼出思想的核心。

3. 马克思"现实的个人"思想在历史唯物主义中的地位。

首先，"现实的个人"是历史唯物主义的起点。历史唯物主义的起点或前提是什么？既不是费尔巴哈的先在的自然，也不是黑格尔的抽象的绝对精神，更不是青年黑格尔派的"自我意识"，而是"现实的个人"，是他们的活动和他们的物质生活条件。这些前提可用纯粹经验的方法确认。确立了这一前提，社会结构、政治结构和意识形态才确立或发展起来。以一定的方式进行物质生产活动的个人必然会发生一定的社会联系和政治关系，"社会结构和国家总是从一定的个人的生活过程中产生的"。而思想、观念和人们的意识形态，"在任何时候都只能是被意识到了的存在，而人们的存在就是他们的现实生活过程"。整个历史唯物主义的考察方法就是从现实的、有生命的个人本身出发的，只要描绘出现实的个人的能动的生活过程，历史就是一个自然的历史过程。

其次，"现实的个人"是历史唯物主义的核心。如果说，历史唯物主义揭示了人类社会的本质、结构和规律，那么生产力和生产关系之间构成的社会结构和辩证规律就是其核心内容。"现实的个人及其发展"构成了其结构和规律的内核。对于生产力的理解，人们往往犯表面化的错误。马克思指出，在一般人看来，"生产力好像具有一种物的形式"，表现为一种完全不依赖于个人，与他们分离并支配人的东西，但是"各个人——他们的力量就是生产力"。为了实现各个人的生存以及他们的自主活动，各个人必须占有现有生产力的总和，"对这些力量的占有本身不外是同物质生产工具相适应的个人才能的发挥。仅仅因为这个缘故，对生产工具一定总和的占有，也就是个人本身的才能一定总和的发挥"。

同样，马克思对生产关系的规定也与我们通常的理解有别。生产关系不能仅仅理解为生产过程中形成的人与人之间的经济关系。马克思说，无论是通过生产劳动所达到的自己生命的生产，还是通过家庭关系和生育所达到的他人的生命生产，都表现为"社会关系"，所谓社会关系是指许多个人的共同活动。生产关系本质上是个人生命活动的社会关系。

因此，当我们判断"生产关系是否适应生产力"的最终标准是什么时，就必须摒弃"物"的标准，代之以"人"的标准。马克思指出："生产力与交往形式的关系就是交往形式与个人的行动或活动的关系。"在生产力与生产关系的矛盾未爆发时，即二者相适应时，也就是个人交往的条件和他们的个性相适合，"在这些条件下，生存于一定关系中的一定的个人独力生产自己的物质生活以及与这些物质生活有关的东西，因而这些条件是个人的自主活动的条件"。生产关系不断适应生产力的历史也就是"已成为桎梏的旧交往形式被适应于比较发达的生产力，因而也适应于进步的个人自主活动方式的新交往形式所代替"，"从而也是个人本身力量发展的历史"。

最后，"现实的个人"是历史唯物主义的最终目的：在资本主义社会，无产阶级的生活条件、雇佣劳动甚至社会全部生存条件都成为对无产阶级来说是异己的、偶然的东西，单个无产者的个性与强加于他的生活条件或劳动之间的矛盾异常尖锐。而在共产主义的共同体中，"各个人都是作为个人参加的。它是各个人的这样一种联合，这种联合把个人的自由发展和运动的条件置于他们的控制之下"。共产主义运动和所有过去的革命运动不同的地方，就在于它致力于推翻一切私有制生产关系、交往关系的基础，使它们受联合起来的个人所支配。"共产主义所造成的存在状况，正是这样一种现实基础，它使一切不依赖于个人而存在的状况不可能发生。"历史唯物主义最高价值目标是每一个人的自由、全面的发展，是个人能力和个性的提升和发展。《共产党宣言》中昭示的未来社会正"是这样一个联合体，在那里，每一个人的自由发展是一切人的自由发展的条件"。可以说，"在社会历史结构严密逻辑体系下面马克思自始至终都把作为社会历史主体的现实的个人及其自由发展放在唯物史观的最深处和价值最高处"。

4. 马克思"现实的个人"思想的当代价值。

哲学回归现实生活世界，不仅从根本上改变了哲学研究的视角，更重要的是转变了哲学研究的功能。马克思在《关于费尔巴哈的提纲》中指出，过去的哲学只是用不同的方式去解释世界，而问题却在于改造世界。《形态》关于"现实的个人"的思想对中国特色的现代化事业具有重要的启发。

(1)"现实的个人"的思想为我们坚持"以人为本"、推动人的全面发展奠定了理论基础

科学发展观的核心是以人为本，而人的全面发展的理论展开和实践推进只有立足于"现实的个人"才能发展和完成。从理论上看，人的全面发展必须首先基于作为个体存在物的现实的个人的存在与发展才能实现。因此，系统全面考察现实的个人的内涵和结构对我们全面深化社会改革，建设"五位一体"的文明格局，以满足人的多层次多方面的需要，具有直接的指导。民生问题的解决是为了满足人民群众衣食住行的基本需要。就业不仅仅关系到收入问题，它从根本意义上是为了满足人的劳动需要和自我实现的需要。经济体制和政治体制改革的要义在于理顺利益格局促进社会关系的和谐。

马克思批判资本主义制度，就是批判资本对劳动的统治、物对人的奴役、货币对精神的侵蚀。资本主义就是以最大限度地否定和损害个人发展才取得巨大的物质堆积。这就使社会发展和个体发展处于尖锐对抗的状态。马克思的历史任务，正是要寻找一种更高的社会形态以克服这种对抗，使社会的发展同每个人的发展相统一。科学发展观摒弃了"以物

为本"的发展理念，强调"以人为本"，表明社会主义的最根本目的是实现每一个中国人全面自由的发展。中国特色社会主义回到马克思主义的本真精神和正确轨道上来了。

（2）"现实的个人"的思想对凝聚中国力量、提升中国精神具有重大意义

"现实的个人"是能动的个人，这种能动性从哲学上讲就是人的主体性。"所谓主体性就是指主体在认识世界和改造世界过程中所表现出来的自主性、能动性和创造性等特征"①，随着当代社会的发展，科学技术和生产力的进步，人类社会进入了一个全新的历史阶段。在这种历史条件下，每个人的个性都需要展现，每个人的需要都应满足，每个人的才能都需要实现，社会主义条件下"现实的个人"应该作为历史的主体发挥决定性的作用。现实的个人的素质、能力、才智、个性的彰显和实现，既是生产力的结果，更是生产力的动力。因此，当前改革的任务就是要充分激发每个人的能动性和创造性，把作为能力蕴含于个人之中的潜在精神力变为现实的生产力，凝聚中国力量、提升中国精神。

（3）"现实的个人"为建设生态文明提供了原则与方向

现实的个人是处于与自然进行物质和能量交换之中的活生生的存在，他必须正确处理人与自然的相互关系，遵循自然规律，维护包括人在内的整个自然界的平衡与和谐。这是现实的个人存在和发展的基本条件。因此，人与自然的关系不能简单理解为主体与客体的关系，而应该理解为现实的人对自身与自然界的关系的认识。通过批判传统自然观，精神或思维意义上的自然以及直观的非历史的自然都失去了存在的价值。一个把自然溶于自身生命的人类或一个把人类理解为其有机组成部分的自然将开创一种新的绿色文明，这就是我们正在大力建设的社会主义生态文明。

党的十八大报告和十八届三中全会坚持以人为本的科学发展观，全面深化改革，把经济发展、社会文明与保护生态环境结合起来，必将为每一个人的全面自由发展创造坚实的、和谐的社会与自然环境。

二、《德意志意识形态》的内容如何理解？思想的内在张力何在？

历史唯物主义在马克思本人的思想结构和马克思主义的理论体系中所占有的重要地位早已经有了共识。但如何理解历史唯物主义的实质和本真精神，如何开启历史唯物主义的当代视野，如何使历史唯物主义成为面向"现实的人"的理论良心和精神归宿，却是一个至今还没有解决但仍然意义重大的问题。一般而言，传统教科书派（包括我们现在使用的统编教材）的致思原则是把含自然界在内的整个社会生活与人类实践都看成是物质的、充满矛盾的、不依个人意志为转移的有规律的过程，简言之，社会"历史"被物质化了、"客体化""规律化"了。这种倾向衍生出多种关于历史唯物主义的理论形态：自然本体论，物质本体论，实践本体论，经济决定论，技术决定论，结构主义等。而以卢卡奇、马尔库塞、弗罗姆等为代表的西方马克思主义者强调作为实践主体的人在历史运动中的能动作用，对社会生活和实践做出"人性"的、"人道主义"的、"精神"的理解，简言之，唯物主

---

① 陈宇宙：《现实的个人：唯物史观确立的前提及当代意义——读〈德意志意识形态〉》，《山西师范大学学报》2008 年第 3 期。

义被"人化""主体化"了。上述两者绝然相反、势不两立。通过对《德意志意识形态》阅读，我们发现上述绝然相反、势不两立的原则、倾向和观点恰恰不可分割地统一于文本之中，构成历史唯物主义的内在张力。揭示这一张力无论对马克思主义理论本身还是对当代现实都具有重要意义。

《德意志意识形态》的张力表现在三个方面：作为客体的社会结构与作为主体的"现实的个人"的内在张力，作为历史主体的"现实的个人"的自在性与自为性的内在张力，世界历史意义下的个人与共产主义运动之间的张力。

探讨历史唯物主义的张力，就是要研究人类创造的主体性、能动性、历史性与人类活动的客观性、物质性、规律性之间的对立统一关系。《形态》（特别是第一章）从下面三个方面把历史唯物主义的内在张力系统而深刻地展示出来。

（一）作为客体的社会结构与作为主体的"现实的个人"的内在张力

马克思第一次科学描述和揭示了社会生活的客观性本质和结构。《形态》首次论证了社会物质生活条件、物质生产活动（社会存在）对社会意识的起源、发展所具有的决定作用，指出："意识在任何时候都只能是被意识到了的存在，而人们的存在就是他们的现实生活过程。"以此为基础，《形态》首次确证了生产力（生产方式）与生产关系（交往形式）、经济基础（市民社会）与上层建筑（国家、意识形态）之间的辩证关系，并把这一科学的结构纳入社会矛盾与社会演进的动态历史中加以考察。马克思指出，这种历史观就在于：从直接生活的物质生产出发阐述现实的生产过程，把从生产过程中产生的交往形式、市民社会理解为整个历史的基础，从市民社会理解国家、政治和各种意识形式。这种对社会历史的整体结构和规律的把握与透彻分析是历史唯物主义诞生的文本标志：历史唯物主义的概念群严密地构成一个逻辑体系，这个逻辑体系揭示了现实的生活内容和真理。因此通过这个体系所昭示的规律与趋势是不以个人的意志、情感为转移的。

正是由于马克思揭示了社会的物质前提、矛盾结构、客观规律，历史唯物主义才成为真正的科学。也正是由于对这一方面的片面理解，由此出现了马克思理论"见物不见人"、马克思主义存在着人学空场、马克思反人道主义等极端观点。细读文本，我们发现，在社会历史结构严密逻辑体系下面，马克思自始至终都把作为社会历史主体的"现实的个人"的存在及其自由发展放在唯物史观的最深处和价值的最高处。

首先，马克思指出：全部人类历史的第一个前提就是有生命的个人的存在，社会"历史主体"是一些"现实的个人"，第一个需要确认的事实就是这些个人的肉体组织以及由此产生的个人对自然的关系。

其次，马克思进一步指出，这些现实的个人谋求生活资料的方式（生产方式）不应当只是从个人肉体存在的再生产来考察，不能仅仅从物方面来考察。"它在更大程度上是这些个人的一定的活动方式，是他们表现自己生活的一定方式、他们的一定的生活方式。"马克思把生产方式理解为个人表现自己、实现自己的生活方式，理解为人的自由活动方式。

最后，马克思认为："生产力和交往形式的关系就是交往形式与个人的行动或活动的关系。"是否实现个人的自主发展、能力发展和个性发展是生产关系是否适合生产力的判断标准。当我们说生产关系适合生产力就是说"生存于一定关系中的一定的个人独立生产自己的物质生活以及与这些物质生活有关的东西"。生产关系的历史同时"也是个人本身力量发展的历史"。作为唯物史观核心的生产力、生产关系其实质都是个人本身力量的发展。

下面仅以生产力为例加以说明。我们知道，马克思在《共产党宣言》中充满热情地肯定资本主义的大工业和生产力。"资产阶级在它的不到一百年的阶级统治中所创造的生产力，比过去一切世代创造的全部生产力还要多，还要大"，它把人类自我发展和改造世界的能力从传统的规范和制度中释放出来，创造了远远高于埃及金字塔和哥特式教堂的人类奇迹。而生产力在马克思历史理论中的决定地位之所以不容置疑，是因为生产力就是人的能力，生产力的发展就是人的能力的发展，生产力在变革自然过程中的广度与深度就是人的能力延伸与拓展的广度与深度。生产力是人的自由和本质力量的展示与确证，"工业的历史和工业的已经生成的对象性的存在是一本打开了的关于人的本质力量的书，是感性地摆在人们面前的人的心理学"。马克思肯定现代大工业与生产力其实就是对人的自由的肯定。而被生产力所决定的生产关系、交往关系尽管体现为物的关系、生产资料的关系，可马克思总是告诫我们，商品、货币、生产资料、社会财富等物的关系其实质却是人与人的关系。资本主义的生产关系之所以必须被消灭，是因为它造成了对生产力这种人的自由能力的束缚与破坏。

现实的个人的存在、实现和发展正是唯物史观整体结构的基础和目标。

(二) 作为历史主体的"现实的个人"的自在性与自为性的内在张力

"现实的个人"的自在性与自为性的内在张力表现在下面三个方面。

首先，从人与自然的关系来看，现实的个人存在着自然性与社会性的内在张力。一方面，现实的个人是自然的、肉体的、有生命的个人，这些个人的生命特征使得他们必须依赖于特定的地质、水文、气候等自然条件，这就是人们的物质生活条件。现实的个人的自然规定还包括人口的生产与再生产，即人自身的繁殖。另一方面，马克思认为，人通过劳动与动物区别开来，他生产自己的物质生活资料的时候也就间接地生产出了与动物不同的一种社会生活。这种生活也就不仅仅局限于被动满足肉体的需要，它还是个人表现自己、实现自己的方式。与此同时，在人的劳动过程中，深刻的社会联系和丰富的交往形式建立起来。这就完成了一种超越于自然之上的对人的社会规定。现实的个人通过劳动实现着人的自然性向社会性的转化，完成着主体客体化和客体主体化的双向互动。马克思在此揭示了现实的个人的存在基础。

其次，从人与人的关系来看，现实的个人存在着"物的异化"与"人的解放"的内在张力。马克思在《形态》中考察了人的异化的产生、现状和前景。他认为资本主义条件下人的异化表现为三个方面。一是生产力对人的异化。生产力原本是人的劳动能力，但在资本主义条件下人本身的劳动对人说来成为一种同他对立的异己力量，这种异己力量压迫着人。在这个阶段上产生出来的生产力在现成关系下只能造成灾难，"这种生产力已经不是生产的力量，而是破坏的力量"。生产力成了对人的存在的否定。二是生产关系对人的异化。马克思指出，生产关系作为一种扩大的、引申的生产力其"本身不是自愿地而是自然地形成的，所以这种社会力量在这些个人看来就不是他们自身的联合力量，而是某种异己的、在他们之外的强制力量"。资本主义私有制、财产关系都是压迫人的异己力量。三是职业的异化。现实的个人受制于社会强加给他的职业和活动范围，"只要他不想失去生活资料，他就始终应该是这样的人"。针对无产者的异化处境，马克思提出了人类解放的历史任务。解放不是思想和精神活动，而是物质活动、历史活动。解放"是由历史的关系，是由工业状况、商业状况、农业状况、交往状况促成的"，因此只有在现实世界中用现实的手段才能实现人的真正的解放。马克思指出，"实际上，而且对实践的唯物主义者即共产主义者来说，全部问题都在于使现存世界革命化，实际地反对并改变现存的事物"。异化的处境与人对现实的革命改造构成了现实的个人的生存动力。马克思在此揭示了现实的个人的生存矛盾。

再次，从人与历史的关系来看，现实的个人内蕴着"偶然的个人"与"有个性的个人"的张力。马克思认为，历史的本质不是上帝或绝对精神的产物，也不是历史事实材料的堆积。历史"不外是各个世代的依次交替"。每一代都利用以前各代所留下来的生产力、资金和材料，在既定的环境下从事所继承的活动。这种从前辈接受的既定的环境对个人来说是偶然的，这就使每一个人都成为偶然的个人。但是每一代又通过自己的创造活动来变更旧的环境，把它推进到新的历史阶段。这个新的环境、新的历史阶段体现了这一代人的创造性，使他们成为有个性的个人。对于后代来说是偶然的无机的东西，对前代的个人来说都是必然的有机的，是体现他们个性与自由的创造物。历史即是被给予的、被动的、受客观条件制约的，又是给予的、能动的、自由创造的。马克思在此揭示了现实的个人的历史过程。

(三)世界历史意义下的个人解放与共产主义运动之间的张力

马克思在《形态》中不仅考察了现实的个人的存在基础、生存矛盾、动态历史，还考察了现实的个人由地域性向世界历史性过渡的必然性，并揭示了现实的个人解放与共产主义事业的辩证统一。

马克思认为要消除现实的人的异化必须以生产力高度发展为前提。随着生产力的发展，国际分工范围日益扩大，普遍社会交往进一步展开，世界市场得以形成。人们相互影响的活动范围越是扩大，原始封闭状态消灭得越彻底，历史就越是突破地域限制而成为世界历史。每一个人就不再是封闭的、孤立的、地域性意义上的个人，而是成为世界历史意义上的个人。世界历史是社会发展的必然结果。

从理论上来讲，世界历史与个人解放是统一的，"各个人的具有世界历史性的存在，也就是与世界历史直接相联系的各个人的存在"。因此"每一个单个人的解放程度是与历史完全转变为世界历史相一致的"。这不仅是指世界历史时代的到来能为每一个人"获得利用全球的这种全面的生产(人们的创造)的能力"提供可能。而且是指世界交往、世界市场有利于提高共产主义觉悟和意识。在这种情况下，单个的、地域性的、自发的个人必然发展为世界历史性的无产阶级，他们寻求自身的解放活动必然演变为联合的、世界性的、自觉的共产主义运动。地域性的、封闭性的、民族性的解放不能使每一个人都获得解放。只有世界历史性的无产阶级联合改变现状，才能使每一个人获得解放。

从现实上来讲，世界历史与个人解放又是矛盾的。世界历史使人们遭受到财产、货币、土地这些"物"的普遍的绝对的主宰、支配，使他们越来越深地受供求关系、世界市场和资本的奴役，受到越来越广泛的生产力和生产关系的制约。世界范围内的私有制生产关系使整个无产阶级的生存状况日益恶化，他们必须承担社会的一切重担而不能享受社会的福利，他们被排斥于社会之外，他们异化的广度和深度日益加强。这就使他们与整个社会处于尖锐的矛盾冲突之中。只有共产主义事业即整个无产阶级同时展开的"具有世界历史意义"的运动才能使每个人重新成为世界历史、世界市场的主人，同时无产阶级在革命中经受教育和改造而成为社会的新基础。

三、《德意志意识形态》的当代价值

长期以来，国内学者对历史唯物主义的理解存在两个误区。第一个，历史唯物主义就是关于社会存在的学说，而社会存在又可以归结为社会结构、社会矛盾、社会规律的逻辑体系。由此在历史唯物主义理论中，个人是被排除在外的。这就使历史唯物主义被称为"人学的空场""见物不见人"的科学。第二，即使在历史唯物主义理论中强调人民群众的主体性和创造性的部分，由于没有正确理解群众和个人的关系，它们成为彼此外在、甚至对立的范畴。而《形态》中马克思对"现实的个人"的科学论断不仅可以使我们消除上述理论迷雾，而且使我们更为深刻地理解这一思想在历史唯物主义中的重要地位。

历史唯物主义以现实的个人的存在作为起点，以每个人的解放和自由发展为终点，把人与物的统一、社会性与自然性的统一、历史性与客观性的统一、世界性与个体性的统一贯穿其中，成为一门真正的关于现实的人的科学。解读《形态》具有如下意义。

（一）通过对唯物史观内在张力的探讨有利于科学理解马克思主义的体系结构和精神实质的辩证关系

有利于认识个人在马克思思想体系中的重要地位，由此恢复马克思主义的整体性。唯物史观与人道主义并不是势不两立的。一直以来，由于对体系和结构的偏重，部分学者把每个人的主体需要、自由意志、价值呼求排除在唯物史观之外，使唯物史观成了无主体的社会结构、社会矛盾、社会规律的人学空场。唯物史观缺乏内在张力，缺乏与每一个人的紧密关联。《形态》中关于现实的个人，特别是关于自由的、有个性的个人的深刻论述成为他们需要清除的赘物。马克思主义的生命力和它的人学本质被遮蔽了。通过对唯物史观内在张力的探讨，我们发现，马克思并不是1845年以后就不谈人了，就撇开人的自由和发展了，只是不像费尔巴哈那样抽象地谈人了。他把个人放在变革自然、改造社会、发展历史、实现自由的现实生活中去阐释，由此确立了以每一个人全面自由的发展和个性解放为实现目的的科学人道主义。个人的存在和发展是唯物史观的核心内容，贯穿于唯物史观的始终，是马克思主义整体性的核心。以此为基础，科学发展观"以人为本"的马克思主义实质就能得到进一步的彰显。唯物史观与每个人的精神血脉就能打通，它会变成我们时代的理论良心。

（二）通过对唯物史观内在张力的探讨有利于把握人的全面性、丰富性内涵，突显社会主义实践的价值意蕴，并在五位一体的社会主义文明建设中得到实现

唯物史观为我们坚持"以人为本"、推动人的全面发展奠定了理论基础。马克思对人的多种规定是内在统一、不可分割的。第一，人作为肉体的生命存在，其基本生活条件应该得到足够的重视，社会主义物质文明建设就在于首先满足这些需要。同时人作为自然的存在离不开自然界，把自然作为人的无机身体，作为人的作品和活动结果来对待，这正是生态文明的核心理念。第二，人作为通过劳动而与动物区别开来的存在，他不仅在劳动中获得物质生存资料，而且还在劳动中表现生活、实现自我，所以民生工程中高度强调就业和创业的重要性就是马克思主义理论的题中应有之义。第三，人作为社会关系的存在者，他不仅依赖其他社会成员而存在，而且只有从社会生活中才能获得自己的社会性本质。所以政治文明和社会文明建设要致力于理顺社会关系、解决社会矛盾、调整利益格局，建设和谐社会。第四，人作为自由的有个性的存在总是处于对不自由、对物化生活的抗争之中，社会主义要致力于满足人全面而自由发展的需要，要培育新文化、新人格、新思想，社会主义精神文明建设在对个人的、民族的精神塑造过程中作用尤为重要。

（三）通过对唯物史观内在张力的探讨有利于我们党在制定路线、方针、政策的时候把握历史的客观规律性和人民的主体能动性之间的辩证关系

唯物史观的理论中存在着作为客体的社会结构与作为主体的"现实的个人"之间的内在张力，这就需要我们一方面从宏观上运用马克思主义社会基本矛盾运动的原理拓展中国特色社会主义道路，丰富中国特色社会主义理论体系，完善中国特色社会主义制度，坚持科学发展，全面深化经济体制改革，积极稳妥推进政治体制改革，深化文化体制的改革。另一方面，要把促进人的全面发展，维护人民的根本利益，坚持人民的主体地位，"增强人民精神力量"，调动每一个人建设社会的积极性、创造性、主动性，作为我们各项工作的出发点和最终目的。历史唯物主义认为，历史是人的实践的历史，历史实践的主体是现实的个人。生产力和生产关系都只有从现实的个人的活动和发展才能理解，现实的个人的素质、能力、才智、个性的彰显和实现，既是生产力的结果，更是生产力的动力。随着当代社会的发展，科学技术和生产力的进步，人类社会进入了一个全新的历史阶段。在这种历史条件下，每个人的个性都需要展现，每个人的需要都应满足，每个人的才能都需要实现，社会主义条件下"现实的个人"依然应该作为主体发挥决定性的作用。因此，充分发挥每个人的能动性和创造性，把作为能力蕴含于个人之中的潜在生产力变为现实生产力尤为重要，是凝聚中国力量，提升中国精神根本途径。

第五章 科学社会主义原理的系统阐述

——《共产党宣言》解读

马克思和恩格斯合著的《共产党宣言》(以下简称《宣言》)是第一个国际性无产阶级政党——共产主义者同盟的理论和实践的纲领,是科学共产主义的最伟大的纲领性文件。正如恩格斯在《宣言》1890年德文版序言中所说的那样:它无疑是全部社会主义文献中传播最广和最具有国际性的著作。列宁在谈到《共产党宣言》时指出:"这部著作以天才的透彻而鲜明的语言叙述了新的世界观,即把社会生活领域也包括在内的彻底的唯物主义、作为最全面最深刻的发展学说的辩证法、以及关于阶级斗争、关于共产主义新社会的创造者无产阶级肩负的世界历史性的革命使命的理论。"[1]

作为对科学社会主义原理的系统阐述,《宣言》包括整个马克思主义理论的基本内容。马克思和恩格斯在这部著作中,通过运用他们在哲学、政治经济学以及历史科学等领域里获得的新认识,首先是运用他们所创立的唯物史观,对人类社会特别是资本主义社会进行了科学研究并总结了工人运动的新经验,从而全面阐述了科学社会主义的基本原理。它深刻地揭示了资本主义社会的发展规律,论证了资本主义灭亡、社会主义胜利的历史必然性;深刻地揭示了无产阶级的伟大历史使命,论证了阶级斗争、无产阶级革命和无产阶级专政的重要作用;深刻地揭示了共产党的性质和特点,论证了党的领导是无产阶级解放事业走向胜利的根本保证;深刻地批判了各种社会主义流派,从而在国际共产主义运动中真正地树立起了科学社会主义的理论旗帜,对当代中国的社会主义实践仍然具有重大的理论和现实意义。

一、《共产党宣言》的时代背景及其历史地位

(一)《共产党宣言》是大工业时代无产阶级反对资产阶级的阶级斗争的产物

马克思、恩格斯指出:"共产党人的理论原理,决不是以这个或那个世界改革家所发明或发现的思想、原则为依据的。这些原理不过是现存的阶级斗争、我们眼前的历史运动的真实关系的一般表述。"[2]19世纪30、40年代,资本主义生产方式在西欧几个主要资本主义国家迅速发展起来,随着欧洲各国在经济上的飞速发展,资本主义社会的基本矛盾也日益明显地暴露出来,从而导致以生产过剩为主要特征的经济危机周期性地发生。经济危

---

① 《列宁选集》第2卷,人民出版社1995年版,第416页。
② 《马克思恩格斯选集》第1卷,人民出版社2012年版,第413~414页。

机加深了无产阶级的贫困和灾难，致使资本主义社会出现了两种不同性质的积累：一种是资产阶级财富的积累，另一种则是无产阶级贫困的积累。由于无产阶级和资产阶级之间的矛盾日益尖锐化，阶级斗争的规模越来越大。在西欧三个主要资本主义国家相继爆发了三次大的工人运动。法国里昂工人在 1831 年举行起义，英国工人从 1836 年开始发动了宪章运动，德国西里西亚纺织工人在 1844 年也发动了大规模的武装斗争。这三次举世瞩目的工人运动，标志着无产阶级已经作为一支独立的政治力量登上了历史舞台。由于当时的无产阶级运动没有科学理论的指导，没有马克思主义政党的领导而最终失败。

（二）《共产党宣言》是马克思、恩格斯早期建党实践活动的伟大成果

随着西欧工人运动的蓬勃发展，各国出现了一些具有政治性质的工人群众组织。其中最著名的有从 1836 年开始的英国宪章运动中产生的宪章派，德国手工业者在 1836 年成立的正义者同盟，由法国革命家布朗基于 1837 年组建的"四季社"等。这些政治组织虽然都是以工人群众为主体的，但由于在不同程度上受到各种小资产阶级共产主义思想的影响和控制而不能满足工人运动发展的要求。因此，这一时期，摆在马克思和恩格斯面前的有两大重要任务：一是统一、组织、协调各国分散的工人运动；二是从理论上批判各种错误思潮，为统一的工人运动提供理论与行动纲领。马克思、恩格斯把创立科学的革命理论与建立无产阶级政党的实践活动结合起来。

马克思、恩格斯的第一次建党实践活动是在 1846 年 2 月，他们在比利时建立了布鲁塞尔共产主义通讯委员会。当时建立这个国际性组织的主要目的是沟通欧洲主要国家的社会主义运动情况，了解和批评社会主义运动内部的错误思想，从组织上和理论上为建立无产阶级政党准备条件。正义者同盟原来是一个半公开、半秘密的流亡工人组织，共同的遭遇，使他们奉行着"人人皆兄弟"的口号。他们的指导思想是具有空想和平均主义色彩的魏特林主义，后来又受过"真正社会主义"的控制，蒲鲁东主义、布朗基主义也对他们有着很大的影响。他们的策略手段是密谋暴动，企图发动少数人突然打回德国去，以达到推翻统治阶级，建立共产主义制度的目的。1839 年 5 月 12 日，他们参加了"四季社"组织的密谋活动失败后，在巴黎失去了立足之地。一些成员陆续来到了伦敦，又把他们的组织活动恢复起来。在恢复其组织活动的过程中，同盟的领导人逐渐认识到，他们以前奉行的共产主义观点，无论是法国的平均共产主义还是魏特林的手工业共产主义，都是不能实现的。他们越来越相信马克思和恩格斯提出的新理论的正确性。同盟中央在 1847 年 1 月正式派出自己的领导人约瑟夫·莫尔，邀请马克思和恩格斯加入和改组同盟。莫尔表示，如果马克思和恩格斯愿意加入同盟，并且能使同盟中央领导人确信他们的观点是正确的，也确信必须摆脱陈旧的密谋性的方式，他们就能在同盟的代表大会上以宣言形式阐述自己的科学共产主义理论，然后作为同盟的宣言公之于世。马克思和恩格斯欣然接受了同盟的邀请，担负起从思想上和组织上改组同盟的具有伟大历史意义的任务。1847 年 6 月，正义者同盟的第一次代表大会在伦敦召开。恩格斯作为巴黎支部的代表，参加了大会的领导工作。马克思因经济上的困难而未能出席。大会决定将"正义者同盟"改名为"共产主义者同盟"，用"全世界无产者，联合起来！"取代"人人皆兄弟"的旧口号。由于恩格斯、沃尔弗和同盟领导人的共同努力，会议的各项议程基本上获得了成功，并通过了《共产主义者同

盟章程》。代表们就已经提出的各种问题展开了充分的讨论，决定制定同盟纲领，并且责成恩格斯用当时工人团体容易接受的教义问答形式写出了《共产主义信条草案》。

会后对《共产主义信条草案》纲领进行了大讨论，1847 年 10 月下旬，同盟巴黎区部在讨论的过程中发生了严重的冲突，魏特林主义分子和"真正的社会主义"者们倒行逆施，想使同盟后退到原来的境地中去。1847 年 10 月底至 11 月，恩格斯受共产主义者同盟巴黎区部委员会委托，为同盟起草了纲领草案——《共产主义原理》。《共产主义原理》共列举了 25 个问题，内容更加丰富，更能体现马克思、恩格斯的理论观点。《共产主义信条草案》和《共产主义原理》，是《宣言》形成过程中的重要文献，可以说是《宣言》的第一稿和第二稿。1847 年 11 月底至 12 月，共产主义者同盟第二次代表大会在伦敦召开。马克思和恩格斯都出席了会议。会议围绕纲领问题进行了十天的激烈辩论。马克思在大会上显示出演说家的特殊才能，他的论据具有令人信服的逻辑性和号召力，在辩论中捍卫了科学社会主义原则。所有的分歧和怀疑终于都消除了，一致通过了新原则。马克思和恩格斯被委托起草宣言。他们抛弃了教义问答形式，采用"叙述历史"的方式写作了《共产党宣言》。《宣言》于 1848 年 2 月出版。

二、社会发展动力以及"两个必然"的历史规律

(一)阶级斗争是阶级社会发展的直接动力

马克思和恩格斯在《宣言》的开篇就指出，自从原始社会解体以来，"至今一切社会的历史都是阶级斗争的历史"。在阶级社会中，阶级主要是根据人们在生产关系中所处的不同经济地位来划分的。在奴隶社会和封建社会，阶级之间的差别是用等级的划分固定下来的，并且由占统治地位的阶级为社会各个阶级确定了在国家中的特殊法律地位。因此，自由民和奴隶、贵族和平民、领主和农奴、行会师傅和帮工，一句话，压迫者和被压迫者，始终处于不断的对立的地位，处于有时隐蔽有时公开的不断的斗争之中。在资本主义时代，阶级对立并没有被消灭，资本主义社会实行的仍然是少数人剥削多数人的不合理制度。"它只是用新的阶级、新的压迫条件、新的斗争形式代替了旧的"，也就是用资产阶级的统治代替了封建地主阶级的统治，用资本主义的压迫条件代替了封建主义的压迫条件，用资产阶级和无产阶级的斗争形式代替了地主和农民的斗争形式。

与过去时代相比，马克思和恩格斯写道："我们的时代，资产阶级时代，却有一个特点：它使阶级对立简单化了。整个社会日益分裂为两大敌对的阵营，分裂为两大相互直接对立的阶级：资产阶级和无产阶级。"这是因为：一方面，随着资本主义的发展和机器大工业的革命，资产阶级废除了封建的等级制度，撕下了掩盖阶级关系的温情脉脉的面纱，使阶级对立这一事实暴露得更加明显；另一方面，随着资本主义的发展，小生产者不断地发生两极分化，绝大多数遭到破产，改变了自己的原来身份，中世纪遗留下来的一切等级和阶级都被抛到后面去了。这样，整个社会就分裂为两大直接对立的阶级——资产阶级和无产阶级。

马克思认为，资产阶级和无产阶级都是现代工业和资本主义生产关系的产物。资产阶

级是在封建社会的土壤里产生的。从中世纪的农奴中产生了城关市民，在市民等级中发展出最初的资产阶级分子。随着美洲的发现、新航线的开辟、东印度和中国的市场、对殖民地的贸易和工业的空前高涨，使封建的行会经营方式被工场手工业所代替，由最初的资产阶级分子演变的工业的中间等级把行会师傅排挤掉了。随着市场的扩大，需求的增加，蒸汽和机器引起的工业革命，使现代大工业代替了工场手工业，现代资产阶级最终代替了工业的中间等级而确立了自己的统治地位。

由此可见，现代资产阶级是工业和生产发展的产物，是生产方式和交换方式变革的产物。而无产阶级即现代工人阶级是随着资本、资产阶级的发展而一同发展起来的。然而，两者的阶级利益是根本对立的，所以从它们的产生之日就展开了斗争。起初，无产阶级处于自在的阶段，进行着自发的斗争，斗争对象是反对直接剥削他们的个别资本家。他们不仅仅攻击资本主义的生产关系，而且攻击其生产工具，他们毁坏外国商品，捣毁机器，烧毁工厂。在这个阶段，工人的斗争是分散的。随着资本主义机器大工业的发展，无产阶级不仅在数量上有所增加而且在与资产阶级的斗争中日益采取了联合行动。他们开始建立反对资产者的同盟，甚至建立了经常性的团体，有些地方爆发起义。资产阶级为了保护他们的经济利益和政治权利，经常运用自己的国家机器来间接或直接地干预和镇压无产阶级的斗争，这样就使得工人反对资本家的斗争发展为无产阶级反对资产阶级及其政府的斗争。因此，马克思和恩格斯说："一切阶级斗争都是政治斗争。"

马克思和恩格斯认为，自从原始公社解体以来，组成为每个社会的各个阶级之间的斗争，总是历史发展的伟大动力。因为在阶级社会里，社会的变化主要是由于社会内部矛盾的发展而引起的。一个新的社会制度代替旧的社会制度，是生产力和生产关系、经济基础和上层建筑之间矛盾运动的结果。这一社会基本矛盾反映在阶级关系上，就表现为压迫阶级和被压迫阶级、剥削阶级和被剥削阶级之间的斗争。总之，"压迫者和被压迫者，始终处于相互对立的地位，进行不断的、有时隐蔽有时公开的斗争，而每一次斗争的结局都是整个社会受到革命改造或者斗争的各阶级同归于尽"。这就是说，在阶级社会中，是阶级斗争推动着人类社会不断向前发展。

无产阶级反对资产阶级的阶级斗争与过去的阶级斗争有何区别呢？无论是新兴地主阶级反对奴隶主的斗争，还是新兴资产阶级反对封建贵族的斗争，它们的目的都是要用一个剥削阶级代替另一个剥削阶级，用一种剥削制度代替另一种剥削制度，只有无产阶级反对资产阶级的斗争，才能够从根本上消灭一切剥削阶级，消灭一切剥削制度，为最终实现共产主义创造条件。因此可以认为，无产阶级反对资产阶级的斗争是"最后的斗争"。马克思和恩格斯对于无产阶级反对资产阶级的斗争的作用给予了充分的肯定，说它是"历史的直接动力"，是"现代社会变革的巨大杠杆"。

对阶级和阶级斗争的分析，马克思和恩格斯都不是首创。在近代，资产阶级经济学家大卫·李嘉图最早分析了阶级及阶级斗争现象，空想社会主义者更是站在无产者的立场上对资本主义社会阶级对立的无情现实进行了激烈的抨击，然而他们都有根本的缺陷。前者的局限性在于他们只是从分配这一表现去区分阶级；后者则是把变革的希望寄托于统治阶级，如欧文就是典型的例子。但无论如何，他们的探索却表明了一个简单的事实：要指明社会变革的动力和方向，必须着力于从现实社会对立的阶级中去寻找。以前的思想家在他们的探索中自觉或不自觉地透露了这一历史的要求，但由于主客观条件的限制，他们的努力只能为即将出现的科学的解释作铺垫。而马克思和恩格斯的贡献正在于对前人提出的时代性问题提供了令人信服的科学答案。1852 年马克思的亲密战友约·魏德迈和海因岑之间在阶级斗争问题上发生了一场争论。海因岑认为只有君主才是一切灾祸的根源，而把阶级斗争说成是"共产主义者无聊的捏造"。魏德迈在《纽约民主主义者报》上发表文章驳斥了海因岑的谬论。马克思在给魏德迈的信中，肯定了魏德迈的正确观点，并进一步阐述了自己对于阶级、阶级斗争和无产阶级专政的看法。马克思提出，无论是发现现代社会中有阶级存在或发现各阶级间的斗争，都不是他的功劳。在他之前的资产阶级历史学家和经济学家对这个问题都做过分析。马克思认为，他对阶级斗争理论的新贡献主要有以下三点："(1)阶级的存在仅仅同生产发展的一定历史阶段相联系；(2)阶级斗争必然导致无产阶级专政；(3)这个专政不过是达到消灭一切阶级和进入无阶级社会的过渡。"①。

(二)资本主义必然灭亡和共产主义必然胜利，是世界历史发展的必然规律

马克思和恩格斯在《宣言》中运用唯物史观关于生产关系一定要适应生产力的性质和要求以及阶级斗争是阶级社会发展动力的基本原理研究了资本主义生产方式的产生、发展的历史过程，从而揭示了共产主义代替资本主义是人类历史发展的客观规律。1918 年列宁在马克思和恩格斯纪念碑揭幕礼上指出："马克思和恩格斯的具有世界历史意义的伟大成绩，在于他们用科学的分析证明了，资本主义必然崩溃，资本主义必然过渡到不再有人剥削人现象的共产主义。"②

(1) 马克思对于资产阶级历史命运的科学预测建立于他对资产阶级历史作用的科学判断的基础上。在《宣言》中，马克思和恩格斯在用现代工业历史地叙述资产阶级产生过程的基础上，客观地肯定：资产阶级在人类历史上曾经起到非常革命的作用。

其一，新兴的资产阶级在它取得统治地位的地方把一切封建的、宗法的关系和等级制度彻底摧毁了。它无情地斩断了把人们束缚于天然尊长的形形色色的封建羁绊，它抹去了职业的神圣光环，它撕下了家庭关系的温情面纱，把这一切变成了赤裸裸的金钱关系。

其二，资产阶级促进了社会生产力的发展。它第一个证明了人的活动能够取得什么样的成就。它创造了完全不同于埃及金字塔、罗马水道和哥特式教堂的人间奇迹。从 18 世纪 60 年代英国产业革命开始，资产阶级不断地采用新技术、新机器，极大地提高了劳动生产率，使工业、农业、商业和交通运输业都得到了迅速的发展，创造出了前所未有的经济成就。马克思惊叹道：资产阶级在它不到一百年的阶级统治中所创造的生产力比过去一切世代创造的全部生产力还要多、还要大。自然力的征服，机器的采用，化学在工业和农业中的应用，轮船的行驶，铁路的通行，电报电话的使用，整个整个大陆的开垦，河川的通航，仿佛用法术呼唤出来的大量人口，过去有哪一个世纪料想到在社会劳动里蕴藏着这么巨大的生产力呢？

其三，资产阶级促使生产工具不断地变革，从而导致了生产关系和全部社会关系的不

---

① 《马克思恩格斯选集》第 4 卷，人民出版社 2012 年版，第 425~426 页。

② 《列宁选集》第 3 卷，人民出版社 1995 年版，第 574 页。

断变革。"资产阶级除非对生产工具，从而对生产关系，从而对全部社会关系不断地进行革命，否则就不能生存下去。"反之，原封不动地保持旧有的生产方式是过去一切工业阶级生存的首要条件。生产的不断变革，一切社会状况不停的动荡，永远的不安定和变动，这就是资产阶级时代不同于过去一切时代的特点，也是资本主义生产方式比封建主义生产方式优越的地方。资产阶级的这种变动性、不安定性使人们之间固定不变的僵化的社会关系和存在于人们头脑中的传统观念和见解都被消除了。一切等级的固定的东西都烟消云散了，一切神圣的东西都被亵渎了，这就使得"人们终于不得不用冷静的眼光来看他们的生活地位、他们的相互关系"。

其四，资产阶级建立了普遍性的世界交往、世界市场和世界文化。随着资产阶级生产规模的扩大、分工的发展、竞争的加剧以及由此引起的生产、资本和商品的集中和积聚，使世界上各个彼此独立的国家之间、地区之间、部门之间的生产都成为世界生产的一部分了。资产阶级，由于开拓了世界市场，使一切国家的生产和消费都成为世界性的了。社会化大生产和科技进步要求有一个广阔的世界范围的活动空间，也迫使资本家走向全球开拓市场。在全球市场的历史背景中，整个世界的生产与消费日益紧密的联系在一起。资产阶级挖掉了工业脚下的民族基础，使古老的民族工业被消灭掉了。新的工业的建立已经成为一切文明民族的生命攸关的问题。因为这些工业所加工的，已经不是本地的原料，而是来自极其遥远的地区的原料，它们的产品不仅供本国消费，而且同时供世界各地消费。旧的靠本国产品来满足的需要，被新的，要靠极其遥远的国家和地带的产品来满足的需要所代替了，过去那种地方的和民族的自给自足和闭关自守状态被各民族的相互往来和相互依赖所代替。生产的世界化与市场的世界化必然带来精神文化产品的世界化，消除了民族的片面性和局限性的各民族的精神产品成为了公共财产，由许多种民族的和地方的文化形成了一种世界的文化。

其五，资产阶级改变了世界文明的格局。由于一切生产工具的迅速改进，交通的极其便利，把一切民族甚至最野蛮的民族都卷到文明中来了。它使一切民族——如果它们不想灭亡的话——采用资产阶级的生产方式；它使农村屈服于城市，使未开化的、半开化的国家从属于文明的国家，使农民的民族从属于资产阶级的民族，使东方从属于西方。

其六，资产阶级建立了统一的现代民族国家。资本主义经济的发展，使生产资料和社会财富不断地集聚在少数人手里。经济上的集中就必然要求政治上的统一。于是，资产阶级消灭了四分五裂的封建割据状态，建立了拥有统一的政府、统一的法律、统一的民族阶级利益和统一的关税的统一的民族，即资产阶级民族国家，以促进资本主义经济的进一步发展。

（2）马克思和恩格斯在阐述资本主义发展过程的基础上，进一步揭示了资本主义灭亡的历史必然性，证明资本主义灭亡是社会基本矛盾运动的必然结果。生产力和生产关系之间的矛盾是人类社会的基本矛盾。正是由于这一基本矛盾的运动，导致了封建社会制度的灭亡。现在，它又直接威胁着资本主义社会制度的生存。资本主义社会的基本矛盾，表现为生产的社会化和生产资料私人占有之间的矛盾。马克思、恩格斯指出，几十年来的工业和商业的历史，只不过是现代生产力反抗现代生产关系、反抗作为资产阶级及其统治的存在条件的所有制关系的历史。在社会基本矛盾的作用下，资本主义社会不可避免地要出现周期性的经济危机。在危机期间，很大一部分产品和业已形成的生产力要被毁掉。这充分表明：社会所拥有的生产力已经不能再促进资本主义文明的发展，相反，生产力已经强大到这种关系所不能适应的地步，它已经受到这种关系的阻碍。而它一着手克服这种障碍，就使资产阶级所有制的存在受到威胁。"资产阶级的关系已经太狭窄了，再容纳不了它本身所造成的财富了"，"资产阶级用来推翻封建制度的武器，现在却对准资产阶级自己了"。资本主义制度无法克服它自身固有的矛盾，不可能消灭经济危机这个震撼整个资本主义世界的"社会瘟疫"。要从根本上解决这些问题，就必须废除私有制，代之以与社会化大生产相适应的共产主义制度。

《共产党宣言》指出，资产阶级统治和生存的根本条件，是财富在私人手里的积累，是资本的形成和增殖，资本的条件是雇佣劳动。雇佣劳动完全是建立在工人自相竞争之上的。资产阶级无意中造成而又无力抵抗的工业进步，使工人通过结社而达到的革命联合代替了他们由于竞争而造成的分散状态。于是，随着大工业的发展，资产阶级赖以生产和占有产品的基础本身也就从它的脚下被挖掉了。它首先生产的是它自身的掘墓人——无产阶级。

因此，马克思和恩格斯在《宣言》中得出了"资产阶级的灭亡和无产阶级的胜利是同样不可避免"的科学结论，后人将这一基本结论概括为"两个必然"。

（3）"两个必然"与"两个决不会"的关系问题。"两个必然"理论是科学社会主义以及整个马克思主义理论的核心，它的客观依据是资本主义条件下生产力的发展，以及由此产生的无产阶级反对资产阶级的斗争。社会主义终将代替资本主义，是资本主义生产方式中生产社会性和生产资料资本主义私人占有制之间矛盾运动的必然结果。这一理论克服了以往社会主义学说中的空想成分，科学地揭示了历史发展的总趋势和必然规律。马克思和恩格斯在《共产党宣言》中的"两个必然"的观点与后来的《政治经济学批判》序言中的"两个决不会"的观点看似有着不小的差异，甚至矛盾。如何理解后者的来龙去脉以及它们之间的关系成了科学社会主义理论中的一个重大问题，值得我们认真探讨。

《共产党宣言》问世不久便爆发了1848年欧洲革命，这场革命实际上是资产阶级革命的继续，斗争的总任务仍然是继续反对封建制度，为资本主义的发展扫清障碍。但是，无产阶级的参与使这场革命具有了社会主义革命的属性。这种情况，使马克思恩格斯对"两个必然"的实现多少产生了乐观的情绪。在革命的进程中，马克思恩格斯认为，1847年经济危机的严重后果，资产阶级对工人的残酷剥削，手工业的大量破产和农民的困难处境是无产阶级革命的前提条件。他们把这些情况看成是社会主义革命的征兆和迅速胜利的保证，并对法国革命充满乐观情绪并寄予厚望。他们认为，即将在法国发生的任何一次新的无产阶级起义都必然会引起世界战争，新的法国革命将被迫立刻走出国家范围去夺取欧洲的舞台，因为只有在这个舞台上才能够实现19世纪的社会革命。他们由此断言，1849年法国革命将重新爆发，接着欧洲大陆和英国势必会卷入革命洪流。他们还认为，在英国，即将爆发的商业危机就其影响来说，比以往任何一次都严重得多，而且商业危机是会同农业危机一起爆发的。大陆的革命由于英国危机对世界市场的影响而将会具有比以往更鲜明的社会主义性质。因此，他们为1850年4月建立的"世界革命共产主义者协会"制定的宗旨是：推翻一切特权阶级，支持不断的革命，直到人类社会制度的最后形式——共产主义得到实现为止。

《共产党宣言》发表以后，欧洲的资本主义和无产阶级革命的形势都发生了很大的变化，尤其是 1848 年的欧洲革命为刚刚创立的科学社会主义增添了许多新鲜的经验。从 1844 年马克思就开始研究经济学，在历经 15 年的科学研究工作的基础上，马克思于 1858—1859 年写成了《政治经济学批判》，制定了自己的经济学原理，使马克思主义政治经济学的发展进入了一个新的阶段。正是基于对实践经验的总结，并在取得了相应的理论成果的基础上，马克思在《〈政治经济学批判〉序言》中提出了被称为"两个决不会"的思想："无论哪一个社会形态，在它所能容纳的全部生产力发挥出来以前，是决不会灭亡的；而新的更高的生产关系，在它的物质存在条件在旧社会的胎胞里成熟以前，是决不会出现的。"①

"两个决不会"思想是对"两个必然"理论的重大补充，它和"两个必然"理论的侧重点虽不相同，但思想却是一脉相承的，是一个问题的两个方面。前者揭示的是一个历史结论，后者是对这一结论的进一步发挥，论证了实现这一历史结论的条件和前提。

马克思的理论研究工作和西欧资本主义的发展是"两个决不会"理论的思想基础和客观依据。1850 年夏天，马克思恩格斯通过深入研究世界市场的情况和整个 19 世纪 40 年代欧美经济的发展，得出了与过去不同的结论。他们认为，导致 1848 年欧洲革命爆发的经济危机的后果已经完全消失了，新的工业繁荣已经在革命时期开始了。在这种普遍繁荣的情况下，即在资产阶级社会的生产力正以在资产阶级关系范围内一般可能的速度蓬勃发展的时候，还谈不到什么真正的社会主义革命。只有在现代生产力和资本主义生产方式这两个要素相互发生矛盾的时候，这种革命才有可能。新的革命只有在新的危机后才可能爆发。在《共产党宣言》1888 年英文版序言中，恩格斯总结了这段历史，他指出："1848 年巴黎六月起义这一无产阶级和资产阶级间的第一次大搏斗的失败，又把欧洲工人阶级的社会的和政治的要求暂时推到后面去了。"②从实际情况看，1848 年欧洲革命虽然失败了，但它却进一步扫除了阻碍资本主义发展的封建残余，使自由竞争的资本主义在 19 世纪 50、60 年代进入了极盛时期。此时，英国和法国先后完成了工业革命，其他国家的资本主义工业化也在迅速进行。资本主义工业的发展，也加强了工业资产阶级在政治经济生活中的统治地位。在资产阶级的统治地位比较稳固的情况下，英国统治阶级还实行了自由主义政策，允许言论、出版和集会结社的自由，允许外国革命流亡者在英国政治避难等。所有这一切说明，在《共产党宣言》发表后，资本主义的发展仍然处于上升时期。既然资本主义还能够容纳生产力的发展，无产阶级就要继续积蓄力量，积累经验，迎接新的战斗。

按照这样的时代特征来理解"两个决不会"思想，就不难发现它的意义所在。

首先，它指出了"两个必然"实现的历史条件，即是说，社会主义革命胜利的前提必须是资本主义的生产关系不再能够容纳生产力的继续发展了。正像列宁后来所表述的那样，只有上层统治者不能照旧统治下去，下层人民不能照旧生活下去的时候，才会爆发社

---

① 《马克思恩格斯选集》第 2 卷，人民出版社 2012 年版，第 3 页。
② 《马克思恩格斯选集》第 1 卷，人民出版社 2012 年版，第 382 页。

会革命。因此,"两个必然"的实现不是取决于工人阶级政党的主观愿望,而是取决于资本主义基本矛盾的现实运动。

其次,它指出了"两个必然"实现的长期性。马克思后来在总结巴黎公社革命经验的时候曾经指出:工人阶级"为了谋求自己的解放,并同时创造出现代社会在本身经济因素作用下不可遏止地向其趋归的那种更高形式,他们必须经过长时期的斗争,必须经过一系列将把环境和人都加以改造的历史过程"。① 和这种长期斗争相伴随的就是资本主义自身的发展。

最后,它再次把"两个必然"的实现置于生产力发展的现实基础之上,即生产力的发展和人的物质生活条件。这表明,无产阶级及其政党应该欢迎生产力和科学技术的巨大发展,应该适应这种发展不断调整自己的战略和策略。

可以认为,正是有"两个决不会"理论所作的必要补充,"两个必然"的理论才形成了一个科学的理论体系,从而也证明了马克思主义理论是在实践基础上不断丰富和发展的科学。在今天的历史条件下我们应当怎样看待"两个必然"和"两个决不会"理论呢?

首先,我们必须看到,自 20 世纪 50、60 年代以来,随着科学技术特别是电子信息技术的运用,资本主义获得了突飞猛进的发展,资本主义的生产力还表现出强劲的发展态势,这说明资本主义制度在当前还具有促进生产力增长的空间;另一方面,在无产阶级反对资产阶级的斗争过程中,资产阶级也不断地改进自己的剥削方式和统治方式,比如给无产阶级一定程度的自由,在企业中采取股份制的形式等,以缓和资产阶级和无产阶级的矛盾,扩大统治的基础。表面看来,资本主义还表现出强大的生命力,还没有出现完全衰弱的现象。

其次,我们必须看到,"两个必然"和"两个决不会"理论是建立在唯物辩证法、唯物主义历史观及剩余价值学说这三块理论基石之上的科学结论,而这三块理论基石是早已证明了的颠扑不破的真理。马克思恩格斯正是运用唯物辩证法去考察人类社会生活,才发现了社会历史发展的一般规律,创立了唯物史观。在此基础上,他们又考察资本主义经济发展的规律,从而发现了剩余价值学说,由此确立了马克思主义完整的科学体系。"两个必然"是马克思主义科学体系的核心内容,也是从三块理论基石中引出的必然结论。

最后,我们还必须看到,资本主义在当前的发展并没有改变资本主义社会的基本矛盾。生产的社会化和生产资料的资本主义私人占有制之间的矛盾不仅没有消除,还有扩大的趋势,它从资本主义国家内部扩展到了全世界,变成了资产阶级与无产阶级之间、资本主义国家之间、资本主义与广大第三世界国家和人民之间的矛盾。这些矛盾加剧了世界范围内的贫富差别,造成了发达国家与不发达国家的尖锐对立,引发了广泛的世界范围的紧张和冲突,使世界局势动荡不安,局部战争持续不断,威胁着世界广大人民的安全。因此,资本主义的基本矛盾只是被暂时地延缓了而并没有真正解决,只是改变了它的存在形式而并没有消失。

"两个必然"和"两个决不会"理论依然是科学社会主义的理论成果,是被世界历史所证明了的真理。

---

① 《马克思恩格斯选集》第 3 卷,人民出版社 2012 年版,第 103 页。

三、大工业、世界市场与世界历史

在《宣言》中，马克思恩格斯无论是叙述资产阶级的产生、历史作用及其必然灭亡的命运，叙述无产阶级的地位、作用及其前途，还是从总体上揭示资本主义灭亡共产主义胜利的历史规律，都是以现代大工业作为前提、根据和最终动力的。因此，探讨大工业和大工业必然产生的世界市场以及由此引起的历史向世界历史的转变问题，并把《宣言》中的这些思想与《得意志意识形态》中的相关思想联系起来，与当代的全球化现实以及中国的现代化运动联系起来，从总体上加以思考，就是一个揭示《宣言》的内在理论与现实价值的重要课题。

马克思虽然没有提出全球化的概念，但是马克思的世界历史理论与全球化理论在内容上具有内在的一致性。全球化就是商品、服务、资本和技术在世界性生产、消费和投资领域中扩散的趋势和过程，在这个趋势和过程中，跨国商品与服务贸易及国际资本流动规模和形式的增加，以及技术的广泛迅速传播使世界各国经济的相互依赖性增强。如何看待马克思主义与全球化呢？

（一）马克思的世界历史理论

马克思恩格斯生活的年代还没有如此复杂的全球化现象，因此不能说马克思已经形成了系统的全球化理论。但马克思恩格斯依据历史唯物主义这一科学的世界观和方法论，敏锐地察觉到历史向世界历史的转变，提出了世界历史理论。这一理论的基本观点如下：

第一，世界历史以资本主义大工业为起点。

在《共产党宣言》和《德意志意识形态》中，马克思恩格斯就提出了世界历史理论。他们从对现实的人的现实活动的考察出发，发现随着资本主义大工业的发展，以往存在的那些限制民族和国家交往的自然隔阂和屏障逐一被打破，民族、国家间越来越成为一个整体。他们指出：资本主义大工业开创了世界历史，因为它使每个文明国家以及这些国家中的每个人的需要的满足都依赖于整个世界，因为它打破了各国以往自然形成的闭关自守状态。世界历史是物质生活活动发展的产物，"各个相互影响的活动范围在这个发展进程中越是扩大，各民族的原始封闭状态由于日益完善的生产方式、交往以及因交往而自然形成的不同民族之间的分工消灭得越是彻底，历史也就越是成为世界历史"①。所以，世界历史不是从来就有的，在资本主义大工业出现以前不可能有真正意义上的世界历史。

马克思恩格斯所讲的"世界历史"是指一个过程——物质资料生产的发展过程。世界历史不外是各个世代的依次交替，每一代都利用以前各代遗留下来的生产力，并在此基础上创造出新的生产力，这就是人类实在的历史，在此基础上才产生出人的其他活动，特别是精神活动。不管这些其他活动如何纷繁复杂，归根结底是由人类的物质生产活动所决定的，并且也只有用人类的物质生产活动才能得到真正的说明。同唯心史观不同，马克思恩

---

① 《马克思恩格斯选集》第 1 卷，人民出版社 2012 年版，第 168 页。

格斯认为历史向世界历史的转变是客观的物质过程，历史向世界历史的转变，不是自我意识、宇宙精神或者某个形而上学的纯粹的抽象活动，而是完全物质的、可以通过经验证明的行动。

第二，历史向世界历史的转变以现代交往作为其核心内容。

普遍的世界交往是历史向世界历史转变的环节和核心内容，交往的革命是历史向世界历史转变的决定性环节。在马克思恩格斯看来，先有交往的革命，然后才有世界历史的形成。交往是人们的一种存在方式，存在于人们生活的各个方面。而物质交往和精神交往是人类两种最基本的交往形式。在《德意志意识形态》中所谈到的交往是与生产相对应的交往，而在《共产党宣言》中，交往则被赋予了更加丰富的内涵，它不再局限于生产领域，而是扩大到包括科学、艺术、哲学、政治等领域。就与生产方面相联系的交往而言，它是在生产力和分工进步的基础上发展起来的，大致经历了三个时期。第一个时期是中世纪。由于行会手工业的发展，产生了较为明显的社会分工，分工的扩大，出现了生产和交换的分离，表现为商人这一特殊阶级的形成，于是交往有了专门的承担者，而最初的地域局限性开始消失。虽然交往早就存在，但在商人这个特殊阶级产生以前，交往的规模和范围是狭窄的。自从商人这个阶级产生以后，真正的交往开始了。商人这个阶级的出现，是交往革命的标志。第二个时期开始于17世纪中叶，延续到18世纪末。这个时期工场手工业取代了行会手工业，商业和工场手工业的扩大加速了资本的积累，产生了资本家。美洲和通往东印度航线的发现扩大了交往，世界市场的形成是这个时期交往的重要特点。第三个时期是大工业的出现，由于自然力被用于工业，采用机器生产和实现广泛的分工，从而产生了大工业。大工业创造了先进的交通工具和现代世界市场，并控制了商业，把所有资本都变为工业资本。大工业消灭了各民族的特殊性，把非工业国家都卷入到世界性的竞争中，造成了历史向世界历史的转变。

交往是在物质生产发展的基础上产生并扩大起来的，在一定意义上它是在生产力发展中所形成的人与人之间的新型关系，是一种新型的社会关系，在与生产力相联系时它就是经济关系(经济基础)。但交往还不止这些，交往为人的全面发展提供了新的条件，即不仅可以运用本国物质的和精神的手段来发展每一个人，而且可以运用全球各国的物质和精神条件来发展每一个人，人将成为世界的人。历史是人们自己创造的，那时人们所创造的历史就不再是民族的、国家的历史，而是真正的世界历史。

第三，作为世界史的历史是结果。

"世界史不是过去一直存在的；作为世界史的历史是结果。"[1]这是马克思关于世界历史理论的一个重要思想，也是同以往世界历史理论的根本区别。马克思的这一论断表明：世界历史不是主观的想象和臆断，应当从对事实的考察中得来。世界历史是一个过程，它是由现代的生产力、分工和交往的发展造成的。因为世界历史是一种结果，所以有其必然性。就是说，历史向世界历史的转变是人类社会历史发展的客观规律，这一趋向只会发展、深化，但决不可改变。

---

[1]《马克思恩格斯选集》第2卷，人民出版社2012年版，第710页。

(二) 全球化、世界历史与资本主义、社会主义的关系

如果把普遍的世界交往作为世界历史的核心内容，那么，全球化的实质不过是普遍交往的结果而已，是生产关系的更替而已。一方面，马克思认为，物质资料的生产方式是人类社会产生的前提和基础，人类历史就是生产发展的历史。人们不能自由地选择生产力和生产关系，每一代人总是继承了前一代人留下的生产力和生产关系，这种生产力和生产关系的连续性就形成了真实的历史。另一方面，历史进程的实质就是生产方式的连续和有规律的更替，这种更替是由生产方式内在矛盾运动造成的。在《共产党宣言》中，马克思恩格斯详尽地论述了中世纪欧洲封建主义的生产关系由于生产力的发展而被资本主义生产关系所取代，资本主义生产关系由于其内在的矛盾性决定它的发展必然要冲破封建的分裂割据状态，使得"过去那种地方的和民族的自给自足和闭关自守状态，被各民族的各方面的互相往来和各方面的互相依赖所代替了"的状况。正是这种社会交往的根基发生变化，社会的上层建筑如政治、国家、法律等才随着发生了改变。资产阶级开辟了一个崭新的时代，它把历史推向了世界史，它推进了全球化的发展，因为它迫使一切民族都采用资产阶级的生产方式，在一切地方都推行资产阶级的文明，一句话，它按照自己的面貌为自己创造出一个世界。这才是近代全球化的实质。

迄今为止的全球化具有二重性：一方面，它是社会生产力和社会劳动分工高度发展的客观要求，表明商品、服务、资本和技术等生产要素在全球范围内的流动和配置；另一方面，它是资本主义生产关系和社会制度向全球扩张的历史进程，表明资产阶级在全世界范围内追逐利润。因此，全球化与资本主义、社会主义间有着密切的联系。那么，全球化对资本主义和社会主义的前途有什么影响呢？

从积极的方面看，全球化起到了如下的作用：第一，全球化客观上推动了生产力的发展，因为抢占世界市场的活动既推动了资本主义国家生产力的发展，也带动了落后国家生产力的发展。第二，全球化为现代科学技术的发展和推广提供了有利条件。第三，全球化有利于世界市场的形成和拓展，为自然资源、资金和劳动力在世界范围内的统一配置准备了条件。第四，全球化促进了人们的活动和交往，为最终形成人类普遍的物质交换，全面的关系、多方面的需求以及全面的能力体系创造了条件。从这一积极方面看，全球化为人类的发展开辟了无限广阔的前景。

但全球化也带来了一些负面的消极影响：首先，全球化带来了全球的贫富分化，这是资本追逐利润的本质所决定的。其次，全球化也带来了一系列的全球性问题，如环境问题、资源问题、可持续发展问题等。最后，资本主义主导的全球化的实质是推行新的殖民主义，特别是美国，妄图通过全球化实现其称霸世界的野心，也带来了世界局势的不稳定。

全球化是资本主义所主导的，因为资本主义在当今世界占有最大的经济力量，在国际政治中也占有统治地位，资产阶级的价值观和意识形态也已经渗透到全世界。但是，全球化改变不了资本主义必然灭亡的趋势，挽救不了资本主义的命运。因为全球化把科学技术的资本主义使用方式扩张到世界范围，导致了掠夺性开发自然资源，破坏生态平衡，污染环境等严重的后果，并且全球化把单个企业生产的有计划与整个社会生产的无政府状态之

间的矛盾扩展到世界范围，把资本主义制度及其市场经济体制配置资源的自发性、盲目性和浪费性等弊端也扩展到了全球。资本主义生产关系和社会制度的全球扩展，导致世界范围内的贫富悬殊和两极分化，最终会加剧垄断资产阶级同广大工人阶级，同被剥削、被压迫民族之间的矛盾。因此，由发达资本主义国家所主导的全球化，必然将资本主义制度浪费各种资源、破坏社会公平、压制个性自由、造成人的异化等反人道的本质日益暴露在世界人民面前，使越来越多的人认清资本主义给人类造成的灾难，并为创造新的理想社会而斗争。

全球化是资本主义主导的，但它改变不了资本主义必然灭亡的历史规律，全球化的前途只能是社会主义和共产主义。无产阶级是资产阶级自己锻造出来的，随着工业的发展，无产者组织成为阶级，无产阶级是大工业本身的产物。随着工业的进一步发展，无产阶级不仅人数增加了，而且集合成了更大的集体，无产阶级是世界性的，它的事业——共产主义也不可能是地域性的。共产主义必须以生产力的高度发展和与此相关的世界交往的普遍发展为前提。"因此，无产阶级只有在世界历史意义上才能存在，就像共产主义——它的事业——只有作为'世界历史性的'存在才有可能实现一样。"①全球化是历史向世界历史转变的具体形式，是无产阶级完成自己历史使命不可缺少的前提。资本主义生产不仅使得资产阶级走向世界，而且使得无产阶级在世界范围内联合起来，成为世界性的阶级。这是《共产党宣言》号召"全世界无产者，联合起来"的理论根据。

历史向世界历史的转变是由资产阶级开辟的，但它的最终完成却是由无产阶级实现的。这是因为，第一，只有共产主义才能把资本主义制度所束缚的生产力真正解放出来，使得社会生产力获得迅速而巨大的发展，为人们提供尽可能丰富的物质生活和精神生活条件。无论是物质产品的生产还是精神产品的生产，都不再单纯是民族的、国家的，而是成为具有世界性的因素，使得人们的需要真正成为世界性的需要。第二，只有实现共产主义，消灭了剥削，人们创造财富的手段和创造出来的财富才不再成为奴役人的工具，而真正成为满足人自身需要的条件。第三，只有共产主义才能实现人自身的真正解放。共产主义消灭了私有制和剥削，高度发达的科学技术完全被用来正确处理人和自然的关系，为人类服务。这样就实现了把人最终从社会和自然的束缚下解放出来，使人不再是片面的、地域性的人，而成为获得充分自由和全面发展的人。第四，只有共产主义才能实现各民族间的真正平等，才能使民族、国家间的交往更加密切和普遍。随着时间的推移，随着阶级和国家的消亡，民族的区别和国家的界限将逐渐失去意义，最终实现的将是各民族和国家都带着自己以往发展的全部优秀成果融入世界这个整体之中，到那时，历史才真正成为世界历史。

从以上的分析可以看出，全球化不可能改变资本主义必然灭亡、社会主义必然胜利的历史规律。

（三）中国如何面对全球化

中国特色社会主义建设，离不开全球化，与全球化的趋势是一致的。但只有对全球化

① 《马克思恩格斯选集》第1卷，人民出版社2012年版，第166~167页。

有一个清醒明确的认识，才可能处理好全球化背景下的中国现代化强国之路，也才能够实现中华民族的伟大复兴。

首先，我们必须对全球化过程中的消极后果有清醒的认识。全球化在为世界的发展提供动力和机遇的同时，也带来了一系列的消极后果，比如使不发达国家数目增多，国际地位下降。今天，第三世界国家在国际事务中的作用越来越小，与苏联东欧剧变前相比有了很大的差别，而强大的资本主义国家却动辄运用强大的力量干涉别国内政，以强凌弱，以大欺小。资本主义主导的全球化也使第三世界国家越来越贫困，综合国力下降。今天，发达国家与第三世界国家间的两极分化也愈来愈明显，外债已经成为对第三世界国家和人民进行剥削的主要手段，全球化也导致了第三世界国家环境的急剧恶化，更重要的是，资本主义对全世界人民特别是发展中国家和人民的思想文化也进行着残酷的侵略。美国凭借它的文化霸权主义，不仅让第三世界国家和人民在经济、政治、军事上依附于它，而且在精神文化上也受它的控制。

其次，我们应当反省历史，紧跟全球化的趋势，积极主动地适应并投入到全球化过程中，积极构建人类命运共同体。马克思恩格斯在《共产党宣言》中指出，历史向世界历史的转变是一种不可抗拒的潮流，一切国家和民族不是紧跟潮流走向繁荣和昌盛，就是在大潮中衰落甚至灭亡。

四、无产阶级及其历史使命

《宣言》的最伟大之处，不仅在于揭示了资本主义必然灭亡、共产主义必然胜利的历史规律，更重要的是指出了只有无产阶级才是完成这一历史使命的真正主体。

（一）为什么只有无产阶级才能承担这一历史重任

其一，这是由无产阶级的阶级地位决定的。现代的工人只有当他们找到工作的时候才能生存，而且只有当他们的劳动增殖资本的时候才能找到工作。这说明他们的存在仅仅是为了增殖资本，只有在统治阶级的利益需要他活着的时候才能活着。他们沦为和机器、工具或货物一样的地位，沦为非人的存在。他们不仅受剥削，而且受奴役。现代工人在大工厂里像士兵一样被组织起来，受到层层监视。他们不仅是资产阶级、资产阶级国家的奴隶，他们还受机器、监工、经营工厂的资产者本人的奴役。

其二，是由他们的生存状况所决定的。一方面，由于机器的推广和分工的发展，无产者的劳动已经失去了任何独立的性质，工人变成了机器的单纯附属品，要求他做的是最简单、最单调、最机械的操作，工人对劳动失去了任何兴趣。劳动越使人感到厌恶，工人获得的工资和生活资料就越少。不仅如此，工人获得的工资和生活资料越少，劳动量却越增加。这要么是通过劳动时间的延长，要么是通过劳动强度的加大。另一方面，手的操作要求的技巧和气力越少，男工就越受到女工和童工的排挤。失业人数就会增加。当爆发经济危机的时候，工人就陷入更加悲惨的境地。马克思和恩格斯指出：至今的一切社会都是建立在压迫阶级和被压迫阶级的对立之上的。但是，为了压迫一个阶级就必须保证这个阶级至少能维持奴隶般的生存。但现代工人的地位并不是随着工业的进步而上升，而是越来越降到本阶级的生存条件以下，工人变成赤贫者。工人作为一个阶级已经不能存在下去了。

其三，通过对资本主义社会各个阶级所做的科学分析，马克思和恩格斯证明："在当前同资产阶级对立的一切阶级中，只有无产阶级是真正革命的阶级。其余的阶级都随着大工业的发展而日趋没落和灭亡，无产阶级却是大工业本身的产物。"中间等级，即小工业家、小商人、手工业者、农民，他们同资产阶级作斗争都是为了维护他们这种中间等级的生存，他们不是革命的，而是保守的，甚至是反动的。而流氓无产者是旧社会最下层中消极腐化的部分，由于他们的整个生活状况，他们容易被人收买，去干反动的勾当。

无产阶级是人类历史上最伟大的阶级。无产阶级是最先进的阶级。无产阶级是机器大工业的产物，它的生存和发展都是同机器大工业紧密相联的。无产阶级随着机器大工业发展而不断地成长，是先进生产力的代表者。这一特征决定着无产阶级是最先进、最有前途的阶级。无产阶级是最革命的阶级。在资本主义制度下，无产阶级处于社会的最下层。他们一无所有，受到的剥削压迫最为深重。无产阶级所有成员都被迫出卖劳动力，全都变成了资本家的奴隶，都过着饥饿、贫穷的生活。不仅如此，现代的资本压迫，无论在英国或法国，无论在美国或德国，都是一样的，都使无产阶级失去了任何民族性。正是由于这一点，无产者逐渐地意识到了他们是在同一阶级地位上，如果不起来"炸毁构成官僚社会的整个上层，就不能抬起头来，挺起胸来"。无产阶级的历史使命是推翻资产阶级和一切剥削阶级的统治，消灭资本主义和一切剥削制度，这就使它进一步成为最革命的阶级。"无产者在这个革命中失去的只是锁链。他们获得的将是整个世界。"无产阶级是有组织性和纪律性的阶级。在社会化大生产的劳动条件下，无产阶级培养出了高度的组织性和纪律性。马克思和恩格斯写道："现代工业已经把家长式的师傅的小作坊变成了工业资本家的大工厂。挤在工厂里的工人群众就像士兵一样被组织起来。"这就是说，无产阶级的组织性和纪律性是在资本主义大生产的物质条件下成长起来的。在反对资产阶级的共同斗争中，无产阶级的组织性和纪律性得到了进一步的加强。无产阶级共同的命运和遭遇把他们紧密地联结在一起，使他们互相同情、互相支持、团结互助、密切合作。另外，现代化的交通工具和通讯设备，也为各国各地无产阶级之间相互支援和团结战斗提供了有利的条件。所有这一切，帮助无产阶级形成了其他阶级所没有的集体主义精神和同心同德干革命的优良品质。

其四，无产阶级是一个善于学习、自我改造、不断成长的阶级。

马克思和恩格斯指出，无产阶级在政治思想上的发展和成熟，是在旧社会内部的阶级矛盾和阶级斗争中实现的。资产阶级在反对封建贵族、反对同发展工业相矛盾的金融集团以及反对国外敌人的斗争中，感到自己的力量不足，不得不求助于无产阶级。于是，无产阶级投入到民族民主革命运动，并且在实践中学会了政治斗争的策略和方法，从而也就获得了随后反对资产阶级的斗争武器。此外，由于大工业的不断发展，生产和财富越来越集中在一小撮资本家手中，致使大批中小资本家在竞争中遭到破产，被抛到无产阶级的队伍中来。这些人受过教育，所以在他们走进无产阶级队伍的时候，就给无产阶级带来了大量的启蒙和进步的新因素。还有一种情况，也对无产阶级在政治思想上的发展起了推动作用，这就是："在阶级斗争接近决战的时期，统治阶级内部的、整个旧社会内部的瓦解过程，就达到非常强烈、非常尖锐的程度，甚至使得统治阶级中的一小部分人脱离统治阶级而归附于革命的阶级，即掌握着未来的阶级。"19世纪40年代，资产阶级内部就有一些资产阶级思想家归附到无产阶级方面来。这些资产阶级思想家在尖锐的阶级斗争中，从理论上认识到了整个世界历史发展的方向，认识到了无产阶级是人类历史上最伟大的阶级，他们的世界观和政治立场发生了根本转变。因此，他们能够和无产阶级一道战斗，并把自己的全部理论贡献给无产阶级，这就进一步促进了无产阶级在政治思想上的成熟。

（二）无产阶级如何实现自己的历史使命

无产阶级革命和无产阶级专政，是实现无产阶级历史使命的道路。

在资本主义制度下，无产阶级和资产阶级，无论在经济上还是在政治上，都是根本对立的。这一点决定着它们之间必然存在着不可调和的矛盾和激烈的阶级斗争。随着资本主义的发展，无产阶级反对资产阶级的斗争也愈来愈激烈。资产阶级为了维护资本主义的剥削制度，总是运用经济的政治的和思想文化的手段，特别是运用掌握在他们手里的国家机器来奴役和镇压无产阶级。因此，无产阶级必然同他们进行针锋相对的斗争，拿起武器来抵抗资产阶级的暴力镇压，用革命的暴力对付反革命的暴力，推翻资本主义的经济和政治制度。这样，无产阶级反对资产阶级的斗争，就必然发展成为夺取政权的政治斗争。因此，马克思和恩格斯郑重地指出："共产党人不屑于隐瞒自己的观点和意图。他们公开宣布：他们的目的只有用暴力推翻全部现存的社会制度才能达到。"

无产阶级在共产主义革命中，首先要努力打倒本国的资产阶级。因为无产阶级反对资产阶级的斗争，按其内容来说，是要消灭一切剥削制度，在全世界实现共产主义，这是各国无产阶级共同的奋斗目标；就其形式来说，各国无产阶级直接面临的敌人是本国的资产阶级，他们各自的斗争舞台在本国。马克思和恩格斯指出："每一个国家的无产阶级当然首先应当打倒本国的资产阶级。"同时，还要看到，资产阶级是有国际联系的，各国资产阶级是国际资产阶级的组成部分，打倒了本国的资产阶级，也就削弱了国际资产阶级的力量，打击了共同的敌人。

关于无产阶级革命的一般进程，马克思和恩格斯明确地指出："工人革命的第一步就是使无产阶级上升为统治阶级，争得民主。"无产阶级只有掌握了政权，才能当家作主，按照自己的意志办事，去改造社会和建设新生活。因此，无产阶级在争取政权以后，必须建立自己的政治统治，即无产阶级专政。因为无产阶级专政是无产阶级战胜资产阶级、共产主义战胜资本主义的根本保证，是资本主义社会向共产主义社会过渡的必由之路。

《宣言》把无产阶级革命和无产阶级专政的历史任务概括为一句话，那就是"消灭私有制"。但是，"共产主义的特征并不是要废除一般的所有制，而是要废除资产阶级的所有制"。因为资产阶级所有制，是私有制最后的、最完备的表现形式，是建立在少数人对多数人剥削的阶级对立上面的。从历史上看，这种私有制的剥削范围最广，压迫程度最深。资本主义生产的社会化和生产资料私人占有之间的矛盾，已经达到非要消灭私有制而建立公有制不可的程度。消灭了资产阶级所有制，就是消灭了人类社会历史最后、最完备的一种私有制。因此，"共产主义革命就是同传统的所有制关系实行最彻底的决裂；毫不奇怪，它在自己的发展进程中要同传统的观念实行最彻底的决裂"。

为了完成消灭私有制这一历史任务，无产阶级在争取政权后必须大力发展生产力。因为只有大力发展生产力，才能为彻底消灭私有制、实现共产主义奠定物质基础。所以，马克思和恩格斯指出："无产阶级将利用自己的政治统治，一步一步地夺取资产阶级的全部资本，把一切生产工具集中在国家即组织成为统治阶级的无产阶级手里，并且尽可能快地增加生产力的总量。"

马克思和恩格斯强调，为了迅速发展经济，尽可能快地增加生产力的总量，改变整个社会的面貌，无产阶级专政的国家"首先必须对所有权和资产阶级关系实行强制性的干涉"，采取必不可少的措施，包括剥夺地产，废除继承权，把银行信贷和交通运输集中于国家手里，按照总的计划发展生产以满足全体社会成员的需要，实行普遍义务劳动制，消除城乡对立等。

无产阶级消灭了阶级对立的存在条件，也就消灭了阶级自身存在的条件，因而消灭了他自己的阶级的统治。马克思恩格斯断言："代替那存在着阶级和阶级对立的资产阶级旧社会的，将是这样一个联合体，在那里，每个人的自由发展是一切人的自由发展的条件。"

五、共产党的性质、目的、道路

马克思和恩格斯认为，要使无产阶级在阶级斗争的决定性关头达到足以取得胜利的程度，就必须努力建立起一个与一切地主、资产阶级政党相对立的、同一般的工人政治组织有区别的独立的和自觉的无产阶级政党。《宣言》总结了工人运动的经验和教训，进一步阐明了建立无产阶级政党的必要性，指出"无产者组织成为阶级，从而组织成为政党这件事，不断地由于工人的自相竞争而受到破坏。但是，这种组织总是一次又一次地重新产生，并且一次比一次更强大，更坚固，更有力"。这就是说，无产阶级建立自己的政党是阶级斗争的需要，无产阶级只有在自己的政党的正确领导下，才能有组织、有计划地进行斗争，团结绝大多数人，并利用统治阶级各个集团之间的矛盾，以取得斗争的胜利。马克思和恩格斯在《宣言》中第一次系统地论述了无产阶级政党的性质和特点，并且为它规定了任务和策略原则。

(一) 无产阶级政党是一个什么性质的政党

它不是一个与其他工人政党相对立的特殊政党，它"没有任何同整个无产阶级的利益不同的利益"。也就是说，共产党人除了代表整个无产阶级的根本利益以外，没有自己的特殊利益。因此，他们决不会提出特殊的原则来约束无产阶级运动，决不会让无产阶级运动适应宗派或小集团的需要，决不会让党变成为少数人谋利益的工具。共产党人同其他工人政党不同的地方只是在于："一方面，在无产者不同的民族的斗争中，共产党人强调和坚持整个无产阶级的共同的不分民族的利益；另一方面，在无产阶级和资产阶级的斗争所经历的各个发展阶段上，共产党人始终代表整个运动的利益。"正是因为共产党人能够从根本上代表无产阶级的利益和愿望，具有高度的自觉性和清醒的头脑，所以，"在实践方面，共产党人是各国工人政党中最坚决的、始终起推动作用的部分；在理论方面，他们胜过其余无产阶级群众的地方在于他们了解无产阶级运动的条件、进程和一般结果"。

共产党是无产阶级的政党。共产党作为无产阶级中最有觉悟、最有战斗力的先进部队，有责任把其他工人政党及其影响下的工人群众团结起来，组成一支强大的政治力量，同资产阶级展开坚决的斗争。由于共产党人具有以解放全人类为己任的宽广胸怀和为共产主义奋斗终生的彻底革命精神，所以他们能够对革命事业无限忠诚，站在工人运动的前列，英勇不屈地进行战斗；由于共产党人有科学社会主义作为指导思想，可以认识社会发展的客观规律，正确地判断革命形势，了解周围事变的内在联系，预见到事变的进程和结果，所以他们能够据此制定出正确的革命路线、方针和政策，引导无产阶级在斗争中不断走向胜利。共产党是按照科学社会主义的革命理论和革命风格建立起来的无产阶级先锋队，是由无产阶级先进分子所组成的革命组织，这就决定了它在无产阶级革命事业中的领导地位和模范作用。只有由这样的党来领导，无产阶级才能够夺取政权和巩固政权，才能够战胜资本主义，直到实现共产主义，完成自己的伟大历史使命。

(二) 无产阶级政党的目的是什么

根据资本主义社会基本矛盾状况，根据无产阶级反对资产阶级斗争所必然经过的历史阶段，《宣言》中明确规定：共产党人的最近目的是使无产阶级形成为阶级，推翻资产阶级的统治，由无产阶级掌握政权；共产党人的最终目的是消灭私有制，消灭一切剥削阶级和阶级差别，达到共产主义的理想境界。为此马克思和恩格斯要求共产党人把当前利益和长远利益结合起来，在反对现存的社会制度的斗争中，不要忘记无产阶级革命的最终目标。《宣言》指出："共产党人为工人阶级的最近的目的和利益而斗争，但是他们在当前的运动中同时代表运动的未来。"

无产阶级政党的最近目的是推翻资产阶级的统治。由于现代资产阶级私有制是建立在一部分人对另一部分人剥削上面的产品生产和占有的最后而又最完备的制度，因此共产主义的特征就不是要废除一般的私有制，而是要废除资产阶级私有制。围绕废除私有制问题，马克思对资产阶级的一系列攻击、歪曲、污蔑进行了坚决回击。回击之一，有人责备共产党消灭私有制就是消灭个人挣得的、靠劳动得来的财产。马克思指出，资产阶级财产出现以前的小资产阶级的、小农的财产已经被工业的发展、被现代资产阶级消灭了。而资产阶级的私有财产是建立在剥削雇佣工人的剩余劳动基础之上的，雇佣工人的劳动所占有的东西只能够勉强维持他的生命的再生产。因此，资本不是一种物，而是一种关系，是集体的产物，它只有通过社会许多成员的共同活动，归根到底只有通过全体社会成员的共同活动才能运动起来。因此，把资本变为公共的属于社会全体成员的财产，并不是把个人财产变为社会财产，而只是把社会财产还回社会而已。在资本主义社会，工人的活劳动只是增殖资本、货币、财富等死劳动的手段。资本具有独立性、个性和自由，而活动着的个人却没有独立性、个性和自由。我们要消灭的就是资产者的独立性、个性和自由，我们要消灭的就是以十分之九的人为工具的资本主义私有制。共产主义并不剥夺任何人占有社会产品的权力，它只剥夺利用这种占有奴役他人的权力。回击之二，有人指责，共产主义消灭私有制就会使懒惰之风兴起。马克思和恩格斯指出，资本主义私有制才是懒惰之源，在那里劳者不获，获者不劳。而一旦消灭了资本，消灭了雇佣劳动，每个人都是自由自觉的劳动者，为他人、为社会，也为自己劳动着，懒惰之风就没有了存在的基础和条件。回击之三，有人指责，共产主义要消灭家庭。马克思和恩格斯指出，资产阶级家庭是建立在资本和私人发财上面的，他们把自己的妻子当成单纯的生产工具。无产者由于贫困被迫独居和公开卖淫，他们家庭的亲密关系由于大工业的发展而被破坏。而共产主义就是要使人，当然包括妇女不再处于生产工具的位置。随着私有制生产关系的消灭，在这种关系中产生的正式的、非正式的卖淫也就消失了。回击之四，有人指责，共产主义要取消祖国、取消民族。马克思和恩格斯指出，工人没有祖国。工人只是一个受苦受难的阶级，他必须上升为民族的领导阶级，把自身组织成为民族。而这个意义上的民族与资产阶级的民族含义不同。并且，随着贸易自由的实现、世界市场的出现，随着工业生产的发展以及生活条件的趋于一致，各国人民的民族分割和对立日益消失。传统意义上的国家和民族实际上已经被资产阶级消灭了。无产阶级的统治将使它们更快地消失，因为各文明国家的联合的行动是无产阶级获得解放的首要条件。回击之五，有人指责，共产主义要消灭一切社会状态所共有的永恒真理，要废除宗教、道德，所以共产主义是同至今的全部历史发展相矛盾的。马克思和恩格斯指出，由于社会上一部分人对另一部分人的剥削是过去各个世纪所共有的事实，因此，各个世纪的社会意识总是在这种共同的形式中运动，总是反映对立阶级的利益、愿望和冲突。而每一个时代占统治地位的思想始终不过是统治阶级的思想。因此，随着阶级对立、阶级冲突的消失，这些反映对立阶级的利益、愿望和冲突的思想也会随之消失。马克思和恩格斯宣布：共产主义革命就是同传统的所有制关系实行最彻底的决裂，毫不奇怪，它在自己的发展进程中要同传统的观念实行最彻底的决裂。

无产阶级政党的最终目的是建立一个自由人的联合体，在那里，每一个人的自由发展是一切人的自由发展的条件。

(三) 共产党人的斗争策略

共产党人要领导无产阶级革命事业走向胜利，还必须制定出一整套正确的斗争策略。其中主要是组织阶级队伍，建立革命统一战线，解决好依靠谁、团结谁、打击谁这个革命的首要问题。马克思和恩格斯认为，共产党人在制定革命策略时，必须具体地分析国内和国际的经济、政治和阶级关系状况。因此，在《宣言》中，马克思和恩格斯根据法国、瑞士、波兰、德国等国的不同情况，提出了不同的策略，为各国共产党人树立了光辉的榜样。

共产党人即使在联合资产阶级反对封建专制制度的过程中，一分钟也不能忘记对广大工人群众进行阶级教育，让他们明确无产阶级和资产阶级之间的对立关系，认清只有打倒资产阶级才能获得自身解放这一道理。马克思和恩格斯预料到，民主革命胜利以后，在资产阶级统治时期必然会造成有利于无产阶级革命的"社会的和政治的条件"。在这里，社会条件是指，资本主义大工业的发展不仅使无产阶级的队伍得到扩大，阶级觉悟得到提高，而且也使各地的工人斗争汇成全国性的斗争；政治条件是指，资产阶级民主革命的胜利建立了统一的共和国，争得了出版、结社、集会等自由和民主权利。无产阶级要充分利用这些条件，广泛开展反对资产阶级的斗争，夺取共产主义革命的胜利。

《宣言》阐明的无产阶级革命策略的实质，就是要使资产阶级民主革命不停顿地发展为无产阶级共产主义革命，并分阶段地将共产主义革命进行到底。革命既不能超越历史发展的阶段，又不能停留在某一个发展阶段上。

无产阶级的国际联合，是无产阶级获得解放的首要条件之一。

马克思和恩格斯在《宣言》中写道：各国无产阶级"联合的行动，至少是各文明国家的联合的行动，是无产阶级获得解放的首要条件之一"。马克思和恩格斯帮助各国无产阶级认识到，要彻底打倒资产阶级，推翻资本主义制度，只靠一个工厂、一个行业、一个地区乃至一个国家无产阶级的团结是不能奏效的，必须使全世界无产阶级最紧密地团结起来，在反对资产阶级的斗争中采取联合的行动。为什么无产阶级的国际团结如此重要呢？

首先，无产阶级的解放是一种国际性的事业，没有各国无产阶级的联合行动，就不可能获得彻底胜利。马克思主义认为，无产阶级反对资产阶级的斗争，就其形式来说，都是在一国范围内进行的，首先必须推翻本国资产阶级的统治；就其内容来说，无产阶级革命却是国际性的。这是因为，共产党人所代表的无产阶级，在资本主义的社会条件下，除了自己的劳动力以外一无所有，只好靠出卖劳动力维持自己的生存，他们无论在哪一个国家里都是资本家的雇佣奴隶。所以马克思和恩格斯要求共产党人坚持整个无产阶级的不分民族的共同利益。无产阶级只有联合起来，推翻国际资本的统治，才能摆脱自己作为雇佣奴隶的命运，才能使自己成为资本主义的掘墓人和共产主义社会的建设者。无产阶级的历史使命具有国际性质，任何一个国家的无产阶级都不能单独地完成。

其次，各国无产阶级面对的敌人是强大的国际性力量，如果没有无产阶级的国际团结，就不可能战胜资产阶级的反动联盟。资产阶级的国际性是随着资本主义的发展而日益形成和加强起来的。马克思和恩格斯在《宣言》中经过考察证明，资本的势力从国内伸展到国外，民族之间闭关自守的壁垒被打破，形成了统一的资本主义的世界市场，把一切国家的生产和消费都变成世界性的了。在这种情况下，资产阶级不仅要残酷地剥削和压迫本国无产阶级，而且还要残酷地剥削和压迫别国无产阶级。因此，马克思和恩格斯在《宣言》中指出："现代的工业劳动，现代的资本压迫，无论在英国或法国，无论在美国或德国，都是一样的，都使无产者失去了任何民族性。"为了维护自己的统治，各国资产阶级相互勾结，从而形成了世界资本主义共同压迫世界无产阶级和劳动人民的反动联盟。在这样的条件下，无产阶级逐渐认识到，自己的敌人不只是本国的资产阶级，而且是整个国际资产阶级，所以必须用无产阶级的国际联合战胜资产阶级的国际联合。否则，无产阶级反对资产阶级的斗争就会被敌人各个击破，遭到失败。为了避免这种悲剧出现，马克思和恩格斯在《宣言》中发出了"全世界无产者，联合起来"的伟大号召，为各国无产阶级的团结、战斗指明了前进的方向。

第三，无产阶级的国际团结是全世界人民大团结的核心和基础，如果没有这个核心和基础就不会实现世界人民的大团结，从而也就不可能实现无产阶级的伟大历史使命。在全世界消灭阶级和实现共产主义，是人类历史上最伟大、最艰巨的事业，它必然要遇到国际资产阶级和一切反动势力的反抗。无产阶级虽然是最先进、最革命的阶级，具有远见卓识和自我牺牲的精神，但它在世界人口中毕竟还不占大多数，还显得力量单薄。在这种情况下，无产阶级要完成自己的伟大历史使命，必须努力建成广泛的革命统一战略。在这方面，《宣言》也为无产阶级，尤其是它的先锋队做出了明确的规定：在国内，"共产党人到处都支持一切反对现存的社会制度和政治制度的革命运动"；在国际范围内，"共产党人到处都力争全世界民主政党之间的团结和协调"。这就告诉我们，无产阶级在革命的进程中，只有建立广泛的国内和国际的统一战线，才能改变敌我双方的阶级力量对比关系，组织起浩浩荡荡的革命大军，达到自己的目的。

六、《共产党宣言》的理论意义和实践意义

《宣言》发表之后，在世界上产生了极为重要的影响。当《宣言》第一个英译本于1850年在伦敦发表的时候，宪章运动的领导人就特别说明："这是世界上前所未有的最革命的文章。"①即使在20世纪80年代以来，西方的一些有影响的报刊也还把《宣言》列为对人类社会影响最大的15种或20种书中的一种。1999年12月底，当马克思被西方媒体评为千年风云人物时，路透社曾评价说："马克思的《共产党宣言》和《资本论》对过去一个多世纪全球的政治和经济思想产生了深刻的影响。"

《宣言》的影响为什么如此深？原因就在于《宣言》在理论上和实践上具有不可估量的意义。《宣言》在它诞生以来的160多年时间里，发挥了难以估量的作用。

（一）《宣言》的发表标志着马克思主义的正式诞生

《宣言》是具有极其深远历史意义的不朽的伟大文献，是马克思主义的第一个纲领性文件。马克思和恩格斯在《宣言》中敢于突破，表现出理论上的勇气和魄力。他们在对德国古典哲学、英国古典政治经济学、法国空想社会主义批判继承、革命改造基础上，创立了马克思主义哲学、政治经济学和科学社会主义，形成了完整的理论体系。在《宣言》中，马克思和恩格斯对人类思想领域中存在的剥削阶级偏见进行了无情的批判，指出无产阶级是人类历史上最先进、最革命、最有组织、最有力量的伟大阶级，这就否定了那种所谓"智者""贤人"创造历史、主宰历史的唯心史观。他们强调"无产阶级的运动是绝大多数人的、为绝大多数人谋利益的独立的运动"，这就揭露了资产阶级革命只为少数剥削者谋利益和其他非无产阶级运动脱离大多数，不能代表大多数的阶级局限性；他们宣布"资产阶级的灭亡和无产阶级的胜利是同样不可避免的"，这就破除了资本主义"千年王国"和私有制神圣不可侵犯之类的神话。《宣言》第一次全面系统地叙述了马克思主义的基本原理，特别是科学社会主义的原理。它的发表，标志着辩证唯物主义和历史唯物主义的基本原理已经奠定；标志着马克思在哲学中的伟大变革已基本完成；标志着马克思和恩格斯剩余价值学说的一系列重要观点已经奠定，资本主义制度的本质已经被掌握；标志着马克思和恩格斯对空想社会主义的批判继承已经实现，立足于现实基础之上的科学社会主义理论已经问世，社会主义思想史上的伟大革命已经开始。因此，《宣言》的发表，标志着马克思主义的诞生，标志着科学社会主义的创立。从此，这种理论在无产阶级的革命实践中，受到

---

① 《马克思恩格斯全集》第28卷，人民出版社1973年版，第504页。

检验，不断丰富和发展，成为有史以来影响最大最深远的革命理论。

(二)《宣言》的发表标志着马克思主义与工人运动的真正结合

《宣言》是世界第一个无产阶级政党的理论和实践的党纲，是共产主义者同盟的"原则性的和策略的纲领"。它的发表，标志着社会主义和工人运动的结合。《宣言》的发表表明，科学社会主义不是少数文人在与世隔绝的小天地里制造出来的脱离实际的理论，它是以无产阶级作为物质基础，从无产阶级解放斗争中汲取营养，随着无产阶级革命的实践而诞生、发展的，它是实践的马克思主义，是生机勃勃的革命理论。它也表明，无产阶级已经摆脱了以前那种自发的斗争状态，以崭新的面貌出现于世界历史舞台上。从此，无产阶级有了战无不胜的思想武器，社会主义理论有了可依赖的社会力量。《宣言》的基本原理和所规定的无产阶级政党的基本原则，又是任何一个真正无产阶级革命政党所必须遵循的。因此，《宣言》一发表，就使许多国家的工人按照其原则组织起来，开展活动。从世界范围内看，《宣言》又成了各国无产阶级政党团结的基础，成了国际共产主义运动团结的纽带。

(三)《宣言》划清了科学社会主义与其他各种"社会主义"的界限

《宣言》除了驳斥资产阶级诽谤与攻击共产主义的种种谬论之外，还深刻地批判了五花八门的社会主义的喧嚣，划清了科学社会主义同各种冒牌社会主义的界限。

19世纪40年代，各种社会主义流派粉墨登场，都在工人运动中宣传自己的理论观点，出现了五花八门、甚嚣尘上的局面：妄图开历史倒车的贵族们宣扬封建社会主义；在新兴资产阶级身旁苟延残喘的小生产者宣扬小资产阶级社会主义；某些德国的哲学家、半哲学家和美文学家宣扬所谓"真正的"社会主义；资产阶级为"消除社会的弊病，以便保障资产阶级社会的生存"的一部分人宣扬保守的或资产阶级的社会主义。无产阶级和资产阶级之间的斗争还不发展时期的圣西门、傅立叶、欧文等人宣扬"批判的空想的社会主义和共产主义"，如此等等。这些形形色色的社会主义思潮，造成了人们思想上的混乱，严重地阻碍着工人运动的健康发展。

马克思和恩格斯在《宣言》中指出：封建社会主义、小资产阶级的社会主义、德国的或"真正的"社会主义，统统是反动的社会主义，它们的实质就在于妄图把社会历史的车轮向后拉，从资本主义社会倒退到封建社会中去。因此，对于这些反动思潮，必须给予坚决的回击。对于那些资产阶级经济学家、博爱主义者、人道主义者、劳动阶级状况改善派、慈善事业组织者、动物保护协会会员、戒酒运动协会发起人以及形形色色的改良派所搞的那套资产阶级的社会主义，要揭露他们力图使工人阶级厌弃一切革命运动的阴谋，以防止广大群众受骗上当。至于圣西门、傅立叶、欧文等人的批判的空想的社会主义和共产主义，由于"阶级斗争越发展越具有确定的形式，这种超乎阶级斗争的幻想，这种反对阶级斗争的幻想，就越失去任何实践意义和任何理论依据"。马克思和恩格斯对各种社会主义流派的大扫荡，为国际工人运动树起了科学社会主义的战斗旗帜。《宣言》对当时欧洲流行的形形色色的社会主义学说的批判，为正确坚持科学社会主义提供了理论依据，为传播科学社会主义开辟了正确的道路。同时，它又为以后国际共产主义运动开展正确的反对形形色色的机会主义的斗争树立了光辉的榜样。

(四)《宣言》为各国无产阶级反对资产阶级的斗争提供了强大的思想武器，从而推动了国际共产主义运动的蓬勃发展

在《宣言》中，马克思和恩格斯既充分阐发了他们在长期的科学研究中所获得的理论成果，又高度概括了他们在革命实践中所获得到的丰富经验。《宣言》是理论和实际相结合的典范。

由于《宣言》是根据工人阶级的切身体会和实践经验来阐述科学社会主义理论的，所以受到各国工人的热烈欢迎，很容易被工人阶级所接受，因而它很快地就在国际共产主义运动中传播开来。从此以后，各国工人阶级在"全世界无产阶级，联合起来!"的战斗口号召唤下，紧密团结，互相支援，展开了旨在"推翻资产阶级政权，建立无产阶级统治"的伟大斗争，并且把这一伟大斗争不断地推向前进。正是在《宣言》所阐述的基本原理的指导下，各国无产阶级政党结合本国实际，制定了反对资产阶级的斗争策略，取得了一个又一个伟大胜利，并使社会主义在部分国家变成了现实。自《宣言》问世以来，世界各国无产阶级的革命斗争经历了惊涛骇浪，有成功、有胜利，也有挫折和局部失败。正反两方面的经验教训告诉人们，遵循《宣言》的理论原则和策略思想，无产阶级解放运动就能走向胜利，而一切违背《宣言》精神的运动终究以失败告终。

《宣言》是一部开创历史新时代的著作。它所阐明的理论和策略为新的时代增添了光辉。列宁认为这本书虽然"篇幅不多，价值却相当于多部巨著：它的精神至今还鼓舞着、推动着文明世界全体有组织的正在进行斗争的无产阶级"。[1] 1872 年，马克思和恩格斯在为《宣言》德文版所写的序言中说："不管最近 25 年来的情况发生了多大的变化，这个《宣言》中所阐述的一般原理整个说来直到现在还是完全正确的。"170 多年后的今天，我们仍然可以说，尽管情况发生了更多更大的变化，《宣言》的一般原理整个说来不仅没有过时，而且历经实践检验之后更显出真理的光辉。我们可以断言，只要无产阶级和资产阶级之间的斗争还没有最终结束，共产主义还没有完全实现，《宣言》所阐述的根本原理，始终是全世界无产阶级和革命人民行动的指南。

---

① 《列宁选集》第 1 卷，人民出版社 1995 年版，第 93 页。

第六章 对资本主义生产方式的毕生探索

——《资本论》解读

一、人类思想史上的伟大成果

《资本论》是马克思倾其毕生精力完成的一部科学巨著。关于它的理论价值和历史地位，在过去的一个多世纪中，已有过很多权威的评价。但是，一部伟大的作品，人们对它的理解和认识，会随着时间的推移和实践的丰富而日益深化，不可能总是停留在原有的水平上。结合当代实践，我们认为，只有从人类先进文化的不同层面予以审视，《资本论》的理论价值和历史地位才能充分展现出来。

(一)《资本论》是经济科学的不朽文献

经济科学是人类认识客观世界最重要的理论成果之一。它作为一门独立的社会科学，在《资本论》出版以前，只有200多年的历史。这一时期，以亚当·斯密和大卫·李嘉图为代表的古典经济学家，开创性地把理论考察由流通领域转到生产领域，奠定了劳动价值论的基础；在资产阶级视野内"研究了资产阶级生产关系的内部联系"，① 不同程度地考察了剩余价值的各种具体形式；重农学派还研究了社会资本的再生产和流通，李嘉图则通过对资本主义生产关系的分析，提出了资本主义社会各阶级利益相互对立的思想。这一切表明，古典政治经济学在理论上已经取得了相当的成就，"政治经济学已发展为某种整体，它所包括的范围在一定程度上已经形成"②。但是，古典经济学家毕竟不能突破资产阶级的狭隘眼界，加之资本主义当时又处于上升时期，与生产力发展在利益上相一致，致使古典经济学的代表人物把资本主义"误认为是社会生产的永恒的自然形式"，③ 力图证明资本主义是合乎人类理性和社会进步的、永恒不变的制度。这就使他们不可避免地陷入历史唯心主义，从而使古典政治经济学的科学性受到极大影响。即使是最有成就的价值学说，也因此而存在不可克服的矛盾。

马克思的《资本论》，一方面继承了古典经济学200多年的丰硕成果，同时又用科学的唯物史观对其加以改造，从而突破了古典经济学的阶级局限和历史局限，在理论内容和研究方法上都实现了重大创新。《资本论》以马克思创立的劳动二重性学说为基础，确立

---

① 马克思：《资本论》第二卷，人民出版社1975年版，第98页。
② 《马克思恩格斯全集》第26卷，人民出版社1973年版，第181页。
③ 马克思：《资本论》第1卷，人民出版社1975年版，第98页。

了科学的劳动价值论和剩余价值理论，深刻揭示了资本主义的内在矛盾和发展趋势，揭示了资本主义的历史性和暂时性，取得了对资本主义的全面的、科学的认识。《资本论》的成就把经济科学推向一个崭新的阶段，成为马克思主义政治经济学的奠基之作。

马克思主义政治经济学的诞生，实现了政治经济学的革命性变革，为经济科学的发展作出了划时代的贡献。马克思主义政治经济学当然不能等同于《资本论》，它还包括马克思、恩格斯其他的经济学著作；作为发展的、开放的理论体系，它也涵括后来的马克思主义者所阐发的经济思想和经济理论。但是，《资本论》所确立的劳动价值论和剩余价值理论，毕竟奠定了马克思主义政治经济学的理论基础。这些理论，如同马克思本人所说，是被"称为'政治经济学原理'的东西"，是"精髓"，"至于余下的问题……别人就容易在已经打好的基础上去探讨了"。①

《资本论》对经济学的贡献，尤其表现为它给经济研究确立了科学的方法论。一个多世纪以来，马克思主义政治经济学与时俱进，在实践中不断丰富和发展，然而，《资本论》所确立的方法论始终是马克思主义政治经济学的灵魂。《资本论》的理论根据就是辩证唯物主义和历史唯物主义。马克思在《政治经济学批判序言》中关于历史唯物主义的经典表述和其他有关论述，将《资本论》所确立的马克思主义政治经济学的方法论原则归结为以下五个基本命题：（1）从生产力与生产关系的矛盾运动中解释社会经济制度的变迁；（2）在历史形成的社会经济结构的整体制约中分析个体经济行为；（3）以生产资料所有制为基础确定整个社会经济制度的性质；（4）依据经济关系来理解和说明政治法律制度和伦理规范；（5）通过社会实践实现社会经济发展合规律与合目的的统一。②

上述的方法论原则是辩证唯物论在经济领域中的实际运用，是唯物主义历史观的具体体现。它使人们对社会经济问题的认识由现象深入到本质，由孤立的、偶然的联系深入到事物的内在联系——事物的发展规律和发展趋势，从而使人们的认识上升为科学理论，并且使这种科学理论具有洞察力和预见性。正是这种方法论，使马克思主义政治经济学从根本上实现了对古典经济学的超越，同时也使《资本论》成为具有伟大生命力的马克思主义政治经济学的不朽文献。

(二)《资本论》是马克思主义最有代表性的著作

马克思主义是代表先进生产力要求的先进阶级的意识形态，它作为一个科学的理论体系，是由马克思和恩格斯的全部理论著作汇集而成的，然而，最具有代表性的著作只能是《资本论》。

一般情况下，人们讲到马克思主义，往往首先提到《共产党宣言》。毫无疑义，马克思和恩格斯合著的《共产党宣言》，也是马克思主义一部极为重要的著作，而且通常将其发表看作马克思主义诞生的标志。但是，由于特定的写作背景以及篇幅的限制，它的意义更多地体现在它是共产党人的政治纲领和政治宣言上。而《资本论》则是马克思主义的科

---

① 《马克思恩格斯〈资本论〉书信集》，人民出版社 1976 年版，第 170 页。
② 林岗、张宇：《〈资本论〉的方法论意义——马克思主义经济学的五个方法论命题》，《当代经济研究》2000 年第 6 期。

学论证和理论阐释，是马克思主义科学理论的集中表现。

第一，马克思在《资本论》中完成了他一生的两大发现。恩格斯在马克思逝世以后总结了他一生的两大发现。一是"像达尔文发现有机界的发展规律一样，马克思发现了人类历史的发展规律"，另一个则是"发现了现代资本主义生产方式和它所产生的资产阶级社会的特殊的运动规律"。① 马克思的这两大发现概括地表述就是唯物史观和剩余价值理论。唯物史观和剩余价值理论虽然在《资本论》出版以前就已经提出，但都是在《资本论》中最后完成的。

早在 1845 年春，马克思就对唯物史观作了明确的表述，但是当时提出的唯物史观还没有得到具体的证明。在《资本论》中，马克思运用唯物史观揭示了资本主义产生、发展和走向自我否定的规律，这就使情况有了根本的变化。列宁指出："自从《资本论》问世以来，唯物主义历史观已经不是假设，而是科学地证明了的原理。""既然运用唯物主义去分析和说明一种社会形态就取得了这样辉煌的成果，那么，十分自然，历史唯物主义已不再是什么假设，而是经过科学检验的理论了。"②剩余价值理论也是如此。虽然在 1849 年发表的《雇佣劳动与资本》中，剩余价值理论已处于萌芽状态，但这时马克思还没有发现劳动一方面作为价值，另一方面又作为价值形成要素的矛盾，也没有发现和克服导致李嘉图体系崩溃的一个重要难题，即价值规律与资本和雇佣劳动相交换的矛盾，因而还不可能对剩余价值的产生作出科学的说明。正是在《资本论》中，马克思明确区分了劳动和劳动力这两个不同的范畴，解决了古典经济学所不能解决的难题，科学地揭示了剩余价值产生的秘密，并系统地阐述了剩余价值的生产、流通和分配，从而使《资本论》成为一部完整的剩余价值理论。

第二，《资本论》是融马克思主义三个组成部分为一体的马克思主义百科全书。这一方面，前人已经有过不少论述。如同大家所公认的，《资本论》既是一部经济学著作，同时又是一部伟大的哲学著作。而且在《资本论》中，哲学不是表现为抽象的概念和枯燥的条文，而是表现为辩证的思维和科学的方法，表现为鲜活的思想和灵魂。在《资本论》全书中，自始至终贯彻着关于对立统一、量变质变、肯定否定及事物内部的必然联系等辩证法要素的科学思想，并以此精辟分析了资本主义发展过程自始至终的矛盾运动，科学地揭示了资本主义发展的固有规律。因此，《资本论》是把唯物辩证法应用于政治经济学的光辉典范。正如列宁所说："虽说马克思没有遗留下'逻辑'，但他遗留下《资本论》的逻辑，应当充分地利用这种逻辑来解决这一问题。"③同时，《资本论》中所确立的唯物史观和剩余价值理论，又是社会主义从空想变为科学的两大理论基础。特别是剩余价值理论的完成，"这个问题的解决使明亮的阳光照进了经济学的各个领域，而在这些领域中，从前社会主义者也曾像资产阶级经济学家一样在深沉的黑暗中摸索。科学社会主义就是以这个问题的解决为起点，并以此为中心的"④。《资本论》不仅通过对资本主义内在矛盾的分析，

---

① 《马克思恩格斯选集》第 3 卷，人民出版社 2012 年版，第 1002 页。

② 《列宁选集》第 1 卷，人民出版社 1995 年版，第 10~13 页。

③ 《列宁全集》第 55 卷，人民出版社 1986 年版，第 290 页。

④ 《马克思恩格斯选集》第 3 卷，人民出版社 2012 年版，第 584 页。

揭示了社会主义取代资本主义的历史必然性，从而使社会主义从空想变为科学，而且对未来社会的基本特征作了许多科学预见。所以，列宁说：《资本论》是一部"叙述科学社会主义的主要的和基本的著作"①。由此可见，《资本论》乃是一部融哲学、政治经济学、科学社会主义理论为一体的马克思主义百科全书，全面地、完整地反映了马克思主义创始人的理论成果。

第三，《资本论》集中体现了马克思主义理论的精髓。什么是马克思主义理论最本质的东西？什么是马克思主义理论的精髓？长期以来，我们对这个问题的认识并不十分清楚和明确。我们认为，无论从马克思主义理论本身来看，还是从一个多世纪社会主义运动实践的检验看，马克思主义最本质的东西、马克思主义的精髓都应该是历史唯物主义学说，应该是关于人类社会基本矛盾和发展规律的科学理论。马克思在 19 世纪 40 年代分析"市民社会"，初步得出关于历史唯物主义的基本结论，随即将它"用于指导"以后的政治经济学研究工作。马克思的经济学"本质上是建立在唯物主义历史观的基础上的"②。马克思正是在《资本论》中完成了他的唯物史观，并且在《资本论》第一版序言中对唯物史观作了最精辟的概括。马克思说："我的观点是：社会经济形态的发展是一种自然历史过程。不管个人在主观上怎样超脱各种关系，他在社会意义上总是这些关系的产物。"（《资本论》第1卷第12页）"一个社会即使探索到了本身运动的自然规律，它还是既不能跳过也不能用法令取消自然的发展阶段。但是它能缩短和减轻分娩的痛苦。"③几千年的人类社会历史进程，100 多年来社会主义运动的胜利和挫折，当代世界发展的趋势和走向，无不证明马克思这一光辉思想的正确性。这就是《资本论》的理论实质，这就是马克思主义的精髓。坚持马克思主义，就是要坚持《资本论》所体现的马克思主义这一基本思想，坚持遵循人类社会发展的客观规律，坚持只有人民群众才是推动社会发展决定力量的观点。

综上所述，完全可以认为，没有任何一本其他著作可以取代《资本论》在马克思主义中的地位，《资本论》是马克思主义最有代表性的著作。

（三）《资本论》是人类思想史上的伟大成果

马克思既是作为一个革命家，同时又是作为卓越的思想家和科学家从事《资本论》创作的。《资本论》的写作使他几乎涉猎了人类知识的各个领域，荟萃了人类优秀思想文化的精华。在《资本论》中，不仅集中体现了马克思的哲学、经济学和科学社会主义思想，而且也包含了他对政治、法律、逻辑、历史以及技术、自然科学、教育、道德、文艺等的深刻见解，成为 19 世纪人类优秀思想文化的一座丰碑。

《资本论》不仅属于无产阶级，也属于全人类；不仅为无产阶级争取解放提供了理论武器，也为人类精神文明的发展作出了不朽贡献。如同爱因斯坦、牛顿、达尔文等科学家发现了自然界的运动规律，给人类提供了改造自然的理论和学说一样，马克思则通过《资本论》等著作揭示了更为复杂的人类社会发展规律，给人们提供了正确认识社会、认识历

---

① 《列宁全集》第 1 卷，人民出版社 1984 年版，第 154 页。
② 《马克思恩格斯选集》第 2 卷，人民出版社 2012 年版，第 8 页。
③ 马克思：《资本论》第 1 卷，人民出版社 1975 年版，第 11~12 页。

史的科学的方法论——唯物主义历史观，从而使人类对自身几千年混沌不清的历史豁然开朗，使社会历史的研究真正成为科学，实现了人类对客观世界认识的一大飞跃。

一个多世纪以来，《资本论》以其卓越的思想和博大精深的内容征服了亿万读者，以至于它"在'有教养者'队伍中的传播，不亚于在工人阶级队伍中的传播"①。仅就 20 世纪 80 年代初统计，《资本论》在全世界已用几十种文字、140 种版本发行了几千万册。世界上的一些著名大学，如美国的哈佛大学和耶鲁大学，英国的剑桥大学和牛津大学，加拿大的多伦多大学，澳大利亚的墨尔本大学等，都开设了《资本论》课程。世界上著名的经济学教科书，都辟有专章介绍《资本论》。一些严肃、公正的资产阶级学者也都高度评价《资本论》对人类历史进程产生的深远影响。美国前全国图书馆协会主席、伊利诺大学图书馆馆长罗伯特·唐斯将马克思的《资本论》列为影响世界历史进程的 16 本书之一。他在名为《改变世界的书》这一论著中写道："马克思的《资本论》发表 100 多年来，世界情况发生了巨大变化。《资本论》成为各国'工人阶级的圣经'。后人没有忘记马克思所建立的历史功绩。不同阶级、不同肤色、不同职业、不同国家的人们都给予他高度的评价。"他称"马克思是社会学的'达尔文'，经济学的'牛顿'"。② 另一位美国学者弗里霍夫博士则是这样评价马克思及其所写的《资本论》的，他说："这位自己曾经生活在贫困中的伟人给世界带来了消灭贫困的希望，他的理论从根本上改变了现代的人们的思想——我认为，这就是马克思留下的不可磨灭的历史功绩。"③

1999 年底，西方两大媒体在千年交替之际分别主办的"千年思想家"和"千年伟人"的评选活动，更集中反映了马克思及其著作《资本论》在世界人民心目中的地位。英国广播公司(BBC)于 1999 年 9 月在因特网上举行的"千年最伟大的思想家"评选活动中，马克思高居榜首，爱因斯坦、牛顿、达尔文等几位大思想家、大科学家位居其后。随后，路透社又邀请政界、商界、艺术和学术领域的名人评选"千年伟人"，爱因斯坦名列第一，马克思仅以一分之差名列第二。路透社在报道评选结果时，特别提到《资本论》和《共产党宣言》对过去一个多世纪全球的政治和经济思想产生的深刻影响。

二、《资本论》的哲学前提考究

(一)唯物史观的证明和运用

马克思的经济科学本质上是建立在唯物主义历史观的基础上的。《资本论》是马克思唯物史观的展开、证明和运用。

(1)社会经济形态的发展是自然的客观历史过程。《资本论》中关于社会经济形态客观

---

① 马克思：《资本论》第 1 卷，人民出版社 1975 年版，第 36 页。

② 罗伯特·唐斯著、缨军编译：《影响世界历史的 16 本书》，上海文化出版社 1986 年版，第 46 页。

③ 罗伯特·唐斯著、缨军编译：《影响世界历史的 16 本书》，上海文化出版社 1986 年版，第 46 页。

性的观点，主要有：第一，不借人力而天然存在的物质基质是社会财富的首要源泉。人类既生活在自然界中，又生活在社会中，首先生活在自然界中。人类社会在开始时并不存在生产出来的生活资料，这些东西是自然界已经直接提供了的。原始的野蛮人除为占有自然界已有的生活资料而花费劳动外还把另一些自然产物变成弓箭、石刀、独木舟之类的生产资料，后来，进一步创造自然界还不存在的生活资料和生产资料。随之，人类也就从野蛮时期进入文明时期。但是，即使进入当今发达的现代社会，人在生产中也"只能象自然本身那样发挥作用，就是说，只能改变物质的形态。不仅如此，他在各种改变形态的劳动中，还要经常依靠自然力的帮助"①。因此，劳动并不是它所生产的使用价值即物质财富的惟一源泉。"自然物质""自然力"是社会财富赖以构成的基础。

第二，劳动作为人和自然之间的物质变换，是不以一切社会形式为转移的。劳动首先是人以自身的活动来引起、调整和控制人和自然之间物质变换的过程。为了在对自身生活有用的形式上占有自然物质，人使他身上的自然力——臂和腿、头和手以及身体中沉睡着的全部潜力在他们用于他身外的自然并改变这种自然的过程中发挥出来。这样发挥人身上的自然力，比如裁缝上衣，其目的是给自己穿还是卖给顾客穿，实际上是一样的。所裁缝出来的上衣和生产上衣的劳动之间的这种关系，并不因为裁缝劳动成为专门职业而有所改变。在有穿衣需要的地方，在有人当裁缝以前，人已经缝了几千年的衣服。同样，人们种小麦和吃小麦也有了几千年的历史。根据小麦的味道，人们尝不出它是谁种的，也不知道它是在奴隶监工的残酷鞭打下进行的，还是在资本家的严酷目光审视下进行的。因此，劳动作为使用价值的创造者，作为有用劳动，"是不以一切社会形式为转移的人类生存条件，是人和自然之间的物质变换即人类生活得以实现的永恒的自然必然性"②，或者说，它为"人类生活的一切社会形式所共有"③。

第三，劳动者和生产资料二者结合的特殊方式使社会结构区分为各个不同的经济时期。劳动过程的简单要素是：有目的的活动或劳动本身，劳动对象、劳动资料。劳动资料是劳动者置于自己和劳动对象之间，用来把自己的活动传导到劳动对象上去的物或物的综合体，劳动者利用物的机械、物理、化学和生物等属性，以便把这些物当做发挥力量的手段。劳动者与劳动资料、劳动对象（二者统称为生产资料）作为生产的要素自然形式的结合，贯穿于人类社会的始终。而其社会形式的结合，则随着生产资料（尤其是机械性的劳动资料）的不同而不同，劳动资料还是劳动借以进行的社会关系的指示器。劳动者对于极为落后的、低级的劳动资料的共同占有，构成原始共产主义的经济时期；劳动者不占有任何生产资料、即使劳动者自身也被生产资料所有者占有，在这种条件下，与奴隶主占有的生产资料相结合，构成奴隶制的经济时期；劳动者不占有或很少占有土地、农具，在以付出剩余农产品为代价的条件下与地主阶级所占有的土地实现的结合，构成封建主义的经济时期；劳动者除自己的劳动力外一无所有而以付出剩余价值为代价的条件下与资产阶级所占有的现代生产资料实现的结合，构成资本主义的经济时期。在资本主义的历

① 马克思：《资本论》第 1 卷，人民出版社 1975 年版，第 56~57 页。
② 马克思：《资本论》第 1 卷，人民出版社 1975 年版，第 56 页。
③ 马克思：《资本论》第 1 卷，人民出版社 1975 年版，第 56~57 页。

史发展中，由于劳动过程的组织和技术的巨大成就使社会的整个经济结构发生变革，先是从协作到手工业工场再到大机器工厂，然后就是超越资本主义的社会形式而进入新的更高级的社会形式。总之，"不论生产的社会形式如何，劳动者和生产资料始终是生产的因素。但是，二者在彼此分离的情说下只在可能性上是生产因素。凡要进行生产，就必须使它们结合起来。实行这种结合的特殊方式和方法，使社会结构区分为各个不同的经济时期"①。

第四，一定的经济形式决定着一定的政治结构和思想意识。人类要生存，社会要发展，必须以超过劳动者个人需要的劳动生产率为基础。而这种劳动生产率首先又必须是农业的劳动生产率。只有具备这个基础，人们在工业以及一切非农业部门才能正常进行生产，才能谈到积累，进行扩大再生产，历代剥削阶级才能榨取越来越多的社会财富，才能赖以存在。"使各种社会经济形态例如奴隶社会和雇佣劳动的社会区别开来的，只是从直接生产者身上，劳动者身上，榨取这种剩余劳动的形式。"②与这种"从直接生产者身上榨取无酬剩余劳动的独特经济形式"相适应，便产生了"统治和从属的关系"。"任何时候，我们总是要在生产条件的所有者同直接生产者的直接关系——这种关系的任何形式总是自然地同劳动方式和劳动社会生产力的一定的发展阶段相适应——当中，为整个社会结构，从而也为主权和依附关系的政治形式，总之为任何当时的独特的国家形式，找出最深的秘密，找出隐蔽的基础。"③生产关系不仅决定着社会结构、政治形式，而且也决定着人们的意识。特定时代的精神生产，宗教的产生、演变、消失，社会道德状况，反映某种关系的各种范畴、颠倒的观念、歪曲的意识等，从生产关系中均可以得到理解和说明。

第五，整个历史进程都是不知不觉地完成的，其后果不以人的意志为转移。劳动产品转化为商品，简单的商品经济转化为资本主义商品经济，资本主义商品经济再转化为未来社会的商品经济，这是整整一部人类社会发展史。在原始社会时期，不同的公社，在各自不同的自然环境中，找到了不同的生产资料和不同的生活资料。由于这种自然的差别，又由于各个公社都有一定数量的剩余产品，在公社互相接触过程中便引起了产品交换，从而使产品逐渐变成商品。劳动产品一旦对外成为商品，在公社范围内也要成为商品。产品交换者实际关心的问题，首先是他用自己的产品能够换取多少别人的产品，从表面看，这种比例好像是由当事人随意商定的，实际上，不过是不同生产者各对自己花费在商品上的劳动所进行的比较而已。价值形成的原因和价值量的变化是如此，价值转化为价格，价格转化为生产价格以及利润平均化的过程也是如此。所有这一系列转化，都说明经济过程是依照客观规律进行的，是不以当事人的意志为转移的，每个资本家都追求更大的利润，但是，客观上却产生"一般的、相同的利润率"，接近于每人相同的利润额。更可悲的是，不论资本家或是资产阶级经济学家，都弄不清楚：这种追求的实际目的是全部剩余价值按同等比例分配给全部总资本。任何一个资本家都依赖这种总资本而生存，因而都不希望资

①　马克思：《资本论》第2卷，人民出版社1975年版，第44页。
②　马克思：《资本论》第1卷，人民出版社1975年版，第244页。
③　马克思：《资本论》第3卷，人民出版社1975年版，第891~892页。

本主义经济走向灭亡；但由于他们把发展社会劳动生产力，特别是大工业作为自己从事阶级剥削的手段，而大工业不仅是产生资本主义对抗的根源，也是解决这些对抗所必需的物质条件和精神条件的创造者，所以，资本正是以此不自觉地为一个更高级的生产形式创造物质条件。自觉的无产者没有不希望炸毁资本主义社会，在共同占有和共同控制生产资料的基础上实行联合的。但是，这种联合不是任意的事情，它以物质和精神条件的发展为前提，如果在现在的社会中没有发现隐蔽地存在着无阶级社会所必需的物质生产条件和与之相适应的交往关系，那么一切炸毁的尝试都是唐·吉诃德的荒唐行为。"整个历史进程——指重大事件——到现在为止都是不知不觉地完成的，也就是说，这些事件及其所引起的后果都是不以人的意志为转移的。历史事件的参与者要么直接希求的不是已成之事，要么这已成之事又引起完全不同的未预见到的后果。"①

（2）在社会形态的演进中，生产关系对生产力、上层建筑对经济基础、社会意识对社会存在具有巨大的反作用。

人们在他们的社会生活和生产过程中所处的各种关系即生产关系，无论是资本主义性质的，或者是其他性质的，都把社会生产力及其发展形式的一定阶段作为自己的历史条件，并与之相适应，最终被它所决定。但是，某种生产关系一旦由这种历史条件所产生，便对由此产生的现实基础发生反作用。资本主义初期，资本家主要用延长劳动时间和增加劳动强度的办法来榨取工人的剩余劳动。后来由于工人阶级的自发斗争，迫使资本家不得不变革劳动过程的技术条件和社会条件，从而变革生产方式本身，他们以自然力来代替人力，以自觉应用自然科学来代替从经验中得出的成规，在手工工具的基础上创造了机器和大工业，由于科学、巨大的自然力、社会的群众性劳动都体现在机器体系中，使得社会生产力提高到了空前的程度。资本的文明方面之一是，它榨取剩余劳动的方式和条件，同以前的奴隶制、农奴制等形式相比，都更有利于生产力的发展，有利于社会关系的发展，有利于更高级的新形态的各种要素的创造。

一定的经济形式决定一定的政治形式，一定的政治形式如国家权力，反过来也促进新的经济形式的诞生和成熟，资本关系以劳动者和劳动实现条件的所有权之间的分离为前提，因此，创造资本关系的过程，只能是劳动者被强制地剥夺一切生产资料的过程，而其中对农业生产者（农民）的土地的剥夺，形成全部过程的基础。这种剥夺的历史在不同的国家带有不同的色彩，按不同顺序、在不同的历史时代通过不同的阶段。但是，有一点是共同的，即都利用国家权力，也就是利用集中的有组织的社会暴力。有的通过立法实行掠夺；有的不经过立法手续就直接掠夺；有的把农民从土地上赶走，将耕地变成牧场，使农民流浪到城市……通过这一连串"用血和火的文字载入人类编年史"的掠夺、残暴行为和人民的苦难，在一极使社会的生产资料和生活资料转化为资本，在另一极使人民群众转化为雇佣工人，转化为自由的劳动贫民，借以大力促进封建主义生产方式向资本主义生产方式的转变过程。正是在这个意义上，暴力才是每一个孕育着新社会的旧社会的助产婆。除了由封建农业社会到工业社会的转变凭借强制的暴力外，资本主义生产在历史上业已确立之后，新兴的资产阶级为了把剥削秩序强制地维持在极为有利的界限内，也需要并运用了

---

① 《马克思恩格斯〈资本论〉书信集》，人民出版社1976年版，第574页。

国家权力。即使各国在世界市场上进行工业战争所依靠的资本的加速发展，也"不是沿着所谓自然的道路而是靠强制的手段来达到的"①。资产阶级的国家权力，暴力，是资本主义经济关系的产物，又是它借以巩固自己、发展自己的得力工具。

马克思认为，观念的东西不外是移入人的头脑并在人的头脑中改造过的物质的东西而已。但它一旦产生，便对物质的东西、客观规律起着能动的反作用。一个民族为了生存和发展，就不能停止劳动，并且，想得到和各种不同的需要量相适应的产品量，就要付出各种不同的和一定数量的社会总劳动量。这种按一定比例分配社会劳动的必要性以及一切客观经济规律，决不可能被社会生产的一定形式所取消，而"可能改变"的，只是在不同的历史条件下这些规律借以实现的形式。人们实现这种改变所采取的方式，不外乎以下两种：一、盲目的，无政府状态的；二、自觉的，有计划、有组织的。在资本主义条件下，客观经济规律的实现，尽管在个别方面，个别部门可能采取自觉的，有计划、有组织的形式，但由于受到经济关系的私有制性质所局限，在总体上却是盲目的，无政府状态的。相反，在生产资料公有制的社会主义条件下，客观经济规律的实现在某个局部或某个时期尽管也可能采取盲目的形式，但在总体或在长期过程上，却是自觉的，有计划、有组织的。无论盲目的还是自觉的，都是人们的意识对社会存在的反作用。当然，一个社会即使探索到了本身运动的自然规律，它还是既不能跳过也不能用法令取消自然的发展阶段，"但是它能缩短和减轻分娩的痛苦"②。

（3）任何一种社会经济形态的发展都不是永恒的，而是历史的、暂时的过程。

以前的政治经济学几乎都把某种经济形式描写成永世长存。所不同的是，李嘉图仅仅把表现纯粹资产阶级关系的规律描写成整个人类社会的发展规律，而马尔萨斯则把整个以阶级统治和阶级剥削为基础的经济规律描写成人类社会永恒的发展规律。其他如穆勒和杜林等人，仅把资本主义的分配方式视为历史的暂时的③，应该改变的，而把资本主义的占有方式和生产方式则视为绝对的、永恒的。实际上，资产阶级的生产，受它本身的内在规律所支配，一方面，不得不这样发展生产力，就好像它不是在一个有限的社会基础上的生产；另一方面，它又毕竟只能在这种局限性的范围内发展生产力。这种情况是构成资产阶级生产中种种尖锐矛盾的最深刻、最隐秘的原因。资产阶级的生产就是在这些矛盾中运动，这些矛盾，即使粗略地看，也表明资产阶级的生产只是历史的过渡形式。不仅资产阶级的生产是历史的暂时的，而且历史上依次更替的一切社会制度都只是人类社会由低级到高级的无穷发展进程中的一些暂时阶段。每一个阶段对它所发生的时代和条件说来，都有存在的理由，但是对它自己内部逐渐发展起来的新的更高的条件来说，它就变成过时的和没有存在的理由了，它不得不让位于更高的阶段，而这更高的阶段也同样要走向衰落和灭亡。总之，"所谓'经济规律'并不是永恒的自然规律，而是既会产生又会消失的历史性的规律"④。

---

① 马克思：《资本论》第3卷，人民出版社1975年版，第884页。
② 马克思：《资本论》第1卷，人民出版社1975年版，第11页。
③ 《马克思恩格斯全集》第26卷，人民出版社1973年版，第86~87页。
④ 《马克思恩格斯〈资本论〉书信集》，人民出版社1976年版，第191页。

(二) 把辩证法应用于政治经济学的第一次尝试

马克思称自己对《资本论》的写作，是"把辩证方法应用于政治经济学的第一次尝试"①。《资本论》中的辩证法思想主要体现在：

1. 用矛盾运动的规律揭示商品和资本本质

第一，商品的内在矛盾及其展开。价值是商品的社会属性，使用价值是商品的自然属性。使用价值与价值的对立统一，构成商品内在的矛盾。商品，是为了交换而生产的劳动产品。商品交换最初的形式是一种个别商品与另一种个别商品相交换。在这里，商品 A 和商品 B 都是使用价值和价值的统一体。作为使用价值，二者是不同的；作为价值，既能互相交换，它们就是相等的。在交换过程中，商品 A 的内在价值，通过商品 B 表现出来。"在这一关系中商品 A 的自然形式只是充当使用价值的形态，而商品 B 的自然形式只是充当价值形式或价值形态。这样，潜藏在商品中的使用价值和价值的内部对立，就通过外部对立，即通过两个商品的关系表现出来了。"②由商品价值的社会本性所决定，商品的价值不能只表现在某种特定商品的使用价值上，不能受个别商品的自然形式所局限，而必须表现在一系列个别商品上。比如商品 A，可以与商品 B 相交换，也可以与商品 C 或 D 等相交换。这样，商品的交换价值就由简单的、个别的、偶然的价值形式过渡到总和的或扩大的价值形式。扩大的价值形式使凝结在商品 A 中的人类劳动获得了比较完全的表现。由于这种表现是永无止境的，又是各个相异、互不关联的，所以商品的社会价值与其表现形式之间的矛盾，还没有获得最后解决。既然商品 A 可以与商品 B 或 C、D 等相交换，那么，倒过来，商品 B 或 C、D 等无数种类不同的商品，也就可以与商品 A 相交换。商品 A 由此获得了一般等价物的形式，同时无数个商品的价值，也获得了统一的表现。"现在，商品价值的表现，1. 是简单的，因为都是表现在惟一的商品上；2. 是统一的，因为都是表现在同一的商品上。它们的价值形式是简单的和共同的，因而是一般的。"③到此为止，商品价值表现的矛盾仍然没有获得最后解决。商品虽然获得了一般等价物的形式，但毕竟还是一种特殊的商品，是一种由特殊的有用的劳动创造出来的商品。这种商品在交换过程中不宜分割、保存和流通。它的自然属性与它所处的一般等价物的地位，仍然存在着矛盾。在一般价值形式中，各种商品都把自己的相对价值共同地表现在一种商品身上，有一种商品在历史过程中夺得了这个特权地位，这就是金。于是，用商品金代替商品 A，就得到了价值的货币表现形式。商品金，固然也是一种特殊商品，是价值与使用价值的统一，但它的使用价值毋宁说是充当一切商品的共同等价物。任何一种商品的内在价值，通过商品金都获得了完全无遗的表现。与此同时，潜伏在商品本性中的使用价值与价值的对立，也就完全获得了外部表现。商品交换，表面是物与物之间的关系，实质是人与人之间的关系。商品内在的使用价值和价值的对立，由普通商品与货币的对立，直接展开为商品所有

---

① 《马克思恩格斯〈资本论〉书信集》，人民出版社 1976 年版，第 239 页。
② 《资本论》第 1 卷，人民出版社 1975 年版，第 76 页。
③ 《资本论》第 1 卷，人民出版社 1975 年版，第 81 页。

者与货币所有者，或出卖者与购买者的对立。

第二，特殊商品——劳动力的内在的矛盾运动。随着商品生产和商品交换的普遍化，在生产资料与劳动者分离的情况下，除了劳动者创造的产品成为商品外，劳动者自己的劳动能力也变成商品。同任何商品一样，劳动力这种商品也内含使用价值和价值的对立。按照价值，劳动力所有者可以把它卖出，货币所有者可以把它买进。还同任何商品一样，买者把劳动力购进后，对于它的使用价值可以在一定时间内进行消费，让他运用生产工具和原材料制造产品。在生产过程中，劳动力不仅再生产出自身的价值，而且还可以创造新的价值。这样，劳动能力的消费才成为剩余价值得以产生或价值自行增殖的源泉。在简单的商品生产和商品交换的基础上，一方面，商品的价值经过演化，产生出货币；另一方面，随着商品关系的发展，产生出劳动力这种特殊商品。商品的使用价值和价值的对立，从此获得了新的形式，表现为劳动力商品与货币的对立。如果货币只用来购买普遍的商品，它就只是一般意义上的货币；一旦用来雇佣劳动力特殊商品，货币就转化为资本。劳动力商品化，既是资本胚胎阶段的结束，又是资本进入生长期的开始，它是资本主义生产关系赖以产生、存在、发展的决定性环节。

第三，资本的矛盾运动。剩余价值虽然来源于劳动力的使用，但仅仅劳动者的劳动自身是生产不出剩余价值来的。此外，还要有生产工具、机器和原料、材料等物质的生产条件。只有这两种因素结合在一起，才能构成现实的生产运动。这种运动的具体过程是：货币所有者，首先雇佣一定数量的劳动者和购买一定数量的生产资料，把货币资本转化为商品资本；然后，在生产过程中消费这些商品，由商品资本转化为生产资本；当劳动者把生产资料的价值转移到新的商品上面的同时又加进了新价值，生产资本便又转化为增大了的商品资本，货币所有者把这增大了的商品资本运到市场上，最后换回增大了的货币额，运动又重新回到了过程的起点，即货币资本，不过它的价值量已经发生了增殖。资本作为自行增殖的价值，不仅包含着阶级关系，体现着建立在雇佣劳动基础上的一定的社会性质，而且"它是一种运动"，是一个经过各个不同阶段的循环过程。由于各个单个资本的循环是互相交错的，互为前提、互为条件的，这又"形成社会总资本的运动"。因此，它只能理解为运动，而不能理解为静止物。这种运动的源泉不在于资本以外，只在于资本本身的矛盾。资本，作为用货币来代表的价值，按其本性，是"财富的一般形式"，具有"购买全部享受品、全部商品、全部物质财富实体的能力"；按其现实来说，它又"始终只是一定数量的货币"，"只是一般财富的有限代表"。它在量上的界限与它的质发生着矛盾。"它的本性是要经常地越出自己的界限，是一种不断要超出自己的量的界限的欲望；是无止境的过程。它自己的活力只在于此。"①

第四，资本运动的归宿。资本的活力始终是有限的。资本为了不断地增殖自己，同时保持自己成为不同于使用价值的自为的交换价值，不得不把自己周而复始地投入生产过程和流通过程，不得不受到商品的物质形态(商品的使用价值、社会物质财富)的纠葛。资本促进社会财富的增长，促进社会生产力的提高，它的唯一的目的和动机，是为了价值增殖。这种增殖，只能以广大生产者的被剥夺和相对贫困化为基础，而广大生产者，正由于

---

① 《马克思恩格斯全集》第46卷(上)，人民出版社1980年版，第226~227页。

这种被剥夺和相对贫困化，社会财富的需求和消费，始终是有限的。这种有限的需求和消费．又使得商品资本不能顺利地转化为货币资本，实现已经增殖了的价值；不能把已经增殖了的价值毫无阻碍地作为继续循环的起点。尽管随着信用制度、银行制度的发展，可以借以获得所需要的货币资本，但社会总资本一旦不能顺利周转，照样会发生危机，并且是更为严重的危机。资本主义生产总是竭力克服它所固有的这些限制，但是它用来克服这些限制的手段，只是使这些限制的更大的规模重新出现在它面前。资本主义生产的真正限制是资本自身。因此，靠"资本自身"是不能克服这种限制的，只有对资本从根本上进行革命的扬弃，才能克服这种限制。这是资本主义矛盾运动的历史归宿。

2. 用质量互变规律揭示商品生产和资本主义生产关系中的矛盾

第一，商品和劳动的质与量。每一种有用物如铁、纸等，都可以从质与量两个角度来考察。"作为使用价值，商品首先有质的差别；作为交换价值，商品只能有量的差别。"商品的二重性，是由劳动的二重性决定的。因此，就使用价值说，有意义的只是商品中包含的劳动的质，就价值量说，有意义的只是商品中包含的劳动的量，不过这种劳动已经化为没有质的区别的人类劳动。在前一种情况下，是怎样劳动，什么劳动的问题；在后一种情况下，是劳动多少，劳动时间多长的问题。商品是质与量的统一，劳动是质与量的统一。作为特殊商品——劳动力是质与量的统一，资本主义生产、流通、分配、消费的全部过程，无不是建筑在这种质与量相统一的基础上的。不同的事物，具有不同的质量关系。对于简单的商品生产，它的质是指商品的使用价值、商品生产具体劳动、实物条件，商品的自然形式等；它的量，是指人类的抽象劳动，劳动时间，商品的价值形式等。对于资本主义的商品生产，它的质量关系除了上面一般的含义外，又增添了剩余劳动、剩余劳动时间、剩余产品、剩余价值的占有性质、占有方式和占有数量等含义。

第二，单纯数量的变化达到一定点时转化为质的区别。生产某种商品需要花费人的一定的抽象劳动（以时间为尺度），工夫不到，只能生产出半成品，一旦花费足够的时间，就会由原料完全变成质地不同的新产品。雇佣工人在劳动过程中，用一定的时间创造出资本家用来支付劳动力价值的等价物，如果劳动过程只进行到这一点，那就是单纯的价值形成过程；如果超过这一点，就成为价值增殖过程。价值增殖过程不外是超过一定点而延长了的价值形成过程。在资本主义生产方式统治下，不是任何一个货币额或价值额都可以转化为资本。相反地，这种转化的前提是单个货币所有者或商品所有者手中有一定的最低限额的货币或交换价值。假定资本家只雇佣一个工人为他创造剩余价值，又假定工人为了再生产他的生活资料需用每天 8 小时的必要劳动时间，此外为资本家每天提供 4 小时的剩余劳动。这样，这个资本家为了能过上工人那样的生活，就必须雇佣两个工人，其投资额最低也要相当于两个工人的工资和他们所使用的生产资料的货币额。在这种情况下，他还只是维持普通人的生活。为了使他的生活比普通工人好一倍，并且把所生产的剩余价值的一半再转为资本，他就必须把预付资本的最低限额和工人人数都增加为原来的八倍，只有当货币或商品的所有者在生产上预付的最低货币量达到或超过这个限额时，他才"真正变为资本家"。在这里，也像在自然科学上一样，证明了黑格尔在他的《逻辑学》中所发现的下列规律的正确性，即单纯的量的变化到一定点时就转化为质的区别。资本家要想扩大自己的生产，也是如此。假如他要把从原有企业中榨取的剩余价值的一部分拿来再开办一个独立的新企业，这个剩余价值额只有达到这个企业所需要的最低限量才行。如果欲扩大原有的企业，由于企业中所使用的一切生产资料，不仅互相间有质的关系，而且有一定量的关系，那么，所加入的生产资料，就必须按照一定的实物比例和价值比例，使剩余价值达到一定的最低限量。在剩余价值没有达到这种最低限量以前，资本的循环必须反复多次，直到由资本逐次生产出的剩余价值总额能够达到这个限量，并和总资本合在一起执行扩大生产的职能为止。一个资本家如果用自有的资本进行经营，那么所得利润便全归自己，而如果用借入的资本进行经营，那就必须按照一般利润率或平均利息率向货币资本家支付一定的利息，那些超过利息的余额才可作为企业主收入，归自己所有。这部分余额，在量上表现为一定的货币、一定的剩余价值量，就这一点来看，与所支付的利息是一样的。但利息，只是表现为资本所有权的果实，表现为抽掉了资本再生产过程的资本自身的果实，即不进行劳动，不执行职能的资本的果实。而超过利息的余额，则只表现为用资本所执行的职能的果实，表现为资本的运动和过程的果实，这种过程对他来说现在表现为他自己的活动，而与货币资本家的不活动，不参加生产过程形成对照。利润只要区分为资本所有权的果实和资本执行职能的果实，单纯的量的分割，都会因此变为质的分割，并且实际上"已经转变为质的分割"。①

第三，质的变化引起新的量变。在资本主义生产方式下，既然再生产只表现为资本家把预付价值作为自行增殖的手段，那么，实际上它的规模就不能是简单的重复，而必须是日益扩大的。扩大生产规模，就个别资本来说，主要是通过由简单再生产所提供的剩余价值除去生活消费后的单纯的量的积累来实现；就社会总资本来说，一开始则主要是对简单再生产所提供的既定产品各种要素作"不同组合"来实现。假设：v 代表不变资本（生产资料）：v 代表可变资本（工人的工资）；m 代表可变资本所创造的剩余价值（其剩余价值率为 100%）；I 代表生产资料的生产部门或第一部类生产；II 代表生活资料的生产部门或第二部类生产。第一部类的生产为了连续不断地进行下去，除了所需生产资料由本部门来提供外，要为工人支付工资以购买生活消费品和为资本家提供奢侈品，就必须用自己的生产资料产品去与第二部类生活资料产品相交换。而第二部类的生产，为了连续不断地进行下去，除了所需生活资料由自己提供外，另外所需生产资料的补偿，则必须用自己的生活资料产品与第一部类生产资料产品相交换。通过这样的交换，在实物形态上，两个部类生产之间可以互相补偿，并且在价值总量上又是相等的，这样，无论哪一方所创造的剩余价值都消费了，没有任何积累。但是，如果对第一部类的生产要素进行重新组合，情况就不同了。就是说，社会总产值增加了。这里重要的不在于逐年的计算，而在于本来是简单的再生产经过生产要素不同的组合，就发生了积累，再重新组合，再积累，使得社会资本像滚雪球那样，越来越增大。这里所改变的，不是简单再生产的各种既定要素的数量，而是"它们的质的规定"。② 正是这种改变，才为以后随着发生的规模扩大的再生产提供着日益丰富的物质前提。古典经济学向来喜欢把社会资本看成一个具有固定作用程度的固定

①《资本论》第 3 卷，人民出版社 1975 年版，第 425 页。
②《资本论》第 2 卷，人民出版社 1975 年版，第 577 页。

量。这种偏见，由边沁确定为教条。假定他的教条是对的，那么诸如生产过程的扩张和收缩，资本的积累等，都将是不可理解的。其实，资本不是一个固定的量，而是社会财富中一个可伸缩的、随着剩余价值分为"收入"和"追加资本"的比例而不断变化的部分。即使执行职能的"资本的量已定"，资本所合并的劳动力、科学和土地也会成为资本的有伸缩性的能力，这种能力在一定的限度内使资本具有一个"不依赖于它本身的量的作用范围"①。当然，在实际过程中，量变与质变是互为前提、相互渗透、不断转化的。

3. 用否定之否定揭示商品生产和资本主义生产方式的运动过程和趋势

第一，简单商品流通中的否定之否定。在简单商品流通中，生产者卖出自己的一种商品，换得货币，再买进自己所需要而为自己所没有的另一种商品。用公式表示，即：W—G—W。

在这里，商品既然是使用价值与价值的统一，那么，对立的两个方面就是相互否定的。这是自然属性与社会属性、具体劳动与抽象劳动、质与量之间的相互否定。这一系列相互否定，尽管包括着外化的可能性、根据、趋势，但就商品自身来说，毕竟是其内在的否定。而当把商品换成作为商品价值一般存在形式的货币（W—G）时，这种否定就由内在的变成外在的了。当用货币再买一种新的商品（G—W）时，这新的商品就以其新的使用价值外在地否定了货币。"商品形态变化的两个相反的运动阶段组成一个循环：商品形式，商品形式的抛弃，商品形式的复归。"②由于终端是具有不同使用价值的另一种商品，所以这不是简单的复归，而是在新质基础上的复归。这种复归形成一个螺旋。凡是商品流通，总要采取这种螺旋形式。作为商品所有者出卖自己商品的过程，也就是货币所有者用手中货币购买商品的过程。这两个过程是在同一时间、同一地点发生的，实际是一个过程的两个方面。简单说，一方面是 W—G，另一方面就是 G—W。同样，一方面是 G—W，另一方面就是 W—G。W—G—W 与 G—W—G 是对立的，又是统一的。其对立表现为，从过程的起点到中介，再到终点，方向刚好相反；其统一表现为，在 W—G—W 过程中已经包含着 G—W—G 的过程，并且，只因包含着后者，前者才能得以实现。这样，在商品的否定之否定过程中，就孕育了资本的否定之否定过程。

第二，资本流通中的否定之否定。以 W—G—W 形式体现的否定之否定，由于商品所有者经过货币这个媒介，换得的是自己需要而又为自己所没有的另一种商品，所以最终获得的是新的质。而以 G—W—G′形式体现的否定之否定，由于两端的货币都是商品价值的一般表现，所以没有质的意义。其惟一可能的意义，即表现为终点的货币额（G′）大于起点的货币额（G）。但在交换始终遵循等价原则的前提下，单单通过流通求得货币额的增大是不可能的，为了达到货币额增大的目的，货币所有者必须在市场上按照一定的比例购买劳动力和生产资料，而后回到工厂（即生产领域）里消费这些商品的使用价值，使之创造新的更多的商品，最后把这些更多的商品运到市场上出售，换回增大了的货币额。用公式

---

① 《资本论》第 1 卷，人民出版社 1975 年版，第 668～679 页。
② 《资本论》第 1 卷，人民出版社 1975 年版，第 131 页。

表示，此时就不简单是 G—W—G′，而是：$G—W\langle\genfrac{}{}{0pt}{}{A}{P_m}\cdots P\cdots W'—G'$，这公式不仅表明了处于终点的货币额增加的源泉，而且在形态上，除了商品和货币流通外，中间增加了生产过程（P），把在流通过程中获得的货币额增大（价值自行增殖）的可能性，在生产过程中变成了现实性，从而由简单商品形式的否定之否定（W—G—W），最终过渡到了资本形式的否定之否定（G—W—G′），如果把资本的否定之否定的过程加以延长，就会得到这样的公式：G-W…P…W′— G′ G—W…P…W′—G′G—W，于是 G……G′ 构成货币资本的否定之否定，P……P 构成生产资本的否定之否定，W′……W′ 构成商品资本的否定之否定。在三种形式否定之否定中，还包括"流通—生产（流通过程的中断）—新的流通"这样的否定之否定。如果一个否定之否定形成一个圆圈，那么简单的商品流通就构成一个个孤立的圆圈，而资本流通就构成相互交错、由简到繁、无限延长的系列圆圈。

第三，整个社会制度及其经济基础的否定之否定。资本流通，由于把劳动力作为特殊商品而否定了简单的商品流通。当资本无限追求剩余价值使社会主产力高度发展而资本对它又无法驾驭的时候，资本流通，就将被公有制（更高基础上的非资本）的商品流通所否定。这是历史上对一切旧制度的否定。而造成社会制度历史变革的经济根源，在于生产资料的发展及其在所有制关系上的否定。在小生产居于主导地位的社会里，农民是自有耕地的劳动者。手工业者是运用自有工具的劳动者，劳动者与劳动条件是结合在一起的。后来，经过资本的原始积累，农民和手工业者同生产资料发生了分离。这种分离，是资本关系赖以确立，从而否定小生产的历史前提。随着资本主义生产的发展，这种分离运动很快由小生产者波及到中小资本家。随着少数大资本家对多数中小资本家的剥夺，规模不断扩大的劳动过程的协作形式日益发展，科学日益被自觉地应用于技术方面，土地日益被有计划地利用，劳动资料日益转化为只能共同使用的劳动资料。一切生产资料因结合的社会劳动而日益节省，各国人民日益被卷入世界市场网，从而使资本主义制度日益具有国际的性质。又随着那些掠夺和垄断这一变化过程全部利益的资本巨头不断减少，贫困、压迫、奴役、退化和剥削的程度不断加深，日益壮大的、由资本主义生产过程本身的机构所训练、联合和组织起来的工人阶级的反抗也不断增长。资本的垄断成了在这种垄断之下繁盛起来的生产方式的桎梏。生产资料的集中和劳动的社会化，达到了同它们的资本主义外壳不能相容的地步。这个外壳就要炸毁了。资本主义私有制的丧钟就要敲响了。剥夺者就要被剥夺了。"从资本主义生产方式产生的资本主义占有方式，从而资本主义的私有制，是对个人的，以自己劳动为基础的私有制的第一个否定。但资本主义生产由于自然过程的必然性，造成了对自身的否定。这是否定的否定。这种否定不是重新建立私有制，而是在资本主义时代的成熟的基础上，也就是说，在协作和对土地及靠劳动本身生产的生产资料的共同占有的基础上，重新建立个人所有制。"①

---

① 《资本论》第1卷，人民出版社 1975 年版，第 823 页。

三、《资本论》的研究方法

（一）继承与批判的研究方法

继承与批判是《资本论》研究方法的基本线索。对旧理论体系的批判，是继承古典政治经济学的开始，也是《资本论》经济理论体系形成的起点。马克思正是在对西方古典政治经济学的批判、继承与改造的基础上，建立了新的政治经济学理论体系。

古典政治经济学的理论体系是古典政治经济学家对资本主义经济活动的认识。由于理论本身就是现实经济矛盾的反映，而且研究的人有着不同的角度和不同的方法，因此，古典政治经济学理论体系本身存在的内在矛盾是难以避免的。政治经济学理论体系存在的问题正是马克思政治经济学研究的前提，不论是继续对资本主义经济活动的认识，还是发展政治经济学，都必须对古典政治经济学理论进行批判和继承。马克思与古典政治经济学家一样，研究的对象都是资本主义生产方式。对资本主义生产方式进行研究，不仅要认识现实，而且必须对它的历史进行研究。批判古典政治经济学理论存在的矛盾，就是研究历史，探讨现实矛盾的来源。通过批判可以把对现实问题的研究与历史的探讨结合起来，从而全面、深入地认识资本主义经济运行规律。

"批判"也是马克思理解和掌握政治经济学这门科学，并在理解和掌握中发现其内在的矛盾，逐步形成新的理论的研究方法。马克思在大学阶段学的是法律，后来研究哲学，在政治经济学上是个自学者，因此，他不可能像学习法律那样到大学的课堂上去听教授们的讲授，为了全面理解和掌握这门学科，他充分发挥了自己的思维能力，用一种特殊的自学方法来学习政治经济学。马克思所具有的深厚哲学功底、鲜明的价值取向和强烈的历史责任感，决定了马克思在开始学习政治经济学的时候，具有批判的态度和批判的方法。马克思的批判方法主要体现在对古典经济理论的批判上，使他以惊人的速度和深度掌握了古典政治经济学的成果，并发现了其学说体系的缺陷。马克思对古典政治经济学概念的批判，不仅表现在研究的开始阶段，而且贯穿于他政治经济学研究的全过程。

发现矛盾是批判古典政治经济学理论体系的主要内容，但不是批判的目的。批判古典政治经济学理论的目的，在于对古典政治经济学理论体系的深入认识中，寻找解决矛盾的途径，揭示矛盾和探寻解决矛盾的方法。马克思对古典政治经济学家的批判，最突出的表现在他对李嘉图理论体系矛盾的揭示上。李嘉图在《政治经济学及赋税原理》一书中规定的概念及理论体系，是古典政治经济学对资本主义生产方式本质的深刻揭示。在《政治经济学及赋税原理》中，最抽象的基本概念是价值，然后通过演绎依次规定了地租、工资、利润、积累、利息等一系列概念。对于李嘉图的概念体系，马克思是非常重视的，在《资本论》一、二、三卷中，都可以看到对李嘉图理论体系的批判。通过批判研究，马克思发现，不仅各具体概念，而且李嘉图的价值概念本身也有缺陷，这是李嘉图理论体系矛盾的一个基点。马克思认为，这些具体概念所反映出来的实际生活中的矛盾，不仅不能从价值概念的直接演绎中得到说明，而且就连他自己早期提出的异化劳动概念也不能明确说明。因此，马克思在批判、改造的基础上，重新规定古典经济理论中的价值、工资、利润、地租、利息等概念，建立新的经济理论体系。

马克思对古典政治经济学的批判，是建立在辩证唯物主义哲学基础上的。辩证唯物主义不承认任何凝固不变的东西，它论证和揭示客观现实矛盾，但绝不为这些矛盾辩护。辩证唯物主义认为，理论是现实的反映，而现实是不断变化的，理论必须随着现实的变化而发展。任何理论不可能一劳永逸，因为现实的变化不可能停滞。古典经济理论是特定历史条件中的产物，有它形成的必然性。因此，对古典经济理论的批判要从现实的历史演变中，从现实矛盾的变化趋势中来展开，这也表明科学的批判方法不可能与继承方法相分离。

（二）实证与抽象的研究方法

在《资本论》中，实证方法已经内化为抽象方法的基本要素，实证方法已经与抽象方法有机地统一在一起。马克思说："研究必须充分地占有材料，分析它的各种发展形式，探寻这些形式的内在联系。"①

抽象是以实证为基础的，是以对可靠的现象材料的占有为前提的。经济学理论变迁的历史正是经济学家们对不同历史阶段经济现象抽象、概括的结果。抽象的对象、范围要以现实存在的经济活动来界定。经济活动本身是客观的，不以人的思维而改变的。不过，人的思维中各种形式的组合能够认识和把握客观存在的经济现象。材料的收集和占有，是不可能脱离研究的目的和思维进程的，也就是说，它并非随意的，而是有选择的。抽象思维与现象材料的收集和占有，是互相制约的。以充分的现象材料为依据，进行抽象，进而达到对本质的认识，这是抽象方法的一个基本要求。实证主要作用于对现象材料的加工，以及从本质规定说明现象的环节上。抽象方法的运用是连续不断的，以概念为核心和主导的抽象过程，分为众多相互衔接的环节。对现象材料的实证和概括，存在于抽象的全过程，存在于它的各个环节中。

马克思在进行抽象的过程中，是以充分的事实材料为依据的，《资本论》中的每一个主体概念，都是从现象材料的不断抽象、概括中得出的。马克思收集并进行实证分析的现象材料包括报纸、政府的经济情报，工厂视察员的报告等。马克思非常重视从官方和非官方的各种渠道收集资料，并且不厌其烦地做各种摘录。比如为了写《资本论》第一卷第三、四、五篇中关于剩余价值生产的内容，他翻阅了几乎大英博物馆收藏的全部工厂视察员的报告书以及议会中有关的记录。当马克思在写作《资本论》时，关于地租的分析，几乎还全是依据英国的材料。随着研究的深入，他逐渐发现了这些材料的局限。为了克服这一局限，他通过丹尼尔逊等人，收集了大量的俄国方面的土地和地租材料。恩格斯就此曾写道："马克思为了写地租这一篇，在七十年代曾进行了全新的专门研究。他对于俄国1861年'改革'以后不可避免地出现的关于土地所有权的统计资料及其他出版物——这是他的俄国友人以十分完整的形式提供给他的——曾经按照原文进行了多年的研究，并且作了摘录，打算在重新整理这一篇时使用。由于俄国的土地所有制和对农业生产者的剥削具有多种多样的形式，因此在地租这一篇中，俄国应该起在第一卷研究工业雇佣劳动时英国所起

---

① 马克思：《资本论》第1卷，人民出版社1975年版，第23页。

的那种作用。"①恩格斯在这里提到的第一卷中对雇佣劳动的研究，即马克思对有关工厂法和英国工人生活状况的"蓝皮书"，以及国会发言中有关材料的实证分析，也是在他着手论述这个问题时进行的。而在关于货币、流通和再生产、利润、平均利润等所有问题的研究中，马克思都采用了同样的研究方法。正是在占有和收集现象材料的基础上，运用实证方法进行分析，马克思才为抽象的理性思维创造了必要的现象材料，从而进行有效的科学抽象。

抽象思维的结果，是从对大量现象材料的比较、分类、归纳、分析、综合等一系列抽象思维活动中得到的，是对现象背后本质联系的概括。而要达到这样的目的，必须从大量的现象材料中选择典型材料进行直接说明，来验证各种概念和原理。而且，更重要的是能够使那些难以被人接受的专业术语和枯燥的推论，变成人们能够感受的具体事实的生动解释，成为人们可以普遍接受的道理。在《资本论》中，马克思在论证绝对剩余价值生产和相对剩余价值生产时，所引用的大量英国资本主义工业发展过程中的材料，使深奥难懂的抽象概念和原理，变成了人们能够感受的活生生的现实，在典型事例的论述中，包含着对抽象思维的展开和具体化。

（三）从抽象上升到具体的方法

首先，我们要把马克思的辩证方法与黑格尔的辩证方法区别开来。有的德国资产阶级学者把马克思所应用的从抽象上升到具体的方法，看作是黑格尔的辩证方法，甚至诽谤为"黑格尔的诡辩"，这是错误的。马克思指出："我的辩证方法，从根本上来说，不仅和黑格尔的辩证方法不同，而且和它截然相反。"黑格尔的辩证方法的唯心主义基础和马克思的辩证方法的唯物主义基础是根本对立的。黑格尔把绝对观念当作出发点，当作现实事物的创造主，而现实事物只是绝对观念的外部表现，这就根本颠倒了物质和观念的关系。在他看来，从抽象到具体，就是从观念中引出具体，就是具体本身的产生过程，因而具体只是一个先验的结构、纯观念的东西。与此相反，马克思的从抽象到具体，是以外部现象、具体事物为基础和出发点的，是在充分占有实际材料的基础上，以从具体到抽象为前提的。在马克思看来，物质是第一性的，意识是第二性的，对于具体事物，思维只能反映它、再现它，而决不可能产生它。作为科学的观念，是来源于具体事物的，并且更深刻、更正确、更完全地反映了具体事物的。这种思维的具体是以感性具体为基础的，但又脱离了并高于感性具体的。这就是马克思的辩证方法的唯物主义基础。

其次，在《资本论》中，马克思运用了怎样的叙述方法？马克思在政治经济学研究中所采用的哲学方法与资产阶级政治经济学家截然不同。正像他在《〈政治经济学批判〉导言》中明确指出的，他所采用的是从抽象上升到具体的方法。所谓从抽象上升为具体的方法就是阐明思维如何复制具体、掌握具体的方法。抽象上升到具体的方法主要是在理论体系中，把许多规定性的具体，按一定的逻辑顺序，在思维的行程中复制出来。当然，这个上升过程必须依据对象的内在结构。

在《政治经济学批判》导言中，马克思详细地阐述了抽象上升到具体的方法。他认为，

---

① 马克思：《资本论》第 3 卷，人民出版社 1975 年版，第 10~11 页。

政治经济学的理论体系的逻辑进程不应该是"从实在和具体开始"，而应当是从抽象上升到具体。如果把具体作为起点，就会在逻辑分析中"达到越来越简单的概念"，"越来越稀薄的抽象"，直到"一些最简单的规定"。① 显然，这是不够的。因此，在诸如分工、货币、价值等个别要素已被确定下来和抽象出来之后，科学的方法就应当是从抽象上升到具体。就是说，对一个具体客体的认识过程，总是要经历由感性的具体到抽象的规定，再由抽象的规定上升为思维中的具体的过程。马克思说："在第一条道路上，完整的表象蒸发为抽象的规定，在第二条道路上，抽象的规定在思维行程中导致具体的再现。"②"从抽象上升到具体的方法，只是思维用来掌握具体并把它当作一个精神上的具体再现出来的方式。但决不是具体本身的产生过程。"③

我们知道，资产阶级政治经济学在早期所走过的是从具体出发进而推进到抽象的方法，古典政治经济学采用的是把抽象与具体直接对质的方法，而庸俗政治经济学采用的则是完全立足于经验具体并以此为基础来修改古典政治经济学的抽象性理论的方法。上述这些资产阶级理论家与马克思相比有一个重要的缺陷，即无法达到经济学研究中的辩证法的水平，始终无法摆脱经验主义方法论的影响。且不说早期资产阶级政治经济学以及庸俗政治经济学，即使是多少已经采用了抽象法的古典政治经济学家，事实上也无法真正超越经验主义方法论的束缚。譬如，在斯密和李嘉图那里，所谓具体就是经验的具体、表象的具体，所谓抽象就是从这些具体中寻找出共同点。这种思路决定了他们最后所能找到的抽象必然是一个直接的或者说无矛盾性的东西，如交换价值量。从这种无矛盾性的直接的东西出发，斯密和李嘉图事实上也不可能像马克思一样走出一条从抽象上升到具体的方法论道路，他们所能走出的只能是与经验主义的方法论相对应的把抽象与具体直接对质的方法论线索。这当然也与他们不承认资本主义经济形态具有内在矛盾性直接相关。

马克思则与此不同。他眼里的资本主义经济形态不是一个各种固定化的经济范畴相互并存的自然形态，而是一个各经济范畴之间具有内在有机联系，并且就本质而言又是具有内在矛盾性的历史性形态。马克思所谓的具体是一种在思维中再现出来的思维具体或者理论具体，它所展现的不是事物的表象性内容，而是事物在本质层面上所拥有的丰富的有机联系。马克思所谓的抽象则是具体由以发展出来的基础和细胞，或者说是胚芽。马克思的这种与形式逻辑不同的辩证逻辑的思路首先决定了他所得出的抽象必然不可能是李嘉图式的那种直接性的、无矛盾性的东西，而是一种最简单的矛盾本身。因为只有从矛盾性的抽象出发最终才能得出对具有复杂的矛盾性关系的具体的分析，这与马克思在《资本论》中所贯彻的历史与逻辑的辩证统一的方法论是相对应的。同时，马克思的这种思路也决定了他必须要走出一条与李嘉图这样的资产阶级古典政治经济学的集大成者不同的处理抽象与具体之关系的方法论新路。马克思的具体是已经发育了的身体，抽象是身体的细胞。把发育了的身体与身体的细胞直接对质以求找出它们的一致性，把其中的不直接一致性界定为需要克服的矛盾，这种方法显然不是正确研究发育了的身体的方法。要想真正了解发育了

① 《马克思恩格斯全集》第 46 卷(上)，人民出版社 1979 年版，第 37 页。
② 《马克思恩格斯全集》第 46 卷(上)，人民出版社 1979 年版，第 38 页。
③ 《马克思恩格斯全集》第 46 卷(上)，人民出版社 1979 年版，第 38 页。

的身体的内在关联性，就得把身体的从细胞开始的不断的发育过程揭示出来，这一过程就是马克思所说的从抽象上升到具体的过程。

《资本论》就是按照这样的逻辑方法展开范畴演绎的。马克思的第一个经济范畴是商品，在他看来，现实中的具有复杂特性的资本主义经济形态的内在矛盾是由商品中所包含的简单矛盾一步一步发展出来的。就分析资本主义经济形态而言，商品无论是就逻辑还是就历史来说都是处于最早的、较低级阶段的范畴，因而是较为简单和抽象的。然而，后来的、处于较高发展的资本主义经济关系却是从这种简单关系中发展而来的。正因为如此，马克思才说："资本主义生产方式占统治地位的社会的财富，表现为'庞大的商品堆积'，单个的商品表现为这种财富的元素形式。因此，我们的研究就从分析商品开始。"①马克思没有像李嘉图一样从交换价值量开始，而是从本身具有矛盾关系的商品开始，这为他展开从抽象上升到具体的逻辑方法奠定了重要的基础。与马克思经济学体系中后来的一些范畴相比，商品这一范畴所能反映的社会联系和规定都是相当简单的，说到底只是一些一般性的价值关系而已。不过，即使是再简单的关系，在马克思的视域中也依然是矛盾性的。在马克思看来，商品中隐藏着使用价值和价值的对立。在商品的交换关系中，这种隐藏着的矛盾便获得了外在的表现。具体地说，在简单的商品交换中，一个商品的交换价值只能通过和它相交换的另一个商品的使用价值来表现，同一个商品在同一个价值表现中，不能同时具有两种形式。它或者作为交换价值出现在等价形式上，或者作为使用价值出现在相对价值形式上。不过，在具体的商品交换行为中，参与交换的每一方却都是把自己当作使用价值而以求通过对方来测定自己的价值的。也就是说，双方都是处在相对价值形式而不是等价形式上的。这就导致了交换价值的实际测定成为不可能。马克思认为，这是简单商品交换内部所蕴含的内在矛盾。

这一矛盾的解决依赖于简单商品交换的不断扩大以及由此而带来的商品内在矛盾的发展，商品的自身发展推动了解决商品内在矛盾的手段的出现。这一手段就是货币的产生。由于货币的出现，原来存在于商品中的矛盾得到了相对的解决。因为，在商品和货币的交换中卖与买的行为被分开成了两个行为，卖意味着商品同货币相交换，买意味着货币同商品相交换。这样，参加交换的商品就不必在同一时间内同时具有两种价值形式，在简单商品交换阶段存在的交换价值与使用价值的对立似乎得到了解决。不过，如果不停留于经验主义方法论的层面，而是站在辩证逻辑的层面，那么，所谓矛盾的解决其实并不是矛盾的消除，而是创造和发展出了这些矛盾能在其中运动的形式。或者说，原有的矛盾以扩大了的、发展了的形式在新的形式下得到了表现。商品上升到货币的过程就是如此。与商品相比，货币这一范畴所包含的社会联系和规定显然要丰富和复杂得多。商品范畴只跟使用价值和交换价值这些一般价值关系联系在一起，而货币范畴除了商品范畴所包含的内涵外还跟价格等经济现象联系在一起。正是因为货币扩展了比商品更大的社会联系范围，所以，原有的简单商品交换中的内在矛盾显得不那么尖锐了，这些矛盾随着货币的出现重新获得了存在和运动的形式。这本身也反过来促成了这种矛盾内涵的扩大和发展，就像存在于货币阶段的商品的内在矛盾要比前一个阶段的内涵丰富得多一样。马克思在这一问题上的彻

---

① 《马克思恩格斯全集》第 23 卷，人民出版社 1972 年版，第 47 页。

底的唯物辩证法思想的具体体现是，他始终坚持矛盾运动的观点，不认为后一个阶段是对前一个阶段的矛盾的消除，而是把这种前后的发展过程理解为矛盾本身的从抽象上升到具体的演进过程。

那么，货币范畴中存在着什么样的内在矛盾呢？在马克思看来，货币的出现标志着原来的商品与商品之间的直接交换转变成了商品与货币的交换关系，而这种商品与货币的并存自一开始起就具有内在的矛盾性。这种矛盾性源自于商品的二重性存在。一方面，商品作为一定的产品存在，这个产品在自己的自然存在形式中潜在地包含着自己的交换价值；另一方面，商品作为表现出来的交换价值即货币而存在，这个交换价值又抛弃了同产品的自然存在形式的一切联系，"这种二重的、不同的存在必然发展为差别、差别必然发展为对立和矛盾。商品作为产品的特殊性同商品作为交换价值的一般性之间的这个矛盾——商品的特殊的自然属性同商品的一般的社会属性之间的这个矛盾，从一开始就包含着商品的这两个分离的存在形式不能互相转换的可能性"①。存在于交换过程中的货币，作为一般交换能力要同商品的特殊交换能力相对立，并且其目的在于使后者消失，但尽管如此，作为一般交换价值的货币又始终要同商品进行相互交换。货币作为绝对的一般可交换性，在实际的交换过程中，由于本身是一种特殊商品，因此在它同其他商品的交换中又必然受到特殊交换条件的支配，这些条件同它的绝对一般可交换性即货币的规定当然是相矛盾的。另外，由于货币不仅是一般的交换价值，而且还是一种与其他特殊交换价值并列的特殊交换价值，因此，它的内在特点是，通过否定自己作为一般交换价值的特性来实现自己作为特殊交换价值的本质，"通过否定自己的目的同时来实现自己的目的"。货币作为特殊的、独立化的交换价值的目的在于不断地使自己增殖，因为，"交换价值只有当它得到实现，即增大其价值的时候才能使自己成为交换价值"②。而在商品与货币的简单的交换过程中，货币这种交换价值是不可能增殖的。即使出现了个别的不等价交换，那么，在此时此地所得到的必然是在别的地方所失去的。这也是货币范畴所蕴含的内在矛盾之一。

解决这一矛盾的手段是由商品与货币的交换的不断扩大与发展这一现实的历史进程所提供的。这种手段就是货币发展成为资本。资本是货币，但它是一种自为存在的货币。它不再以简单的金银形式存在，而是以一切实体的即各种商品的形式存在。它作为资本不是与使用价值相对立，而是存在于货币以外的各种使用价值之中。它是一种在一切实体中，在物化劳动的任何形式和任何存在方式的交换价值中保持自己观念规定的货币。因为资本的实体本身就是使用价值，它不是这种或那种商品，而是任何一种商品，因此，资本的对立面不可能是某种特殊的商品，而只能是与物化劳动相对的非物化劳动即还在物化过程中的、作为主体的活劳动，作为可能性而存在的劳动能力。资本与劳动的结合使劳动从可能性变成了现实性，同样也使作为死的对象性的资本变成了能再生产自身的主体，从而使劳动不仅是同资本相对立的使用价值，而且是资本本身的使用价值。也就是说，资本与活劳动的交换过程本身就是资本的本质内容的展开过程。作为单纯形式的劳动，其纯粹的主体性必须被扬弃，劳动必须被物化在资本的物质中才可能使其自身得以实现。劳动起的是酵

---

① 《马克思恩格斯全集》第46卷(上)，人民出版社1979年版，第92页。
② 《马克思恩格斯全集》第46卷(上)，人民出版社1979年版，第219页。

母的作用，它通过扬弃自己来使资本发酵。从这里可以看出，货币通过发展到资本，它"失掉了自己的僵硬性，从一个可以捉摸的东西变成了一个过程"①。正是通过自身的这种过程性，资本从外表上看好像解决了货币规定上的内在矛盾。既然资本不再是一个僵硬的一般交换价值物，那么在商品和货币的交换关系中存在的那种商品作为产品的特殊性同商品作为交换价值的一般性之间的矛盾也就不复存在了。同样，货币作为一般交换能力既要排挤甚至消除商品的特殊交换能力但同时又必须要同商品进行互相交换的矛盾也不存在了。货币无法在交换过程中实现自身增殖的内在特点的问题，也因资本与之交换的使用价值是一种能够创造除自身价值以外的新价值的劳动力商品，而得到了解决。

而且，与货币相比，资本当然具有更丰富和更多样化的社会联系和规定。除了货币所体现的那些联系之外，资本还包括同雇佣劳动、剩余价值、工资、利润以及地租等更广泛的经济现象之间的关系。因此，从货币范畴推进到资本范畴反映了一个从抽象上升到具体的过程。马克思正是用既是矛盾运动的又是从抽象上升到具体的分析方法一步一步地向更为具体的社会现实关系推进。

当马克思转而分析资本内部的矛盾即商品的内在矛盾在资本阶段中的外在表现时，他展开了一条社会关系的矛盾的线索。在马克思看来，在简单的商品甚至一般性的货币阶段，交换价值与使用价值之间的真正的关系还不曾出现。马克思这里当然是从简单的商品交换或者商品与货币的交换跟这种交换所处的社会的内在关系之间还不能构成反映与被反映的关系这一点来说的。譬如，早在奴隶社会，有些地方的商品贸易就已经出现了，甚至已经具有了货币的形式。但马克思认为这种现象只存在于社会的空隙之间，因为这种商品交换关系跟有关国家本身的社会关系之间没有任何关系。而在资本阶段，资本由于其自身的特点使其所反映的内在矛盾实际上成了对现实社会关系的矛盾性的一种反映。这种现实关系的矛盾性就是资本与雇佣劳动或者说资本家与工人之间的内在矛盾性。资本尽管如上所言从表面上看解决了货币的内在矛盾性，但它并没有从根本上消除这种矛盾，而只是使这种矛盾获得了一种新的表现形式而已。这是一种从商品与货币之间的矛盾上升到资本与雇佣劳动之间的矛盾的过程，这些矛盾本质上都是商品内在矛盾的不同发展形态。资本的内在矛盾性是马克思接下来一步一步地分析资本主义经济形态的重要基础。

从资本与剩余价值出发，马克思推进到资本积累以及资本的扩大再生产，并在此基础上推进到《资本论》第二卷中的资本的流通过程。《资本论》第二卷分篇的顺序也表现为从抽象上升到具体的结构。第一篇把循环当作孤立行为来考察，是抽象的研究；第二篇把同一循环放到资本不断运动的系列中，当作周期性的过程来考察，就比较具体了。但是，从社会的角度来看，第二篇的研究和第一篇一样抽象，因为各个单个资本的循环运动都是孤立的，没有表示出互相的联系和交错。因此，从第一、二篇过渡到第三篇，亦即从单个资本循环的研究过渡到社会资本循环的研究，表现为从抽象上升到具体的过程。

《资本论》第三卷中的资本主义生产的总过程的研究，马克思在这条线索上所采用的也是从抽象上升到具体的逻辑方法。与资本主义生产总过程中的现实矛盾性相比，资本范畴中所蕴含的内在矛盾性还是较为抽象的，它还无法反映一些较为现实的经济现象如平均

---

① 《马克思恩格斯全集》第46卷(上)，人民出版社1979年版，第219页。

利润、利息等。但正像从商品逐渐上升到资本的过程一样，从资本上升到整个资本主义经济形态的过程也是对后者做出最具体的分析的一种需要。马克思是通过一些中介环节如生产价格等来完成这种上升过程的。马克思用这种方法所分析出来的资本主义经济形态就是一种最为具体的、其内在关联全部得以充分展示的一个经济形态。从这里我们可以看出，整部《资本论》的结构是一个被严格规定了的范畴体系，范畴与范畴之间不允许有任何颠倒和错乱，打乱了其中的范畴序列，或者抽掉了任何一个中介环节，《资本论》的逻辑就无法得到真正的理解，因为这些范畴之间的顺序充分贯彻了从抽象上升到具体的逻辑方法。

（四）历史与逻辑辩证统一的方法

历史与逻辑辩证统一的研究方法是马克思在《资本论》中所使用的基本逻辑方法。《资本论》绝不限于抽象的理论的演绎，而是运用历史与逻辑相统一的方法，把逻辑的分析与历史的分析辩证地结合起来，提供了大量的极有价值的历史材料和统计材料，而且这些历史的材料是有机地结合在《资本论》的整个逻辑结构之中的。马克思认为，历史从哪里开始，逻辑也从哪里开始。在《资本论》中，马克思把最简单的概念作为某个问题的逻辑起点，然后再进一步在逻辑叙述中把复杂的整体再现出来。这种复杂的概念把简单的概念作为相对发展的整体的从属关系。这种"从最简单上升到复杂这个抽象思维的进程符合现实的历史过程"①。逻辑的展开必须在本质上符合历史的发展过程，同时，历史过程也只有在逻辑的展开中才能再现出来。运用这个方法就必须抽象掉一些不必要的偶然因素和次要成分，这样，在概念、范畴的顺序的安排上也不能完全按照它们在历史上起作用的先后，而是要按照事物的内在结构来决定其先后次序。"因此，把经济范畴按它们在历史上起决定作用的先后次序来安排是不行的，错误的。"②只有按照事物的内在结构来决定其先后次序，才能再现历史过程的本质。历史与逻辑既不是简单的等同又必须在本质上一致，这就是历史与逻辑的辩证统一。因此，人类的认识史，各门学科的范畴体系，以"浓缩"的形式概括和反映了历史发展的客观过程。为了使历史进程在理论上以前后一贯的形式反映出来，逻辑必须摆脱历史发展过程的自然形态，必须排除那些会打断思维进程的暂时的偏离和曲折。因此，历史进程的本质只有在逻辑的东西中才能得到纯真的反映，而且逻辑自身包含的历史更完整和易于理解了。

马克思把逻辑建立在历史的基础上，并致力于揭示逻辑所包含的全部真实的历史内容。马克思说："劳动产品的价值形式是资产阶级生产方式的最抽象的、但也是最一般的形式，这就使资产阶级生产方式成为一种特殊的社会生产类型，因而同时具有历史的特征。"③也就是说，对于资产阶级生产方式的分析必须充分揭示其历史的特征，即要充分揭示资本这一范畴在什么样的历史条件下才是真实的。马克思认为，这种特殊的历史的内容就在于商品生产的普遍化，在于劳动产品的价值形式成为社会生产的最一般最普遍的形

---

①　《马克思恩格斯全集》第46卷（上），人民出版社1979年版，第40页。

②　《马克思恩格斯全集》第12卷，人民出版社1962年版，第758页。

③　马克思：《资本论》第1卷，人民出版社1975年版，第98页。

式。马克思通过对商品分析的逻辑展开阐明了简单商品生产到资本主义商品生产转化的具体历史条件，因而使资本这一范畴的真实的历史内容得以揭示。资本不再像古典政治经济学所说的那样，是任何一个时代都可以发生的人类的积累劳动，资本是剩余价值的转化形态。对于资本存在的历史条件而言，单有商品流通和货币流通是根本不够的。只有当货币所有者在市场上找到劳动力时，资本才会产生，尽管资本的古典形式是商业资本，而且真正的资本也是从货币或占有生产资料的商业资本中产生出来的。但是资本作为经济范畴仍应有它自己的历史内容。这里只需要从理论上把握这个事实，至于它的产生历史，不是纯粹理论分析所必需的。

马克思运用历史与逻辑相统一的研究方法从理论上再现资本主义发展的逻辑，并揭示其具体的历史内容。恩格斯说："在这本著作出现以后，已不可能把奴隶劳动、农奴劳动和自由的雇佣劳动在经济上等量齐观了，不可能把对于以自由竞争为特征的现代大工业有效的规律，直截了当地搬到古代的关系或中世纪的行会上去，或者当这些现代的规律不适合于先前的关系时，简单地宣布后者为异端。"①因此，在《资本论》中对于资本范畴的阐述和说明，决不限于关于资本总公式的抽象的推演，而是有大量的历史事实的论证。只有从资本的发生、发展的历史条件去理解，才能从逻辑上把握资本主义生产方式的运动进程。同时，也只有充分揭示范畴的历史内容，才能使经济范畴成为现实中真实的东西。

四、找出整个社会结构最深的秘密

要追寻马克思在《资本论》中所揭示的隐藏于社会结构最深处的秘密，我们在这里首先把握《资本论》的总体逻辑，再重点深入第一卷进行系统解读。

(一)《资本论》的总体逻辑

1.《资本论》总体逻辑的形成

《资本论》是马克思毕生研究经济学的最终成果。马克思从 1843 年开始对经济学关注并进行研究。在 19 世纪 50 年代中期以前，马克思的研究主要是系统查阅和分析资产阶级经济学著作，批判地吸取人类文化发展所取得的全部有价值的因素。在这个期间，马克思留下了《巴黎笔记》《布鲁塞尔笔记》《曼彻斯特笔记》等篇幅巨大的各种笔记，同时还写作了《经济学哲学手稿》《哲学的贫困》和《雇佣劳动与资本》等早期经济学著作。虽然上述研究成果还谈不上马克思主义政治经济学，但却是《资本论》逻辑体系的形成不可缺少的知识准备。

马克思在 1857—1858 年写作的标题为《政治经济学批判》的手稿是写作《资本论》的标志，因为在这个手稿中，马克思开始制定《资本论》的概念体系和基本理论。马克思打算在这部著作中研究资本主义生产方式的全部问题，同时对古典政治经济学进行批判。在这一手稿中，马克思制定了政治经济学巨著的写作计划和分篇方法，他说："应当这样来分篇：(1)一般的抽象的规定，因此它们或多或少属于一切社会形式，不过是在上面所阐述

---

① 《马克思恩格斯全集》第 16 卷，人民出版社 1964 年版，第 245 页。

的意义上。(2)形成资产阶级社会内部结构并且成为基本阶级的依据的范畴。资本、雇佣劳动、土地所有制。它们的相互关系。城市和乡村。三大社会阶级。它们之间的交换。流通。信用事业(私人信用)。(3)资产阶级社会在国家形式上的概括。就它本身来考察。'非生产'阶级。税。国债。公共信用。人口。殖民地。向外国移民。(4)生产的国际关系。国际分工。国际交换。输出和输入。汇率。(5)世界市场和危机。"①

《资本论》的写作计划是一个不断修正的过程。后来不久，他又拟定了这部著作的具体写作计划。1858 年 2 月马克思在致拉萨尔的信中写道："全部著作分成六个分册：(1)资本(包括一些绪论性的章节)；(2)地产；(3)雇佣劳动；(4)国家；(5)国际贸易；(6)世界市场。……但是，政治经济学和社会主义的批判和历史整个说来应当是另一部著作的对象。最后，对经济范畴或经济关系的发展的简短历史概述，又应当是第三部著作。"②在《政治经济学批判》一书的序言中，马克思写道："我考察资产阶级经济制度是按照以下的次序：资本、土地所有制、雇佣劳动；国家、对外贸易、世界市场。在前三项下，我研究现代资产阶级社会分成的三大阶级的经济生活条件；其他三项的相互联系是一目了然的。"③同时，他在写给魏德迈的信中，除了说明把全部政治经济学分为六册外，又进一步具体设想，"第一册：资本，共分四篇。第一篇：资本一般，共分三章：(1)商品；(2)货币或简单流通；(3)资本。第一章和第二章……构成最先出版的一个分册的主要内容。至于第三章《资本》，我要等到重新有了坚实的基础时再出版"④。

大约在 1858 年 2 月，马克思中断了《政治经济学批判(1857—1858 年草稿)》的写作，以便对自己十五年来研究的成果进行总结加工，分册出版。《政治经济学批判》是在 1858 年 8 月到 1859 年 1 月之间写成的，并于 1859 年 6 月出版。这本书除了"序言"外，还刊出小标题："第一册《资本》"，"第一篇《资本一般》"。这表明，本书只是原定写作计划的六册书中的第一册的开端。《政治经济学批判》第一分册的正式出版，仅仅是马克思系统地发表自己的经济学著作的开始，他十分珍惜自己的著作，他说，这"是十五年的、即我一生的黄金时代的研究成果"⑤。

《政治经济学批判》第一分册出版后，马克思曾打算很快写出原计划的第三章，即上述构成 1857—1858 年经济学手稿的主要内容的"资本"一章，并作为第二分册出版。为此，马克思又重新系统地去研究政治经济学。但是，不久由于其他一些急需要办的事情，马克思暂停了经济理论的研究工作，长达一年半之久，直至 1861 年 8 月，马克思才恢复了经济理论的研究工作。

至 1863 年 7 月，马克思用了两年时间写了一部篇幅很大的手稿。他给这部手稿加的标题是《政治经济学批判》，小标题是《第三章　资本一般》，即《1861—1863 年经济学手稿》。

---

① 《马克思恩格斯全集》第 46 卷(上)，人民出版社 1979 年版，第 46 页。
② 《马克思恩格斯〈资本论〉书信集》，人民出版社 1976 年版，第 124 页。
③ 《马克思恩格斯全集》第 13 卷，人民出版社 1962 年版，第 7 页。
④ 《马克思恩格斯〈资本论〉书信集》，人民出版社 1976 年版，第 142 页。
⑤ 《马克思恩格斯全集》第 29 卷，人民出版社 1972 年版，第 546 页。

马克思对政治经济学的进一步深入研究，使他改变了写作这部巨著的原定计划。1862年12月28日，马克思在给库格曼的信中写道："它是第一册（指1859年出版的《政治经济学批判》——引者）的续篇，将以《资本论》为标题单独出版，而《政治经济学批判》这个名称只作为副标题。其实，它只包括本来应构成第一篇第三章的内容，即《资本一般》。这样，这里没有包括资本的竞争和信用。这一卷的内容就是英国人称为'政治经济学原理'的东西。这是精髓（同第一部分合起来），至于余下的问题（除了国家的各种不同形式对社会的各种不同的经济结构的关系以外），别人就容易在已经打好的基础上去探讨了……"①

1866年10月，马克思在给库格曼的信中写道："全部著作分为以下几部分：第一册资本的生产过程。第二册资本的流通过程。第三册总过程的各种形式。第四册理论史。第一卷包括头两册。我想把第三册编作第二卷，第四册编作第三卷。"②在此之后，马克思放弃了出版原定六册书中的第二分册和以下的其他各个分册的计划，决定出版自己的经济学著作——《资本论》，并把已经出版的《政治经济学批判》一书中的某些基本原理，经过进一步加工后也包括到该书的续篇，即后来的《资本论》中去。当然，作为四册的分卷计划前后也经历了一些变动。起初，马克思曾计划把第一、二两册合编为第一卷，把第三册编为第二卷，把最后第四册编为第三卷。恩格斯曾在1892年写的一篇介绍马克思生平的文章中说："第一分册刚出版（指《政治经济学批判》第一分册——引者），马克思就发现他并没有完全弄清楚以后几个分册的基本思想发展中的一切细节；迄今保存下来的手稿是这一点的最好证明。于是他立刻重新开始工作，这样，他没有继续出版那几个分册，而是直到1867年才出版了《资本论》第一册（资本的生产过程）。"③

在1863年8月至1865年底的两年半时间中，马克思又完成了新的、篇幅很大的第三部手稿，即《资本论》理论部分三大卷的第一个详加琢磨的稿本。在这部手稿中，马克思深化并拓展了1861—1863年手稿中尚未得到充分阐述的部分，补充研究了大量的经济文献和技术文献、统计材料、议会文件，但其中没有包括每篇之后的理论史部分。马克思根据恩格斯的建议改变了原来同时付印全部著作的打算，决定首先只付印第一册（资本的生产过程），于1867年9月作为《资本论》（副题为《政治经济学批判》）第一卷出版（即德文第一版）。这样，第二、三两册经调整合为第二卷，第四册作为第三卷。马克思在《资本论》第一卷的《第一版序言》中曾写道："这部著作的第二卷将探讨资本的流通过程（第二册）和总过程的各种形式（第三册），第三卷即最后一卷（第四册）将探讨理论史。"④

马克思没能亲手完成《资本论》其余各卷的最后定稿和出版就去世了。恩格斯立即投入对《资本论》手稿的整理、编辑、审订和出版的工作。恩格斯改变了马克思把第二、三册合编为第二卷的原定计划，第二册（资本的流通过程）于1885年7月作为《资本论》第二卷出版，第三册（资本主义生产的总过程）独立作为《资本论》第三卷于1894年12月出版，

① 《马克思恩格斯〈资本论〉书信集》，人民出版社1976年版，第170页。
② 《马克思恩格斯〈资本论〉书信集》，人民出版社1976年版，第204页。
③ 《马克思恩格斯全集》第22卷，人民出版社1965年版，第398页。
④ 马克思：《资本论》第1卷，人民出版社1975年版，第12页。

以上就是《资本论》的理论部分的三大卷，而第四册（剩余价值理论史部分）则相应地由原来计划的第三卷改为《资本论》的第四卷。遗憾的是，恩格斯生前没有来得及做《资本论》第四卷的编辑和出版工作。可见，《资本论》理论观点和逻辑结构的形成，渗透着恩格斯的经济思想，从某种角度讲，是马克思和恩格斯两个人共同劳动的结果。

2.《资本论》理论部分三卷的内在逻辑

《资本论》的理论部分是一个逻辑严密、理论完整的政治经济学的科学体系，它由三卷组成：第一卷"资本的生产过程"，第二卷"资本的流通过程"，第三卷"资本主义生产的总过程"。《资本论》三卷之间具有内在的逻辑联系。《资本论》"整本书都是以剩余价值为中心的"①。

在《资本论》逻辑体系中，资本是资本主义生产方式中的核心经济范畴，剩余价值规律是资本主义生产方式中最基本的经济规律，资本同劳动的对立关系是资本主义生产方式赖以运转的轴心。《资本论》的最终目的是为充分揭示资本主义生产方式的经济运动规律。为此，《资本论》不仅对资本主义生产方式进行了制度分析，而且对其运行机制也进行了分析。因此，《资本论》不仅揭示了资本主义作为一种特殊的剥削制度的本质、阶级对立和矛盾对抗，以及它的历史暂时性质，即生产方式的"制度论"，而且阐明它作为一种发达的市场经济的实现方式和运行机制，即生产方式的"运行机制论"。

马克思曾在《资本论》第三卷的开头，对《资本论》理论部分的三卷之间的关系有一段精辟的论述。马克思写道，第一卷"研究的是资本主义生产过程本身作为直接生产过程考察时呈现的各种现象……但是，这个直接的生产过程并没有结束资本的生活过程。在现实世界里，它还要由流通过程来补充，而流通过程则是第二卷研究的对象。……资本主义生产过程，就整体来看，是生产过程和流通过程的统一。至于这个第三卷的内容，它不能是对于这个统一的一般的考察。相反地，这一卷揭示和说明资本运动过程作为整体考察时所产生的各种具体形式。资本在自己的现实运动中就是以这些具体形式互相对立的，对这些具体形式来说，资本在直接生产过程中采取的形态和在流通过程中采取的形态，只是表现为特殊的要素。因此，我们在本卷中将要阐明的资本的各种形式，同资本在社会表面上，在各种资本的互相作用中，在竞争中，以及在生产当事人自己的通常意识中所表现出来的形式，是一步一步地接近了"②。

《资本论》第一卷研究的是资本的生产过程，集中研究剩余价值的生产和资本本身的生产。马克思说："在本书第一卷，我们把资本主义生产过程，既作为孤立过程，又作为再生产过程来分析，我们分析了剩余价值的生产和资本本身的生产。"③这是资本主义生产方式的关键之所在，因此，马克思首先从直接生产过程来揭露剩余价值的实质及其秘密，即产业资本对无偿劳动的占有，论证了全部资本无非是积累起来的无偿劳动。剩余价值的生产是一个不断的运动过程，也是生产与再生产的统一，资本积累就是"规模不断扩大的

---

① 《马克思恩格斯选集》第3卷，人民出版社2012年版，第593页。
② 马克思：《资本论》第3卷，人民出版社1975年版，第29～30页。
③ 马克思：《资本论》第2卷，人民出版社1975年版，第391页。

再生产"①。因此，资本积累和剩余价值再生产是同一个问题的两个方面，或者说是对资本运动的两个不同角度的规定，前者是从资本这个角度，后者是从剩余价值角度，而其实质是一致的。

《资本论》第二卷仍然是以产业资本为代表，但以流通过程为对象，既考察属于流通的范畴，又从流通角度考察有关生产的范畴。资本不仅是静态的，而且是动态的，资本的本质在于运动。因此，资本所采取的形式也更具体了，除了处在生产领域的生产资本以外，又有处在流通领域的流通资本（商品资本和货币资本）。由于所有单个产业资本的循环周转运动是相互依存、相互制约的，因而它们的相互交错和互为条件就形成了社会总资本的再生产和流通即社会总资本的运动，而资本的流通过程正是起着社会再生产媒介的重要作用。因此，第二卷通过对所有单个资本运动的整体的资本运动过程的考察，揭示了资本流通的性质和规律。马克思通过对社会总资本再生产过程的考察，完成了他关于资本积累和剩余价值再生产的论述，为第三卷对剩余价值各种特殊形式的考察，提供了必要的前提。

《资本论》第三卷以资本主义生产总过程为对象，研究作为生产过程、流通过程和分配过程统一的资本主义生产总过程。《资本论》第三卷研究剩余价值在各种职能资本家（包括土地所有者）之间的分配形式及其数量界限的规律。马克思的理论逻辑从五个层次的概念来规定剩余价值：一是剩余价值，二是利润，三是平均利润，四是平均利润的三种形式企业利润、商业利润、利息，五是平均利润之外的地租，即超额利润。对于第一个层次，第一卷已经做了论证。因此，第三卷就要从利润开始论证。第一、二卷中谈到的剩余价值，只是它在第一个占有者（即工业资本家）手里的情形。然而在现实生活中，剩余价值仅仅有一部分留在这个第一个占有者手里，其余部分则以各种特殊形式在各个有关方面的当事人之间进行分配。马克思说："生产剩余价值即直接从工人身上榨取无酬劳动并把它固定在商品上的资本家，是剩余价值的第一个占有者，但决不是剩余价值的最后所有者。以后他还必须同在整个社会生产中执行其他职能的资本家，同土地所有者等，共同瓜分剩余价值。因此，剩余价值分为各个不同的部分。它的各部分归不同类的人所有，并具有不同的、互相独立的形式，如利润、利息、商业利润、地租等。剩余价值的这些转化形式要在第三卷里才来研究。"②在资本主义的现实经济运动的总过程中，却是产业资本、商业资本、借贷资本（银行资本）等的各自的独立运动及其密切联系与互相竞争，形成错综复杂的经济网络结构。这些研究工作正是第三卷所要完成的。

《资本论》第四卷按照历史的顺序，对 17 世纪中叶以来的古典政治经济学家有关剩余价值的理论进行了系统的批判。如马克思所说："因为所有的问题都在前三册（即《资本论》第 1~3 卷——引者）中解决了，最后这一册（即《资本论》第 4 卷，《剩余价值理论》——引者）大半是以历史的形式重述一遍。"③

---

① 马克思：《资本论》第 1 卷，人民出版社 1975 年版，第 681 页。

② 马克思：《资本论》第 1 卷，人民出版社 1975 年版，第 619~620 页。

③ 《马克思恩格斯〈资本论〉书信集》，人民出版社 1976 年版，第 196 页。

(二)《资本论》第一卷的解读

《资本论》第一卷以"资本的生产过程"为主题，它结合社会生产力的发展，阐述资本主义直接生产过程中的生产关系，涉及的是资本主义经济形态中的最深层的秘密。

1. 对象、重点与思路

(1)《资本论》第一卷的研究对象

我们知道，《资本论》全书的研究对象，"是资本主义生产方式以及和它相适应的生产关系和交换关系"①。也就是资本主义社会的经济形态。马克思明确指出："在第一卷中，我们研究的是资本主义生产过程本身作为直接生产过程考察时呈现的各种现象，而撇开了这个过程以外的各种情况引起的一切次要影响。"②

第一卷主要着眼于直接生产过程的分析。资本的增殖运动要采取生产资本(P)、商品资本(W)和货币资本(G)三种形态，经过生产领域和流通领域两个阶段。第一卷主要分析处于生产领域资本的生产资本形态。只是在作为资本主义生产前提条件和资本主义生产过程的组成部分的范围，才涉及流通(如商品交换与流通、劳动力商品买卖)、分配(剩余价值分为资本家的消费与积累部分)和消费(工人的消费)领域。

因之，第一卷撇开了生产领域之外的一切次要影响。从资本的流通过程来看，第一卷假定购买与出售这两阶段都是正常进行的，即假定商品都按价值出售，购买生产资料、售出产品都不存在困难。第一卷还撇开了剩余价值的各种具体形态，撇开了剩余价值在各种生产条件所有者之间的分配，主要从本质上揭示它体现的经济关系，揭示它的起源和资本化。第一卷分析的是产业资本。产业资本是与剩余价值的创造直接有关的职能经营资本形态，其他的经营资本形态都是由它派生的，因此，它是基本的资本形态。

(2)《资本论》第一卷的重点是分析资本主义最本质的经济关系

《资本论》第一卷分析和阐述的，是资本主义社会经济形态中最本质的层面。如果说《资本论》第一至第三卷总起来分析的是"资本的核心构造"③和"资本的一般性质"④，那么第一卷分析的则是核心构造中的基础层面和一般性质中的基本性质。马克思依据历史唯物主义原理，深刻地指出："任何时候，我们总是要在生产条件的所有者同直接生产者的直接关系——这种关系的任何形式总是自然地同劳动方式和劳动社会生产力的一定的发展阶段相适应——当中，为整个社会结构，从而也为主权和依附关系的政治形式，总之，为任何当时的独特的国家形式，找出最深的秘密，找出隐蔽的基础。"⑤《资本论》第一卷，就是为资本主义社会的整个社会结构找出"最深的秘密"和"隐蔽的基础"的。它着重分析、阐述了资本主义直接生产过程中，生产条件的所有者——资本家阶级和直接生产者——工

---

① 《马克思恩格斯全集》第23卷，人民出版社1972年版，第8页。
② 《马克思恩格斯全集》第25卷，人民出版社1974年版，第29页。
③ 《马克思恩格斯全集》第25卷，人民出版社1974年版，第297页。
④ 《马克思恩格斯全集》第25卷，人民出版社1974年版，第127页。
⑤ 《马克思恩格斯全集》第25卷，人民出版社1974年版，第891-892页。

人阶级两者之间的直接关系，为阐明资本主义社会经济形态的历史特征，打下了坚实的基础。这是《资本论》第一卷必须把握的重点。

（3）《资本论》第一卷的逻辑思路

《资本论》第一卷是围绕资本的生产过程这个主题逐步展开的。首先在第一篇第一至第三章阐述资本现实运动的起点和历史前提。接着，在第二篇第四章，阐明资本是体现人类社会一定历史时期的社会生产关系的范畴。再次，在前两篇的基础上，从第三篇第五章至第六篇第二十章，进入资本主义直接生产过程内部的分析，阐述资本在平等关系的掩盖下，强制雇佣工人生产剩余价值的过程与方法。然后，在第七篇第二十一章至第二十五章，阐述资本本身的再生产或"资本本身是怎样被生产出来的"[①]，并科学地分析"原始积累"的含义，阐明"资本的历史起源"[②]。

2. 资本运动的起点和历史前提

（1）阐述资本的生产过程首先需要弄清简单商品流通关系

马克思在《资本论》第一卷第一至第三章阐述商品、货币关系及其商品流通关系的形成和发展。发达的商品流通一般关系是资本的历史前提，也是产业资本现实运动的起点。因为产业资本必须在商品流通中购买劳动力商品和生产资料商品，才能开始生产过程。资本流通过程的第一阶段 $G—W\langle{A \atop P_m}$ ，是与简单商品流通关系或一般商品流通关系结合在一起的，正因为如此，阐述资本的生产过程或资本的流通（运动）过程[③]，首先需要阐述简单商品、货币关系以及商品流通一般关系。

（2）商品的本质和货币的起源

马克思在第一章指出资本主义社会财富的元素形式是商品，从商品交换最简单的物物交换形式开始分析，揭示出商品的本质内容是价值，阐明商品的特征是用于交换的社会使用价值和价值的统一体。接着，他进一步揭示出体现在商品中的劳动具有社会有用劳动和抽象人类劳动的二重性。价值，作为抽象人类劳动的凝结，与自然物质无关，其对象性（客观现实性）纯粹是社会性质的。它只能在人与人的社会关系或交换关系中才能表现出来。价值在商品的发展过程中，涉及人类劳动交换的范围大小不同或抽象的程度不同，相应地，其显示的交换范围的大小或交换形式、价值形式也不同。

应当辩证地理解价值范畴。作为抽象人类劳动的凝结，其抽象的发展程度有一个过程。开始，只是在很小地域范围内人类劳动的抽象（如原始公社末期物物商品交换，这时同等人类劳动的抽象只是对很少几种劳动的抽象）。以后发展到较大地区人类劳动的抽象，再后发展到一国人类劳动的抽象，最后是全世界人类劳动的抽象。马克思说："只有在世界市场上，货币才充分地作为这样一种商品起作用，这种商品的自然形式同时就是抽

---

① 《马克思恩格斯全集》第 23 卷，人民出版社 1972 年版，第 199 页。
② 《马克思恩格斯全集》第 23 卷，人民出版社 1972 年版，第 829 页。
③ 注意区分资本的生产过程和资本主义直接生产过程两个概念，前者常指 $G—W\cdots P\cdots W—G'$ 全过程或资本的流通过程，后者仅指这一过程的 P 生产环节。

象人类劳动的直接的社会实现形式。货币的存在方式与货币的概念相适合了。"①

马克思在揭示出价值的内容之后，就从内容回到形式，阐述了价值形式或商品交换形式，如何从简单价值形式，到扩大的价值形式，再到一般的价值形式，直到发展为货币形式的过程。证明了货币不过是商品价值最一般的、最耀眼的表现形式，货币实质上就是商品。货币在交换中和其他商品一样，只能遵守等价值交换规律，不能自行增殖，货币的特点在于它是一般等价物，可以直接与其他商品交换。

商品的本质和货币的起源对于那些只注意经济关系现象形态或迷惑于假象形态的人来说，是弄不清楚的。因为商品形式本身具有拜物教性质，它产生假象。商品形式在人们面前把人们本身劳动具有等同性因而可以交换这种社会性质，反映成劳动产品作为物所具有的自然物质的性质，好像商品物的自然属性本身也含有可交换的社会属性一样。这样，商品形式就把个别生产者的劳动同社会总劳动之间的关系，把人与人之间的社会分工关系，看成在生产者人与人之间的关系之外的物与物之间的关系。这就是商品的拜物教性质。直观地反映这种性质的观念，或停留在商品形式假象上的观念，就是商品拜物教观念。货币形式的拜物教性质实质上就是商品拜物教性质。

马克思在第二章阐述商品交换的历史进程，以人类社会商品交换实践史，证实了第一章关于价值形式发展的理论阐述。

(3)货币的各种职能形式以及商品流通的拓展

货币的形成意味着商品流通的形成。商品流通通常用 W—G—W 公式来表示，但是它决不是只涉及这一公式所表示的两种不同的商品以货币为媒介的交换关系，它的含义是："每个商品的形态变化系列所形成的循环，同其他商品的循环不可分割地交错在一起。这全部过程就表现为商品流通。"②商品流通是许多商品形态变化的交错关系，W—G—W 只不过是其中的一个环节的抽象。因此，商品流通是许多商品的形态变化构成的商品交换网络，其背后则是"商品所有者的全部相互关系的总和"③。商品流通的网络是不断扩大的，它推动了货币职能形式的发展。第三章阐述了货币的各种职能形式，即单纯的商品等价物（价值尺度）、流通手段、贮藏货币、支付手段和世界货币。世界货币的出现，意味着世界贸易和世界市场的产生，于是，资本的产生具备了历史前提。

3. 资本关系的历史性质

(1)资本主义经济中的两种不同性质的流通

商品交换的发展产生了货币或商品流通。货币或商品流通又随着社会生产力的发展而扩大发展。在发达商品流通的历史条件下，产生了劳动力商品，货币才能转化为资本，资本是体现一定生产关系的历史范畴。

在资本主义现实经济形态中，并存着两种流通。用公式表示，即 W—G—W 和 G—W—G′。《资本论》第一卷第四章从它们的比较开始分析。这两种流通在资本主义现实经

---

① 《马克思恩格斯全集》第 23 卷，人民出版社 1972 年版，第 163 页。
② 《马克思恩格斯全集》第 23 卷，人民出版社 1972 年版，第 131 页。
③ 《马克思恩格斯全集》第 23 卷，人民出版社 1972 年版，第 188 页。

济生活中同时并存着，但是具有形式上和性质上的原则区别。马克思在指出它们形式上的区别之后，从循环或流通的最终目的、经济运动的内容、运动的持续界限和运动承担者经济职能的几个方面，对它们在性质上的区别作了深入的分析。经过这样的比较，揭示出，G-W-G′公式反映的是一个独立的价值体，即资本，在价值的形态(商品形态、货币形态)变化中自行增殖的过程，反映的是资本的流通。将 W—G—W(简单商品流通或商品流通一般)和 G—W—G′(资本的流通)这两种流通的性质区分开来，这一重要观点是马克思主义经济学独有的。在资产阶级经济学中看不到这种区分。也只有以唯物史观的反映论为指导，才会发现这种区分，弄清这种区分的实质。W-G-W 和 G-W-G′的区分，是资本主义经济形态中的经济现象层面的区分。正是在 G—W—G′这种经济现象的特殊之中，蕴藏着资本主义经济形态特有的"秘密"。

(2)资本范畴的历史性质

从资本流通公式可以明显地看出，资本的流通包含着一个显著的矛盾：一方面，公式表示，一个独立价值的确在这种流通中增殖了；另一方面，就这个公式中的 G—W 和 W—G 来看，G、W 这两个价值体在交换中都不可能增殖，这是由商品、货币本性的规律决定的。然而，这只是一个从简单商品流通关系的观点来看才存在的矛盾。实际上，在资本主义经济关系中，存在着一极是生产条件的所有者，另一极是"自由得一无所有"①的劳动力商品出卖者这种具有历史特征的生产资料所有制关系。由于存在这种生产资料所有制关系，G—W—G′这种资本流通就成为理所当然的事。当货币所有者凭借归他所有的生产条件，从流通中购买到劳动力商品，并投入直接生产过程，使用这种商品，劳动力的使用就可以创造出大于劳动力商品价值的剩余价值。货币所有者掌握的价值，就可以实行自行增殖，货币也就转化为资本。

可见，货币转化为资本是需要一定的历史条件的，这就是出现了劳动力商品，出现了生产条件所有者与自由得一无所有的劳动者对立的这种生产关系。正因为如此，资本范围是体现特定生产关系即资本主义生产关系的历史范畴。资本并不是从来就有的，资本也不是物质，而是物掩盖下的生产条件所有者在平等买卖关系遮盖下剥削雇佣工人创造的剩余价值的生产关系。

(3)劳动力商品也是体现资本主义经济关系的历史范畴

劳动力商品是在劳动者或直接生产者被剥夺了赖以生存的生产资料，并能自由地出卖自己的劳动力的历史条件下才出现的。同时，劳动力商品只有被投入直接生产领域，其使用价值才能实现。因此，劳动力商品范畴是与作为产业资本的资本范畴同时产生的。劳动力商品范畴也是历史范畴，而且是体现资本主义生产关系的范畴。有的学者认为，劳动力商品是市场经济的一般范畴，在社会主义市场经济条件下，在公有制经济关系中的劳动力也是商品。这种观点是值得商榷的。这种观点把劳动力商品等同于体现一般流通关系的商品一般范畴了，忽视了劳动力商品这个范畴的特殊性。殊不知劳动力商品虽然也是商品，但是它比商品一般范畴多了一层体现生产资料所有制关系的规定性，只有不占有生产资料的被迫出卖劳动力的劳动者才是劳动力商品。所以，说社会主义公有制经济关系中的劳动

① 《马克思恩格斯全集》第 23 卷，人民出版社 1972 年版，第 192 页。

力也是商品，这在理论上是说不通的；在实践中是背离社会主义经济中劳动者是生产条件的主体这个要求的。

为了要说明在社会主义市场经济条件下劳动力需要自由流动，而论证劳动力是商品，这更是适得其反的。劳动力的流动，是大工业的技术基础决定的，同时，也取决于劳动者对自己劳动力的所有权和自主权。但是，劳动力商品的规定性，恰恰是与这些情况相矛盾的，是妨碍劳动力自由流动的。因为劳动力既然是商品，出卖之后必然为作为买者的雇主所支配，只能奴隶般地服从旧式分工，结果造成技能方面的畸形发展，势必难以自由流动。有些学者希望改变传统计划经济体制下劳动力不能流动的弊病，出发点是好的，但是用社会主义经济关系中的劳动力仍然是商品来作为理由，则是十分错误的。

4. 剩余价值生产的秘密与方法

（1）科学地回答"爆炸性问题"

资本为资本家带来了剩余价值。剩余价值从何而来？这对资产阶级经济学家来说，是一个"爆炸性问题"。[①] 因为，如果实事求是地揭示出剩余价值的起源，资本家就成了不劳而获的剥削者，资本主义经济制度的所谓自由、平等、互利、尊重所有权等假面具将被戳穿，资本主义大厦就有倾覆的危险。所以，维护资本主义制度的资产阶级经济学家有的宣称资本的利润（剩余价值）来自贱买贵卖的交换。有的则把剩余价值看做资本主义生产固有的东西，根本不考虑其存在的原因，而只探讨剩余价值的数量变化。有的尽管指出了利润与劳动生产力有关，但对利润的来源采取回避态度，不作深入研究。只有站在劳动人民立场上的彻底的唯物主义者，才敢于科学地回答这个问题。

为了弄清资本主义整个社会结构最深层的秘密，即资本自行增殖的秘密，马克思从第三篇起，直到第六篇。深入地全面地分析了资本主义的直接生产过程，阐明了剩余价值的起源和剩余价值的生产方法，同时，揭示了资产阶级作为剥削阶级的本质。

（2）剩余价值的起源

资本价值增殖以购买到劳动力商品为前提。劳动力商品的使用价值就是劳动。资本家购买到劳动力，必须将其投入商品生产过程，才能使劳动力发挥出创造价值的作用，从而使资本增殖。既然科学的分析已经证明，生产商品的劳动具有具体有用劳动和抽象人类劳动的二重性，那么，制造商品的生产劳动过程，就既具有物质生产劳动过程（生产使用价值）的一般规定性，又具有价值形成过程（创造价值）的规定性。第三篇第五章就是从劳动力的使用谈起，先分析一般劳动过程，再分析价值形成过程和价值增殖过程的。

资本主义生产过程首先是商品生产过程。商品生产过程与非商品生产过程相比，其历史特征在于它同时是价值形成过程。资本主义的商品生产同样是一个价值形成过程。其次，资本主义的生产过程，又是一个价值增殖过程，但是资本价值的增殖过程不是脱离价值形成过程而独立存在的过程。它只不过是在资本家使用劳动力的条件下，使价值形成过程在达到等于劳动力价值那一点之后，再进一步延长，以获得剩余价值。因此，"价值增

---

① 《马克思恩格斯全集》第23卷，人民出版社1972年版，第564页。

殖过程不外是超过一定点而延长了的价值形成过程"①。价值增殖过程，不过是特殊的商品生产形式，是具有资本主义历史特征的商品生产形式。可见，"作为劳动过程和价值形成过程的统一，生产过程是商品生产过程；作为劳动过程和价值增殖过程的统一，生产过程是资本主义生产过程，是商品生产的资本主义形式"②。

在资本主义生产过程中，进入劳动过程的有主观因素，即工人的劳动，和客观因素，即生产资料。这两种因素在产品价值形成上起着不同的作用，工人的劳动形成新价值，同时还会把耗费的生产资料的价值转移到产品中去。而生产资料只是在劳动的作用下失掉原有的使用价值形态，转变为另一种使用价值形态，自己的价值则转移到产品中。这两种因素在产品价值形成中的不同作用，说明了转变为这两种因素的资本的不同部分，在资本价值增殖过程中起着不同的作用。在第六章，马克思把变为劳动力的资本部分，即真正实现增殖的资本，称为可变资本；把变为生产资料的资本部分，称为不变资本。这样，就科学地揭示了剩余价值的起源。

在第七章，马克思在阐明剩余价值真正来源的基础上，提出了剩余价值与可变资本相比(m/v)这个准确地反映可变资本增殖比率关系的概念，即剩余价值率(m')概念。而剩余价值率的本质含义则是工人工作日中的剩余劳动与必要劳动之比，所以，剩余价值率是反映工人受资本家剥削程度的准确表现。在任何私有制经济形态中，剥削者都要无偿占有劳动者提供的剩余劳动。但是只有在商品生产社会，剩余劳动时间才凝结为剩余价值。作为剥削者的资本家是通过占有剩余价值来占有剩余劳动的，这正是资本主义剥削关系与其他的私有制社会经济形态中的剥削关系相比而具有的特殊历史形式。

(3)绝对剩余价值的生产方法

从增殖过程是超过一定点的价值形成过程的规定来看，剩余价值生产都是绝对的。也就是说，资本主义的价值形成过程总是绝对要超过劳动力价值额这个一定点的。在劳动力价值一定的基础上，资本家要使投入的资本多增殖，就必须延长工作日，使雇佣工人在工作日创造的价值大于工人在必要劳动时间创造的相当于劳动力价值的价值。绝对剩余价值生产的基本方法，就是延长工作日。

而延长工作日的界限是怎么决定的？是由两大阶级的斗争决定的。资本家作为人格化的资本，作为劳动力商品的买者，有权最大限度地使用劳动力，为此，必定要尽可能地延长工作日。而雇佣工人作为劳动力商品的卖者，必须依靠每天出卖劳动力的价格逐日再生产劳动力，才能重新出卖劳动力，或者说，雇佣工人有权按劳动力商品卖者的要求，在体力、健康和精神的正常状态下劳动。资本家的权利和雇佣工人的权利都是以商品交换规律作根据的。"在平等的权利之间，力量就起决定作用。所以，在资本主义生产的历史上，工作日的正常化过程表现为规定工作日界限的斗争，这是全体资本家即资本家阶级和全体工人即工人阶级之间的斗争。"③这种围绕工作日界限的斗争，正是绝对剩余价值生产在生产关系方面存在的对抗性矛盾的表现。

---

① 《马克思恩格斯全集》第23卷，人民出版社1972年版，第221页。
② 《马克思恩格斯全集》第23卷，人民出版社1972年版，第223页。
③ 《马克思恩格斯全集》第23卷，人民出版社1972年版，第262页。

在资本主义经济发展初期，资本家还不能依靠单纯的经济手段来达到夺取剩余价值的目的，只能借助于国家法律强制地延长工作日，而工作日延长的最高点也不过达到 12 小时。但是，机器大工业出现后，"一方面，它创造了新条件，使资本能够任意发展自己这种一贯的倾向(引者按：指延长工作日)，另一方面，它创造了新动机，使资本增强了对别人劳动的贪欲"①。机器成为资本家延长工作日，夺取剩余价值的有力手段。工作日被延长到昼夜不分的极限，达到了不由国家出面干涉，就要使整个国家生命力遭到摧残，影响资产阶级整体利益的程度了，于是，国家不得不以法律来强制限制工作日。这种法律对工作日的限制是资产阶级国家在工人阶级反抗下，被迫进行的。后来实现的 8 小时工作日，这是工人阶级为捍卫自己的经济权利长期斗争的结果。当代发达资本主义国家的工作日比起马克思的时代已进一步缩短，这并不意识着资本家已不再是人格化的资本而有了善心，这是在新的历史条件下由多种因素促成的，其中的重要因素仍然是，雇佣工人为争取自己的经济权利，为缩短工作日而进行斗争。

在第八章，马克思分析了资本剥削的历史特征。资本家同奴隶主、封建地主都是占有剩余劳动的剥削者，但是，资本家是通过占有剩余价值这种抽象财富来占有剩余劳动的；资本家使用工人的工作日，是将工人的剩余劳动和必要劳动融合在一起的，因而资本家对剩余劳动的贪欲与以往的剥削者相比，具有无限性和隐蔽性。资本家又是通过劳动力商品购买方式在平等交易掩盖下剥削劳动力的，因而具有虚伪性。把握资本主义剥削的特征，有助于我们认识当代发达资本主义经济制度的剥削实质。当今发达资本主义国家工人的工资绝对量增加了，生活改善了，工作日也缩短了，但这是以他们给资本家阶级提供更多的剩余价值为前提的。例如，美国物质生产部门(农、林、渔业除外)的剩余价值率，1948 年为 236.7%，1950 年为 241.2%，1960 年为 247.6%，1970 年为 255%，1977 年为 280.9%。② 又如，联邦德国的国民收入中，1980 年工资份额为 76%，利润份额约为 24%；1991 年，工资份额约为 71%，利润份额则为 29%。③ 可见，在发达资本主义国家，剩余价值率不是降低了，而是趋于上升的，资本家阶级贪欲剩余价值的本性并没有改变。

剩余价值绝对量的规律。在劳动力价值(v)或者工人必要劳动时间一定的条件下，资本家获取剩余价值的数量，取决于他投入的可变资本总额或雇佣工人的人数、剩余价值率(m')或工人的剩余劳动时间与必要劳动时间之比、工人工作日长度等因素。第九章，马克思在前几章对剩余价值的实质进行分析的基础上，揭示了决定剩余价值绝对量的若干规律，于是，从质和量两方面完成了对绝对剩余价值生产的分析。

剩余价值生产显示出资本主义生产最核心的生产关系。绝对剩余价值生产是资本主义生产的基本形式，包含了资本家与雇佣工人之间最基本的最核心的生产关系，这就是，资本家作为生产条件的所有者，握有生产的指挥权和迫使雇佣工人从事剩余劳动的强制权与合法权。同时，绝对剩余价值生产也显示出资本主义生产关系作为剥削性质的生产关系的

① 《马克思恩格斯全集》第 23 卷，人民出版社 1972 年版，第 442 页。
② 宋则行、樊亢主编：《世界经济史》下卷，经济科学出版社 1998 年 5 月版，第 89 页。
③ 顾俊礼等译，[德]乌尔里希·罗尔主编：《德国经济：管理与市场》，中国社会科学出版社 1995 年版，第 96 页。

特征，那就是，生产实践中主客关系的颠倒，死劳动和活劳动、价值和创造力之间的关系的颠倒；是生产资料使用工人，而不是工人使用生产资料。在这样的生产关系中，作为直接生产者的工人完全处于被动的、受支配的地位。

在当代一些发达资本主义国家，工会或工人代表已参加董事会或监事会。这种情况在第二次世界大战之前的资本主义国家是不存在的。应当说，这是具有社会主义因素的一种改良。人类社会是不断进步的，资本主义社会在发展中出现某种社会主义因素，这是正常的现象，而这种进步往往是工人阶级为争取自身权利的斗争换来的，也与资产阶级为了自身利益，缓和阶级矛盾有关。应当看到，发达资本主义国家的这种改良在一定程度上有利于工人地位的改善，但是，它以资本主义基本经济制度根本不变为前提。例如，1996 年 7 月 1 日联邦德国通过的一项法律规定，八百个最大的企业的监事会中，工会和资方的代表各占半数，但由资方选举的监事会主席握有最后决定性的一票。① 因此，当代资本主义确实出现了马克思时代不曾有过的新情况，但是，资本主义最本质、最深层次的生产关系并没有改变。马克思揭示的关于资本主义生产关系本质的基本原理并没有过时。

用马克思关于绝对剩余价值的分析观察当代经济问题。如果我们弄懂了资本主义最基本、最核心的生产关系，那么，就可以提出这样的认识：在社会主义市场经济条件下，社会主义公有制经济关系与资本主义经济关系的区别，决不是不可捉摸的，而是十分清楚的，那就是工人阶级在生产中已取得了主人翁的地位。公有制企业的企业家或厂长、经理，本身是工人阶级的一员，代表工人行使对生产的指挥权，工人在企业中已有充分的民主权利，可以也应当通过一定形式参与生产的民主管理。因此，全心全意依靠工人阶级，决不是空洞的口号，而是体现出社会主义生产关系中最基本要求的实践原则。

（4）相对剩余价值的生产方法

第四篇分析相对剩余价值生产。首先在第十章阐释相对剩余价值的概念。当工作日已定时，资本家要增加占有的剩余价值数量，就取决于必要劳动时间的缩短，从而使劳动力价值（V）缩小。而劳动力价值的缩小，又取决于劳动者个人消费的商品的劳动生产力的提高。如果工人维持劳动力再生产的消费品使用价值是一定的，甚至有所增加，而社会劳动生产力的提高使消费品的价值降低，从而使劳动力价值降低，那么，在工作日已定的条件下，资本家占有的剩余价值就能增加。马克思把"通过缩短必要劳动时间、相应地改变工作日的两个组成部分的量的比例而生产的剩余价值，叫做相对剩余价值"②。相对剩余价值的生产，实质是全社会劳动生产力普遍提高的必然结果。对个别资本家而言，相对剩余价值的生产方法，也就是提高劳动生产力的方法。

资本主义生产，是社会化生产，劳动生产力的提高主要体现在劳动的社会生产力的发展上。劳动的社会生产力与劳动的自然生产力是相对的概念。所谓劳动的自然生产力（或

---

① ［美］戴维·加尔森汇编：《神话与现实——西欧国家工人参与管理概况》，工人出版社，1985 年 8 月出版，第 9 页。

② 《马克思恩格斯全集》第 23 卷，人民出版社 1972 年版，第 350 页。

劳动的自然生产率①），是由劳动的自然条件如土地的肥沃程度、矿产资源丰度等决定的生产力。而劳动的社会生产力则是由劳动的社会条件决定的生产力，或"由于协作、分工以及劳动和自然科学的结合而组织成为社会的劳动"②形成的生产力。第十一章至第十三章阐述了在资本主义条件下，劳动的社会生产力通过协作、工场手工业分工和机器大工业的工厂生产这几个阶段向前发展的过程。这些阶段依次发展的过程，也就是生产相对剩余价值的手段或方法不断发展的过程。

马克思对机器的分析值得重视。他是从"历史的要素"③的角度来看待机器与手工工具的本质区别的。这意味着，马克思是从劳动资料对人所发生的影响或作用的角度，来看待劳动资料的革命性变革的。机器把工具装在一个机构上，工人的人手不直接接触工具，这与手工工具相比，是重大的革命。机器工业为消灭那种使人终生固定从事某种局部手工操作的工场手工业式的分工创造了条件；机器这种物质存在方式要求以自然力来代替人力，从而要求自觉地应用自然科学技术，促进了自然科学技术转化为生产力，并为劳动资料不断改进创造了条件。因此，机器工业的技术基础是革命性的。机器工业的这种本性，"决定了劳动的变换、职能的更动和工人的全面流动性"④。这又为人的全面发展创造了条件。正因为如此，机器工业可以成为社会主义经济形态的物质条件。

然而，资本主义社会生产力的发展总是与资本剥削关系结合在一起的，生产技术方式和劳动资料的改进和革命，都成为资本家阶级剥削相对剩余价值的手段。关于在资本主义经济制度下生产技术方式和劳动资料的进步，我们应当把握马克思在《资本论》中阐述的以下基本思想。

首先，生产技术方式和劳动资料的改进是服从资本增殖需要的，也是以私人资本家手中持有一定量资本为前提的。随着资本主义生产的发展，一个企业应有的资本最低额越来越高，以致需要股份制这种企业组织形式，才能适应生产力发展的要求。

其次，全面地理解资本主义的生产管理的内容与形式。相对剩余价值生产要求提高劳动的社会生产力，而社会化生产劳动离不开统一的指挥管理。资本主义生产的管理在内容上具有两重性，即一方面是社会劳动必不可少的集中统一指挥和纪律，另一方面又是对工人反抗的压制，是资本家个人意志与工人集体的对立。资本主义生产的管理在形式上则具有专制性，它表现为对工人实行专制性的监督和强制。资本主义管理在内容上对工人的压制和形式上的专制，体现了资本对雇佣工人的统治。

再次，与资本主义生产技术方式和劳动资料的进步并行的，是工人越来越隶属于资本。工场手工业的分工比起简单协作，是一种生产力进步，但是却使雇佣工人个人的生产技能片面发展，失去整体生产能力，并逐步丧失了独立的生产能力。机器比起手工工具是

---

① 关于劳动的自然生产率与劳动的社会生产率这两个概念的区别，请阅《马克思恩格斯全集》第25卷，人民出版社1974年版，第864页。至于劳动生产力与劳动生产率这两个概念，笔者认为，马克思在大多数场合是通用的，多使用劳动生产力概念，但是在涉及劳动强度的含义时，则往往使用劳动生产率概念，因为劳动强度指劳动的内含量，即一定时间内耗费的一定量的劳动。

② 《马克思恩格斯全集》第25卷，人民出版社1974年版，第296页。

③ 《马克思恩格斯全集》第23卷，人民出版社1972年版，第409页。

④ 《马克思恩格斯全集》第23卷，人民出版社1972年版，第534页。

革命性的进步，但是机器的资本主义使用却保留了工场手工业式的旧式分工，使雇佣工人成为局部机器的附属物，使工人的体能和生产技能畸形发展，从根本上丧失独立生产能力，从而使工人的劳动力价值降低；机器因工具装在一种机构上，其操作不受人身器官的限制，使妇女、儿童也可以成为辅助工，这增加了雇佣工人的供给，为资本家压低劳动力价格提供了便利；机器使客观分工原则替代了手工劳动的主观分工原则，机器作为可以离开人的肢体活动而独立运行的劳动资料，具有运转的连续性，这些情况使它按资本家的意志，像永动机一样，延长工人的工作日，使工人被迫失去发展自身能力的自由；机器还增加了雇佣工人的劳动强度，大大提高了劳动生产率，这又促成了劳动力价值的降低。因此，相对剩余价值生产的发展过程，既是资本主义条件下的生产技术方式进步的过程，又是使工人对资本的隶属关系，从形式上的隶属转变为实际上隶属的过程。当劳动者自己还有一定的独立生产技能，劳动力价值还比较高的时候，他只是在出卖劳动力期间，服从或隶属资本家。当劳动者已丧失了独立生产的技能，劳动力价值又低到不得不"干一文吃一文"之时，他就完全成了资本的奴隶了。"罗马的奴隶是由锁链，雇佣工人则由看不见的线系在自己的所有者手里。"①马克思这句名言包含着多么深刻的内涵啊！

最后，生产技术方式和劳动资料的进步所形成的生产力，属于资本的生产力。有机整体大于个别机械相加之和。协作、分工和机器体系的形成的整体性的社会生产力，在资本主义条件下都归资本所支配，其成果也归资本家所有，因此，马克思称之为"资本的生产力"②。这个概念告诉人们，生产力与生产关系总是结合在一起的，我们在做理论分析时，可以把两者区分开来，但是，在现实经济生活中，没有离开生产力的生产关系，也没有脱离生产关系的生产力。在资本关系下的生产力，是资本家所有的生产力或资本的生产力。从根本上说，资本生产力的发展，得益者是资本所有者，而不是雇佣工人。

(5)资本主义生产劳动的实质和资本的本质

在前两篇分别阐述了绝对剩余价值的生产和相对剩余价值的生产之后，第五篇对资本主义生产做综合阐述，旨在阐明资本主义生产的历史特征，全面阐述剩余价值量的生产规律，并进一步揭示资本的本质。

第一，资本主义生产劳动的实质是什么。生产劳动是从结果的角度加以考察的劳动。第十四章马克思从作为具体有用劳动的物质生产过程和价值增殖过程两个方面分析了资本主义的生产劳动。从前者看，生产劳动者已由自己支配自己变为被别人支配，脑力劳动与体力劳动的结合已变为脑体的分离以至对立；生产劳动的概念扩大了，已变为协作劳动，生产工人的概念也扩大了，已变为由劳动者集体构成的总体工人。从后者看，只有为资本所有者生产或带来剩余价值的劳动才是生产劳动，只有为资本所有者生产或带来剩余价值的工人才是生产工人，所以，生产劳动与生产工人的概念又都缩小了。

这说明，资本主义生产劳动，从生产力的角度来看，范围扩大了，劳动分工和生产技术向前发展了；但是从生产关系方面看，都包含着一种对生产劳动范围的限制，包含着资本与劳动者的对立，而且包含着一种具有特殊历史形式的对立。这就是雇佣工人必须为资

① 《马克思恩格斯全集》第23卷，人民出版社1972年版，第629页。
② 《马克思恩格斯全集》第23卷，人民出版社1972年版，第370页。

本而生产，必须为资本所有者生产剩余价值，必须作为资本增殖手段才能成为生产工人，否则，就不算作生产性工人。因此，资本主义的生产劳动和生产工人，包含着资本主义生产关系的历史规定性。资本主义生产劳动和生产工人的本质规定性是生产剩余价值。

第二，从资本主义生产劳动的实质看剩余价值的生产形式。明确了资本主义生产劳动的实质，就可以十分明白，绝对剩余价值生产和相对剩余价值生产不过是同一剩余价值生产过程的两种表现形式而已。在第十四章，马克思从对资本主义生产体系的作用。生产剩余价值的方法和资本家提高剩余价值率的经济行为等角度，综合性地阐述了绝对剩余价值生产与相对剩余价值生产的联系与区别。通过这种深入的综合性的对比，我们可以理解到，资本主义生产过程正是在绝对剩余价值生产和相对剩余价值生产这两种形式中不断扩大、发展的。资本家对工人的剥削，也是在这两种形式的发展中不断加深的。

第三，强调剩余价值是伴随资本关系而产生的历史范畴。从量的角度来看，剩余价值随劳动的社会生产率的提高而增加，相对剩余价值生产的分析说明了这一点。一般来说，人类社会剥削关系需要劳动生产率提高到一定程度才会出现。但是，用劳动生产率来说明剩余价值的起源则是错误的。在第十四章，马克思指出，作为资本关系产生基础和起点的劳动生产率，不是以自然条件为前提的劳动生产率，而是在人类从摆脱最初动物状态起，发展了几十万年之后才取得的。马克思批判了那种把资本主义生产方式同优越自然生产率联系起来的观点。较高的劳动生产率固然同良好的天然自然条件有一定的联系，但是绝不能说，最好的自然条件(如最肥沃的土壤)最适于资本主义生产方式的生长。"资本的祖国不是草木繁茂的热带，而是温带。"①自然条件只能提供剩余劳动的可能性，却绝不能提供它的现实性。剩余劳动的现实性"需要外部的强制"②。剩余价值起源于资本的强制关系，而绝不是起源于良好的自然条件。在资本剥削关系产生之后，如同劳动的社会生产力表现为资本的生产力一样，良好的自然条件决定的劳动的自然生产率，也表现为资本的生产力。因此，剩余价值的起源应当用资本关系的产生来说明，而绝不应当用劳动生产率来说明。剩余价值与资本关系都不是从来就有的，而是历史的范畴。

马克思深刻地指出，资产阶级经济学家中的优秀者如李嘉图，最多只是研究了决定剩余价值量变动的原因，但是对剩余价值存在的原因则采取回避的态度。"这些资产阶级经济学家实际上具有正确的本能，懂得过于深入地研究剩余价值的起源这个爆炸性问题是非常危险的。"③这一精辟见解，对于我们全面地分析当代资产阶级经济学，同样是有指导意义的。当代资产阶级经济学同样是回避剩余价值的起源这个爆炸性问题的。

第四，资本本质的通俗表述。弄清了资本主义生产劳动的实质和剩余价值量的生产规律，也就揭示了资本的本质。但是，资本的剥削关系却是资产阶级经济学家加以回避，或者因理论上的谬误而不可能揭示的。古典政治经济学家如斯密已经知道剩余价值是工人产品的扣除部分，李嘉图在劳动价值理论的基础上探讨过剩余价值与工资相互关系的某些主要规律。19世纪20年代有的空想社会主义作家甚至已经把剩余价值(在利息的形式上)归

---

① 《马克思恩格斯全集》第23卷，人民出版社1972年版，第561页。
② 《马克思恩格斯全集》第23卷，人民出版社1972年版，第563页。
③ 《马克思恩格斯全集》第23卷，人民出版社1972年版，第564页。

结为剩余劳动。但是他们都没有真正把握剩余价值的来源和本质，从而也就不能弄清资本的本质。这突出地表现在他们对反映资本剥削关系的剩余价值率公式的错误表述上。

第十六章分析了古典政治经济学制定的几个公式，即剩余劳动/工作日＝剩余价值/产品价值＝剩余产品/总产品。马克思指出，在这些公式中，"剩余劳动或剩余价值绝不能达到100%"①，它们"掩盖了资本关系的特殊性质，即掩盖了可变资本与活劳动力的交换，以及与此相适应的工人与产品的分离。代替的是一种协作关系的假象，仿佛工人和资本家在这种协作关系中是按照产品的不同的形成要素的比例来分配产品的"②。

在这一章中，马克思把剩余价值率公式用一种通俗的形式来表示，即把剩余劳动/必要劳动表述为无酬劳动/有酬劳动。只要懂得资本家支付的是劳动力的报酬，而不是劳动的报酬，那么，这个公式就更有助于人们对资本本质的理解。我们知道，在第十六章之前，马克思对资本含义与本质已有许多阐述，如资本是带来剩余价值的价值、资本是抽象财富、资本是自行运动过程中的实体或价值体、资本的生活本能或内在本性就是获取剩余价值、资本是对工人的指挥权、资本是迫使工人提供剩余劳动的强制关系等。在这一章，马克思结合对古典政治经济学的批判，又以通俗的表述指出，资本"按其本质来说，它是对无酬劳动的支配权"③。

（6）资本剥削关系的虚伪性

资本的本质是对剩余劳动，或对无酬劳动的占有，这与一切剥削制度具有相同点。但是资本剥削形式有自己的历史特征。马克思指出："资本的文明面之一是，它榨取剩余劳动的方式和条件，同以前的奴隶制、农奴制等形式相比，都更有利于生产力的发展，有利于社会关系的发展，有利于更高级的新形态的各种要素的创造。"④这种文明性是与资本剥削的贪婪性结合在一起的。关于资本主义直接生产过程的分析，尤其是关于相对剩余价值生产形式的分析，已经表明了这一点。这种文明性和贪婪性，又是与资本剥削的虚伪性结合在一起的。第一卷第六篇马克思通过对资本主义工资形式的分析，揭示了资本剥削的虚伪性，并进一步补充了对资本剥削贪婪性的阐述。

第一，工资形式掩盖了资本剥削关系。资本家对剩余劳动的占有并不是赤裸裸的，而是在与雇佣工人"平等"交换劳动的外表形式下进行的。这种虚伪的表面"平等"，成为资产阶级及其经济学家为资本剥削关系辩护的理由。马克思在给德国资产阶级经济学家海尔曼·舒马赫的信中指出："杜能（引者按：德国经济学家）和您本人把工资看做是实际经济关系的直接表现，我则把工资看做是外表形式，它掩盖着同自身表现有本质区别的内容。"⑤第十七章"劳动力的价值或价格转化为工资"指出，工人的工资表现为劳动的价值，但是劳动本身不是商品，本身也没有价值，不能出卖，所以，劳动的价值是一个违反逻辑的虚幻的用语。正是工资的所谓"劳动的价格（劳动的价值的货币表现）这种外表形式掩盖

① 《马克思恩格斯全集》第23卷，人民出版社1972年版，第581页。
② 《马克思恩格斯全集》第23卷，人民出版社1972年版，第582页。
③ 《马克思恩格斯全集》第23卷，人民出版社1972年版，第584页。
④ 《马克思恩格斯全集》第25卷，人民出版社1972年版，第925~926页。
⑤ 《马克思恩格斯〈资本论〉书信集》，人民出版社1972年版，第338页。

了工人不是出卖劳动，而是出卖劳动力，工人从资本家那里得到的仅是劳动力的价值或价格这种本质内容。这种掩盖在资本主义市场经济条件下，有其必然性。从这里我们可以体会到，劳动和劳动力这两个概念的区分是何等重要，只有科学地将它们区分开来，才能真正理解工资的本质，进一步说，才能真正理解剩余价值和资本的本质。

第二，工资形式也是资本家占有无酬劳动的手段。在实际经济生活中，资本家购买工人劳动力商品，并不总是按劳动力价值等价交换的。资本家为了提高剩余价值率，常常在工资的具体形式上玩花样，没法压低劳动力的价格，让工人在不知不觉中吃亏受欺侮。在第十八章、第十九章，马克思分析了两种最基本的工资形式，即计时工资和计件工资，比较具体地阐述了工资形式对资本剥削的掩盖，揭示了有关的工资规律，以及资本家如何利用这些工资形式更多地占有工人无酬劳动的。

5. 全面地揭示生产关系的本质

（1）从再生产角度全面地揭示生产关系

马克思指出："不管生产过程的社会形式怎样，它必须是连续不断的，或者说，必须周而复始地经过同样一些阶段。一个社会不能停止消费，同样，它也不能停止生产。因此，每一个社会生产过程，从经常的联系和它不断更新来看，同时也就是再生产过程。"① 辩证法要求用联系的观点看问题，这对于分析生产过程来说，就要求不能只分析一次性的生产，而必须分析连续性的再生产。再生产过程可以显示出许多一次性生产所显示不出来的生产中的内在联系。因此，分析资本的生产过程，停留在一次性生产的分析是不够的，还必须进一步从再生产的角度深入分析，这样，才能更深刻地全面地揭示资本的本质。"积累就是资本的规模不断扩大的再生产。"②第七篇的篇名为"资本的积累过程"，从标题上就可以理解，这一篇是从再生产的角度分析和阐述资本的生产过程的。

第一，资本的全部价值都是工人创造的。本着从抽象到具体的基本叙述方法，马克思在第二十一章首先分析简单再生产。简单再生产已经显示出资本主义生产的新的特征，并清除了孤立生产过程造成的假象。孤立地看生产过程，资本主义生产的投资似乎是资本家的私人基金。但是，从简单再生产的角度分析，特别是考察资本家阶级与工人阶级的关系，就可以发现，不但可变资本价值是工人的劳动创造的，而且资本家的全部投资都是工人的剩余劳动创造的。这是因为，在简单再生产条件下，资本家要不断地消费工人为他创造的剩余价值，若干年后，资本家消费的剩余价值，就会等于以至超过他的投资，这也就是说，他的投资实际已被他自己消费掉了，现在的投资，实际上也全部是由剩余价值构成的了。这也就是说，资本就其实质而言，都是工人创造的剩余价值。

从简单再生产的角度分析，还可以看到，作为资本主义生产起点的客观劳动条件和主观劳动力的分离，不断再生产着这样一种生产资料的所有制关系。因为在再生产过程中，工人不断为资本家生产资本，资本家仅付给工人相当于维持劳动力再生产个人消费资料的工资，资本家永远占有资本。因此，资本主义的再生产，也就是资本剥削工人的条件的再

---

① 《马克思恩格斯全集》第23卷，人民出版社1972年版，第621页。
② 《马克思恩格斯全集》第23卷，人民出版社1972年版，第637页。

生产，它是使生产条件与劳动力的分离永久化的过程。

第二，资本的增殖是用无酬劳动占有更多的无酬劳动。第二十二章从积累的角度考察再生产，即考察扩大再生产。积累，就是把剩余价值当作资本使用，或者把剩余价值再转化为资本。单个资本的积累或扩大再生产是在与社会总资本的积累或扩大再生产的联系中进行的。从积累的角度看，为了扩大再生产，资本家要用追加的资本到市场上购买追加生产资料和劳动力，以便生产更多的剩余价值。追加资本是剩余价值转化来的，是工人的无酬劳动形成的。这就显示出在扩大再生产条件下才能显示出的资本主义生产的特征，即资本家总是凭借对过去的无酬劳动的所有权，不断地占有更多的别人的无酬劳动。

应当指出，从现象上看，这种占有是在个别资本家与工人之间劳动力商品等价交换形式下实现的，这种交换，完全符合商品流通一般规律。正是在劳动力商品的等价交换中，以商品生产和商品流通为基础的占有规律(即"商品生产的所有权规律"①)，通过它本身的内在的、不可避免的辩证法转变为自己的直接对立物，即"资本主义的占有规律"②。正因为资本积累过程并不违反等价交换规律，所以，如果眼光停留在商品流通领域，仅从买者与卖者的个别交换关系来观察扩大再生产，那是不可能找到资本占有无酬劳动这种阶级剥削关系的。只有把握了劳动力商品体现的生产条件的占有关系，从资本家阶级与工人阶级的关系的开阔视野深入分析，才能突破一般商品流通规律的狭隘眼界，深刻地看到资本剥削关系的本质。

在第二十二章，马克思还批判了斯密在社会资本再生产问题上看不到必须补偿不变资本的错误。指出资本家为了扩大再生产，必须把剩余价值分为用于个人消费和用于积累的两部分，看起来这两部分之间，存在着此消彼长的矛盾，但是随着资本主义经济的发展，它们已成为相互依存、相互促进的两个方面；所谓资本家的致富靠"节欲"而来是荒谬的。

(2)资本主义积累与工人阶级的命运

年复一年的资本运行，给资本家阶级带来的是资本的积累。这种建立在剥削工人阶级剩余价值基础上的资本积累，在生产关系上产生出具有资本主义生产方式历史特征的必然现象，即资本家财富的积累与工人阶级贫困的积累相对立，这形成了资本主义积累的一般规律。第二十三章揭示了这一重要规律。马克思指出："我们在这一章要研究资本的增长对工人阶级的命运产生的影响。"③这指出了这一规律的实质性内容。

第一，对工人有利的积累条件并不会改变工人阶级对资本的从属地位。在资本有机构成不变的条件下，资本积累既要追加不变资本 C，也要追加可变资本 V。就是说，资本主义社会投入的可变资本量会随着资本积累的增长而增长，从而对劳动力的需求也会增长，如果这种增长超过劳动的供给，工人的工资就会提高。因此，这种积累多少对工人比较有利。但是，必须看到，资本增殖的本性是不会改变的。在这种条件下，剥削程度虽然没有提高，但受剥削的工人人数增加了；工人的待遇好了一些，但这只是表明资本套在工人脖子上的锁链可以稍微放松一点而已；工资的增长至多说明工人提供的无酬劳动有所减少，

① 《马克思恩格斯全集》第 23 卷，人民出版社 1972 年版，第 644 页。
② 《马克思恩格斯全集》第 23 卷，人民出版社 1972 年版，第 644 页。
③ 《马克思恩格斯全集》第 23 卷，人民出版社 1972 年版，第 672 页。

但永远达不到威胁资本剥削制度的程度。

第二，资本积累必然导致相对人口过剩与两极分化。从英国经济史来看，在资本有机构成不变情况下的资本积累或扩大再生产，发生在简单协作和工场手工业时期，也就是在整个十五世纪和十八世纪上半叶。但是，随着机器大工业的出现，社会劳动生产率的提高成为资本积累最强有力的杠杆。资本积累建立在资本有机构成（C/V）不断提高的基础上，而机器大工业生产方法带来的资本有机构成的提高，又加速了资本积累。在第二十三章，马克思分析了在机器大工业生产条件下，社会资本增长的一般机制，主要有单个资本的积累、积聚与分裂，在竞争和信用杠杆作用下发生的资本集中。资本的积累、积聚和集中加速工业企业规模的扩大，促进资本有机构成的提高。这样，必定减少同量资本对劳动力的需求。随着资本主义生产方法的发展和资本有机构成的普遍提高，"对劳动的需求，同总资本量相比相对地减少，并且随着总资本量的增长以递增的速度减少"①。于是，形成资本主义生产方式特有的人口规律，即"工人人口本身在生产出资本积累的同时，也以日益扩大的规模生产出使他们自身成为相对过剩人口的手段"②。而过剩的工人人口又成为资本主义生产方式以周期性扩张、衰退这种交替形式运动而得以生存的条件。

在揭示出资本主义生产方式特有的人口规律的基础上，马克思进一步分析了相对过剩人口的各种存在形式，并揭示了资本主义积累的一般规律。关于这个被马克思称之为"绝对的、一般的规律"③，学术界已有许多讨论。影响面较大的是，如何联系当今现象，看待发达资本主义国家工人阶级贫困化问题。有一种观点认为，既然这些国家工人阶级的状况并没日趋恶化，这个规律是否存在也就成了问题。

我们认为，马克思揭示的这个规律在当代资本主义依然是存在的，而且是绝对的。首先，这个规律的实质性现象依然存在。在发达资本主义国家，由相对过剩人口构成的产业后备军始终与资本的积累同时并存；工人阶级中始终存在着现役劳动军（就业者）与产业后备军（失业者），并存在着官方救济的贫民；产业后备军对现役劳动军的工资水平形成的压力始终存在；资本家阶级与工人阶级之间两极分化现象也始终存在。其次，尽管当今发达资本主义国家工人工资的绝对量比马克思的时代有明显增加，工人生活状况，尤其是"白领工人"的生活状态有较大改善，但是，工人劳动力商品的地位并没有改变。尤其要明白，工人工资的提高是与时代发展所带来的劳动力价值本身的提高相适应的。而工人"贫困化"的实质在于工人的收入只能等于劳动力价值。在这个意义上，当代发达资本主义国家的工人，依然没有脱离"贫困"。最后，当代资本主义已是全球化的资本主义。对资本主义积累规律的理解，也应当从发达资本主义国家的资本家阶级、工人阶级与发展中国家工人阶级的相互关系这样的大视野中去考察。如果能看到，为发达资本主义国家提供矿产、原料和初级产品的发展中国家的工人阶级的贫困生活状况，那么，就更应当承认，当代资本主义条件下的工人阶级也存在着贫困化的状况。可见，资本主义积累的一般规律存在于资本主义生产方式的生存过程之中，是属于这种生产方式的内部规律，而不是外加

---

① 《马克思恩格斯全集》第 23 卷，人民出版社 1972 年版，第 690 页。
② 《马克思恩格斯全集》第 23 卷，人民出版社 1972 年版，第 692 页。
③ 《马克思恩格斯全集》第 23 卷，人民出版社 1972 年版，第 707 页。

的、临时性的。随着资本主义生产方式的发展，这个规律的表现形态会有所改变，但是其实质内容则是绝对地存在的。

资本主义积累的一般规律充分地体现了资本主义生产方式的对抗性质，即资本家阶级与工人阶级之间存在着对抗性的阶级矛盾。在论述工作日和机器的那些篇章，马克思已经以大量的事实，揭示了资本积累对手工工场内和机器工厂内工人阶级命运的影响。在第二十三章，马克思又例举当时工人阶级在工厂外部的居住状态和营养状况的大量资料，来证实资本积累对工人阶级命运的影响。同时，也充分地证实了资本主义生产方式的剥削性、对抗性。由此我们可以体会到，资本主义积累的一般规律是马克思着力揭示的资本主义生产方式的基本规律之一。

(3)资本的历史起源和资本主义生产关系的发展趋势

通过以上阐述，资本主义生产方式中的直接生产过程这个基本环节的运行机制和经济现象，已经清晰地展现出来。但是，从本质上分析资本的进程还没有结束。历史辩证法对事物的认识，不仅要求弄清现状，而且要求弄清来龙去脉。因此，第二十四章表明，要从本质上全面地分析资本，还必须阐明资本的历史起源，并揭示资本作为具有历史特征的生产关系，其历史发展将有怎样的必然趋势。

第一，"原始"资本的真正来源。资本主义再生产过程的分析已经证明，资本的实质就是剩余价值，资本是靠剥削积累起来的。但是，历史上最早的"原始"的、启动的资本从何而来？这个问题还必须作出回答。

资产阶级经济学家鼓吹资本家靠勤劳致富起家，并把启动的资本称之为"原始积累"。马克思依据历史事实，批驳了这种辩护性的谬论。尽管说，历史上存在过这些现象，本身也是农奴的管事和租地农民靠自己的劳动积蓄，逐步雇佣别人，后来成为半租地农场主、租地农场主；一些小行会师傅、独立小手工业者，甚至雇佣工人靠自己劳动积蓄，并靠逐步扩大对雇佣劳动的剥削，变成小业主或小资本家，甚至变成真正的资本家。但是，这样的资本积累的进度是"蜗牛爬行"式的，"无论如何也不能适应十五世纪末各种大发现所造成的新的世界市场的贸易需求"①。

事实上，工业资本或产业资本的大规模的原始积累，靠的并不是逐步产生的作为经济手段的资本主义剥削机制本身，而是靠的超经济机制的暴力手段。而产生这种暴力手段的动机，则是新生的资本主义生产关系，它诱发了资本原始积累的欲望。

马克思分析了英国资本原始积累的两种基本暴力手段，一是利用国家权力，通过殖民制度、国债制度、新的税收制度和保护关税制度，加速积累货币资本；一是依靠王权，在15世纪最后30多年和16世纪最初几十年，残酷地剥夺农民的土地，强制地使劳动者同自己赖以生存的生产资料分离。正是这些超经济机制的暴力手段，一方面为资本家阶级积累起大量资本，另一方面又为资本积累提供了大量可供剥削的雇佣工人。

因此，马克思深刻地指出："所谓原始积累只不过是生产者和生产资料分离的历史过程。"②在用英国的历史事实阐述了原始积累过程之后，马克思指出："资本来到世间，从

---

① 《马克思恩格斯全集》第 23 卷，人民出版社 1972 年版，第 818 页。
② 《马克思恩格斯全集》第 23 卷，人民出版社 1972 年版，第 783 页。

头到脚，每个毛孔都滴着血和肮脏的东西。"①这就深刻地揭示了"原始"资本的真正来源。由此我们可以明白，没有雇佣工人，也就没有资本。即使是在商品生产者两极分化过程中，由小业主逐步发展成的资本家，也是以剥削雇佣工人为其资本积累的起点的。即使有的资本家在开始时有原始资本的投入，正如第二十一章已证明的，从再生产的角度看，这些所谓的原始资本，若干年后，也已为剩余价值所取代。因此，资本"从头到脚"，全是雇佣工人的血汗，并渗透着剥削者卑鄙的灵魂。所谓原始积累非但不能为资本家阶级的剥削本性开脱和辩护，反面更全面地暴露了资本家阶级的本性和资本的实质。

第二，原始积累过程是机器大工业资本形成的前史。理解资本的原始积累，要防止望文生义，以为马克思讲的是前资本主义的历史。实际上，原始积累阶段在历史上指的是，资本主义生产关系已经产生，从简单协作、工场手工业向机器大工业阶段过渡这一阶段的历史。在这一阶段，资本尚不能完全依靠经济机制本身的力量来充实自己，实现自己的本性，为了达到这些目的，它还必须借助"原始"的暴力手段，并采取经济机制以外的手段。资本正是通过这些手段，才为实现资本的经济统治创造了条件，或者说，为工场手工业基础上的资本主义过渡到机器和大工业基础上的资本主义创造了条件。因此，原始积累过程表现的并不是前资本主义生产关系的历史，而是资本主义生产关系产生后，向机器大工业基础过渡的历史，即"形成资本及与之相适应的生产方式的前史"②。

如果我们把握了原始积累过程的含义，也就能体会到，马克思把"所谓原始积累"这一部分安排到第二十四章来阐述，是别具匠心的。《资本论》的理论逻辑充分地体现了逻辑与历史的一致，但在理论逻辑上并不是机械地依历史年代的顺序安排的，而是服从于资本主义生产关系内部结构产生、发展的逻辑顺序的。

原始积累尽管是"原始"的，但是它是在资本关系产生之后才出现的，它表现出，在资本关系推动下的一种在经济机制外部的掠夺。所以，只有首先讲清资本的实质，才能理解原始积累的发生，只有首先阐明资本关系的内部剥削机制，才能理解资本关系外部掠夺的成因。既然先有资本关系，后有原始积累，在理论逻辑上也就只有把原始积累这一部分内容，安排到深刻地阐明资本实质之后来阐述，才是最适当的。

第三，从超经济机制的掠夺手段的角度理解原始积累。资本剥削，其经济手段是依照资本经济运行的机制，通过购买劳动力商品与生产资料，进入生产过程，剥削劳动者创造的剩余价值，然后经过销售阶段实现剩余价值。原始积累则显示了资本的另一种剥削手段，即在经济机制的外部，以暴力手段进行掠夺。

作为资本剥削和掠夺的另一种手段的原始积累，在资本主义机器大工业的基础建立之后，并没有停止。英国对中国的鸦片战争就是证明，日本侵略掠夺中国也是证明。在一定程度上说，当代发达资本主义国家对发展中国家，在经济关系上，仍然会采取某种原始积累的掠夺手段。所以，如果从超经济机制的掠夺手段的含义上来理解原始积累，那么可以说，它是超出原始积累过程的那个历史阶段而长期存在的。资本存在一天，它实施超经济机制掠夺的欲望也就存在一天，这是值得人们高度警惕的。

---

① 《马克思恩格斯全集》第23卷，人民出版社1972年版，第829页。
② 《马克思恩格斯全集》第23卷，人民出版社1972年版，第783页。

第四，资本主义私有制必然转化为公有制。弄清了资本积累包含的对抗性矛盾，又把握了资本原始积累的实质，就可依照历史辩证法，预测它的发展趋势。

资本历史起源的本质，是以所有者个人劳动为基础的私有制的解体，换句话说，是"以剥削他人的但形式上是自由的劳动为基础的私有制"①或资本主义私有制，否定"以各个独立劳动者与其劳动条件相结合为基础的私有制"②。一旦这种否定得到实现，资本主义私有制站稳了脚跟，资本主义私有制内部矛盾的发展将导致自身的被否定。最基本的矛盾就是生产的社会化与资本主义的私人占有关系的矛盾。这种矛盾不断加深，总有一天会到来这样的时候，"生产资料的集中和劳动的社会化，达到了同它们的资本主义外壳不能相容的地步。这个外壳就要炸毁了。"③"剥夺者就要被剥夺了。"④这就是马克思指明的资本主义私有制生产关系发展的历史趋势。

从资本主义私有制否定以个人自己劳动为基础的私有制，到资本主义私有制自身的被否定，这正符合历史辩证法的否定之否定规律。马克思指出："这种否定不是重新建立私有制，而是在资本主义时代的成就的基础上，也就是说，在协作和对土地及靠劳动本身生产的生产资料的共同占有的基础上，重新建立个人所有制。"⑤这里，马克思对否定资本主义私有制之后将建立什么样的新所有制关系作出了肯定的明确的回答，即"不是重新建立私有制"，而是要"重新建立个人所有制"。实际上，这里所说的个人所有制，就是指社会主义公有制。因为在这一段话的下面，马克思明确地提出了"以社会生产为基础的资本主义所有制转化为公有制"⑥。

（4）资产阶级经济学与资本主义私有制

在第二十五章，马克思用评述英国经济学家威克菲尔德的资产阶级殖民理论，来结束《资本论》第一卷对资本的生产过程和资本本质的阐述。

原始积累的科学分析已经证实，资本主义私有制是对小私有制（即以自己的劳动为基础的私有制）的否定，是以劳动者的被剥夺为前提的。可是，在资本主义经济制度已经建立起来的地方，资产阶级政治经济学却用反映小私有制经济关系的法权观念和所有权观念，来掩盖资本主义剥削关系的本质，并美化它，为它辩护，把这个经济制度描绘成自由的、平等的、互利的制度。这种掩盖、美化和辩护显然是为了维护资本家阶级的利益，为了维护资本主义经济制度。

同样是为了维护资本家阶级的利益，为了扩张资本主义制度，威克菲尔德的殖民理论则主张在殖民地用人为的手段消灭小私有制存在的条件，迫使劳动者与其生产资料分离，造成有利于形成资本主义经济制度的大批雇佣工人。尽管这个殖民理论在理论上有不科学的内容，有违反逻辑和历史事实的方面，但是，它却公开鼓吹资本主义私有制与劳动者小

① 《马克思恩格斯全集》第 23 卷，人民出版社 1972 年版，第 831 页。
② 《马克思恩格斯全集》第 23 卷，人民出版社 1972 年版，第 830~831 页。
③ 《马克思恩格斯全集》第 23 卷，人民出版社 1972 年版，第 831 页。
④ 《马克思恩格斯全集》第 23 卷，人民出版社 1972 年版，第 832 页。
⑤ 《马克思恩格斯全集》第 23 卷，人民出版社 1972 年版，第 832 页。
⑥ 《马克思恩格斯全集》第 23 卷，人民出版社 1972 年版，第 832 页。

私有制的对立，在这一点上，讲了真话。不过，为了扩张资本主义剥削制度，威克菲尔德也只好提出这样的主张，讲这样的真话，因为在资本主义私有制尚未站稳脚跟的地方，不采取原始积累的手段，是不可能建立起这个剥削制度的。

第二十五章给我们的深刻启迪是，在一定的经济基础之上总是会产生相应的上层建筑的。资产阶级经济学作为资本主义意识形态，是资本主义私有制的产物，它反过来又为资本主义私有制服务。经济关系的本质是物质利益关系，资产阶级经济学的基本特征就是为资本家阶级的物质利益服务。第二十五章既从《资本论》第一卷的整体要求出发，用资产阶级经济学家自己的话，来证实资本主义私有制的本质和资本的本质，又从经济基础和上层建筑关系的角度告诉人们，资本主义私有制不是孤立地存在的，它建立在社会生产力发展的一定历史阶段上，一旦产生之后，它的存在与发展，就会受到由它所决定的意识形态的维护，这种意识形态的表现是多方面的，但是其实质则是维护资本家阶级的利益和资本主义私有制。我们应当从经济基础与上层建筑的相互关系上，更全面地理解资本的本质。

五、让经济科学的光芒照亮前进的道路

(一) 走出《资本论》过时论的误区

《资本论》对建设社会主义市场经济还有没有指导意义？与此相关的问题是，《资本论》对建设中国特色社会主义还有没有理论价值？对这些问题，当前有一些认识上的误区亟待消除。有两种不同的意见，一种认为，中国经济学应当以马克思主义为指导，"马克思主义经济学是认识世界、改造世界的科学"，"认为《资本论》已经'过时'，西方经济学才是科学。这是不符合事实的，错误的"①。另一种则认为，"不必在西方经济学以外建立一个连概念体系都不一样的中国经济学"②。建立中国经济学有必要借鉴现代西方经济学，因为它毕竟是现代经济运行和发展的一种理论表现，有些关于社会化生产管理方面的内容也不涉及意识形态。然而，作为理论体系的现代西方经济学，与马克思深刻批判过的斯密、萨伊以来的庸俗经济思想属于一个体系，以拜物教观念和资产阶级利益的辩护性为特征，主张在这样的理论基础上来建构中国经济学，笔者以为是认识上的重大误区，而这种认识又是与《资本论》已经过时的观点联系在一起的。

与中国社会主义经济建设走过的曲折道路相联系，中国经济学的教学与研究出现过两种偏向。一种是中共十一届三中全会以前，主要的偏向是排斥西方经济学。与此同时，照搬马克思主义经典作家有关社会主义原理的阐述，适应传统计划经济体制的要求，编写政治经济学社会主义部分教科书，也贯彻了"以阶级斗争为纲"的指导思想，对研读《资本论》，主要学第一卷，注重的是纯粹生产关系的探讨，而忽视第二卷、第三卷的系统学习。这种偏向，似乎很坚持马克思主义，其实却造成了对《资本论》的严重误解，以致许

---

① 于光远、董辅礽主编：《中国经济学向何处去》，经济科学出版社1997年版，第261页、第264页。

② 于光远、董辅礽主编：《中国经济学向何处去》，经济科学出版社1997年版，第9页。

多没有读或没有认真读过《资本论》的人，以为《资本论》是专讲阶级斗争的，以为搞传统计划经济体制，责任要追溯到马克思，以为现在搞市场经济，《资本论》就过时了。

另一种偏向，是抬高或崇拜西方经济学，贬低马克思主义经济学对发展社会主义市场经济的指导价值。这种偏向是在改革开放的新形势下，随着理论上打开国外经济学禁区，经济实践上需要借鉴发达资本主义国家的先进管理经验而逐步形成的。主要表现在，一些媒体乐于报道所谓新的西方经济学思想，相应地，青年经济学者大多把注意力放在对出成果、上职称见效快的西方经济学的研究上，一些高校的社会科学专业，甚至经济学专业开始压缩《资本论》课。这种状况，进一步加深了人们对《资本论》过时了的印象。

实际上，《资本论》过时论实在包含着太多的误解，有必要加以澄清。

第一种误解，认为《资本论》是150多年前的著作，对于现代经济已经没有什么指导意义了。的确，《资本论》第一、第二、第三卷，分别出版于1867年、1885年、1895年，距今150多年是没错的。但是，作为《资本论》研究对象的资本主义经济和商品经济在地球上并没有消失。在中国，市场经济正在发展，而资本主义作为一种经济制度也依然存在，《资本论》阐述的科学经济学原理没有过时。

第二次世界大战后，资本主义经济发生了很大的变化。从生产关系角度看，发达国家进入了国家垄断资本主义时代，从社会生产力角度看，科学技术的发展突飞猛进，一些发达国家进入了知识经济时代。这些变化，尽管马克思没有预料到，但是，《资本论》阐述的基本原理却可以帮助我们全面、深入地观察和研究这些变化。如，作为一般生产力的科学技术在社会生产力的发展中起着重要作用；市场经济的社会分工制度对社会生产力有巨大的促进作用，同时又有自发性；资本主义的信用制度具有推动生产力加速发展和造成危机的两重性；国际贸易是发展经济和缓和国内经济矛盾的重要途径；国家出面干涉经济，是生产力和生产关系矛盾尖锐化的产物，为了保护资本家阶级的整体利益，国家会通过立法等办法保护资本主义的生产力；发达资本主义国家会通过多种手段攫取落后国家的财富，加速资本的积累；等等。用这些基本科学原理来分析，对当代资本主义经济的发展和矛盾，就不会感到有什么大惊小怪，还会通过分析新的经济现象，充实和发展马克思阐述的原理。其实，一种理论学说诞生的时间是否久远，决不是判断它是否过时的依据。我们看到了一种滑稽的现象，有的学者一方面说《资本论》是100年前的著作而过时了，另一方面自己又很热衷于搬用别的100年前经济学著作的思想，如，斯密的"经济人"、李嘉图的"比较利益"、马歇尔的"均衡价格"、帕累托的"最优状态"等。看来，有的人说《资本论》是100年前的著作而过时，是包含着主观的某种标准的。因此，说《资本论》是100多年前的著作因而过时了，逻辑上是完全站不住脚的。特别是《资本论》的辩证唯物主义和历史唯物主义的思想方法，乃是人类科学思想长河中的主流，将随着人类社会的发展而不断发展与完善。

第二种误解，认为《资本论》没有预见到社会主义也要搞市场经济，这是马克思主义经济学局限性的突出表现[1]。这种说法似是而非，使人感到《资本论》对中国建设社会主义市场经济已失去了指导价值。不错，《资本论》确实没有预见到社会主义也要搞市场经

---

[1] 晏智杰：《古典经济学》，北京大学出版社1998年版，第371页。

济。但是，这不是一种错误。马克思不是预言未来具体情况的算命先生。理论的局限性这个说法可以有多种含义。一种含义是，理论在一定时间、地点和条件下是正确的，但是现在情况发生了变化，因而对现在的实践指导受到了限制，需要从实际出发，加以灵活地运用，才能发挥真理的作用。这是相对真理意义上的局限性。马克思主义认为，应当从绝对性与相对性的统一上来把握真理，在这种含义上，讲《资本论》有局限性，不如讲《资本论》的真理有相对性。局限性的另一种主要含义是，理论本来就含有某种错误，只有在这些错误之外，理论才有真理性，超出一定范围，就没有指导实践的价值了。有人列举《资本论》的种种理论性的错误，来指出它的这种局限性，但是到目前为止，论证《资本论》有理论性错误的论据都不充分，所以，在这种含义上讲《资本论》的局限性，在学术界并不能取得认同。局限性还有一种主要含义是，出现了新的情况，原有的理论没有讲到这种情况，不能适应新的实践的要求，失去了指导意义，因而过时了。《资本论》没有预见到社会主义也要搞市场经济，是否就具有这种含义的局限性呢？回答是否定的。在《资本论》中，马克思提出了社会经济制度演进的一系列历史唯物主义观点，可以使我们更深刻地认识到，过去搞传统计划经济体制，违背了生产关系要适应社会生产力发展水平的规律，人为地取消商品货币关系会受到客观经济规律的惩罚。在一定意义上说，对《资本论》的基本思想理解得越透彻，就越能解放思想，实事求是，越敢于突破传统政治经济学社会主义部分的教条所设置的"禁区"，敢于发展市场经济。在《资本论》中，马克思揭示了市场经济运动的一系列客观规律，从企业层面看，有资本循环和周转的经济运行规律；从市场层面看，有在价值规律作用下的商品价格变动规律、平均利润率规律和机器大工业技术基础决定的生产要素流动的规律；从宏观层次看，有社会再生产过程中各生产部门进行实物更新和价值补偿的规律，货币流通规律；等等。马克思还强调了一般商品生产与资本主义商品生产的区别，分析了股份制的企业形式，指出了所有权关系的分离及其经济实现形式等。马克思关于市场经济的一系列原理，建立在历史唯物主义基础上，具有客观真理性，不像资产阶级经济学那样，带有拜物教观念的主观色彩。任何社会，只要社会生产力的发展仍然要求有市场经济关系与之适应，仍然存在市场经济关系，《资本论》揭示的规律就在不以人们的意志为转移而起作用。结合实践弄清和发展这些科学的经济学原理，我们发展社会主义市场经济就可以大大减少盲目性。

因此，对于建设社会主义市场经济来说，重要的不是强调《资本论》的局限性，而是充分肯定它的指导意义。

第三种误解，认为《资本论》讲的是资本家的残酷剥削，工人的贫困化，而现代资本主义国家这些情况已经变化了，因而它的理论过时了

我们如果认真地读《资本论》原著，就会发现，马克思分析资本剥削，侧重点并不在描述残酷剥削的表面形式，而是在揭露具有极大欺骗性的剥削实质上，因为资本剥削的形式是服从剥削剩余价值这个内容的。正因为如此，马克思在分析资本家与雇佣工人的关系时，要撇开资本家个人压低工资、必要消费品涨价使工人吃亏等因素，以资本家用货币资本与工人的劳动力商品作等价交换为前提，以此证明资本剥削具有表面上平等而实际上不平等的虚伪性。《资本论》列举了他那个时代工人贫困化的大量实例，不过是为了证实在平等交易下工人受到剥削的残酷性。而这种残酷性实质则体现在剩余价值率，或工人提供

的无偿劳动与有偿劳动的比较上。只要这个实质没有变化，资本主义剥削的残酷性就依然存在，变化的只是残酷剥削的表现形式罢了。

《资本论》告诉我们，观察资本主义制度的本质，应透过其自由、平等、民主和经济繁荣的表面，看到资本剥削剩余价值这种不合理关系。这比能看到资本主义社会中存在失业、贫民窟、吸毒、卖淫等现象更深刻，也更重要。因此，对于观察当代资本主义经济制度，《资本论》非但没有过时，反而是必不可少的思想武器。当今发达资本主义国家工人的生活状况比100多年前确实有了重大变化。这种变化是和发达国家与不发达国家之间经济差距进一步拉大联系在一起的，也是现代社会的物质文明进步的必然现象。但是，资本主义的基本经济制度仍然存在，《资本论》揭示的剩余价值规律仍然在起作用，由此决定的两极分化、经济危机这些现象也仍然存在。

美国经济学家克鲁格曼对当代全球资本主义经济的矛盾深感忧虑，他把自己研究这种矛盾的经济学取名为"萧条经济学"，很能说明问题。尽管美国是上世纪90年代初以来经济发展最稳定的发达资本主义国家，然而，克鲁格曼却认为，美国的经济也存在着危险，并不是每个人都享受到信息经济发展带来的繁荣，财富和收入的两极化程度增加了，如果克鲁格曼在掌握美国经济现状的丰富资料的基础上，能运用《资本论》的基本思想分析问题，他的"萧条经济学"肯定能更加客观和有说服力。

实际上，《资本论》对资本主义经济制度的分析是辩证的，既无情地揭露这个制度的不合理性、对抗性，又从历史对比的角度，分析了它比奴隶制度、封建制度所具有的历史进步性。马克思指出："资本的文明面之一是，它榨取剩余劳动的方式和条件，同以前的奴隶制、农奴制等形式相比，都更有利于生产力的发展，有利于社会关系的发展，有利于更高级的新形态的各种要素的创造。"[①]认真领会《资本论》对资本文明面的阐述，对于我们全面认识当代资本主义经济，学习发达资本主义国家的先进经验，利用资本主义经济的有利因素，大力推进社会主义现代化建设具有极大的现实意义。

(二) 正确认识《资本论》在当代的社会意义

马克思主义具有与时俱进的理论品质，不仅体现在理论本身，同时也体现在理论的实际应用上。《资本论》作为马克思主义最有代表性的著作也是如此。长期以来，《资本论》一直以无产阶级革命理论享誉于世，对于她在当代的社会意义，我们则需要根据新的历史条件重新加以认识。

1.《资本论》既是革命的理论，又是建设的科学

《资本论》在过去的100多年内，特别是19世纪末和20世纪的前半期，一直是作为工人阶级争取解放的革命理论在世界广为传播的。《资本论》的显著特点，就是革命性和科学性的高度统一。它深刻剖析资本主义经济关系的最终目的，"就是揭示现代社会的经济运动规律"[②]，使工人阶级认识自己的历史使命，通过革命斗争，缩短和减轻新社会分娩

---

① 《马克思恩格斯全集》第25卷，人民出版社1974年版，第925~926页。
② 马克思：《资本论》第1卷，人民出版社1975年版，第11页。

的痛苦。《资本论》作为革命理论，在 20 世纪激发起了改造社会的巨大物质力量，打破了资本主义的一统天下，使世界 1/4 人口开始了建设社会主义的伟大探索。与此同时，《资本论》也给资产阶级进步人士以深刻的警示，推动了 20 世纪 30 年代以后资本主义的重大改革和调整，使资本主义进入一个新的发展时期。因此，《资本论》对整个 20 世纪的社会历史进程产生了深刻影响，它作为革命理论所起的巨大作用，是以往任何一部著作都不可比拟的。

然而，历史并不仅仅是一部阶级斗争史。革命是历史的火车头，建设和发展才是人类历史的常态。20 世纪后半期，世界经济政治格局发生了深刻变化。在经历了将近一个世纪风云激荡的革命斗争以后，和平与发展正在成为时代的主题。在新的历史条件下，《资本论》的理论需要随着时代的发展与时俱进，《资本论》的理论应用也应以变化了的历史条件为转移。马克思本人对其著作就是持这种科学态度的。他和恩格斯在为《共产党宣言》1872 年德文版所写的序言中说："不管最近 25 年来的情况发生了多大的变化，这个《宣言》中所阐述的一般原理整个说来直到现在还是完全正确的。"但是，"这些原理的实际运用，正如《宣言》中所说的，随时随地都要以当时的历史条件为转移。"①马克思的这一思想为我们认识《资本论》在当代的社会意义提供了很好的借鉴。我们应根据新的历史条件重新研究《资本论》理论的应用，特别是要突破把《资本论》仅仅视为革命理论的传统观念，充分发掘《资本论》作为"建设的科学"的社会价值，使《资本论》既是"一部政治的经济学，更是一部经济的经济学"②。

《资本论》在作为革命的理论的同时又应成为建设的科学，不仅是历史条件变化所要求的，也是《资本论》内容的科学性和丰富性所决定的。《资本论》问世以后．之所以能成为无产阶级和劳动大众的革命理论，首先因为它是科学的理论。科学理论由于揭示了事物的内在本质和发展规律，因而能成为人们认识世界和改造世界的思想武器。改造世界既包括破坏旧世界，又包括建设新世界。《资本论》作为"资本主义经济论"，揭示了在社会化商品经济基础上发展起来的巨大生产力和资本主义私有制的深刻矛盾及其对抗性，揭示了资本主义产生、发展的规律和必然要被社会主义取代的历史趋势，因而凸显其改造旧世界的革命理论的意义。特别是在 19 世纪末 20 世纪初的历史背景下，被强烈地赋予了工人阶级把握历史趋势、争取自身解放、推动历史前进的使命。而它作为"社会化商品经济论"，揭示的是建立在现代社会分工基础上的社会化商品经济运行的一般规律，是商品经济一般发展新阶段的各种经济关系及其发展变化的趋势，从而凸显其建设的科学的性质，体现着指导和推动社会经济发展的价值和意义。

2.《资本论》是正确认识和研究当代资本主义的理论指南

马克思的《资本论》本来主要就是研究资本主义社会的。因此，《资本论》在当代的意义，首先表现为它是我们认识和研究当代资本主义、正确把握历史趋势的理论指南。从马克思生活的年代到现在，资本主义世界发生了巨大变化。特别是第二次世界大战以后，由

---

① 《马克思恩格斯全集》第 1 卷，人民出版社 1995 年版，第 248 页。
② 王珏：《重读〈资本论〉》，人民出版社 1998 年版，第 1 页。

于第三次科技革命的兴起，由于资本主义国家面对社会主义挑战所作的局部的自我调整，从 20 世纪 60 年代起，发达资本主义国家进入了又一个"黄金时期"，社会基本矛盾和阶级矛盾大大缓和，工人阶级的生活状况有了较大改善，生产力有了新的发展，经济出现了新的繁荣。与此同时，世界经济、政治格局也发生了急剧变化。随着苏联解体和东欧剧变，资本主义在力量对比上再一次表现了它的相对优势。在这种情况下，如何正确、客观地认识当代资本主义，如何科学地把握人类历史发展趋势，成为当代每一个关心国家和世界命运的人所渴求解答的问题。与这种急剧的变化和人们的思想需求相适应，各种社会思潮相继产生、广泛传播和互相碰撞，以至使许多人感到矛盾、迷茫、困惑和失落。20 世纪 90 年代以来，在社会主义世界不同程度地存在着一种"信仰危机"。

社会现象愈是纷繁复杂，愈显出科学理论的价值。如果说在 19 世纪资本主义剥削和阶级矛盾比较明显的情况下，《资本论》的出版和传播"改变了人们的思想"，从而使工人运动由自发走向自觉，那么在当代资本主义发生了一系列变化，以至现象与本质更加背离的情况下，没有《资本论》这样科学理论的启迪，人们必然难以客观地认识各种复杂的社会经济现象，也就难以把握时代发展的趋势。《资本论》出版 100 多年来，尽管资本主义在各方面都发生了重大变化，我们迫切需要研究这些新情况新变化并作出新的理论概括。但是，《资本论》揭示的资本主义基本矛盾和基本规律没有改变，改变的只是这些规律作用的程度和作用的具体形式。比如，《资本论》所揭示的资本对利润最大化的追求和资本无限扩张的趋势，资本主义生产的无限增长和消费需求有限性的内在矛盾，资本主义经济周期性波动的规律，资本积累在推动经济增长的同时也造成贫富两极分化的结果等，无不在当代经济全球化的实践中进一步得到验证。而最近几年某些西方经济学家关于全球化和新经济的种种理论，则明显地表现出其表面性和片面性。更为重要的是，《资本论》提供给我们的不仅是对资本主义的本质的和规律性的认识，而且包括研究资本主义的科学的方法论。正是这种方法论所具有的对事物深刻的洞察力和卓越的预见力，正是这种其优点在于能够吸收一切最新科学成果的开放性的理论构架，使《资本论》依然可以成为指导我们正确认识当代资本主义的理论指南。

正确认识当代资本主义，对我们建设中国特色的社会主义具有极为重要的意义。

我们认为，社会主义的本质就是对资本主义的超越。社会主义既要继承资本主义所创造的一切物质文明、精神文明和政治文明，又要适应现代生产力发展的要求，根本变革资本主义生产关系，克服资本主义社会的基本矛盾，消除资本主义的种种弊端，为人的全面发展创造更充分的条件。因此，对资本主义的认识始终贯穿于社会主义理论探索和实践发展的全过程，社会主义的兴衰成败在很大程度上取决于它对资本主义的认识程度，取决于它能否恰当地对待和处理与资本主义的关系。以往的实践，无论是国际共产主义运动的历史，还是中国革命和建设的征程，无论是获得成功的经验，还是经受挫折的教训，都雄辩地证明了这一点。

从另一个角度说，在经济全球化的今天，中国的发展也离不开世界经济的全局。我们不可能在封闭的状态下建设中国特色的社会主义。只有融入到世界经济中去，中国的经济才能获得利益的共享、竞争的活力和发展的机会。而当代世界经济的全局依然是发达资本主义国家居主导地位的全局。发达资本主义国家的意志和利益在很大程度上支配着竞争格局和"游戏规则",使发展中国家处于十分不利的地位。只有深入研究当代资本主义,充分认识当代资本主义的本质和特点,才能在国际合作和国际竞争中,知己知彼,百战百胜;才能既最大限度地利用国际资源和国际市场,又能有效地维护国家的主权、利益和尊严。

我国处于社会主义初级阶段。在我们广泛引进的发达国家的经济思想、经营观念、管理模式和企业机制中也不可能完全排除直接体现资本主义利益的东西。应当看到,这些年来,我们在利用资本主义为社会主义服务方面,确实取得了很大的成绩,促进了社会生产力的发展和现代文明的普及,有力地冲击了几千年遗留下来的封建遗迹。但同时我们也应正视,由此也产生了一些新矛盾和新问题,主要是部分普通劳动者的权益受到侵害,收入分配悬殊,社会矛盾增多。造成这种情况的原因很多,但对资本主义认识不足,特别是对当代资本主义缺乏深入研究和辩证分析不能不是一个主要原因。只有深入研究当代资本主义的本质和特点,深刻认识资本主义在当代条件下的两重性,才能采取措施,有效解决当前存在的问题,才能做到兴利除弊,充分调动一切积极因素,更好地为社会主义事业服务。

(三)《资本论》是指导社会主义市场经济实践的理论基础

与资本主义在当代的新发展相呼应,当代世界的另一个深刻变化是社会主义选择了市场经济的发展道路。在社会主义制度下实行市场经济,这既是社会主义发展史上的伟大创举,也是市场经济发展过程中从未有过的事情。如何实行社会主义和市场经济的结合,发展社会主义市场经济应遵循哪些规律,这是当代实践面临的又一个新课题。就首创社会主义市场经济的中国而言,从实行计划经济转向实行市场经济更是一场深刻的社会变革。这场变革,涉及社会经济生活的方方面面,关系着中国的前途和命运。

实践需要理论指导,社会主义市场经济实践呼唤新的经济理论产生。能有效指导社会主义市场经济实践的理论首先需要研究市场经济的运行机理和一般规律。从这个层面说,西方经济学对建立社会主义市场经济理论具有很重要的借鉴意义。这是因为西方经济学就是在西方国家市场经济实践中发展起来的,积累了市场经济运行的许多宝贵经验,包含了西方学者对市场经济研究的大量成果。我国实行市场化取向改革以来,就广泛借鉴了西方经济学中许多有价值的理论观点和政策措施,对改革的推进和经济发展起到了积极作用。但是,西方经济学由于其价值判断和研究方法的局限,不可能成为社会主义市场经济理论的科学基础。从总体上看西方经济学,毕竟属于资本主义意识形态。它把市场经济与资本主义完全等同起来,并将其视为人类历史上一种永恒不变的"自然状态";它回避对社会经济关系的深入研究,只讨论抽象的生产一般的资源配置,这些都表现了其阶级性与科学性的矛盾。同时,西方主流经济学以特定的假设为理论前提,提供的是一种成熟的市场制度运作的理想参照系,这种理论假设也与转型中的社会主义经济相脱节,它可能产生的误导作用已在我国改革前期出现的严重通货膨胀中得到体现,更为前苏联东欧国家改革的悲剧所证实。

理论分析和历史经验都表明,社会主义市场经济理论的科学基础只能是马克思主义经济学说。

我们已经知道，《资本论》在研究资本主义生产关系的同时，对社会化商品经济及其运行方式市场经济作了系统的、全面的考察，就其科学性和深刻性而言，至今仍没有任何一个理论可以超越。《资本论》包含着马克思主义、社会主义政治经济学的基本原则。

第一，社会主义的价值取向。经济科学，特别是理论经济学，由于其研究材料的特殊性质，即直接涉及不同的社会群体、集团、阶层和阶级的利益，因而决定了它必然具有鲜明的社会性和阶级性。对于同一经济现象，不同的经济理论，不同的经济学家，往往会作出不同的解释，得出不同的结论，形成不同的价值判断。尽管不少经济学家不太愿意承认西方经济学的阶级性，宣称西方经济学对市场经济研究是纯客观的、超阶级的，但是如前文所述，西方经济学赞美资本主义，力图维护资本主义的价值取向乃是十分明显、毋庸置疑的。这就使它不可能给社会主义市场经济研究提供正确的价值判断。而马克思在《资本论》中对市场经济的研究，则是反映了代表先进生产力的工人阶级的利益和要求，体现了符合历史前进方向的社会主义价值取向。这不仅使其阶级性和科学性实现了高度统一，从而在市场经济一般规律的研究方面达到了西方经济学不可能达到的高度，而且为社会主义市场经济研究提供了基本的价值判断，使社会主义市场经济既能遵循市场经济的一般规律，又能体现社会主义的本质特点，反映最广大的人民群众的利益和要求。

第二，以人为本的人文精神。社会主义市场经济所追求的目标，不能只是物质的丰富和经济的增长，更应包括社会的文明进步、人与自然的和谐及人本身的全面发展。因此经济学，尤其是社会主义经济学，应该具有社会科学所不可缺少的人文精神。许多经济学家曾猛烈抨击"以贪利致富为目的的经济学"，指出要想配得上称之为科学的经济学，就必须对各种经济法则，特别是在资本主义社会所贯彻实行着的各项经济法则，进行正确的系统性研究。与此同时，还必须致力于探明这个社会是怎样形成和发展的，以及它必然为下一个更高级的历史性社会所取代这一发展规律。也只有这种科学的经济学，才能在这个被货币牵着鼻子走的、人们生活在比动物世界还要恶劣的弱肉强食的社会中，真正把握关于人与社会的正确思想，才能得出真正的科学的结论，即只有劳动力的承担者，才能成为构建真正的人类社会的主体。而西方经济学除了固有的缺陷外，在当代所表现出来的过度形式主义和数学化倾向，使它越来越缺乏经济学应有的人文性，即使作为西方国家的经济理论，也存在"范式危机"。马克思的经济学说则充分体现对人的终极关怀，他在《资本论》中对资本主义经济体制下各种"异化"现象的批判，正是以"人"的全面和自由发展为参照系，将人的发展视为经济发展的终极目标。《资本论》所体现的批判精神和人文精神，将使我们在追求经济效率的过程中更清醒地把握人与物的关系、主体与客体的关系，将使社会主义市场经济更充分地体现社会主义的制度性质。党的"以人民为中心的发展思想"是马克思主义人文精神和人学思想在当代中国的崭新形态。

第三，全面开放的理论构架。西方经济学在市场经济研究中所表现出的狭隘性和封闭性，也使它不可能成为社会主义市场经济理论的科学基础。西方主流经济学以资源配置作为研究对象，排斥人与人之间经济关系的深入研究。而资源的优化配置、经济政策的选择，这些以人为主体的经济活动是不可能脱离各个不同群体的利益关系的。尤其是我国现阶段正处于经济关系、经济利益大变动时期，仅仅着眼于资源配置角度是难以解决中国现实经济问题的。同时，西方主流经济学对资源配置的研究也是以严格的假定条件为前提的，而这种假定条件并不符合包括中国在内的发展中国家情况，这就进一步限制了它的理论的解释力和适用性。《资本论》中的市场经济理论则避免了以上的缺陷。它虽然是侧重研究经济关系，但这种研究是通过对经济运行的考察进行的，这就使资源配置问题已理所当然地包含其中，同时使研究的范围更加宽广，研究的层次也得到提升。《资本论》中的市场经济理论更是一个开放的理论体系，在这个体系中，市场经济是一种动态过程，一切都是可变的。这种开放性的特点不仅为社会主义市场经济研究提供了广阔的空间，而且在吸收其他经济理论的优秀成果上也具有不可置疑的优越性。

马克思主义经典著作节选

青年在选择职业时的考虑①

自然本身给动物规定了它应该遵循的活动范围，动物也就安分地在这个范围内活动，而不试图越出这个范围，甚至不考虑有其他范围存在。神也给人指定了共同的目标——使人类和他自己趋于高尚，但是，神要人自己去寻找可以达到这个目标的手段；神让人在社会上选择一个最适合于他、最能使他和社会变得高尚的地位。

这种选择是人比其他创造物远为优越的地方，但同时也是可能毁灭人的一生、破坏他的一切计划并使他陷于不幸的行为。因此，认真地权衡这种选择，无疑是开始走上生活道路而又不愿在最重要的事情上听天由命的青年的首要责任。

每个人眼前都有一个目标，这个目标至少在他本人看来是伟大的，而且如果最深刻的信念，即内心深处的声音，认为这个目标是伟大的，那它实际上也是伟大的，因为神决不会使世人完全没有引导者；神轻声地但坚定地作启示。

但是，这声音很容易被淹没；我们认为是热情的东西可能倏忽而生，同样可能倏忽而逝。也许，我们的幻想蓦然迸发，我们的感情激动起来，我们的眼前浮想联翩，我们狂热地追求我们以为是神本身给我们指出的目标；但是，我们梦寐以求的东西很快就使我们厌恶，于是，我们便感到自己的整个存在遭到了毁灭。

因此，我们应当认真考虑：我们对所选择的职业是不是真的怀有热情？发自我们内心的声音是不是同意选择这种职业？我们的热情是不是一种迷误？我们认为是神的召唤的东西是不是一种自我欺骗？不过，如果不对热情的来源本身加以探究，我们又怎么能认清这一切呢？

伟大的东西是闪光的，闪光会激发虚荣心，虚荣心容易使人产生热情或者一种我们觉得是热情的东西；但是，被名利迷住了心窍的人，理性是无法加以约束的，于是他一头栽进那不可抗拒的欲念召唤他去的地方；他的职业已经不再是由他自己选择，而是由偶然机会和假象去决定了。

---

① 这是 1835 年 8 月 12 日马克思在特里尔中学毕业考试时写的德语作文。作文本身反映出他受到校长约·维滕巴赫的思想影响。维滕巴赫对作文的总评语是："相当好。文章的特点是思想丰富，布局合理，条理分明，但是一般来说作者在这里也犯了他常犯的错误，过分追求罕见的形象化的表达；因此，在许多加有着重号的地方，在个别措词以及句子的连接上，叙述时就缺乏必要的鲜明性和确定性，往往还缺乏准确性。"从评价和保存次序来看，这篇作文是班里第五篇优秀作文。

我们的使命决不是求得一个最足以炫耀的职业，因为它不是那种可能由我们长期从事，但始终不会使我们感到厌倦、始终不会使我们劲头低落、始终不会使我们的热情冷却的职业，相反，我们很快就会觉得，我们的愿望没有得到满足，我们的理想没有实现，我们就将怨天尤人。

但是，不仅虚荣心能够引起对某种职业的突然的热情，而且我们也许会用自己的幻想把这种职业美化，把它美化成生活所能提供的至高无上的东西。我们没有仔细分析它，没有衡量它的全部分量，即它加在我们肩上的重大责任；我们只是从远处观察它，而从远处观察是靠不住的。

在这里，我们自己的理性不能给我们充当顾问，因为当它被感情欺骗，受幻想蒙蔽时，它既不依靠经验，也不依靠更深入的观察。然而，我们的目光应该投向谁呢？当我们丧失理性的时候，谁来支持我们呢？

是我们的父母，他们走过了漫长的生活道路，饱尝了人世辛酸。——我们的心这样提醒我们。

如果我们经过冷静的考察，认清了所选择的职业的全部分量，了解它的困难以后，仍然对它充满热情，仍然爱它，觉得自己适合于它，那时我们就可以选择它，那时我们既不会受热情的欺骗，也不会仓促从事。

但是，我们并不总是能够选择我们自认为适合的职业；我们在社会上的关系，还在我们有能力决定它们以前就已经在某种程度上开始确立了。

我们的体质常常威胁我们，可是任何人也不敢藐视它的权利。

诚然，我们能够超越体质的限制，但这么一来，我们也就垮得更快；在这种情况下，我们就是冒险把大厦建筑在残破的废墟上，我们的一生也就变成一场精神原则和肉体原则之间的不幸的斗争。但是，一个不能克服自身相互斗争的因素的人，又怎能抗御生活的猛烈冲击，怎能安静地从事活动呢？然而只有从安静中才能产生出伟大壮丽的事业，安静是唯一能生长出成熟果实的土壤。

尽管我们由于体质不适合我们的职业，不能持久地工作，而且很少能够愉快地工作，但是，为了恪尽职守而牺牲自己幸福的思想激励着我们不顾体弱去努力工作。如果我们选择了力不胜任的职业，那么我们决不能把它做好，我们很快就会自愧无能，就会感到自己是无用的人，是不能完成自己使命的社会成员。由此产生的最自然的结果就是自卑。还有比这更痛苦的感情吗？还有比这更难于靠外界的各种赐予来补偿的感情吗？自卑是一条毒蛇，它无尽无休地搅扰、啃啮我们的胸膛，吮吸我们心中滋润生命的血液，注入厌世和绝望的毒液。

如果我们错误地估计了自己的能力，以为能够胜任经过较为仔细的考虑而选定的职业，那么这种错误将使我们受到惩罚。即使不受到外界的指责，我们也会感到比外界指责更为可怕的痛苦。

如果我们把这一切都考虑过了，如果我们的生活条件容许我们选择任何一种职业，那么我们就可以选择一种使我们获得最高尊严的职业，一种建立在我们深信其正确的思想上的职业，一种能给我们提供最广阔的场所来为人类工作，并使我们自己不断接近共同目标即臻于完美境界的职业，而对于这个共同目标来说，任何职业都只不过是一种手段。

尊严是最能使人高尚、使他的活动和他的一切努力具有更加崇高品质的东西，是使他无可非议、受到众人钦佩并高出于众人之上的东西。

但是，能给人以尊严的只有这样的职业，在从事这种职业时我们不是作为奴隶般的工具，而是在自己的领域内独立地进行创造；这种职业不需要有不体面的行动(哪怕只是表面上不体面的行动)，甚至最优秀的人物也会怀着崇高的自豪感去从事它。最合乎这些要求的职业，并不总是最高的职业，但往往是最可取的职业。

但是，正如有失尊严的职业会贬低我们一样，那种建立在我们后来认为是错误的思想上的职业也一定会成为我们的沉重负担。

这里，我们除了自我欺骗，别无解救办法，而让人自我欺骗的解救办法是多么令人失望啊！

那些主要不是干预生活本身，而是从事抽象真理的研究的职业，对于还没有确立坚定的原则和牢固的、不可动摇的信念的青年是最危险的，当然，如果这些职业在我们心里深深地扎下了根，如果我们能够为它们的主导思想而牺牲生命、竭尽全力，这些职业看来还是最高尚的。

这些职业能够使具有合适才干的人幸福，但是也会使那些不经考虑、凭一时冲动而贸然从事的人毁灭。

相反，重视作为我们职业的基础的思想，会使我们在社会上占有较高的地位，提高我们自己的尊严，使我们的行为不可动摇。

一个选择了自己所珍视的职业的人，一想到他可能不称职时就会战战兢兢——这种人单是因为他在社会上所处的地位是高尚的，他也就会使自己的行为保持高尚。

在选择职业时，我们应该遵循的主要指针是人类的幸福和我们自身的完美。不应认为，这两种利益会彼此敌对、互相冲突，一种利益必定消灭另一种利益；相反，人的本性是这样的：人只有为同时代人的完美、为他们的幸福而工作，自己才能达到完美。如果一个人只为自己劳动，他也许能够成为著名的学者、伟大的哲人、卓越的诗人，然而他永远不能成为完美的、真正伟大的人物。

历史把那些为共同目标工作因而自己变得高尚的人称为最伟大的人物；经验赞美那些为大多数人带来幸福的人是最幸福的人；宗教本身也教诲我们，人人敬仰的典范，就曾为人类而牺牲自己——有谁敢否定这类教诲呢？

如果我们选择了最能为人类而工作的职业，那么，重担就不能把我们压倒，因为这是为大家作出的牺牲；那时我们所享受的就不是可怜的、有限的、自私的乐趣，我们的幸福将属于千百万人，我们的事业将悄然无声地存在下去，但是它会永远发挥作用，而面对我们的骨灰，高尚的人们将洒下热泪。

卡·马克思写于 1835 年 8 月 12 日，

第一次用德文发表于《社会主义和工人运动史文库》1925 年莱比锡版第 11 年卷

署名：马克思

原文是德文，中文根据《马克思恩格斯全集》1975 年历史考证版第 1 部分第 1 卷翻译

1844 年经济学哲学手稿[1]（节选）①

[XXXIX][2]
序　言

我在《德法年鉴》上曾预告要以**黑格尔**法哲学批判的形式对法学和国家学进行批判[3]。在加工整理准备付印的时候发现，把仅仅针对思辨的批判同针对各种不同材料本身的批判混在一起，十分不妥，这样会妨碍阐述，增加理解的困难。此外，由于需要制造体系的**外表**。因此，我打算连续用不同的单独小册子来批判法、道德、政治等等，最后再以一本专著来说明整体的联系、各部分的关系并对这一切材料的思辨加工进行批判[4]。由于这个理由，在本著作中谈到的国民经济学同国家、法、道德、市民生活等等的关系，只限于国民经济学本身所专门涉及的范围。

我用不着向熟悉国民经济学的读者保证，我的结论是通过完全经验的以对国民经济学进行认真的批判研究为基础的分析得出的。

//与此相反，不学无术的评论家②则企图用"乌托邦的词句"，或"完全纯粹的、完全决定性的、完全批判的批判"、"不单单是法的，而且是社会的、完全社会的社会"、"密集的大批群众"、"代大批群众发言的发言人"等等一类空话，来非难实证的批判者，以掩饰自己的极端无知和思想贫乏。这个评论家[5]还应当首先提供证据，证明他除了神学的家务以外还有权过问世俗的事务。//③

不消说，除了法国和英国的社会主义者的著作以外，我也利用了德国社会主义者的著作。[6]但是德国人在这门科学方面内容丰富而有独创性的著作，除去魏特林的著作以外，就要算《二十一印张》文集中赫斯的几篇论文[7]和《德法年鉴》上恩格斯的《国民经济学批判大纲》[8]；在《德法年鉴》上，我也十分概括地提到过本著作的要点[9]。

//除了这些批判地研究国民经济学的作家以外，整个实证的批判，从而德国人对国民经济学的实证的批判，全靠费尔巴哈的发现给它打下真正的基础。但是，一些人出于狭隘的忌妒，另一些人则出于真实的愤怒，对费尔巴哈的《未来哲学》和《轶文集》中的《哲学改革纲要》[10]——尽管这两部著作被悄悄地利用着——可以说策划了一个旨在埋没这两部著作的真正阴谋。//

只是从**费尔巴哈**才开始了**实证的**人道主义的和自然主义的批判[11]。费尔巴哈越不喧嚷，**他的**著作的影响就越扎实、深刻、广泛而持久；费尔巴哈著作是继黑格尔的《现象学》和《逻辑学》以后包含着真正理论革命的唯一著作。

---

① 本篇节选自《马克思恩格斯全集》第 42 卷，人民出版社 1979 年版。
② 指布·鲍威尔。——编者注
③ 双斜线 // // 中的话在手稿中已经划掉。——编者注

同当代**批判的神学家**相反,我认为,本著作的最后一章,即对**黑格尔的辩证法**和整个哲学的剖析,是完全必要的,因为[XL]这样的工作还没有完成——**不彻底性**是必然的,因为**批判的神学家**毕竟还是**神学家**,就是说,他或者不得不从作为权威的哲学的一定前提出发,或者在批判的过程中以及由于别人的发现而对这些哲学前提发生怀疑,于是就怯懦地、不适当地抛弃、**撇开**这些前提,而且仅仅以一种消极的、无意识的、诡辩的方式来表现他对这些前提的屈从和对这种屈从的恼恨。

//他是这样消极而无意识地表现的:一方面,他不断反复保证他自己的批判的**纯粹性**,另一方面,为了使读者和他自己不去注意批判和它的诞生地——黑格尔的**辩证法**和整个德国哲学——之间**必要的**辩论,不去注意现代批判必须克服它自身的局限性和自发性,他反而企图造成一种假象,似乎批判只同它之外某种狭隘的批判形式(比如说,十八世纪的批判形式)以及同**群众**的局限性有关。最后,当关于他自己的哲学前提的本质的发现—— 如费尔巴哈的发现——被作出时,批判的神学家一方面制造一种似乎这些发现正是**他**自己作出的假象,而且他是这样来制造这种假象的:他由于不能阐发这些发现的成果,就把这些成果以**口号**的形式抛给那些还处于哲学束缚下的作家;另一方面,他深信他的水平甚至超过这些发现,就以一种诡秘的、阴险的、怀疑的方式,搬弄黑格尔辩证法诸要素来反对费尔巴哈对黑格尔**辩证法**的批判。这些要素是他在这种批判中还没有发现的,而且还没有以经过批判改造的形式提供给他使用。他自己既不打算也无力使这些要素同批判正确地联系起来,他只是神秘地以黑格尔辩证法所**固有的**形式搬弄这些要素。例如,他提出间接证明这一范畴来反对从自身开始的实证真理这一范畴。神学的批判家认为,从哲学方面应当**作出**一切来使他能够**侈谈**纯粹性、决定性以及完全批判的批判,是十分自然的;而当他**感觉到**例如黑格尔的某一因素为费尔巴哈缺少时,他就自诩为真正**克服哲学的人**,因为,神学的批判家尽管如此沉湎于对**"自我意识"**和**"精神"**的唯灵论的偶像崇拜,却终究没有超出感觉而达到意识。//仔细考察起来,在运动之初曾是一个真正进步因素的**神学的批判**,归根到底不外是旧**哲学**、特别是**黑格尔的超验性**被歪曲为**神学漫画**的顶点和结果。历史现在仍然指派神学这个历来的哲学的溃烂区去显示哲学的消极分解,即哲学的腐性分化过程。关于这个饶有兴味的历史的判决,这个历史的涅墨西斯①,我将在另一个地方加以详细的论证[12]。

//相反,**费尔巴哈的**关于哲学的本质的发现,究竟在什么程度上仍然——至少为了**证明**这些发现——使得对哲学辩证法的批判分析成为必要,读者从我的论述本身就可以看清楚。//[XL]

[异化劳动]

[XXII]我们是从国民经济学的各个前提出发的。我们采用了它的语言和它的规律。我们把私有财产,把劳动、资本、土地的互相分离,工资、资本利润、地租的互相分离以

---

① 墨西斯是古希腊神话中的报复女神。——译者注

及分工、竞争、交换价值概念等等当作前提。我们从国民经济学本身出发，用它自己的话指出，工人降低为商品，而且是最贱的商品；工人的贫困同他的产品的力量和数量成正比①；竞争的必然结果是资本在少数人手中积累起来，也就是垄断的更可怕的恢复；最后，资本家和靠地租生活的人之间、农民和工人之间的区别消失了，而整个社会必然分化为两个阶级，即**有产者**阶级和没有财产的**工人**阶级。

国民经济学从私有财产的事实出发，但是，它没有给我们说明这个事实。它把私有财产在现实中所经历的**物质**过程，放进一般的、抽象的公式，然后又把这些公式当作**规律**。它不**理解**这些规律，也就是说，它没有指明这些规律是怎样从私有财产的本质中产生出来的。国民经济学没有给我们提供一把理解劳动和资本分离以及资本和土地分离的根源的钥匙。例如，当它确定工资和资本利润之间的关系时，它把资本家的利益当作最后的根据；也就是说，它把应当加以论证的东西当作前提。同样，竞争无孔不入，人们却用外部情况来说明。国民经济学也根本没有告诉我们，这种似乎偶然的外部情况在多大程度上仅仅是一种必然的发展过程的表现。我们已经看到，交换本身在它看来是偶然的事实。**贪欲以及贪婪者之间的战争即竞争**，是国民经济学家所推动的唯一的车轮。

正因为国民经济学不理解运动的相互联系，所以才会把例如竞争的学说同垄断的学说，营业自由的学说同同业公会的学说，地产分割的学说同大地产的学说对立起来。因为竞争、营业自由、地产分割仅仅被理解和描述为垄断、同业公会和封建所有制的偶然的、蓄意的、强制的结果，而不是必然的、不可避免的、自然的结果。

因此，我们现在必须弄清楚私有制，贪欲同劳动、资本、地产三者的分离之间的本质联系，以及交换和竞争之间、人的价值和人的贬值之间、垄断和竞争等等之间、这全部异化和**货币**制度之间的本质联系。

我们不像国民经济学家那样，当他想说明什么的时候，总是让自己处于虚构的原始状态。这样的原始状态什么问题也说明不了。国民经济学家只是使问题堕入五里雾中。他把应当加以推论的东西即两个事物——例如分工和交换——之间的必然的关系，假定为事实、事件。神学家也是这样用原罪来说明罪恶的起源，也就是说，他把他应当加以说明的东西假定为一种历史事实。

我们从**当前的**经济事实出发吧：工人生产的财富越多，他的产品的力量和数量越大，他就越贫穷。[13] 工人创造的商品越多，他就越变成廉价的商品。物的世界的**增值**同人的世界的**贬值**成正比。劳动不仅生产商品，它还生产作为**商品**的劳动自身和工人，而且是按它一般生产商品的比例生产的。

这一事实不过表明：劳动所生产的对象，即劳动的产品，作为一种**异己的**存在物，作

---

① 原文是："反比"。——编者注

为**不依赖于生产者的力量，**同劳动相对立。劳动的产品就是固定在某个对象中、物化为对象的劳动，这就是劳动的对象化。劳动的实现就是劳动的**对象化**。在被国民经济学作为前提的那种状态下，劳动的这种实现表现为工人的**失去**

现实性，对象化表现为**对象的丧失和被对象奴役，**占有表现为**异化、外化**[14]。

劳动的实现竟如此表现为失去现实性，以致工人从现实中被排除，直至饿死。对象化竟如此表现为对象的丧失，以致工人被剥夺了最必要的对象——不仅是生活的必要对象，而且是劳动的必要对象。甚至连劳动本身也成为工人只有靠最紧张的努力和极不规则的间歇才能加以占有的对象。对对象的占有竟如此表现为异化，以致工人生产的对象越多，他能够占有的对象就越少，而且越受他的产品即资本的统治。

这一切后果包含在这样一个规定中：工人同**自己的劳动产品**的关系就是同一个**异己的**对象的关系。因为根据这个前提，很明显，工人在劳动中耗费的力量越多，他亲手创造出来反对自身的、异己的对象世界的力量就越强大，他本身、他的内部世界就越贫乏，归他所有的东西就越少。宗教方面的情况也是如此。人奉献给上帝的越多，他留给自身的就越少。[15]工人把自己的生命投入对象；但现在这个生命已不再属于他而属于对象了。因此，这个活动越多，工人就越丧失对象。凡是成为他的劳动产品的东西，就不再是他本身的东西。因此，这个产品越多，他本身的东西就越少。工人在他的产品中的**外化，**不仅意味着他的劳动成为对象，成为**外部的**存在，而且意味着他的劳动作为一种异己的东西不依赖于他而**在他之外**存在，并成为同他对立的独立力量；意味着他给予对象的生命作为敌对的和异己的东西同他相对抗。

[XXIII]现在让我们来更详细地考察一下**对象化，**即工人的生产，以及对象即工人的产品在对象化中的**异化、丧失**。

没有**自然界，**没有**感性的外部世界，**工人就什么也不能创造。它是工人用来实现自己的劳动、在其中展开劳动活动、由其中生产出和借以生产出自己的产品的材料。

但是，自然界一方面在这样的意义上给劳动提供**生活资料，**即没有劳动加工的对象，劳动就不能**存在，**另一方面，自然界也在更狭隘的意义上提供**生活资料，**即提供**工人本身**的肉体生存所需的资料。

因此，工人越是通过自己的劳动**占有**外部世界、感性自然界，他就越是在两个方面失去**生活资料：**第一，感性的外部世界越来越不成为属于他的劳动的对象，不成为他的劳动的**生活资料；**第二，这个外部世界越来越不给他提供直接意义的**生活资料，**即劳动者的肉体生存所需的资料。

因此，工人在这两方面成为自己的对象的奴隶：首先，他得到**劳动的对象，**也就是得到工作；其次，他得到**生存资料**。因而，他首先作为**工人**，其次作为**肉体的主体**，才能够生存。这种奴隶状态的顶点就是：他只有作为**工人**才能维持作为**肉体的主体**的生存，并且只有作为**肉体的主体**才能是工人。

（按照国民经济学的规律，工人在他的对象中的异化表现在：工人生产得越多，他能够消费的越少；他创造价值越多，他自己越没有价值、越低贱；工人的产品越完美，工人自己越畸形；工人创造的对象越文明，工人自己越野蛮；劳动越有力量，工人越无力；劳动越机巧，工人越愚钝，越成为自然界的奴隶。）

国民经济学以不考察工人（即劳动）**同产品的直接关系来掩盖劳动本质的异化。**当然，劳动为富人生产了奇迹般的东西，但是为工人生产了赤贫。劳动创造了宫殿，但是给工人创造了贫民窟。劳动创造了美，但是使工人变成畸形。劳动用机器代替了手工劳动，但是使一部分工人回到野蛮的劳动，并使另一部分工人变成机器。劳动生产了智慧，但是给工人生产了愚钝和痴呆。

劳动同它的产品的直接关系，是工人同他的生产的对象的关系。有产者同生产对象和生产本身的关系，不过是前一种关系的结果和证实。对问题的这另一个方面我们将在后面加以考察。

因此，当我们问劳动的本质关系是什么的时候，我们问的是**工人同生产的关系**。

以上我们只是从一个方面，就是从工人**同他的劳动产品的关系**这个方面，考察了工人的异化、外化。但异化不仅表现在结果上，而且表现在**生产行为**中，表现在生产活动本身中。如果工人不是在生产行为本身中使自身异化，那么工人怎么会同自己活动的产品象同某种异己的东西那样相对立呢？产品不过是活动、生产的总结。因此，如果劳动的产品是外化，那么生产本身就必然是能动的外化，或活动的外化，外化的活动。在劳动对象的异化中不过总结了劳动活动本身的异化、外化。

那么，劳动的外化表现在什么地方呢？

首先，劳动对工人说来是**外在的东西**，也就是说，不属于他的本质的东西；因此，他在自己的劳动中不是肯定自己，而是否定自己，不是感到幸福，而是感到不幸，不是自由地发挥自己的体力和智力，而是使自己的肉体受折磨、精神遭摧残。因此，工人只有在劳动之外才感到自在，而在劳动中则感到不自在，他在不劳动时觉得舒畅，而在劳动时就觉得不舒畅。因此，他的劳动不是自愿的劳动，而是被迫的**强制劳动**。因而，它不是满足劳动需要，而只是满足劳动需要以外的需要的一种**手段**。劳动的异化性质明显地表现在，只要肉体的强制或其他强制一停止，人们就会像逃避鼠疫那样逃避劳动。外在的劳动，人在其中使自己外化的劳动，是一种自我牺牲、自我折磨的劳动。最后，对工人说来，劳动的外在性质，就表现在这种劳动不是他自己的，而是别人的；劳动不属于他；他在劳动中也不属于他自己，而是属于别人。在宗教中，人的幻想、人的头脑和人的心灵的自己活动对个人发生作用是不取决于他个人的，也就是说，是作为某种异己的活动，神灵的或魔鬼的活动的，同样，工人的活动也不是他的自己活动。[16]他的活动属于别人，这种活动是他自身的丧失。

结果，人（工人）只有在运用自己的动物机能——吃、喝、性行为，至多还有居住、修饰等等的时候，才觉得自己是自由活动，而在运用人的机能时，却觉得自己不过是动物。动物的东西成为人的东西，而人的东西成为动物的东西。

吃、喝、性行为等等，固然也是真正的人的机能。但是，如果使这些机能脱离了人的其他活动，并使它们成为最后的和唯一的终极目的，那么，在这种抽象中，它们就是动物的机能。

我们从两个方面考察了实践的人的活动即劳动的异化行为。第一，工人同**劳动产品**这个异己的、统治着他的对象的关系。这种关系同时也是工人同感性的外部世界、同自然对象这个异己的与他敌对的*世界的关系*。第二，在**劳动**过程中劳动同**生产行为**的关系。这种关系是工人同他自己的活动——一种异己的、不属于他的活动——的关系。在这里，活动就是受动；力量就是虚弱；生殖就是去势；工人**自己的**体力和智力，他个人的生命（因为，生命如果不是活动，又是什么呢？），就是不依赖于他、不属于他、转过来反对他自身的活动。这就是**自我异化**，而上面所谈的是**物**的异化。

[ⅩⅩⅣ]我们现在还要根据**异化劳动**的已有的两个规定推出它的第三个规定。

人是类存在物，不仅因为人在实践上和理论上都把类—— 自身的类以及其他物的类—— 当作自己的对象；而且因为—— 这只是同一件事情的另一种说法——人把自身当作现有的、有生命的类来对待，当作**普遍的**因而也是自由的存在物来对待。[17]

无论是在人那里还是在动物那里，类生活从肉体方面说来就在于：人（和动物一样）靠无机界生活，而人比动物越有普遍性，人赖以生活的无机界的范围就越广阔。从理论领域说来，植物、动物、石头、空气、光等等，一方面作为自然科学的对象，一方面作为艺术的对象，都是人的意识的一部分，是人的精神的无机界，是人必须事先进行加工以便享用和消化的精神食粮；同样，从实践领域说来，这些东西也是人的生活和人的活动的一部分。人在肉体上只有靠这些自然产品才能生活，不管这些产品是以食物、燃料、衣着的形式还是以住房等等的形式表现出来。在实践上，人的普遍性正表现在把整个自然界——首先作为人的直接的生活资料，其次作为人的生命活动的材料、对象和工具——变成人的**无机的身体**。自然界，就它本身不是人的身体而言，是人的**无机的身体**。人靠自然界**生活**。这就是说，自然界是人为了不致死亡而必须与之不断交往的、人的**身体**。所谓人的肉体生活和精神生活同自然界相联系，也就等于说自然界同自身相联系，因为人是自然界的一部分。

异化劳动，由于（1）使自然界，（2）使人本身，他自己的活动机能，他的生命活动同人相异化，也就使**类**同人相异化；它使人把**类生活**变成维持个人生活的手段。第一，它使类生活和个人生活异化；第二，把抽象形式的个人生活变成同样是抽象形式和异化形式的类生活的目的。[18]

因为，首先，劳动这种**生命活动**、这种**生产生活**本身对人说来不过是满足他的需要即维持肉体生存的需要的**手段**。而生产生活本来就是类生活。这是产生生命的生活。一个种的全部特性、种的类特性就在于生命活动的性质，而人的类特性恰恰就是自由的自觉的活动。生活本身却仅仅成为**生活的手段**。

动物和它的生命活动是直接同一的。动物不把自己同自己的生命活动区别开来。它就**是这种生命活动**。人则使自己的生命活动本身变成自己的意志和意识的对象。他的生命活动是有意识的。这不是人与之直接融为一体的那种规定性。有意识的生命活动把人同动物的生命活动直接区别开来。正是由于这一点，人才是类存在物。或者说，正因为人是类存在物，他才是有意识的存在物，也就是说，他自己的生活对他是对象。仅仅由于这一点，他的活动才是自由的活动。异化劳动把这种关系颠倒过来，以至人正因为是有意识的存在物，才把自己的生命活动，自己的**本质**变成仅仅维持自己**生存**的手段。

通过实践创造**对象世界**，即**改造**无机界，证明了人是有意识的类存在物，也就是这样一种存在物，它把类看作自己的本质，或者说把自身看作类存在物。诚然，动物也生产。它也为自己营造巢穴或住所，如蜜蜂、海狸、蚂蚁等。但是动物只生产它自己或它的幼仔所直接需要的东西；动物的生产是片面的，而人的生产是全面的；动物只是在直接的肉体需要的支配下生产，而人甚至不受肉体需要的支配也进行生产，并且只有不受这种需要的支配时才进行真正的生产；动物只生产自身，而人再生产整个自然界；动物的产品直接同它的肉体相联系，而人则自由地对待自己的产品。动物只是按照它所属的那个种的尺度和需要来建造，而人却懂得按照任何一个种的尺度来进行生产，并且懂得怎样处处都把内在的尺度运用到对象上去；因此，人也按照美的规律来建造。

因此，正是在改造对象世界中，人才真正地证明自己是**类存在物**。这种生产是人的能动的类生活。通过这种生产，自然界才表现为他的作品和他的现实。因此，劳动的对象是**人的类生活的对象化**：人不仅象在意识中那样理智地复现自己，而且能动地、现实地复现自己，从而在他所创造的世界中直观自身。因此，异化劳动从人那里夺去了他的生产的对象，也就从人那里夺去了他的**类生活**，即他的现实的、类的对象性，把人对动物所具有的优点变成缺点，因为从人那里夺走了他的无机的身体即自然界。

同样，异化劳动把自我活动、自由活动贬低为手段，也就把人的类生活变成维持人的肉体生存的手段。

因而，人具有的关于他的类的意识也由于异化而改变，以致类生活对他说来竟成了手段。

这样一来，异化劳动造成如下的结果：

（3）**人的类本质**——无论是自然界，还是人的精神的、类的能力——变成人的**异己的**本质，变成维持他的**个人生存的手段**。异化劳动使人自己的身体，以及在他之外的自然界，他的精神本质，他的**人的**本质同人相异化。

（4）人同自己的劳动产品、自己的生命活动、自己的类本质相异化这一事实所造成的直接结果就是**人同人相异化**。当人同自身相对立的时候，他也同**他人**相对立。凡是适用于人同自己的劳动、自己的劳动产品和自身的关系的东西，也都适用于人同他人、同他人的劳动和劳动对象的关系。

总之，人同他的类本质相异化这一命题，说的是一个人同他人相异化，以及他们中的每个人都同人的本质相异化。

人的异化，一般地说人同自身的任何关系，只有通过人同其他人的关系才得到实现和表现。

因而，在异化劳动的条件下，每个人都按照他本身作为工人所处的那种关系和尺度来观察他人。

［XXV］我们已经从经济事实即工人及其产品的异化出发。我们表述了这一事实的概念：**异化的、外化的**劳动。我们分析了这一概念，因而我们只是分析了一个经济事实。

现在我们要进一步考察异化的、外化的劳动这一概念在现实中必须怎样表达和表现。

如果说劳动产品对我说来是异己的，是作为异己的力量同我相对立，那么，它到底属于谁呢？

如果我自己的活动不属于我，而是一种异己的活动、被迫的活动，那么，它到底属于谁呢？

属于有别于我的**另一个存在物**。这个存在物是谁呢？

是**神**吗？确实，起初主要的生产活动，如埃及、印度、墨西哥的神殿建造等等，是为了供奉神的，而产品本身也是属于神的。但是，神从来不单独是劳动的主人。**自然界**也不是主人。而且，下面这种情况会多么矛盾：人越是通过自己的劳动使自然界受自己支配，神的奇迹越是由于工业的奇迹而变成多余，人就越是不得不为了讨好这些力量而放弃生产的欢乐和对产品的享受！

劳动和劳动产品所归属的那个**异己的**存在物，劳动为之服务和劳动产品供其享受的那个存在物，只能是**人**本身。

如果劳动产品不属于工人，并作为一种异己的力量同工人相对立，那么，这只能是由于产品属于**工人之外的另一个人**。如果工人的活动对他本身来说是一种痛苦，那么，这种活动就必然给另一个人带来**享受**和欢乐。不是神也不是自然界，只有人本身才能成为统治人的异己力量。

还必须注意上面提到的这个命题：人同自身的关系只有通过他同他人的关系，才成为对他说来是**对象性的、现实的**关系。因此，如果人同他的劳动产品即对象化劳动的关系，就是同一个**异己的、敌对的**、强有力的、不依赖于他的对象的关系，那么，他同这一对象所以发生这种关系就在于有另一个异己的、敌对的、强有力的、不依赖于他的人是这一对象的主人。如果人把自身的活动看作一种不自由的活动，那么，他是把这种活动看作替他人服务的、受他人支配的、处于他人的强迫和压制之下的活动。

人同自身和自然界的任何自我异化，都表现在他使自身和自然界跟另一个与他不同的人发生的关系上。因此，宗教的自我异化也必然表现在俗人同僧侣或者俗人同耶稣基督(因为这里涉及精神世界)等等的关系上。在实践的、现实的世界中，自我异化只有通过同其他人的实践的、现实的关系才能表现出来。异化借以实现的手段本身就是**实践的**。因此，通过异化劳动，人不仅生产出他同作为异己的、敌对的力量的生产对象和生产行为的关系，而且生产出其他人同他的生产和他的产品的关系，以及他同这些人的关系。正象他把他自己的生产变成使自己失去现实性，使自己受惩罚一样，正象他丧失掉自己的产品并使它变成不属于他的产品一样，他也生产出不生产的人对生产和产品的支配。正象他使他自己的活动同自身相异化一样，他也使他人占有非自身的活动。

上面，我们只是从工人方面考察了这一关系；下面我们还要从非工人方面来加以考察。

总之，通过**异化的、外化的劳动**，工人生产出一个跟劳动格格不入的、站在劳动之外的人同这个劳动的关系。工人同劳动的关系，生产出资本家(或者不管人们给雇主起个什么别的名字)同这个劳动的关系。从而，**私有财产**是**外化劳动**即工人同自然界和自身的外在关系的产物、结果和必然后果。

因此，我们通过分析，从外化劳动这一概念，即从外化的人、异化劳动、异化的生命、异化的人这一概念得出私有财产这一概念。

诚然，我们从国民经济学得到作为**私有财产运动**之结果的**外化劳动(外化的生命)**这一概念。但是对这一概念的分析表明，与其说私有财产表现为外化劳动的根据和原因，还不如说它是外化劳动的结果，正象神**原先**不是人类理性迷误的原因，而是人类理性迷误的结果一样。后来，这种关系就变成相互作用的关系。

私有财产只有发展到最后的、最高的阶段,它的这个秘密才重新暴露出来,私有财产一方面是外化劳动的**产物**,另一方面又是劳动借以外化的**手段,是这一外化的实现**。

这些论述使至今没有解决的各种矛盾立刻得到阐明。

(1)国民经济学虽然从劳动是生产的真正灵魂这一点出发,但是它没有给劳动提供任何东西,而是给私有财产提供了一切。蒲鲁东从这个矛盾得出了有利于劳动而不利于私有财产的结论。然而我们看到,这个表面的矛盾是**异化劳动**同自身的矛盾,而国民经济学只不过表述了异化劳动的规律罢了。

因此,我们也看到**工资**和**私有财产**是同一的,因为用劳动产品、劳动对象来偿付劳动本身的工资,不过是劳动异化的必然的后果,因为在工资中,劳动本身不表现为目的本身,而表现为工资的奴仆。下面我们要详细说明这个问题,现在不过再作出[XXVI]几点结论。

强制提高工资(不谈其他一切困难,也不谈这种强制提高工资作为一种反常情况,也只有靠强制才能维持),无非是**给奴隶以较多报酬**,而且既不会使工人也不会使劳动获得人的身分和尊严。

甚至蒲鲁东所要求的**工资平等**,也只能使今天的工人同他的劳动的关系变成一切人同劳动的关系。这时社会就被理解为抽象的资本家。[19]

工资是异化劳动的直接结果,而异化劳动是私有财产的直接原因。因此,随着一方衰亡,另一方也必然衰亡。

(2)从异化劳动同私有财产的关系可以进一步得出这样的结论:社会从私有财产等等的解放、从奴役制的解放,是通过**工人解放**这种**政治**形式表现出来的,而且这里不仅涉及工人的解放,因为工人的解放包含全人类的解放;其所以如此,是因为整个人类奴役制就包含在工人同生产的关系中,而一切奴役关系只不过是这种关系的变形和后果罢了。

正如我们通过**分析**从**异化的、外化的劳动**的概念得出**私有财产**的概念一样,我们也可以借助这两个因素来阐明国民经济学的一切**范畴**,而且我们将发现其中每一个范畴,例如商业、竞争、资本、货币,不过是这两个基本因素的**特定的、展开了的**表现而已。

但是在考察这些范畴的形成以前,我们还打算解决两个任务:

(1)从私有财产同**真正人的和社会的财产**的关系来说明作为异化劳动的结果的**私有财产**的普遍**本质**。

(2)我们已经承认**劳动的异化、外化**这个事实,并对这一事实进行了分析。现在要问，人怎么使他的**劳动外化、异化**？这种异化又怎么以人类发展的本质为根据？我们把**私有财产的起源**问题变为**异化劳动**同人类发展的关系问题，也就为解决这一任务得到了许多东西。因为当人们谈到**私有财产**时，认为他们谈的是人之外的东西。而当人们谈到劳动时，则认为是直接谈到人本身。问题的这种新的提法本身就已包含问题的解决。

补入（1）私有财产的普遍本质以及私有财产同真正人的财产的关系。

这里外化劳动分解为两个组成部分，它们互相制约，或者说它们只是同一种关系的不同表现，**占有**表现为**异化、外化**，而**外化**表现为**占有**，异化表现为真正得到**公民权**。

我们已经考察了一个方面，考察了**外化劳动**同**工人本身**的关系，也就是说，考察了**外化劳动同自身**的关系。我们发现，这一关系的产物或必然结果是非工人同工人和劳动的财产关系。私有财产作为外化劳动的物质的、概括的表现，包含着这两种关系：**工人同劳动、自己的劳动产品和非工人的关系，以及非工人同工人和工人的劳动产品**的关系。

我们已经看到，对于通过劳动而**占有**自然界的工人说来，占有就表现为异化，自我活动表现为替他人活动和他人的活动，生命过程表现为生命的牺牲，对象的生产表现为对象的丧失，即对象转归异己力量、**异己的**人所有。现在我们就来考察一下这个对劳动和工人是**异己的**人同工人、劳动和劳动对象的关系。

首先必须指出，凡是在工人那里表现为**外化、异化的活动**的，在非工人那里都表现为**外化、异化的状态**。

其次，工人在生产中的**现实的、实践的态度**，以及他对产品的态度（作为一种精神状态），在同他相对立的非工人那里表现为**理论的**态度。

［XXVII］第三，凡是工人做的对自身不利的事，非工人都对工人做了，但是，非工人做的对工人不利的事，他对自身却不做。

我们进一步考察这三种关系。［XXVI］

［共产主义］
［I］补入第XXXIX页。——但是，**无产**和**有产**的对立，只要还没有把它理解为**劳动**和**资本**的对立，它还是一种无关紧要的对立，一种没有从它的**能动关系**上、它的**内在**关系上来理解的对立，还没有作为**矛盾**来理解的对立[20]。这种对立即使没有私有财产的进一步的运动也能以**最初的**形式表现出来，如在古罗马、土耳其等。所以它还不**表现为**由私有财产本身规定的对立。但是，作为财产之排除的劳动，即私有财产的主体本质，和作为劳动之排除的资本，即客体化的劳动，—— 这就是发展到矛盾状态的，因而也是有力地促使这

种矛盾状态得到解决的**私有财产**。

补入同一页。——自我异化的扬弃同自我异化走的是一条道路。最初，对**私有财产**只是从它的客体方面来考察，——但劳动仍然被看成它的本质。因此，它的存在形式就是"本身"应被消灭的**资本**(蒲鲁东)。或者，劳动的**特殊方式**，即划一的、分散的因而是不自由的劳动，被理解为私有财产的**有害性**的和它同人相异化的存在的根源；**傅立叶**，他和重农学派一样，也把**农业劳动**看成至少是**最好**的劳动，[21]而圣西门则相反，他把**工业劳动**本身说成本质，因此他渴望工业家独占统治和改善工人状况。[22]最后，共产主义是扬弃私有财产的**积极**表现；开始时它作为**普遍**的私有财产出现。[23]共产主义是从私有财产的**普遍性**来看私有财产关系，因而共产主义(1)在它的最初的形式中不过是私有财产关系的**普遍化**和**完成**。[24]这样的共产主义以两种形式表现出来：首先，**物质的**财产对它的统治那么厉害，以致它想把不能被所有人作为**私有财产**占有的**一切**都消灭；它想用**强制的方法**把才能等等舍弃。在它看来，物质的直接**占有**是生活和存在的唯一目的；**工人**这个范畴并没有被取消，而是被推广到一切人身上；私有财产关系仍然是整个社会同实物世界的关系；最后，用普遍的私有财产来反对私有财产的这个运动以一种动物的形式表现出来：**用公妻制**(也就是把妇女变为**公有的和共有的**财产)来反对**婚姻**(它确实是一种**排他性的私有财产的形式**)。人们可以说，**公妻制**这种思想暴露了这个完全粗陋的和无思想的共产主义的**秘密**。正像妇女从婚姻转向普遍卖淫①一样，财富即人的对象性的本质的整个世界也从它同私有者的排他性的婚姻关系转向它同整个社会的普遍卖淫关系。这种共产主义，由于到处否定人的**个性**，只不过是私有财产的彻底表现，私有财产就是这种否定。普遍的和作为权力形成起来的**忌妒**，是**贪欲**所采取的并且仅仅是用**另一种**方式来满足自己的隐蔽形式。一切私有财产，就它本身来说，**至少**都对**较富裕**的私有财产怀有忌妒和平均化欲望，这种忌妒和平均化欲望甚至构成竞争的本质。粗陋的共产主义不过是这种忌妒和这种从**想象的**最低限度出发的平均化的顶点。它具有一个**特定的、有限的**尺度。对整个文化和文明的世界的抽象否定，向**贫穷的**、没有需求的人—— 他不仅没有超越私有财产的水平，甚至从来没有达到私有财产的水平—— 的**非自然的**[Ⅳ]单纯倒退，恰恰证明私有财产的这种扬弃决不是真正的占有。[25]

共同性只是**劳动**的共同性以及由共同的资本即作为普遍的资本家的**共同体**支付的**工资**的平等。相互关系的两个方面被提高到**想象的**普遍性的程度：**劳动**是每个人的本分，而**资本**是共同体的公认的普遍性和力量。

拿妇女当作共同淫乐的**牺牲品**和婢女来对待，这表现了人在对待自身方面的无限的退化，因为这种关系的秘密在**男人**对**妇女**的关系上，以及在对**直接的**、自然的、类的关系的理解方式上，都毫不含糊地、确凿无疑地、**明显地**、露骨地表现出来了。人和人之间的直接的、自然的、必然的关系是**男女之间的关系**。在这种**自然的**、类的关系中，人同自然界

---

① 卖淫不过是**工人普遍**卖淫的一个**特殊**表现而已，因为这种卖淫是一种不仅包括卖淫者，而且包括逼人卖淫者的关系，并且后者的下流无耻远为严重，所以，资本家等等，也包括到卖淫这一范畴中。

的关系直接就是人和人之间的关系，而人和人之间的关系直接就是人同自然界的关系，就是他自己的自然的规定。因此，这种关系通过**感性**的形式，作为一种显而易见的**事实，表现出**人的本质在何种程度上对人说来成了自然界，或者自然界在何种程度上成了人具有的人的本质。因而，从这种关系就可以判断人的整个教养程度。从这种关系的性质就可以看出，人在何种程度上成为并把自己理解为**类存在物、人**。男女之间的关系是人和人之间**最自然**的关系。因此，这种关系表明人的**自然**的行为在何种程度上成了**人的**行为，或者人的本质在何种程度上对人说来成了**自然的本质**，他的**人的本性**在何种程度上对他说来成了**自然界**。这种关系还表明，人具有的**需要**在何种程度上成了**人的**需要，也就是说，**别人**作为人在何种程度上对他说来成了需要，他作为个人的存在在何种程度上同时又是社会存在物。

由此可见，对私有财产的最初的积极的扬弃，即**粗陋的**共产主义，不过是想把自己作为**积极的共同体**确定下来的私有财产的卑鄙性的一种**表现形式**。

(2)共产主义(α)按政治性质是民主的或专制的；(β)是废除国家的，但同时是尚未完成的，并且仍然处于私有财产即人的异化的影响下。这两种形式的共产主义都已经把自己理解为人向自身的还原或复归，理解为人的自我异化的扬弃；但是它还没有弄清楚私有财产的积极的本质，也还不理解需要的**人的**本性，所以它还受私有财产的束缚和感染。它虽然已经理解私有财产这一概念，但是还不理解它的本质。

(3)共产主义是私有财产即人的自我异化的积极的扬弃，因而是通过人并且为了人而对**人**的本质的真正**占有**；因此，它是人向自身、向**社会的**(即人的)人的复归，这种复归是完全的、自觉的而且保存了以往发展的全部财富的。这种共产主义，作为完成了的自然主义，等于人道主义，而作为完成了的人道主义，等于自然主义，它是人和自然界之间、人和人之间的矛盾的**真正解决**，是存在和本质、对象化和自我确证、自由和必然、个体和类之间的斗争的真正解决。它是历史之谜的解答，而且知道自己就是这种解答。[26]

[Ⅴ]因此，历史的全部运动，既是这种共产主义的**现实的**产生活动即它的经验存在的诞生活动，同时，对它的能思维的意识说来，又是它的**被理解到**和**被认识到的生成**运动。而上述尚未完成的共产主义从个别的同私有财产相对立的历史形态中为自己寻找**历史的**证明，从现存的事物中寻找证明，同时从运动中抽出个别环节(卡贝、维尔加尔德尔等人尤其喜欢卖弄这一套)，把它们作为自己的历史的纯种的证明固定下来；但是它这样做恰好说明：历史运动的绝大部分是同它的论断相矛盾的，如果说它曾经存在过，那么它的这种**过去**的存在恰恰反驳了对**本质**的奢求。

不难看到，整个革命运动必然在**私有财产**的运动中，即在经济中，为自己既找到经验的基础，也找到理论的基础。

这种**物质的**、直接**感性的**私有财产，是**异化了的、人的生命的**物质的、感性的表现。私有财产的运动——生产和消费——是以往全部生产的运动的**感性**表现，也就是说，是人的实现或现实。宗教、家庭、国家、法、道德、科学、艺术等等，都不过是生产的一些**特殊的**方式，并且受生产的普遍规律的支配。因此，**私有财产的积极的扬弃，作为对人的生命的占有，是一切异化的积极的扬弃，从而是人从宗教、家庭、国家等等向自己的**人的**即**社会的**存在的复归。宗教的异化本身只是发生在人内心深处的**意识**领域中，而经济的异化则是**现实生活**的异化，——因此异化的扬弃包括两个方面。不言而喻，在不同的民族那里，这一运动从哪个**领域**开始，这要看一个民族的真正的、**公认的**生活主要是在意识领域中还是在外部世界中进行，这种生活更多地是观念的生活还是现实的生活。共产主义从一开始就是无神论(**欧文**)[27]，而无神论最初还远不是**共产主义**；那种无神论无宁说还是一个抽象。所以，无神论的博爱最初还只是**哲学的**、抽象的博爱，而共产主义的博爱则从一开始就是**现实的**和直接追求**实效的**。

我们已经看到，在被积极扬弃的私有财产的前提下，人如何生产人——他自己和别人；直接体现他的个性的对象如何是他自己为别人的存在，同时是这个别人的存在，而且也是这个别人为他的存在。但是，同样，无论劳动的材料还是作为主体的人，都既是运动的结果，又是运动的出发点(并且二者必须是**出发点**，私有财产的历史**必然性**就在于此)。因此，**社会性质**是整个运动的一般性质；正像社会本身生产作为人的人一样，人也生产社会。活动和享受，无论就其内容或就其**存在方式**来说，都是**社会的**，是社会的活动和社会的享受。自然界的人的本质只有对**社会的**人说来才是存在的；因为只有在社会中，自然界对人说来才是人与**人联系的纽带**，才是他为别人的存在和别人为他的存在，才是人的现实的生活要素；只有在社会中，自然界才是人自己的**人的**存在的**基础**。只有在社会中，人的**自然的**存在对他说来才是他的**人的**存在，而自然界对他说来才成为人。因此，**社会**是人同自然界的完成了的本质的统一，是自然界的真正复活，是人的实现了的自然主义和自然界的实现了的人道主义。

[Ⅵ]社会的活动和社会的享受决**不仅仅**存在于**直接**共同的活动和直接**共同的**享受这种形式中，虽然**共同**的活动和**共同**的享受，即直接通过同别人的**实际交往**表现出来和得到确证的那种活动和享受，在社会性的上述**直接**表现以这种活动或这种享受的内容本身为根据并且符合其本性的地方都会出现。

甚至当我从事**科学**之类的活动，即从事一种我只是在很少情况下才能同别人直接交往的活动的时候，我也是**社会的**，因为我是作为**人**活动的。不仅我的活动所需的材料，甚至思想家用来进行活动的语言本身，都是作为社会的产品给予我的，而且我**本身**的存在**就是**社会的活动；因此，我从自身所做出的东西，是我从自身为社会做出的，并且意识到我自己是社会的存在物。

我的**普遍**意识不过是以**现实**共同体、社会存在物为**生动**形式的那个东西的**理论**形式，而在今天，**普遍**意识是现实生活的抽象，并且作为这样的抽象是与现实生活相敌对的。因此，我的普遍意识的**活动**本身也是我作为社会存在物的**理论**存在。

首先应当避免重新把"社会"当作抽象的东西同个人对立起来。个人**是社会存在物**。因此，他的生命表现，即使不采取**共同的**、同其他人一起完成的生命表现这种直接形式，也是社会生活的表现和确证。人的个人生活和类生活并不是**各不相同的**，尽管个人生活的存在方式必然是类生活的较为**特殊的**或者较为**普遍的**方式，而类生活必然是较为**特殊的**或者较为**普遍的**个人生活。

作为**类意识**，人确证自己的现实的**社会生活**，并且只是在思维中复现自己的现实存在；反之，类存在则在类意识中确证自己，并且在自己的普遍性中作为思维着的存在物自为地存在着。

因此，人是一个**特殊的**个体，并且正是他的特殊性使他成为一个个体，成为一个现实的、**单个的**社会存在物，同样地他也是**总体**、观念的总体、被思考和被感知的社会的主体的自为存在，正如他在现实中既作为社会存在的直观和现实享受而存在，又作为人的生命表现的总体而存在一样。

可见，思维和存在虽有**区别**，但同时彼此又处于**统一**中。

死似乎是类对**特定的**个体的冷酷无情的胜利，并且似乎是同它们的统一相矛盾的；但是特定的个体不过是一个**特定的类存在物**，而作为这样的存在物是迟早要死的。

（4）**私有财产**不过是下述情况的感性表现：人变成了对自己说来是**对象性的**，同时变成了异己的和非人的对象；他的生命表现就是他的生命的外化，他的现实化就是他失去现实性，就是**异己的**现实。同样，私有财产的积极的扬弃，也就是说，为了人并且通过人对人的本质和人的生命、对象性的人和人的**产品**的**感性**的占有，不应当仅仅被理解为**直接的**、片面的**享受**，不应当仅仅被理解为**占有、拥有**。人以一种全面的方式，也就是说，作为一个完整的人，占有自己的全面的本质。人同世界的任何一种**人的**关系——视觉、听觉、嗅觉、味觉、触觉、思维、直观、感觉、愿望、活动、爱，——总之，他的个体的一切器官，正像在形式上直接是社会的器官的那些器官一样，[Ⅶ]通过自己的**对象性**关系，即通过自己**同对象**的关系而占有对象。对**人的**现实性的占有，它同对象的关系，是**人的现实性的实现**①，是人的**能动**和人的**受动**，因为按人的含义来理解的受动，是人的一种自我享受。

私有制使我们变得如此愚蠢而片面，以致一个对象，只有当它为我们拥有的时候，也就是说，当它对我们说来作为资本而存在，或者它被我们直接占有，被我们吃、喝、穿、住等等的时候，总之，在它被我们**使用**的时候，才是**我们的**，尽管私有制本身也把占有的这一切直接实现仅仅看作**生活手段**，而它们作为手段为之服务的那种生活是**私有制的生活**——劳动和资本化。

因此，**一切**肉体的和精神的感觉都被这**一切**感觉的单纯异化即拥有的感觉所代替。人的本质必须被归结为这种绝对的贫困，这样它才能够从自身产生出它的内部的丰富性。

---

①　因此，正像人的**本质规定**和**活动**是多种多样的一样，人的**现实性**也是多种多样的。

（关于**拥有**这个范畴，见《二十一印张》文集中**赫斯**的论文。[28]）

因此，私有财产的扬弃，是人的一切感觉和特性的彻底**解放**；但这种扬弃之所以是这种解放，正是因为这些感觉和特性无论在主体上还是在客体上都变成人的。眼睛变成了人**的眼睛**，正像眼睛的**对象**变成了社会的、**人的**、由人并为了人创造出来的对象一样。因此，**感觉**通过自己的实践直接变成了**理论家**。感觉为了物而同**物**发生关系，但物本身却是对自身和对人的一种**对象性的、人的关系**①；反过来也是这样。因此，需要和享受失去了自己的**利己主义性质**，而自然界失去了自己的纯粹的有用性，因为效用成了人的效用。

同样，别人的感觉和享受也成了我**自己的**占有。因此，除了这些直接的器官以外，还以社会的**形式**形成**社会**的器官。例如，直接同别人交往的活动等等，成了我的**生命表现**的器官和对**人的**生命的一种占有方式。

不言而喻，**人的**眼睛和原始的、非人的眼睛得到的享受不同，人的**耳朵**和原始的耳朵得到的享受不同，如此等等。

我们知道，只有当对象对人说来成为**人的**对象或者说成为对象性的人的时候，人才不致在自己的对象里面丧失自身。只有当对象对人说来成为**社会的**对象，人本身对自己说来成为社会的存在物，而社会在这个对象中对人说来成为本质的时候，这种情况才是可能的。

因此，一方面，随着对象性的现实在社会中对人说来到处成为人的本质力量的现实，成为人的现实，因而成为人**自己的**本质力量的现实，一切**对象**对他说来也就成为他自身的**对象化**，成为确证和实现他的个性的对象，成为他的对象，而这就是说，对象成了**他自身**。对象如何对他说来成为**他的**对象，这取决于**对象的性质**以及与之相适应的**本质力量**的性质；因为正是这种关系的**规定性**形成一种特殊的、**现实的肯定方式**。眼睛对对象的感觉不同于**耳朵**，眼睛的对象不同于**耳朵**的对象。每一种本质力量的独特性，恰好就是这种本质力量的**独特的本质**，因而也是它的对象化的独特方式，它的**对象性的、现实的、活生生**的**存在**的独特方式。因此，人不仅通过思维，[Ⅷ]而且以全**部**感觉在对象世界中肯定自己。

另一方面，即从主体方面来看：只有音乐才能激起人的音乐感；对于没有音乐感的耳朵说来，最美的音乐也**毫无**意义，不是对象，因为我的对象只能是我的一种本质力量的确证，也就是说，它只能像我的本质力量作为一种主体能力自为地存在着那样对我存在，因为任何一个对象对我的意义(它只是对那个与它相适应的感觉说来才有意义)都以**我的**感觉所及的程度为限。所以社会的人的**感觉不同于**非社会的人的感觉。只是由于人的本质的客观地展开的丰富性，主体的、人的感性的丰富性，如有音乐感的耳朵、能感受形式美的眼睛，总之，那些能成为**人的**享受的感觉，即确证自己是**人的**本质力量的感觉，才一部分

---

① 只有当物按人的方式同人发生关系时，我才能在实践上按人的方式同物发生关系。

发展起来，一部分产生出来。因为，不仅五官感觉，而且所谓精神感觉、实践感觉（意志、爱等等），一句话，**人的感觉、感觉的人性**，都只是由于**它**的对象的存在，由于**人化的自然界**，才产生出来的。五官感觉的**形成**是以往全部世界历史的产物。囿于粗陋的实际需要的**感觉**只具有**有限的**意义。对于一个忍饥挨饿的人说来并不存在人的食物形式，而只有作为食物的抽象存在；食物同样也可能具有最粗糙的形式，而且不能说，这种饮食与**动物的**饮食有什么不同。忧心忡忡的穷人甚至对最美丽的景色都**没有什么感觉**；贩卖矿物的商人只看到矿物的商业价值，而看不到矿物的美和特性；他没有矿物学的感觉。因此，一方面为了使人的**感觉**成为**人的**，另一方面为了创造同人的本质和自然界的本质的全部丰富性相适应的**人的感觉**，无论从理论方面还是从实践方面来说，人的本质的对象化都是必要的。

通过**私有财产**及其富有和贫困——物质的和精神的富有和贫困——的运动，正在产生的社会发现这种**形成**所需的全部材料；同样，**已经产生**的社会，创造着具有人的本质的这种全部丰富性的人，创造着**具有丰富的、全面而深刻的感觉**的人作为这个社会的恒久的现实。

我们看到，主观主义和客观主义，唯灵主义和唯物主义，活动和受动，只是在社会状态中才失去它们彼此间的对立，并从而失去它们作为这样的对立面的存在；我们看到，**理论的**对立本身的解决，**只有**通过**实践**方式，只有借助于人的实践力量，才是可能的；因此，这种对立的解决决不只是认识的任务，而是一个**现实生活**的任务，而**哲学**未能解决这个任务，正因为哲学把这**仅仅**看作理论的任务。

我们看到，**工业**的历史和工业的已经产生的**对象性**的存在，是一本**打开了的关于人的本质力量**的书，是感性地摆在我们面前的人的**心理学**[29]；对这种心理学人们至今还没有从它同人的**本质**的联系上，而总是仅仅从外表的效用方面来理解，因为在异化范围内活动的人们仅仅把人的普遍存在，宗教或者具有抽象普遍本质的历史，如政治、艺术和文学等等，理解为人的本质力量的现实性和**人的类活动**。[Ⅸ]在**通常的、物质的工业**中（人们可以把这种工业看成是上述普遍运动的一部分，正像可以把这个运动本身看成是工业的一个特殊部分一样，因为全部人的活动迄今都是劳动，也就是工业，就是自身异化的活动），人的**对象化的本质力量**以感性的、异己的、有用的对象的形式，以异化的形式呈现在我们面前。如果心理学还没有打开这本书即历史的这个恰恰最容易感知的、最容易理解的部分，那么这种心理学就不能成为内容确实丰富的和**真正的**科学。如果科学从人的活动的如此广泛的丰富性中只知道那种可以用**"需要"、"一般需要"**的话来表达的东西，那么人们对于这种**高傲地**撇开人的劳动的这一巨大部分而不感觉自身不足的科学究竟应该怎样想呢？

自然科学展开了大规模的活动并且占有了不断增多的材料。但是哲学对自然科学始终是疏远的，正像自然科学对哲学也始终是疏远的一样。过去把它们暂时结合起来，不过是**离奇的幻想**。存在着结合的意志，但缺少结合的能力。甚至历史学也只是顺便地考虑到自然科学，仅仅把它看作是启蒙、有用性和某些伟大发现的因素。然而，自然科学却通过工业日益**在实践上**进入人的生活，改造人的生活，并为人的解放作准备，尽管它不得不直接地完成非人化。**工业**是自然界同人之间,因而也是自然科学同人之间的**现实的**历史关系。因此,如果把工业看成人的**本质力量**的**公开**的展示,那么,自然界的**人的本质**,或者人的**自然的本质**,也就可以理解了;因此,自然科学将失去它的抽象物质的或者不如说是唯心主义的方向,并且将成为**人的科学**的基础,正像它现在已经——尽管以异化的形式——成了真正人的生活的基础一样;至于说生活有它的**一种**基础,**科学**有它的另一种基础——这根本就是谎言。在人类历史中即在人类社会的产生过程中形成的自然界是人的**现实的自然界**;因此,通过工业——尽管以**异化**的形式——形成的自然界,是真正的、**人类学的**自然界。

感性(见费尔巴哈)必须是一切科学的基础。科学只有从**感性**意识和感性需要这两种形式的感性出发,因而,只有从自然界出发,才是**现实的**科学。全部历史是为了使"**人**"成为**感性**意识的对象和使"**人作为人**"的需要成为[自然的、感性的]需要而作准备的发展史。历史本身是**自然史**的即自然界成为人这一过程的一个**现实部分**。自然科学往后将包括关于人的科学,正像关于人的科学包括自然科学一样:这将是**一门科学**。

[X]人是自然科学的直接对象;因为直接的**感性自然界**,对人说来直接地就是人的感性(这是同一个说法),直接地就是**另一个**对他说来感性地存在着的人;因为他自己的感性,只有通过**另一个人**,才对他本身说来是人的感性。但是**自然界**是**关于人的科学**的直接对象。人的第一个对象——人——就是自然界、感性;而那些特殊的人的感性的本质力量,正如它们只有在**自然**对象中才能得到客观的实现一样,只有在关于自然本质的科学中才能获得它们的自我认识。思维本身的要素,思想的生命表现的要素,即**语言**,是感性的自然界。自然界的社会的现实,和**人的自然科学**或**关于人的自然科学**,是同一个说法。

//我们看到,**富有的人**和富有的人的需要代替了国民经济学上的**富有**和**贫困**。富有的人同时就是需要有完整的人的生命表现的人,在这样的人的身上,他自己的实现表现为内在的必然性、表现为**需要**。不仅人的**富有**,而且人的**贫困**,在社会主义的前提下同样具有**人的**、因而是社会的意义。贫困是被动的纽带,它迫使人感觉到需要最大的财富即**另一种人**。因此,对象性的本质在我身上的统治,我的本质活动的感性的爆发,在这里是一种成为我的本质的**活动**的激情。//

(5)任何一个**存在物**只有当它用自己的双脚站立的时候,才认为自己是独立的,而且只有当它依靠自己而**存在**的时候,它才是用自己的双脚站立的。靠别人恩典为生的人,把自己看成一个从属的存在物。但是,如果我不仅靠别人维持我的生活,而且别人还**创造了**我的**生活**,别人还是我的生活的**泉源**,那么,我就完全靠别人的恩典为生;如果我的生活不是我自己的创造,那么,我的生活就必定在我之外有这样一个根源。所以,**创造**是一个很难从人民意识中排除的观念。自然界和人的通过自身的存在,对人民意识来说是**不能理解的**,因为这种存在是同实际生活的一切**明摆着的事实**相矛盾的。

大地创造说,受到了**地球构造学**[30](即说明地球的形成、生成是一个过程、一种自我产生的科学）的致命打击。自然发生说[31]是对创世说的唯一实际的驳斥。

对个别人说说亚里士多德已经说过的下面这句话，当然是容易的：你是你的父亲和你的母亲生出来的；这就是说，在你身上，两个人的性结合即人的类行为生产了人。因而，你看到，人的肉体的存在也要归功于人。所以，你应该不是仅仅注意**一个方面**即**无限**的过程，由于这个过程你会进一步发问：谁生出了我的父亲？谁生出了他的祖父？等等。你还应该紧紧盯住这个无限过程中的那个可以直接感觉到的**循环运动**，由于这个运动，人通过生儿育女使自身重复出现，因而**人**始终是主体。但是你会回答说：我承认这个循环运动，那么你也要承认那个无限的过程，这过程驱使我不断追问，直到提出谁产生了第一个人和整个自然界这一问题。我只能对你作如下的回答：你的问题本身就是抽象的产物。请你问一下自己，你是怎样想到这个问题的；请你问一下自己，你的问题是不是来自一个因为荒谬而使我无法回答的观点。请你问一下自己，那个无限的过程本身对理性的思维说来是否存在。既然你提出自然界和人的创造问题，那么你也就把人和自然界抽象掉了。你假定它们是**不存在的**，然而你却希望我向你证明它们是**存在的**。那我就对你说：放弃你的抽象，那么你也就放弃你的问题，或者，你要坚持自己的抽象，那么你就要贯彻到底，如果你设想人和自然界是**不存在的**，[XI]那么你就要设想你自己也是不存在的，因为你自己也是自然界和人。不要那样想，也不要那样向我提问，因为一旦你那样想，那样提问，你就会把自然界和人的存在**抽象掉**，这是没有任何意义的。也许你是一个假定一切都不存在，而自己却想存在的利己主义者吧？

你可能反驳我说：我并不想假定自然界是不存在的；我是问你自然界是如何**产生**的，正像我问解剖学家骨骼如何形成等等一样。

但是，因为在社会主义的人看来，**整个所谓世界历史**不外是人通过人的劳动而诞生的过程，是自然界对人说来的生成过程，所以，关于他通过自身而**诞生**、关于他的**产生过程**，他有直观的、无可辩驳的证明。因为人和自然界的**实在性**，即人对人说来作为自然界的存在以及自然界对人说来作为人的存在，已经变成实践的、可以通过感觉直观的，所以，关于某种**异己的**存在物、关于凌驾于自然界和人之上的存在物的问题，即包含着对自然界和人的非实在性的承认的问题，在实践上已经成为不可能的了。**无神论**，作为对这种非实在性的否定，已不再有任何意义，因为无神论是**对神的否定**，并且正是通过这种否定而肯定**人的存在**；但是社会主义，作为社会主义，已经不再需要这样的中介；它是从把人和自然界看作**本质**这种**理论上和实践上的感性意识**开始的。社会主义是人的不再以宗教的扬弃为中介的**积极的自我意识**，正像**现实生活**是人的不再以私有财产的扬弃即**共产主义**为中介的积极的现实一样。共产主义是作为否定的否定的肯定，因此它是人的解放和复原的一个**现实的**、对下一段历史发展说来是必然的环节。**共产主义**是最近将来的必然的形式和有效的原则。但是，这样的共产主义并不是人类发展的目标，并不是人类社会的形式。[XI]

关于费尔巴哈的提纲[32]

1. 关于费尔巴哈①

一

从前的一切唯物主义(包括费尔巴哈的唯物主义)的主要缺点是：对对象、现实、感性，只是从客体的或者直观的形式去理解，而不是把它们当做感性的人的活动，当做实践去理解，不是从主体方面去理解。因此，和唯物主义相反，唯心主义却把能动的方面抽象地发展了，当然，唯心主义是不知道现实的、感性的活动本身的。费尔巴哈想要研究跟思想客体确实不同的感性客体，但是他没有把人的活动本身理解为对象性的[gegenständliche]活动。因此，他在《基督教的本质》②中仅仅把理论的活动看做是真正人的活动，而对于实践则只是从它的卑污的犹太人的表现形式去理解和确定。因此，他不了解"革命的"、"实践批判的"活动的意义。

二

人的思维是否具有客观的[gegenständliche]真理性，这不是一个理论的问题，而是一个实践的问题。人应该在实践中证明自己思维的真理性，即自己思维的现实性和力量，自己思维的此岸性。关于思维——离开实践的思维——的现实性或非现实性的争论，是一个纯粹经院哲学[33]的问题。

三

关于环境和教育起改变作用的唯物主义学说忘记了：环境是由人来改变的，而教育者本人一定是受教育的。因此，这种学说必然会把社会分成两部分，其中一部分凌驾于社会之上。

环境的改变和人的活动或自我改变的一致，只能被看做是并合理地理解为革命的实践。

四

费尔巴哈是从宗教上的自我异化，从世界被二重化为宗教世界和世俗世界这一事实出发的。他做的工作是把宗教世界归结于它的世俗基础。但是，世俗基础使自己从自身中分离出去，并在云霄中固定为一个独立王国，这只能用这个世俗基础的自我分裂和自我矛盾来说明。因此，对于这个世俗基础本身应当在自身中、从它的矛盾中去理解，并且在实践中使之发生革命。因此，例如，自从发现神圣家族的秘密在于世俗家庭之后，世俗家庭本身就应当在理论上和实践中被消灭。

五

费尔巴哈不满意抽象的思维而喜欢直观；但是他把感性不是看做实践的、人的感性的

---

① 马克思 1845 年的稿本。本篇选自《马克思恩格斯选集》第一卷 133～136 页，人民出版社 2012 年版。

② 路·费尔巴哈《基督教的本质》1841 年莱比锡版。——编者注

活动。

六

费尔巴哈把宗教的本质归结于人的本质。但是，人的本质不是单个人所固有的抽象物，在其现实性上，它是一切社会关系的总和。

费尔巴哈没有对这种现实的本质进行批判，因此他不得不：

(1)撇开历史的进程，把宗教感情固定为独立的东西，并假定有一种抽象的——孤立的——人的个体。

(2)因此，本质只能被理解为"类"，理解为一种内在的、无声的、把许多个人自然地联系起来的普遍性。

七

因此，费尔巴哈没有看到，"宗教感情"本身是社会的产物，而他所分析的抽象的个人，是属于一定的社会形式的。

八

全部社会生活在本质上是实践的。凡是把理论引向神秘主义的神秘东西，都能在人的实践中以及对这种实践的理解中得到合理的解决。

九

直观的唯物主义，即不是把感性理解为实践活动的唯物主义，至多也只能达到对单个人和市民社会 34 的直观。

十

旧唯物主义的立脚点是市民社会，新唯物主义的立脚点则是人类社会或社会的人类。

十一

哲学家们只是用不同的方式解释世界，问题在于改变世界。

德意志意识形态[35](节选) ①

第一卷第一章

费尔巴哈
唯物主义观点和唯心主义观点的对立

[I]

正如德意志意识形态家们②所宣告的，德国在最近几年里经历了一次空前的变革。从

---

① 本篇选自《马克思恩格斯选集》第一卷 141-204 页，人民出版社 2012 年版。

② "意识形态家"原文为 Ideologe，过去曾译"思想家"、"玄想家"。Ideologe 一词是由 Ideologie(意识形态)派生出来的。为了保持这两个词译法的一致性，现将"思想家"、"玄想家"改为"意识形态家"。当时以青年黑格尔派为主要代表的德国哲学，颠倒意识与存在、思想与现实的关系，以纯思想批判代替反对现存制度的实际斗争。马克思和恩格斯把这种哲学称为"德意志意识形态"，把鼓吹这种哲学的人称为"德意志意识形态家"。——编者注

施特劳斯开始的黑格尔体系的解体过程[36]发展为一种席卷一切"过去的力量"的世界性骚动。在普遍的混乱中,一些强大的王国产生了,又匆匆消逝了,瞬息之间出现了许多英雄,但是马上又因为出现了更勇敢更强悍的对手而销声匿迹。这是一次革命,法国革命同它相比只不过是儿戏;这是一次世界斗争,狄亚多希[37]的斗争在它面前简直微不足道。一些原则为另一些原则所代替,一些思想勇士为另一些思想勇士所歼灭,其速度之快是前所未闻的。在1842—1845年这三年中间,在德国进行的清洗比过去三个世纪都要彻底得多。

据说这一切都是在纯粹的思想领域中发生的。

然而,不管怎么样,这里涉及的是一个有意义的事件:绝对精神的瓦解过程。在最后一点生命的火花熄灭之后,这具残骸①的各个组成部分就分解了,它们重新化合,构成新的物质。那些以哲学为业,一直以经营绝对精神为生的人们,现在都扑向这种新的化合物。每个人都不辞劳苦地兜售他所得到的那一份。竞争不可避免。起初这种竞争还相当体面,并且循规蹈矩。后来,当商品充斥德国市场,而在世界市场上尽管竭尽全力也无法找到销路的时候,按照通常的德国方式,生意都因搞批量的和虚假的生产,因质量降低、原料掺假、伪造商标、买空卖空、票据投机以及没有任何现实基础的信用制度而搞糟了。竞争变成了激烈的斗争,而这个斗争现在却被吹嘘和构想成一种具有世界历史意义的变革,一种产生了十分重大的结果和成就的因素。

为了正确地评价这种甚至在可敬的德国市民心中唤起怡然自得的民族感情的哲学叫卖,为了清楚地表明这整个青年黑格尔派运动的狭隘性、地域局限性,特别是为了揭示这些英雄们的真正业绩和关于这些业绩的幻想之间的令人啼笑皆非的显著差异,就必须站在德国以外的立场上来考察一下这些喧嚣吵嚷。②

一　费尔巴哈

A　一般意识形态,特别是德意志意识形态

德国的批判,直至它最近所作的种种努力,都没有离开过哲学的基地。这个批判虽然没有研究过自己的一般哲学前提,但是它谈到的全部问题终究是在一定的哲学体系即黑格尔体系的基地上产生的。不仅是它的回答,而且连它所提出的问题本身,都包含着神秘主义。对黑格尔的这种依赖关系正好说明了为什么在这些新出现的批判家中甚至没有一个人试图对黑格尔体系进行全面的批判,尽管他们每一个人都断言自己已经超越黑格尔哲学。他们和黑格尔的论战以及他们相互之间的论战,只局限于他们当中的每一个人都抓住黑格尔体系的某一方面,用它来反对整个体系,也反对别人所抓住的那些方面。起初他们还是

---

①　原文是 caput mortum,原意为"骷髅";在化学中,是指蒸馏过程结束后的残留物。——编者注

②　手稿中删去以下一段话:"因此,我们在对这个运动的个别代表人物进行专门批判之前,先提出一些有关德国哲学和整个意识形态的一般意见,这些意见要进一步揭示所有代表人物共同的意识形态前提。这些意见将充分表明我们在进行批判时所持的观点,而表明我们的观点对于了解和说明以后各种批评意见是必要的。我们这些意见正是针对费尔巴哈的,因为只有他才至少向前迈进了一步,只有他的著作才可以认真地加以研究。"——编者注

抓住纯粹的、未加伪造的黑格尔的范畴，如"实体"和"自我意识"①，但是后来却用一些比较世俗的名称如"类"、"唯一者"、"人"②等等，使这些范畴世俗化。

从施特劳斯到施蒂纳的整个德国哲学批判都局限于对宗教观念的批判③。他们的出发点是现实的宗教和真正的神学。至于什么是宗教意识，什么是宗教观念，他们后来下的定义各有不同。其进步在于：所谓占统治地位的形而上学观念、政治观念、法律观念、道德观念以及其他观念也被归入宗教观念或神学观念的领域；还在于：政治意识、法律意识、道德意识被宣布为宗教意识或神学意识，而政治的、法律的、道德的人，总而言之，"人"，则被宣布为宗教的人。宗教的统治被当成了前提。一切占统治地位的关系逐渐地都被宣布为宗教的关系，继而被转化为迷信——对法的迷信，对国家的迷信等等。到处涉及的都只是教义和对教义的信仰。世界在越来越大的规模内被圣化了，直到最后可尊敬的圣麦克斯④完全把它宣布为圣物，从而一劳永逸地把它葬送为止。

老年黑格尔派认为，只要把一切都归入黑格尔的逻辑范畴，他们就理解了一切。青年黑格尔派则硬说一切都包含宗教观念或者宣布一切都是神学上的东西，由此来批判一切。青年黑格尔派同意老年黑格尔派的这样一个信念，即认为宗教、概念、普遍的东西统治着现存世界。不过一派认为这种统治是篡夺而加以反对，另一派则认为这种统治是合法的而加以赞扬。

既然青年黑格尔派认为，观念、思想、概念，总之，被他们变为某种独立东西的意识的一切产物，是人们的真正枷锁，就像老年黑格尔派把它们看做是人类社会的真正镣铐一样，那么不言而喻，青年黑格尔派只要同意识的这些幻想进行斗争就行了。既然根据青年黑格尔派的设想，人们之间的关系、他们的一切举止行为、他们受到的束缚和限制，都是他们意识的产物，那么青年黑格尔派完全合乎逻辑地向人们提出一种道德要求，要用人的、批判的或利己的意识⑤来代替他们现在的意识，从而消除束缚他们的限制。这种改变意识的要求，就是要求用另一种方式来解释存在的东西，也就是说，借助于另外的解释来承认它。青年黑格尔派的意识形态家们尽管满口讲的都是所谓"震撼世界的"[38]词句，却是最大的保守派。如果说，他们之中最年轻的人宣称只为反对"词句"而斗争，那就确切地表达了他们的活动。不过他们忘记了：他们只是用词句来反对这些词句；既然他们仅仅反对这个世界的词句，那么他们就绝对不是反对现实的现存世界。这种哲学批判所能达到的唯一结果，是从宗教史上对基督教作一些说明，而且还是片面的说明。至于他们的全部其他论断，只不过是进一步修饰他们的要求：想用这样一些微不足道的说明作出具有世界历史意义的发现。

---

① 大·施特劳斯和布·鲍威尔使用的基本范畴。——编者注

② 路·费尔巴哈和麦·施蒂纳使用的基本范畴。——编者注

③ 手稿中删去以下这段话："这种批判自以为是使世界消除一切灾难的绝对救世主。宗教总是被看做和解释成这些哲学家们所厌恶的一切关系的终极原因，他们的主要敌人。"——编者注

④ 指麦·施蒂纳(约·卡·施米特的笔名)。马克思和恩格斯在《德意志意识形态》中也用其他绰号称呼他，例如，称他为"圣桑乔"、"圣者"、"教父"、"笨伯雅克"等等。——编者注

⑤ 指路·费尔巴哈、布·鲍威尔和麦·施蒂纳所说的意识。——编者注

这些哲学家没有一个想到要提出关于德国哲学和德国现实之间的联系问题，关于他们所作的批判和他们自身的物质环境之间德意志意识形态的联系问题。

———

1. 一般意识形态，特别是德国哲学

A. ①

我们开始要谈的前提不是任意提出的，不是教条，而是一些只有在臆想中才能撇开的现实前提。这是一些现实的个人，是他们的活动和他们的物质生活条件，包括他们已有的和由他们自己的活动创造出来的物质生活条件。因此，这些前提可以用纯粹经验的方法来确认。

全部人类历史的第一个前提无疑是有生命的个人的存在。② 因此，第一个需要确认的事实就是这些个人的肉体组织以及由此产生的个人对其他自然的关系。当然，我们在这里既不能深入研究人们自身的生理特性，也不能深入研究人们所处的各种自然条件——地质条件、山岳水文地理条件、气候条件以及其他条件。③

任何历史记载都应当从这些自然基础以及它们在历史进程中由于人们的活动而发生的变更出发。

可以根据意识、宗教或随便别的什么来区别人和动物。一当人开始生产自己的生活资料，即迈出由他们的肉体组织所决定的这一步的时候，人本身就开始把自己和动物区别开来。人们生产自己的生活资料，同时间接地生产着自己的物质生活本身。

人们用以生产自己的生活资料的方式，首先取决于他们已有的和需要再生产的生活资料本身的特性。这种生产方式不应当只从它是个人肉体存在的再生产这方面加以考察。更确切地说，它是这些个人的一定的活动方式，是他们表现自己生命的一定方式、他们的一定的生活方式。个人怎样表现自己的生命，他们自己就是怎样。因此，他们是什么样的，这同他们的生产是一致的——既和他们生产什么一致，又和他们怎样生产一致。因而，个人是什么样的，这取决于他们进行生产的物质条件。

这种生产第一次是随着人口的增长而开始的。而生产本身又是以个人彼此之间的交往[Verkehr]³⁹为前提的。这种交往的形式又是由生产决定的。

———

各民族之间的相互关系取决于每一个民族的生产力、分工和内部交往的发展程度。这

———

① 手稿中删去以下一段话："我们仅仅知道一门唯一的科学，即历史科学。历史可以从两方面来考察，可以把它划分为自然史和人类史。但这两方面是不可分割的；只要有人存在，自然史和人类史就彼此相互制约。自然史，即所谓自然科学，我们在这里不谈；我们需要深入研究的是人类史，因为几乎整个意识形态不是曲解人类史，就是完全撇开人类史。意识形态本身只不过是这一历史的一个方面。"——编者注

② 手稿中删去以下这句话："这些个人把自己和动物区别开来的第一个历史行动不在于他们有思想，而在于他们开始生产自己的生活资料。"——编者注

③ 手稿中删去以下这句话："但是，这些条件不仅决定着人们最初的、自然形成的肉体组织，特别是他们之间的种族差别，而且直到如今还决定着肉体组织的整个进一步发展或不发展。"——编者注

个原理是公认的。然而不仅一个民族与其他民族的关系，而且这个民族本身的整个内部结构也取决于自己的生产以及自己内部和外部的交往的发展程度。一个民族的生产力发展的水平，最明显地表现于该民族分工的发展程度。任何新的生产力，只要它不是迄今已知的生产力单纯的量的扩大（例如，开垦土地），都会引起分工的进一步发展。

一个民族内部的分工，首先引起工商业劳动同农业劳动的分离，从而也引起城乡的分离和城乡利益的对立。分工的进一步发展导致商业劳动同工业劳动的分离。同时，由于这些不同部门内部的分工，共同从事某种劳动的个人之间又形成不同的分工。这种种分工的相互关系取决于农业劳动、工业劳动和商业劳动的经营方式（父权制、奴隶制、等级、阶级）。在交往比较发达的条件下，同样的情况也会在各民族间的相互关系中出现。

分工的各个不同发展阶段，同时也就是所有制的各种不同形式。这就是说，分工的每一个阶段还决定个人在劳动材料、劳动工具和劳动产品方面的相互关系。

第一种所有制形式是部落［Stamm］[40]所有制。这种所有制与生产的不发达阶段相适应，当时人们靠狩猎、捕鱼、畜牧，或者最多靠耕作为生。在人们靠耕作为生的情况下，这种所有制是以有大量未开垦的土地为前提的。在这个阶段，分工还很不发达，仅限于家庭中现有的自然形成的分工的进一步扩大。因此，社会结构只限于家庭的扩大：父权制的部落首领，他们管辖的部落成员，最后是奴隶。潜在于家庭中的奴隶制，是随着人口和需求的增长，随着战争和交易这种外部交往的扩大而逐渐发展起来的。

第二种所有制形式是古典古代的公社所有制和国家所有制。这种所有制首先是由于几个部落通过契约或征服联合为一个城市而产生的。在这种所有制下仍然保存着奴隶制。除公社所有制以外，动产私有制以及后来的不动产私有制已经发展起来，但它们是作为一种反常的、从属于公社所有制的形式发展起来的。公民仅仅共同拥有支配自己那些做工的奴隶的权力，因此受公社所有制形式的约束。这是积极公民的一种共同私有制，他们面对着奴隶不得不保存这种自然形成的联合方式。因此，建筑在这个基础上的整个社会结构，以及与此相联系的人民权力，随着私有制，特别是不动产私有制的发展而逐渐趋向衰落。分工已经比较发达。城乡之间的对立已经产生，后来，一些代表城市利益的国家同另一些代表乡村利益的国家之间的对立出现了。在城市内部存在着工业和海外贸易之间的对立。公民和奴隶之间的阶级关系已经充分发展。

随着私有制的发展，这里第一次出现了这样的关系，这些关系我们在考察现代私有制时还会遇见，不过规模更为巨大而已。一方面是私有财产的集中，这种集中在罗马很早就开始了（李奇尼乌斯土地法[41]就是证明），从内战[42]发生以来，尤其是在帝政时期，发展得非常迅速；另一方面是由此而来的平民小农向无产阶级的转化，然而，后者由于处于有产者公民和奴隶之间的中间地位，并未获得独立的发展。

第三种形式是封建的或等级的所有制。古代的起点是城市及其狭小的领域，中世纪的起点则是乡村。地旷人稀，居住分散，而征服者也没有使人口大量增加，——这种情况决定了起点有这样的变化。因此，与希腊和罗马相反，封建制度的发展是在一个宽广得多的、由罗马的征服以及起初就同征服联系在一起的农业的普及所准备好了的地域中开始的。趋于衰落的罗马帝国的最后几个世纪和蛮族对它的征服本身，使得生产力遭到了极大的破坏；农业衰落了，工业由于缺乏销路而一蹶不振，商业停滞或被迫中断，城乡居民减少了。这些情况以及受其制约的进行征服的组织方式，在日耳曼人的军事制度[43]的影响下，发展了封建所有制。这种所有制像部落所有制和公社所有制一样，也是以一种共同体为基础的。但是作为直接进行生产的阶级而与这种共同体对立的，已经不是与古典古代的共同体相对立的奴隶，而是小农奴。随着封建制度的充分发展，也产生了与城市对立的现象。土地占有的等级结构以及与此相联系的武装扈从制度使贵族掌握了支配农奴的权力。这种封建结构同古典古代的公社所有制一样，是一种联合，其目的在于对付被统治的生产者阶级；只是联合的形式和对于直接生产者的关系有所不同，因为出现了不同的生产条件。

在城市中与这种土地占有的封建结构相适应的是同业公会所有制，即手工业的封建组织。在这里财产主要在于个人的劳动。联合起来反对成群搭伙的掠夺成性的贵族的必要性，在实业家同时又是商人的时期对公共商场的需要，流入当时繁华城市的逃亡农奴的竞争的加剧，全国的封建结构，——所有这一切产生了行会；个别手工业者逐渐积蓄起少量资本，而且在人口不断增长的情况下他们的人数没有什么变动，这就使得帮工制度和学徒制度发展起来，而这种制度在城市里产生了一种和农村等级制相似的等级制。

这样，封建时代的所有制的主要形式，一方面是土地所有制和束缚于土地所有制的农奴劳动，另一方面是拥有少量资本并支配着帮工劳动的自身劳动。这两种所有制的结构都是由狭隘的生产关系——小规模的粗陋的土地耕作和手工业式的工业——决定的。在封建制度的繁荣时代，分工是很少的。每一个国家都存在着城乡之间的对立；等级结构固然表现得非常鲜明，但是除了在乡村里有王公、贵族、僧侣和农民的划分，在城市里有师傅、帮工、学徒以及后来的平民短工的划分之外，就再没有什么大的分工了。在农业中，分工因土地的小块耕作而受到阻碍，与这种耕作方式同时产生的还有农民自己的家庭工业；在工业中，各手工业内部根本没有实行分工，而各手工业之间的分工也是非常少的。在比较老的城市中，工业和商业早就分工了；而在比较新的城市中，只是在后来当这些城市彼此发生了关系的时候，这样的分工才发展起来。

比较广大的地区联合为封建王国，无论对于土地贵族或城市来说，是一种需要。因此，统治阶级的组织即贵族的组织到处都在君主的领导之下。

————

由此可见，事情是这样的：以一定的方式进行生产活动的一定的个人①，发生一定的社会关系和政治关系。经验的观察在任何情况下都应当根据经验来揭示社会结构和政治结构同生产的联系，而不应当带有任何神秘和思辨的色彩。社会结构和国家总是从一定的个人的生活过程中产生的。但是，这里所说的个人不是他们自己或别人想象中的那种个人，而是现实中的个人，也就是说，这些个人是从事活动的，进行物质生产的，因而是在一定

———

① 手稿的最初方案是："在一定的生产关系下的一定的个人"。——编者注

的物质的、不受他们任意支配的界限、前提和条件下活动着的。① 思想、观念、意识的生产最初是直接与人们的物质活动，与人们的物质交往，与现实生活的语言交织在一起的。人们的想象、思维、精神交往在这里还是人们物质行动的直接产物。表现在某一民族的政治、法律、道德、宗教、形而上学等的语言中的精神生产也是这样。人们是自己的观念、思想等等的生产者，② 但这里所说的人们是现实的、从事活动的人们，他们受自己的生产力和与之相适应的交往的一定发展——直到交往的最遥远的形态——所制约。意识[das Bewu tsein]在任何时候都只能是被意识到了的存在[das bewu te Sein]，而人们的存在就是他们的现实生活过程。如果在全部意识形态中，人们和他们的关系就像在照相机中一样是倒立成像的，那么这种现象也是从人们生活的历史过程中产生的，正如物体在视网膜上的倒影是直接从人们生活的生理过程中产生的一样。

德国哲学从天国降到人间；和它完全相反，这里我们是从人间升到天国。这就是说，我们不是从人们所说的、所设想的、所想象的东西出发，也不是从口头说的、思考出来的、设想出来的、想象出来的人出发，去理解有血有肉的人。我们的出发点是从事实际活动的人，而且从他们的现实生活过程中还可以描绘出这一生活过程在意识形态上的反射和反响的发展。甚至人们头脑中的模糊幻象也是他们的可以通过经验来确认的、与物质前提相联系的物质生活过程的必然升华物。因此，道德、宗教、形而上学和其他意识形态，以及与它们相适应的意识形式便不再保留独立性的外观了。它们没有历史，没有发展，而发展着自己的物质生产和物质交往的人们，在改变自己的这个现实的同时也改变着自己的思维和思维的产物。不是意识决定生活，而是生活决定意识。前一种考察方法从意识出发，把意识看做是有生命的个人。后一种符合现实生活的考察方法则从现实的、有生命的个人本身出发，把意识仅仅看做是他们的意识。

这种考察方法不是没有前提的。它从现实的前提出发，它一刻也不离开这种前提。它的前提是人，但不是处在某种虚幻的离群索居和固定不变状态中的人，而是处在现实的、可以通过经验观察到的、在一定条件下进行的发展过程中的人。只要描绘出这个能动的生活过程，历史就不再像那些本身还是抽象的经验主义者所认为的那样，是一些僵死的事实的汇集，也不再像唯心主义者所认为的那样，是想象的主体的想象活动。

在思辨终止的地方，在现实生活面前，正是描述人们实践活动和实际发展过程的真正的实证科学开始的地方。关于意识的空话将终止，它们一定会被真正的知识所代替。对现实的描述会使独立的哲学失去生存环境，能够取而代之的充其量不过是从对人类历史发展

---

① 手稿中删去以下这段话："这些个人所产生的观念，或者是关于他们对自然界的关系的观念，或者是关于他们之间的关系的观念，或者是关于他们自身的状况的观念。显然，在这几种情况下，这些观念都是他们的现实关系和活动、他们的生产、他们的交往、他们的社会组织和政治组织有意识的表现，而不管这种表现是现实的还是虚幻的。相反的假设，只有在除了现实的、受物质制约的个人的精神以外还假定有某种特殊的精神的情况下才能成立。如果这些个人的现实关系的有意识的表现是虚幻的，如果他们在自己的观念中把自己的现实颠倒过来，那么这又是由他们狭隘的物质活动方式以及由此而来的他们狭隘的社会关系造成的。"——编者注

② 手稿中删去以下这句话："而且人们是受他们的物质生活的生产方式，他们的物质交往和这种交往在社会结构和政治结构中的进一步发展所制约的。"——编者注

的考察中抽象出来的最一般的结果的概括。这些抽象本身离开了现实的历史就没有任何价值。它们只能对整理历史资料提供某些方便，指出历史资料的各个层次的顺序。但是这些抽象与哲学不同，它们绝不提供可以适用于各个历史时代的药方或公式。相反，只是在人们着手考察和整理资料——不管是有关过去时代的还是有关当代的资料——的时候，在实际阐述资料的时候，困难才开始出现。这些困难的排除受到种种前提的制约，这些前提在这里是根本不可能提供出来的，而只能从对每个时代的个人的现实生活过程和活动的研究中产生。这里我们只举出几个我们用来与意识形态相对照的抽象，并用历史的实例来加以说明。

[II]

当然，我们不想花费精力①去启发我们的聪明的哲学家，使他们懂得：如果他们把哲学、神学、实体和一切废物消融在"自我意识"中，如果他们把"人"从这些词句的统治下——而人从来没有受过这些词句的奴役——解放出来，那么"人"的"解放"也并没有前进一步；只有在现实的世界中并使用现实的手段才能实现真正的解放②；没有蒸汽机和珍妮走锭精纺机就不能消灭奴隶制；没有改良的农业就不能消灭农奴制；当人们还不能使自己的吃喝住穿在质和量方面得到充分保证的时候，人们就根本不能获得解放。"解放"是一种历史活动，不是思想活动，"解放"是由历史的关系，是由工业状况、商业状况、农业状况、交往状况促成的[……]③其次，还要根据它们的不同发展阶段，清除实体、主体、自我意识和纯批判等无稽之谈，正如同清除宗教的和神学的无稽之谈一样，而且在它们有了更充分的发展以后再次清除这些无稽之谈。④当然，在像德国这样一个具有微不足道的历史发展的国家里，这些思想发展，这些被捧上了天的、毫无作用的卑微琐事弥补了历史发展的不足，它们已经根深蒂固，必须同它们进行斗争。⑤ 但这是具有地域性意义的斗争。

[……]⑥实际上，而且对实践的唯物主义者即共产主义者来说，全部问题都在于使现存世界革命化，实际地反对并改变现存的事物。⑦如果在费尔巴哈那里有时也遇见类似的观点，那么它们始终不过是一些零星的猜测，而且对费尔巴哈的总的观点的影响微乎其微，以致只能把它们看做是具有发展能力的萌芽。费尔巴哈对感性世界的"理解"一方面仅仅局限于对这一世界的单纯的直观，另一方面仅仅局限于单纯的感觉。费尔巴哈设定的是"人"，而不是"现实的历史的人"。"人"实际上是"德国人"。在前一种情况下，在对感性世界的直观中，他不可避免地碰到与他的意识和他的感觉相矛盾的东西，这些东西扰乱了他所假定的感性世界的一切部分的和谐，特别是人与自然界的和谐。为了排除这些东

---

① 马克思加了边注："费尔巴哈"。——编者注
② 马克思加了边注："哲学的和真正的解放。——人。唯一者。个人。——地质、水文等等条件。人体。需要和劳动"。——编者注
③ 此处手稿缺损。——编者注
④ 马克思加了边注："词句和现实的运动"。——编者注
⑤ 马克思加了边注："词句对德国的意义"。——编者注
⑥ 这里缺五页手稿。——编者注
⑦ 马克思加了边注："费尔巴哈"。——编者注

西，他不得不求助于某种二重性的直观，这种直观介于仅仅看到"眼前"的东西的普通直观和看出事物的"真正本质"的高级的哲学直观之间。①他没有看到，他周围的感性世界决不是某种开天辟地以来就直接存在的、始终如一的东西，而是工业和社会状况的产物，是历史的产物，是世世代代活动的结果，其中每一代都立足于前一代所奠定的基础上，继续发展前一代的工业和交往，并随着需要的改变而改变他们的社会制度。甚至连最简单的"感性确定性"的对象也只是由于社会发展、由于工业和商业交往才提供给他的。大家知道，樱桃树和几乎所有的果树一样，只是在几个世纪以前由于商业才移植到我们这个地区。由此可见，樱桃树只是由于一定的社会在一定时期的这种活动才为费尔巴哈的"感性确定性"所感知。②

此外，只要这样按照事物的真实面目及其产生情况来理解事物，任何深奥的哲学问题——后面将对这一点作更清楚的说明——都可以十分简单地归结为某种经验的事实。人对自然的关系这一重要问题（或者如布鲁诺在第110页上③所说的"自然和历史的对立"，好像这是两种互不相干的"事物"，好像人们面前始终不会有历史的自然和自然的历史），就是一个例子，这是一个产生了关于"实体"和"自我意识"的一切"神秘莫测的崇高功业"④的问题。然而，如果懂得在工业中向来就有那个很著名的"人和自然的统一"，而且这种统一在每一个时代都随着工业或慢或快的发展而不断改变，就像人与自然的"斗争"促进其生产力在相应基础上的发展一样，那么上述问题也就自行消失了。工业和商业、生活必需品的生产和交换，一方面制约着分配、不同社会阶级的划分，同时它们在自己的运动形式上又受着后者的制约。这样一来，打个比方说，费尔巴哈在曼彻斯特只看见一些工厂和机器，而100年以前在那里只能看见脚踏纺车和织布机；或者，他在罗马的坎帕尼亚只发现一些牧场和沼泽，而在奥古斯都时代在那里只能发现罗马富豪的葡萄园和别墅。⑤费尔巴哈特别谈到自然科学的直观，提到一些只有物理学家和化学家的眼睛才能识破的秘密，但是如果没有工业和商业，哪里会有自然科学呢？甚至这个"纯粹的"自然科学也只是由于商业和工业，由于人们的感性活动才达到自己的目的和获得自己的材料的。这种活动、这种连续不断的感性劳动和创造、这种生产，正是整个现存的感性世界的基础，它哪怕只中断一年，费尔巴哈就会看到，不仅在自然界将发生巨大的变化，而且整个人类世界以及他自己的直观能力，甚至他本身的存在也会很快就没有了。当然，在这种情况下，外部自然界的优先地位仍然会保持着，而整个这一点当然不适用于原始的、通过自然发生的途径产生的人们。但是，这种区别只有在人被看做是某种与自然界不同的东西时才有意义。此外，先于人类历史而存在的那个自然界，不是费尔巴哈生活于其中的自然界；这是除去在澳洲新出现的一些珊瑚岛以外今天在任何地方都不再存在的、因而对于费尔巴哈来

---

① 恩格斯加了边注："注意：费尔巴哈的错误不在于他使眼前的东西即感性外观从属于通过对感性事实作比较精确的研究而确认的感性现实，而在于他要是不用哲学家的'眼睛'，就是说，要是不戴哲学家的'眼镜'来观察感性，最终会对感性束手无策。"——编者注

② 马克思加了边注："费尔巴哈"。——编者注

③ 布·鲍威尔《评路德维希·费尔巴哈》，载于1845年《维干德季刊》第3卷。——编者注

④ 歌德《浮士德》的《天上序幕》。——编者注

⑤ 马克思加了边注："费尔巴哈"。——编者注

说也是不存在的自然界。

诚然，费尔巴哈与"纯粹的"唯物主义者相比有很大的优点：他承认人也是"感性对象"。但是，他把人只看做是"感性对象"，而不是"感性活动"，因为他在这里也仍然停留在理论领域，没有从人们现有的社会联系，从那些使人们成为现在这种样子的周围生活条件来观察人们——这一点且不说，他还从来没有看到现实存在着的、活动的人，而是停留于抽象的"人"，并且仅仅限于在感情范围内承认"现实的、单个的、肉体的人"，也就是说，除了爱与友情，而且是理想化了的爱与友情以外，他不知道"人与人之间"还有什么其他的"人的关系"。①他没有批判现在的爱的关系。可见，他从来没有把感性世界理解为构成这一世界的个人的全部活生生的感性活动，因而比方说，当他看到的是大批患瘰疬病的、积劳成疾的和患肺痨的穷苦人而不是健康人的时候，他便不得不求助于"最高的直观"和观念上的"类的平等化"，这就是说，正是在共产主义的唯物主义者看到改造工业和社会结构的必要性和条件的地方，他却重新陷入唯心主义。②

当费尔巴哈是一个唯物主义者的时候，历史在他的视野之外；当他去探讨历史的时候，他不是一个唯物主义者。在他那里，唯物主义和历史是彼此完全脱离的。这一点从上面所说的看来已经非常明显了。③

我们谈的是一些没有任何前提的德国人，因此我们首先应当确定一切人类生存的第一个前提，也就是一切历史的第一个前提，④ 这个前提是：人们为了能够"创造历史"，必须能够生活。⑤ 但是为了生活，首先就需要吃喝住穿以及其他一些东西。因此第一个历史活动就是生产满足这些需要的资料，即生产物质生活本身，而且，这是人们从几千年前直到今天单是为了维持生活就必须每日每时从事的历史活动，是一切历史的基本条件。即使感性在圣布鲁诺那里被归结为像一根棍子那样微不足道的东西⑥，它仍然必须以生产这根棍子的活动为前提。因此任何历史观的第一件事情就是必须注意上述基本事实的全部意义和全部范围，并给予应有的重视。大家知道，德国人从来没有这样做过，所以他们从来没有为历史提供世俗基础，因而也从未拥有过一个历史学家。法国人和英国人尽管对这一事实同所谓的历史之间的联系了解得非常片面——特别是因为他们受政治意识形态的束缚——但毕竟作了一些为历史编纂学提供唯物主义基础的初步尝试，首次写出了市民社会史、商业史和工业史。

---

① 马克思加了边注："费［尔巴哈]"。——编者注
② 马克思加了边注："费尔巴哈"。——编者注
③ 手稿中删去以下这段话："我们之所以在这里比较详细地谈论历史，只是因为德国人习惯于用'历史'和'历史的'这些字眼随心所欲地想象，但就是不涉及现实。'说教有术的'圣布鲁诺就是一个出色的例子。"——编者注
④ 马克思加了边注："历史"。——编者注
⑤ 马克思加了边注："黑格尔。地质、水文等等的条件。人体。需要，劳动"。——编者注
⑥ 指布·鲍威尔在《评路德维希·费尔巴哈》一文中的观点。——编者注

第二个事实是，已经得到满足的第一个需要本身、满足需要的活动和已经获得的为满足需要而用的工具又引起新的需要，而这种新的需要的产生是第一个历史活动。从这里立即可以明白，德国人的伟大历史智慧是谁的精神产物。德国人认为，凡是在他们缺乏实证材料的地方，凡是在神学、政治和文学的谬论不能立足的地方，就没有任何历史，那里只有"史前时期"；至于如何从这个荒谬的"史前历史"过渡到真正的历史，他们却没有对我们作任何解释。不过另一方面，他们的历史思辨所以特别热衷于这个"史前历史"，是因为他们认为在这里他们不会受到"粗暴事实"的干预，而且还可以让他们的思辨欲望得到充分的自由，创立和推翻成千上万的假说。

一开始就进入历史发展过程的第三种关系是：每日都在重新生产自己生命的人们开始生产另外一些人，即繁殖。这就是夫妻之间的关系，父母和子女之间的关系，也就是家庭。这种家庭起初是唯一的社会关系，后来，当需要的增长产生了新的社会关系而人口的增多又产生了新的需要的时候，这种家庭便成为从属的关系了（德国除外）。这时就应该根据现有的经验材料来考察和阐明家庭，而不应该像通常在德国所做的那样，根据"家庭的概念"来考察和阐明家庭。此外，不应该把社会活动的这三个方面看做是三个不同的阶段，而只应该看做是三个方面，或者，为了使德国人能够明白，把它们看做是三个"因素"。从历史的最初时期起，从第一批人出现以来，这三个方面就同时存在着，而且现在也还在历史上起着作用。

这样，生命的生产，无论是通过劳动而生产自己的生命，还是通过生育而生产他人的生命，就立即表现为双重关系：一方面是自然关系，另一方面是社会关系；社会关系的含义在这里是指许多个人的共同活动，不管这种共同活动是在什么条件下、用什么方式和为了什么目的而进行的。由此可见，一定的生产方式或一定的工业阶段始终是与一定的共同活动方式或一定的社会阶段联系着的，而这种共同活动方式本身就是"生产力"；由此可见，人们所达到的生产力的总和决定着社会状况，因而，始终必须把"人类的历史"同工业和交换的历史联系起来研究和探讨。但是，这样的历史在德国是写不出来的，这也是很明显的，因为对于德国人来说，要做到这一点不仅缺乏理解能力和材料，而且还缺乏"感性确定性"；而在莱茵河彼岸之所以不可能有关于这类事情的任何经验，是因为那里再没有什么历史。由此可见，人们之间一开始就有一种物质的联系。这种联系是由需要和生产方式决定的，它和人本身有同样长久的历史；这种联系不断采取新的形式，因而就表现为"历史"，它不需要用任何政治的或宗教的呓语特意把人们维系在一起。

只有现在，在我们已经考察了原初的历史的关系的四个因素、四个方面之后，我们才发现：人还具有"意识"①。但是这种意识并非一开始就是"纯粹的"意识。"精神"从一开始就很倒霉，受到物质的"纠缠"，物质在这里表现为振动着的空气层、声音，简言之，即语言。语言和意识具有同样长久的历史；语言是一种实践的、既为别人存在因而也为我

①　马克思加了边注："人们之所以有历史，是因为他们必须生产自己的生命，而且必须用一定的方式来进行：这是受他们的肉体组织制约的，人们的意识也是这样受制约的。"——编者注

自身而存在的、现实的意识。语言也和意识一样，只是由于需要，由于和他人交往的迫切需要才产生的。①凡是有某种关系存在的地方，这种关系都是为我而存在的；动物不对什么东西发生"关系"，而且根本没有"关系"；对于动物来说，它对他物的关系不是作为关系存在的。因而，意识一开始就是社会的产物，而且只要人们存在着，它就仍然是这种产物。当然，意识起初只是对直接的可感知的环境的一种意识是对处于开始意识到自身的个人之外的其他人和其他物的狭隘联系的一种识。同时，它也是对自然界的一种意识，自然界起初是作为一种完全异己的、有无限威力的和不可制服的力量与人们对立的，人们同自然界的关系完全像动物同自然界的关系一样，人们就像牲畜一样慑服于自然界，因而，这是对然界的一种纯粹动物式的意识（自然宗教）②；但是，另一方面，意识到必须和周围的个人来往，也就是开始意识到人总是生活在社会中的。这个开始，同这一阶段的社会生活本身一样，带有动物的性质；这是纯粹的畜群意识，这里，人和绵羊不同的地方只是在于：他的意识代替了他的本能，或者说他的本能是被意识到了的本能。由于生产效率的提高，需要的增长以及作为二者基础的人口的增多，这种绵羊意识或部落意识获得了进一步的发展和提高。与此同时分工也发展起来。分工起初只是性行为方面的分工，后来是由于天赋（例如体力）、需要、偶然性等等才自发地或"自然地"形成的分工。分工只是从物质劳动和精神劳动分离的时候起才真正成为分工③。从这时候起意识才能现实地想象：它是和现存实践的意识不同的某种东西；它不用想象某种现实的东西就能现实地想象某种东西。从这时候起，意识才能摆脱世界而去构造"纯粹的"理论、神学、哲学、道德等等。但是，如果这种理论、神学、哲学、道德等等同现存的关系发生矛盾，那么，这仅仅是因为现存的社会关系同现存的生产力发生了矛盾。不过，在一定民族的各种关系的范围内，这种现象的出现也可能不是因为在该民族范围内出现了矛盾，而是因为在该民族意识和其他民族的实践之间，亦即在某一民族的民族意识和普遍意识之间④出现了矛盾（就像目前德国的情形那样）——既然这个矛盾似乎只表现为民族意识范围内的矛盾，那么在这个民族看来，斗争也就限于这种民族废物，因为这个民族就是废物本身。但是，意识本身究竟采取什么形式，这是完全无关紧要的。我们从这一大堆赘述中只能得出一个结论：上述三个因素即生产力、社会状况和意识，彼此之间可能而且一定会发生矛盾，因为分工使精神活动和物质活动⑤、享受和劳动、生产和消费由不同的个人来分担这种情况不仅成为可能，而且成为现实，而要使这三个因素彼此不发生矛盾，则只有再消灭分工。此外，不言而喻，"幽灵"、"枷锁"、"最高存在物"、"概念"、"疑虑"显然只是孤立的个人的一种观念上的、思辨的、精神的表现，只是他的观念，即关于真正经验的束缚和界限的观念；生

---

① 手稿中删去以下这句话："我对我的环境的关系是我的意识。"——编者注

② 马克思加了边注："这里立即可以看出，这种自然宗教或对自然界的这种特定关系，是由社会形式决定的，反过来也是一样。这里和任何其他地方一样，自然界和人的同一性也表现在：人们对自然界的狭隘的关系决定着他们之间的狭隘的关系，而他们之间的狭隘的关系又决定着他们对自然界的狭隘的关系，这正是因为自然界几乎还没有被历史的进程所改变。"——编者注

③ 马克思加了边注："与此同时出现的是意识形态家、僧侣的最初形式"。——编者注

④ 马克思加了边注："宗教。具有真正的意识形态的德国人"。——编者注

⑤ 手稿中删去以下这句话："活动和思维，即没有思想的活动和没有活动的思想。"——编者注

活的生产方式以及与此相联系的交往形式就在这些束缚和界限的范围内运动着。①

分工包含着所有这些矛盾，而且又是以家庭中自然形成的分工和以社会分裂为单个的、互相对立的家庭这一点为基础的。与这种分工同时出现的还有分配，而且是劳动及其产品的不平等的分配(无论在数量上或质量上)；因而产生了所有制，它的萌芽和最初形式在家庭中已经出现，在那里妻子和儿女是丈夫的奴隶。家庭中这种诚然还非常原始和隐蔽的奴隶制，是最初的所有制，但就是这种所有制也完全符合现代经济学家所下的定义，即所有制是对他人劳动力的支配。其实，分工和私有制是相等的表达方式，对同一件事情，一个是就活动而言，另一个是就活动的产品而言。

其次，随着分工的发展也产生了单个人的利益或单个家庭的利益与所有互相交往的个人的共同利益之间的矛盾；而且这种共同利益不是仅仅作为一种"普遍的东西"存在于观念之中，而首先是作为彼此有了分工的个人之间的相互依存关系存在于现实之中。

正是由于特殊利益和共同利益之间的这种矛盾，共同利益才采取国家这种与实际的单个利益和全体利益相脱离的独立形式，同时采取虚幻的共同体的形式，而这始终是在每一个家庭集团或部落集团中现有的骨肉联系、语言联系、较大规模的分工联系以及其他利益的联系的现实基础上，特别是在我们以后将要阐明的已经由分工决定的阶级的基础上产生的，这些阶级是通过每一个这样的人群分离开来的，其中一个阶级统治着其他一切阶级。从这里可以看出，国家内部的一切斗争——民主政体、贵族政体和君主政体相互之间的斗争，争取选举权的斗争等等，不过是一些虚幻的形式——普遍的东西一般说来是一种虚幻的共同体的形式——在这些形式下进行着各个不同阶级间的真正的斗争(德国的理论家们对此一窍不通，尽管在《德法年鉴》[45]和《神圣家族》②中已经十分明确地向他们指出过这一点)。从这里还可以看出，每一个力图取得统治的阶级，即使它的统治要求消灭整个旧的社会形式和一切统治，就像无产阶级那样，都必须首先夺取政权，以便把自己的利益又说成是普遍的利益，而这是它在初期不得不如此做的。

正因为各个人所追求的仅仅是自己的特殊的、对他们来说是同他们的共同利益不相符合的利益，所以他们认为，这种共同利益是"异己的"和"不依赖"于他们的，即仍旧是一种特殊的独特的"普遍"利益，或者说，他们本身必须在这种不一致的状况下活动，就像在民主制中一样。另一方面，这些始终真正地同共同利益和虚幻的共同利益相对抗的特殊利益所进行的实际斗争，使得通过国家这种虚幻的"普遍"利益来进行实际的干涉和约束成为必要。

最后，分工立即给我们提供了第一个例证，说明只要人们还处在自然形成的社会中，就是说，只要特殊利益和共同利益之间还有分裂，也就是说，只要分工还不是出于自愿，

---

① 手稿中删去以下这句话："这种关于现存的经济界限的观念上的表现，不是纯粹理论上的，而且在实践的意识中也存在着，就是说，使自己自由存在的并且同现存的生产方式相矛盾的意识，不是仅仅构成宗教和哲学，而且也构成国家。"——编者注

② 马克思和恩格斯《神圣家族》，见《马克思恩格斯文集》第1卷。——编者注

而是自然形成的，那么人本身的活动对人来说就成为一种异己的、同他对立的力量，这种力量压迫着人，而不是人驾驭着这种力量。原来，当分工一出现之后，任何人都有自己一定的特殊的活动范围，这个范围是强加于他的，他不能超出这个范围：他是一个猎人、渔夫或牧人，或者是一个批判的批判者，只要他不想失去生活资料，他就始终应该是这样的人。而在共产主义社会里，任何人都没有特殊的活动范围，而是都可以在任何部门内发展，社会调节着整个生产，因而使我有可能随自己的兴趣今天干这事，明天干那事，上午打猎，下午捕鱼，傍晚从事畜牧，晚饭后从事批判，这样就不会使我老是一个猎人、渔夫、牧人或批判者。社会活动的这种固定化，我们本身的产物聚合为一种统治我们、不受我们控制、使我们的愿望不能实现并使我们的打算落空的物质力量，这是迄今为止历史发展中的主要因素之一。受分工制约的不同个人的共同活动产生了一种社会力量，即成倍增长的生产力。因为共同活动本身不是自愿地而是自然形成的，所以这种社会力量在这些个人看来就不是他们自身的联合力量，而是某种异己的、在他们之外的强制力量。关于这种力量的起源和发展趋向，他们一点也不了解；因而他们不再能驾驭这种力量，相反，这种力量现在却经历着一系列独特的、不仅不依赖于人们的意志和行为反而支配着人们的意志和行为的发展阶段。

这种"异化"（用哲学家易懂的话来说）当然只有在具备了两个实际前提之后才会消灭。要使这种异化成为一种"不堪忍受的"力量，即成为革命所要反对的力量，就必须让它把人类的大多数变成完全"没有财产的"人，同时这些人又同现存的有钱有教养的世界相对立，而这两个条件都是以生产力的巨大增长和高度发展为前提的。另一方面，生产力的这种发展（随着这种发展，人们的世界历史性的而不是地域性的存在同时已经是经验的存在了）之所以是绝对必需的实际前提，还因为如果没有这种发展，那就只会有贫穷、极端贫困的普遍化；而在极端贫困的情况下，必须重新开始争取必需品的斗争，全部陈腐污浊的东西又要死灰复燃。其次，生产力的这种发展之所以是绝对必需的实际前提，还因为：只有随着生产力的这种普遍发展，人们的普遍交往才能建立起来；普遍交往，一方面，可以产生一切民族中同时都存在着"没有财产的"群众这一现象（普遍竞争），使每一民族都依赖于其他民族的变革；最后，地域性的个人为世界历史性的、经验上普遍的个人所代替。不这样，（1）共产主义就只能作为某种地域性的东西而存在；（2）交往的力量本身就不可能发展成为一种普遍的因而是不堪忍受的力量：它们会依然处于地方的、笼罩着迷信气氛的"状态"；（3）交往的任何扩大都会消灭地域性的共产主义。共产主义只有作为占统治地位的各民族"一下子"同时发生的行动，在经验上才是可能的，而这是以生产力的普遍发展和与此相联系的世界交往为前提的。

共产主义对我们来说不是应当确立的状况，不是现实应当与之相适应的理想。我们所称为共产主义的是那种消灭现存状况的现实的运动。这个运动的条件是由现有的前提产生的。

此外，许许多多人仅仅依靠自己劳动为生——大量的劳力与资本隔绝或甚至连有限地满足自己的需要的可能性都被剥夺——从而由于竞争，他们不再是暂时失去作为有保障的生活来源的工作，他们陷于绝境，这种状况是以世界市场的存在为前提的。因此，无产阶级只有在世界历史意义上才能存在，就像共产主义——它的事业——只有作为"世界历史性的"存在才有可能实现一样。而各个人的世界历史性的存在，也就是与世界历史直接相联系的各个人的存在。

否则，例如财产一般怎么能够具有某种历史，采取各种不同的形式，例如地产怎么能够像今天实际生活中所发生的那样，根据现有的不同前提而发展呢？——在法国，从小块经营发展到集中于少数人之手，在英国，则是从集中于少数人之手发展到小块经营。至于贸易——它终究不过是不同个人和不同国家的产品交换——又怎么能够通过供求关系而统治全世界呢？用一位英国经济学家的话来说，这种关系就像古典古代的命运之神一样，遨游于寰球之上，用看不见的手把幸福和灾难分配给人们，把一些王国创造出来，又把它们毁掉，使一些民族产生，又使它们衰亡；但随着基础即随着私有制的消灭，随着对生产实行共产主义的调节以及这种调节所带来的人们对于自己产品的异己关系的消灭，供求关系的威力也将消失，人们将使交换、生产及他们发生相互关系的方式重新受自己的支配。

————

受到迄今为止一切历史阶段的生产力制约同时又反过来制约生产力的交往形式，就是市民社会³⁴。前面的叙述已经表明，这个社会是以简单的家庭和复杂的家庭，即所谓部落制度作为自己的前提和基础的。关于市民社会的比较详尽的定义已经包括在前面的叙述中了。从这里已经可以看出，这个市民社会是全部历史的真正发源地和舞台，可以看出过去那种轻视现实关系而局限于言过其实的重大政治历史事件⁴⁶的历史观是何等荒谬。

到现在为止，我们主要只是考察了人类活动的一个方面——人改造自然。另一方面，是人改造人……①

国家的起源和国家同市民社会的关系。

————

历史不外是各个世代的依次交替。每一代都利用以前各代遗留下来的材料、资金和生产力；由于这个缘故，每一代一方面在完全改变了的环境下继续从事所继承的活动，另一方面又通过完全改变了的活动来变更旧的环境。然而，事情被思辨地扭曲成这样：好像后期历史是前期历史的目的，例如，好像美洲的发现的根本目的就是要促使法国大革命的爆发。于是历史便具有了自己特殊的目的并成为某个与"其他人物"（像"自我意识"、"批判"、"唯一者"等等）并列的人物"。其实，前期历史的"使命"、"目的"、"萌芽"、"观念"等词所表示的东西，终究不过是从后期历史中得出的抽象，不过是从前期历史对后期历史发生的积极影响中得出的抽象。

各个相互影响的活动范围在这个发展进程中越是扩大，各民族的原始封闭状态由于日益完善的生产方式、交往以及因交往而自然形成的不同民族之间的分工消灭得越是彻底，

---

①　马克思加了边注："交往和生产力"。——编者注

历史也就越是成为世界历史。例如，如果在英国发明了一种机器，它夺走了印度和中国的无数劳动者的饭碗，并引起这些国家的整个生存形式的改变，那么，这个发明便成为一个世界历史性的事实；同样，砂糖和咖啡是这样来表明自己在 19 世纪具有的世界历史意义的：拿破仑的大陆体系⁴⁷所引起的这两种产品的匮乏推动了德国人起来反抗拿破仑，从而就成为光荣的 1813 年解放战争的现实基础。由此可见，历史向世界历史的转变，不是"自我意识"、世界精神或者某个形而上学幽灵的某种纯粹的抽象行动，而是完全物质的、可以通过经验证明的行动，每一个过着实际生活的、需要吃、喝、穿的个人都可以证明这种行动。

单个人随着自己的活动扩大为世界历史性的活动，越来越受到对他们来说是异己的力量的支配（他们把这种压迫想象为所谓世界精神等等的圈套），受到日益扩大的、归根结底表现为世界市场的力量的支配，这种情况在迄今为止的历史中当然也是经验事实。但是，另一种情况也具有同样的经验根据，这就是：随着现存社会制度被共产主义革命所推翻（下面还要谈到这一点）以及与这一革命具有同等意义的私有制的消灭，这种对德国理论家们来说是如此神秘的力量也将被消灭；同时，每一个单个人的解放的程度是与历史完全转变为世界历史的程度一致的①。至于个人在精神上的现实丰富性完全取决于他的现实关系的丰富性，根据上面的叙述，这已经很清楚了。只有这样，单个人才能摆脱种种民族局限和地域局限而同整个世界的生产（也同精神的生产）发生实际联系，才能获得利用全球的这种全面的生产（人们的创造）的能力。各个人的全面的依存关系、他们的这种自然形成的世界历史性的共同活动的最初形式，由于这种共产主义革命而转化为对下述力量的控制和自觉的驾驭，这些力量本来是由人们的相互作用产生的，但是迄今为止对他们来说都作为完全异己的力量威慑和驾驭着他们。这种观点仍然可以用思辨的、观念的方式，也就是用幻想的方式解释为"类的自我产生"（"作为主体的社会"），从而把所有前后相继、彼此相联的个人想象为从事自我产生这种神秘活动的唯一的个人。这里很明显，尽管人们在肉体上和精神上互相创造着，但是他们既不像圣布鲁诺胡说的那样，也不像"唯一者"、"被创造的"人那样创造自己本身。

最后，我们从上面所阐述的历史观中还可以得出以下的结论：（1）生产力在其发展的过程中达到这样的阶段，在这个阶段上产生出来的生产力和交往手段在现存关系下只能造成灾难，这种生产力已经不是生产的力量，而是破坏的力量（机器和货币）。与此同时还产生了一个阶级，它必须承担社会的一切重负，而不能享受社会的福利，它被排斥于社会之外，因而不得不同其他一切阶级发生最激烈的对立；这个阶级构成了全体社会成员中的大多数，从这个阶级中产生出必须实行彻底革命的意识，即共产主义的意识，这种意识当然也可以在其他阶级中形成，只要它们认识到这个阶级的状况；（2）那些使一定的生产力能够得到利用的条件，是社会的一定阶级实行统治的条件，这个阶级的由其财产状况产生的社会权力，每一次都在相应的国家形式中获得实践的观念的表现，因此一切革命斗争都是针对在此以前实行统治的阶级的②；（3）迄今为止的一切革命始终没有触动活动的性

---

① 马克思加了边注："关于意识的生产"。——编者注
② 马克思加了边注："这些人所关心的是维持现在的生产状况"。——编者注

质，始终不过是按另外的方式分配这种活动，不过是在另一些人中间重新分配劳动，而共产主义革命则针对活动迄今具有的性质，消灭劳动①，并消灭任何阶级的统治以及这些阶级本身，因为完成这个革命的是这样一个阶级，它在社会上已经不算是一个阶级，它已经不被承认是一个阶级，它已经成为现今社会的一切阶级、民族等等的解体的表现；（4）无论为了使这种共产主义意识普遍地产生还是为了实现事业本身，使人们普遍地发生变化是必需的，这种变化只有在实际运动中，在革命中才有可能实现；因此，革命之所以必需，不仅是因为没有任何其他的办法能够推翻统治阶级，而且还因为推翻统治阶级的那个阶级，只有在革命中才能抛掉自己身上的一切陈旧的肮脏东西，才能胜任重建社会的工作。②

由此可见，这种历史观就在于：从直接生活的物质生产出发阐述现实的生产过程，把同这种生产方式相联系的、它所产生的交往形式即各个不同阶段上的市民社会理解为整个历史的基础，从市民社会作为国家的活动描述市民社会，同时从市民社会出发阐明意识的所有各种不同的理论产物和形式，如宗教、哲学、道德等等，而且追溯它们产生的过程。这样做当然就能够完整地描述事物了（因而也能够描述事物的这些不同方面之间的相互作用）。③ 这种历史观和唯心主义历史观不同，它不是在每个时代中寻找某种范畴，而是始终站在现实历史的基础上，不是从观念出发来解释实践，而是从物质实践出发来解释各种观念形态，由此也就得出下述结论：意识的一切形式和产物不是可以通过精神的批判来消灭的，不是可以通过把它们消融在"自我意识"中或化为"怪影"、"幽灵"、"怪想"④等等来消灭的，而只有通过实际地推翻这一切唯心主义谬论所由产生的现实的社会关系，才能把它们消灭；历史的动力以及宗教、哲学和任何其他理论的动力是革命，而不是批判。这种观点表明：历史不是作为"源于精神的精神"消融在"自我意识"⑤中而告终的，历史的

---

① 手稿中删去以下这句话："消灭在……统治下活动的现代形式"。马克思在这里所说的"消灭劳动"，是指消灭资本主义私有制统治下的异化劳动。关于这种说法的含义，并见本卷第 198—201、207—211 页。关于异化劳动，可参看本卷第 49—63 页。——编者注

② 手稿中删去以下这段话："至于谈到革命的这种必要性，所有的共产主义者，不论是法国的、英国的或德国的，早就一致同意了，而圣布鲁诺却继续心安理得地幻想，认为'现实的人道主义'即共产主义所以取代'唯灵论的地位'（唯灵论根本没有什么地位）只是为了赢得崇敬。他继续幻想：那时候'灵魂将得救，人间将成为天国，天国将成为人间。'（神学家总是念念不忘天国）'那时候欢乐和幸福将要永世高奏天国的和谐曲'（第 140 页）⁴⁸ 当末日审判——这一切都要在这一天发生，燃烧着的城市火光在天空的映照将是这一天的朝霞——突然来临的时候，当耳边响起由这种'天国的和谐曲'传出的有炮声为之伴奏、有断头台为之击节的《马赛曲》和《卡马尼奥拉曲》旋律的时候；当卑贱的'群众'高唱着 Çaira，Çaira 并把'自我意识'吊在路灯柱上⁴⁹ 的时候，我和幸福'的振奋人心的图画。'费尔巴哈的爱的宗教的追随者'对这种'欢乐和幸福'似乎有独特的想法，他们在谈到革命的时候，强调的是与'天国的和谐曲'截然不同的东西。我们没有兴致来事先构想圣布鲁诺在末日审判这一天的行为。至于应当把进行革命的无产者了解为反抗自我意识的'实体'或想要推翻批判的'群众'，还是了解为还没有足够的浓度来消化鲍威尔思想的一种精神'流出体'，这个问题也确实难以解决。"——编者注

③ 马克思加了边注："费尔巴哈"。——编者注

④ 麦·施蒂纳《唯一者及其所有物》（1845 年莱比锡版）一书中的用语。——编者注

⑤ 布·鲍威尔《评路德维希·费尔巴哈》一文中的用语。——编者注

每一阶段都遇到一定的物质结果，一定的生产力总和，人对自然以及个人之间历史地形成的关系，都遇到前一代传给后一代的大量生产力、资金和环境，尽管一方面这些生产力、资金和环境为新的一代所改变，但另一方面，它们也预先规定新的一代本身的生活条件，使它得到一定的发展和具有特殊的性质。由此可见，这种观点表明：人创造环境，同样，环境也创造人。每个个人和每一代所遇到的现成的东西：生产力、资金和社会交往形式的总和，是哲学家们想象为"实体"和"人的本质"的东西的现实基础，是他们加以神化并与之斗争的东西的现实基础，这种基础尽管遭到以"自我意识"和"唯一者"的身份出现的哲学家们的反抗，但它对人们的发展所起的作用和影响却丝毫也不因此而受到干扰。各代所遇到的这些生活条件还决定着这样的情况：历史上周期性地重演的革命动荡是否强大到足以摧毁现存一切的基础；如果还没有具备这些实行全面变革的物质因素，就是说，一方面还没有一定的生产力，另一方面还没有形成不仅反抗旧社会的个别条件，而且反抗旧的"生活生产"本身、反抗旧社会所依据的"总和活动"的革命群众，那么，正如共产主义的历史所证明的，尽管这种变革的观念已经表述过千百次，但这对于实际发展没有任何意义。

迄今为止的一切历史观不是完全忽视了历史的这一现实基础，就是把它仅仅看成与历史进程没有任何联系的附带因素。因此，历史总是遵照在它之外的某种尺度来编写的；现实的生活生产被看成是某种非历史的东西，而历史的东西则被看成是某种脱离日常生活的东西，某种处于世界之外和超乎世界之上的东西。这样，就把人对自然界的关系从历史中排除出去了，因而造成了自然界和历史之间的对立。因此，这种历史观只能在历史上看到重大政治历史事件，看到宗教的和一般理论的斗争，而且在每次描述某一历史时代的时候，它都不得不赞同这一时代的幻想。例如，某一时代想象自己是由纯粹"政治的"或"宗教的"动因所决定的——尽管"宗教"和"政治"只是时代的现实动因的形式——，那么它的历史编纂学家就会接受这个意见。这些特定的人关于自己的真正实践的"想象"、"观念"变成了一种支配和决定这些人的实践的唯一起决定作用的和积极的力量。印度人和埃及人借以实现分工的粗陋形式在这些民族的国家和宗教中产生了种姓制度[50]，于是历史学家就以为种姓制度是产生这种粗陋的社会形式的力量。法国人和英国人至少抱着一种毕竟是同现实最接近的政治幻想，而德国人却在"纯粹精神"的领域中兜圈子，把宗教幻想推崇为历史的动力。黑格尔的历史哲学是整个这种德国历史编纂学的最终的、达到自己"最纯粹的表现"的成果。对于德国历史编纂学来说，问题完全不在于现实的利益，甚至不在于政治的利益，而在于纯粹的思想。这种历史哲学后来在圣布鲁诺看来也一定是一连串的"思想"，其中一个吞噬一个，最终消失于"自我意识"中。圣麦克斯·施蒂纳更加彻底，他对全部现实的历史一窍不通，他认为历史进程必定只是"骑士"、强盗和幽灵的历史，他当然只有借助于"不信神"才能摆脱这种历史的幻觉而得救。①② 这种观点实际上是宗教的观

① 马克思加了边注："所谓客观的历史编纂学正是脱离活动来考察历史关系。反动的性质。"——编者注

② 路·费尔巴哈《因〈唯一者及其所有物〉而论〈基督教的本质〉》，载于 1845 年《维干德季刊》第 2卷。——编者注

点：它把宗教的人假设为全部历史起点的原人，它在自己的想象中用宗教的幻想生产代替生活资料和生活本身的现实生产。整个这样的历史观及其解体和由此产生的怀疑和顾虑，仅仅是德国人本民族的事情，而且对德国来说也只有地域性的意义。例如，近来不断讨论着如何能够"从神的王国进入人的王国"②这样一个重要问题，似乎这个"神的王国"不是存在于想象之中，而是存在于其他什么地方；似乎那些学识渊博的先生们不是一直生活在——他们自己并不知道——他们目前正在寻找途径以求到达的那个"人的王国"之中；似乎这种科学的娱乐——这确实只是一种娱乐——就在于去说明这个理论上的空中楼阁多么奇妙，而不是相反，去证明这种空中楼阁是从现实的尘世关系中产生的。通常这些德国人总是只关心把既有的一切无意义的论调变为某种别的胡说八道，就是说，他们假定，所有这些无意义的论调都具有某种需要揭示的特殊意义，其实全部问题只在于从现存的现实关系出发来说明这些理论词句。如前所说，要真正地、实际地消灭这些词句，从人们意识中消除这些观念，就要靠改变了的环境而不是靠理论上的演绎来实现。对于人民大众即无产阶级来说，这些理论观念并不存在，因而也不用去消灭它们。如果这些群众曾经有过某些理论观念，如宗教，那么现在这些观念也早已被环境消灭了。

上述问题及其解决方法所具有的纯粹民族的性质还表现在：这些理论家们郑重其事地认为，像"神人"、"人"等这类幻象，支配着各个历史时代；圣布鲁诺甚至断言：只有"批判和批判者创造了历史"①。而当这些理论家亲自虚构历史时，他们会急匆匆地越过先前的一切，一下子从"蒙古人时代"②转到真正"内容丰富的"历史，即《哈雷年鉴》和《德国年鉴》⁵¹的历史，转到黑格尔学派在普遍争吵中解体的历史。所有其他民族和所有现实事件都被遗忘了，世界舞台局限于莱比锡的书市，局限于"批判"、"人"和"唯一者"③的相互争吵。或许这些理论家有朝一日会着手探讨真正的历史主题，例如18世纪，那时他们也只是提供观念的历史，这种历史是和构成这些观念的基础的事实和实际发展过程脱离的，而他们阐述这种历史的意图也只是把所考察的时代描绘成在真正的历史时代即1840—1844年德国哲学斗争时代到来之前的一个不完善的预备阶段、尚有局限性的前奏时期。他们抱的目的是为了使某个非历史性人物及其幻想流芳百世而编写前期的历史，与这一目的相适应的是：他们根本不提一切真正历史的事件，甚至不提政治对历史进程的真正历史性的干预，为此他们的叙述不是以研究而是以虚构和文学闲篇为根据，如像圣布鲁诺在他那本已被人遗忘的《18世纪的历史》一书④中所做的那样。这些唱高调、爱吹嘘的思想贩子以为他们无限地超越于任何民族偏见之上，其实他们比梦想德国统一的啤酒店庸人带有更多的民族偏见。他们根本不承认其他民族的业绩是历史性的；他们生活在德国，依靠德国和为着德国而生活；他们把莱茵之歌⁵²变为圣歌并征服阿尔萨斯和洛林，其办法不是剽窃法兰西国家，而是剽窃法兰西哲学，不是把法兰西省份德国化，而是把法兰西思

---

① 布·鲍威尔《评路德维希·费尔巴哈》一文中的用语。——编者注

② 麦·施蒂纳《唯一者及其所有物》一书中的用语。——编者注

③ 即布·鲍威尔、路·费尔巴哈和麦·施蒂纳。——编者注

④ 布·鲍威尔《18世纪政治、文化和启蒙的历史》1843—1845年夏洛滕堡版第1—2卷。——编者注

想德国化。费奈达先生，同打着理论的世界统治这面旗帜而宣布德国的世界统治的圣布鲁诺和圣麦克斯相比较，是一个世界主义者。

从这些分析中还可以看出，费尔巴哈是多么错误，他(《维干德季刊》[53]1845 年第 2 卷①)竟借助于"共同人"这一规定宣称自己是共产主义者，把这一规定变成"人"的谓词，以为这样一来又可以把表达现存世界中特定革命政党的拥护者的"共产主义者"一词变成一个空洞范畴。[54]费尔巴哈关于人与人之间的关系的全部推论无非是要证明：人们是互相需要的，而且过去一直是互相需要的。

他希望确立对这一事实的理解，也就是说，和其他的理论家一样，他只是希望确立对现存的事实的正确理解，然而一个真正的共产主义者的任务却在于推翻这种现存的东西。不过，我们完全承认，费尔巴哈在力图理解这一事实的时候，达到了理论家一般所能达到的地步，他还是一位理论家和哲学家。然而值得注意的是：圣布鲁诺和圣麦克斯立即用费尔巴哈关于共产主义者的观念来代替真正的共产主义者，这样做的目的多少是为了使他们能够像同"源于精神的精神"、同哲学范畴、同势均力敌的对手作斗争那样来同共产主义作斗争，而就圣布鲁诺来说，这样做也还是为了实际的利益。我们举出《未来哲学》中的一个地方作为例子，来说明费尔巴哈既承认现存的东西同时又不了解现存的东西，这一点始终是费尔巴哈和我们的对手的共同之点。费尔巴哈在那里阐述道：某物或某人的存在同时也就是某物或某人的本质；一个动物或一个人的一定生存条件、生活方式和活动，就是使这个动物或这个人的"本质"感到满意的东西。[55]任何例外在这里都被肯定地看做是不幸的偶然事件，是不能改变的反常现象。这样说来，如果千百万无产者根本不满意他们的生活条件，如果他们的"存在"同他们的"本质"完全不符合，那么，根据上述论点，这是不可避免的不幸，应当平心静气地忍受这种不幸。可是，这千百万无产者或共产主义者所想的完全不一样，而且这一点他们将在适当时候，在实践中，即通过革命使自己的"存在"同自己的"本质"协调一致的时候予以证明。因此，在这样的场合费尔巴哈从来不谈人的世界，而是每次都求救于外部自然界，而且是那个尚未置于人的统治之下的自然界。但是，每当有了一项新的发明，每当工业前进一步，就有一块新的地盘从这个领域划出去，而能用来说明费尔巴哈这类论点的事例借以产生的基地，也就越来越小了。现在我们只来谈谈其中的一个论点：鱼的"本质"是它的"存在"，即水。河鱼的"本质"是河水。但是，一旦这条河归工业支配，一旦它被染料和其他废料污染，成为轮船行驶的航道，一旦河水被引入水渠，而水渠的水只要简单地排放出去就会使鱼失去生存环境，那么这条河的水就不再是鱼的"本质"了，对鱼来说它将不再是适合生存的环境了。把所有这类矛盾宣布为不可避免的反常现象，实质上，同圣麦克斯·施蒂纳对不满者的安抚之词没有区别，施蒂纳说，这种矛盾是他们自己的矛盾，这种恶劣环境是他们自己的恶劣环境，而且他们可以安于这种环境，或者忍住自己的不满，或者以幻想的方式去反抗这种环境。同样，这同圣布鲁诺的责难也没有区别，布鲁诺说，这些不幸情况的发生是由于那些当事人陷入"实体"这堆粪便之中，他们没有达到"绝对自我意识"，也没有认清这些恶劣关系是源于自己

---

① 该刊发表了路·费尔巴哈《因〈唯一者及其所有物〉而论〈基督教的本质〉》一文。——编者注

精神的精神。①

[III]

统治阶级的思想在每一时代都是占统治地位的思想。这就是说，一个阶级是社会上占统治地位的物质力量，同时也是社会上占统治地位的精神力量。支配着物质生产资料的阶级，同时也支配着精神生产资料，因此，那些没有精神生产资料的人的思想，一般地是隶属于这个阶级的。占统治地位的思想不过是占统治地位的物质关系在观念上的表现，不过是以思想的形式表现出来的占统治地位的物质关系；因而，这就是那些使某一个阶级成为统治阶级的关系在观念上的表现，因而这也就是这个阶级的统治的思想。此外，构成统治阶级的各个个人也都具有意识，因而他们也会思维；既然他们作为一个阶级进行统治，并且决定着某一历史时代的整个面貌，那么，不言而喻，他们在这个历史时代的一切领域中也会这样做，就是说，他们还作为思维着的人，作为思想的生产者进行统治，他们调节着自己时代的思想的生产和分配；而这就意味着他们的思想是一个时代的占统治地位的思想。例如，在某一国家的某个时期，王权、贵族和资产阶级为夺取统治而争斗，因而，在那里统治是分享的，那里占统治地位的思想就会是关于分权的学说，于是分权就被宣布为"永恒的规律"。

我们在上面（第[162-165]页）已经说明分工是迄今为止历史的主要力量之一，现在，分工也以精神劳动和物质劳动的分工的形式在统治阶级中间表现出来，因此在这个阶级内部，一部分人是作为该阶级的思想家出现的，他们是这一阶级的积极的、有概括能力的意识形态家，他们把编造这一阶级关于自身的幻想当做主要的谋生之道，而另一些人对于这些思想和幻想则采取比较消极的态度，并且准备接受这些思想和幻想，因为在实际中他们是这个阶级的积极成员，并且很少有时间来编造关于自身的幻想和思想。在这一阶级内部，这种分裂甚至可以发展成为这两部分人之间的某种程度的对立和敌视，但是一旦发生任何实际冲突，即当这一阶级本身受到威胁的时候，当占统治地位的思想好像不是统治阶级的思想而且这种思想好像拥有与这一阶级的权力不同的权力这种假象也趋于消失的时候，这种对立和敌视便会自行消失。一定时代的革命思想的存在是以革命阶级的存在为前提的，关于这个革命阶级的前提所必须讲的，在前面（第[164-167，170-171]页）已经讲过了。

然而，在考察历史进程时，如果把统治阶级的思想和统治阶级本身分割开来，使这些思想独立化，如果不顾生产这些思想的条件和它们的生产者而硬说该时代占统治地位的是这些或那些思想，也就是说，如果完全不考虑这些思想的基础——个人和历史环境，那就可以这样说：例如，在贵族统治时期占统治地位的概念是荣誉、忠诚，等等，而在资产阶级统治时期占统治地位的概念则是自由、平等，等等。一般说来，统治阶级总是自己为自己编造出诸如此类的幻想。所有的历史编纂学家，主要是18世纪以来的历史编纂学家所共有的这种历史观，必然会碰到这样一种现象：占统治地位的将是越来越抽象的思想，即越来越具有普遍性形式的思想。因为每一个企图取代旧统治阶级的新阶级，为了达到自己

---

① 布·鲍威尔《评路德维希·费尔巴哈》。——编者注

的目的不得不把自己的利益说成是社会全体成员的共同利益，就是说，这在观念上的表达就是：赋予自己的思想以普遍性的形式，把它们描绘成唯一合乎理性的、有普遍意义的思想。进行革命的阶级，仅就它对抗另一个阶级而言，从一开始就不是作为一个阶级，而是作为全社会的代表出现的；它以社会全体群众的姿态反对唯一的统治阶级①。它之所以能这样做，是因为它的利益在开始时的确同其余一切非统治阶级的共同利益还有更多的联系，在当时存在的那些关系的压力下还不能够发展为特殊阶级的特殊利益。因此，这一阶级的胜利对于其他未能争得统治地位的阶级中的许多个人来说也是有利的，但这只是就这种胜利使这些个人现在有可能升入统治阶级而言。当法国资产阶级推翻了贵族的统治之后，它使许多无产者有可能升到无产阶级之上，但是只有当他们变成资产者的时候才达到这一点。由此可见，每一个新阶级赖以实现自己统治的基础，总比它以前的统治阶级所依赖的基础要宽广一些；可是后来，非统治阶级和正在进行统治的阶级之间的对立也发展得更尖锐和更深刻。这两种情况使得非统治阶级反对新统治阶级的斗争在否定旧社会制度方面，又要比过去一切争得统治的阶级所作的斗争更加坚决、更加彻底。

——

生产力和交往形式之间的这种矛盾——正如我们所见到的，它在迄今为止的历史中曾多次发生过，然而并没有威胁交往形式的基础——，每一次都不免要爆发为革命，同时也采取各种附带形式，如冲突的总和，不同阶级之间的冲突，意识的矛盾，思想斗争，政治斗争，等等。从狭隘的观点出发，可以从其中抽出一种附带形式，把它看做是这些革命的基础，而这样做是相当容易的，因为进行这些革命的个人都由于自身的文化水平和所处的历史发展阶段，而对他们自己的活动本身抱有种种幻想。

因此，按照我们的观点，一切历史冲突都根源于生产力和交往形式之间的矛盾。此外，不一定非要等到这种矛盾在某一国家发展到极端尖锐的地步，才导致这个国家内发生冲突。由广泛的国际交往所引起的同工业比较发达的国家的竞争，就足以使工业比较不发达的国家内产生类似的矛盾(例如，英国工业的竞争使德国潜在的无产阶级显露出来了)。

——

共产主义和所有过去的运动不同的地方在于：它推翻一切旧的生产关系和交往关系的基础，并且第一次自觉地把一切自发形成的前提看做是前人的创造，消除这些前提的自发性，使这些前提受联合起来的个人的支配。因此，建立共产主义实质上具有经济的性质，这就是为这种联合创造各种物质条件，把现存的条件变成联合的条件。共产主义所造成的存在状况，正是这样一种现实基础，它使一切不依赖于个人而存在的状况不可能发生，因为这种存在状况只不过是各个人之间迄今为止的交往的产物。这样，共产主义者实际上把迄今为止的生产和交往所产生的条件看做无机的条件。然而他们并不以为过去世世代代的意向和使命就是给他们提供资料，也不认为这些条件对于创造它们的个人来说是无机的。

————

① 马克思加了边注："(普遍性符合于：(1)与等级相对的阶级；(2)竞争、世界交往等等；(3)统治阶级的人数众多；(4)共同利益的幻想，起初这种幻想是真实的；(5)意识形态家的欺骗与分工。)"——编者注

有个性的个人与偶然的个人之间的差别，不是概念上的差别，而是历史事实。在不同的时期，这种差别具有不同的含义，例如，等级在 18 世纪对于个人来说就是某种偶然的东西，家庭或多或少地也是如此。这种差别不是我们为每个时代划定的，而是每个时代本身在既存的各种不同的因素之间划定的，而且不是根据概念而是在物质生活冲突的影响下划定的。在后来时代(与在先前时代相反)被看做是偶然的东西，也就是在先前时代传给后来时代的各种因素中被看做是偶然的东西，是曾经与生产力发展的一定水平相适应的交往形式。生产力与交往形式的关系就是交往形式与个人的行动或活动的关系。(这种活动的基本形式当然是物质活动，一切其他的活动，如精神活动、政治活动、宗教活动等都取决于它。当然，物质生活的这样或那样的形式，每次都取决于已经发达的需求，而这些需求的产生，也像它们的满足一样，本身是一个历史过程，这种历史过程在羊或狗那里是没有的(这是施蒂纳顽固地提出来反对人的主要论据①)，尽管羊或狗的目前形象无疑是历史过程的产物——诚然，不以它们的意愿为转移。)个人相互交往的条件，在上述这种矛盾产生以前，是与他们的个性相适合的条件，对于他们来说不是什么外部的东西；在这些条件下，生存于一定关系中的一定的个人独力生产自己的物质生活以及与这种物质生活有关的东西，因而这些条件是个人的自主活动的条件，并且是由这种自主活动产生出来的②。这样，在矛盾产生以前，人们进行生产的一定条件是同他们的现实的局限状态，同他们的片面存在相适应的，这种存在的片面性只是在矛盾产生时才表现出来，因而只是对于后代才存在。这时人们才觉得这些条件是偶然的桎梏，并且把这种视上述条件为桎梏的意识也强加给先前的时代。

　　这些不同的条件，起初是自主活动的条件，后来却变成了自主活动的桎梏，这些条件在整个历史发展过程中构成各种交往形式的相互联系的序列，各种交往形式的联系就在于：已成为桎梏的旧交往形式被适应于比较发达的生产力，因而也适应于进步的个人自主活动方式的新交往形式所代替；新的交往形式又会成为桎梏，然后又为另一种交往形式所代替。由于这些条件在历史发展的每一阶段都是与同一时期的生产力的发展相适应的，所以它们的历史同时也是发展着的、由每一个新的一代承受下来的生产力的历史，从而也是个人本身力量发展的历史。

共产党宣言⁵⁶(节选) ③

1872 年德文版序言⁵⁷

　　共产主义者同盟⁵⁸这个在当时条件下自然只能是秘密团体的国际工人组织，1847 年

---

　　①　麦·施蒂纳《施蒂纳的评论者》(载于 1845 年《维干德季刊》第 3 卷)一文中的议论；并见麦·施蒂纳《唯一者及其所有物》1845 年莱比锡版第 443 页。——编者注
　　②　马克思加了边注："交往形式本身的生产"。——编者注
　　③　本篇节选自《马克思恩格斯选集》第 I 卷第 372-422 页，人民出版社 2012 年版。

11 月在伦敦举行的代表大会上委托我们两人起草一个准备公布的详细的理论和实践的党纲。结果就产生了这个《宣言》，《宣言》原稿在二月革命[59]前几星期送到伦敦付印。《宣言》最初用德文出版，它用这种文字在德国、英国和美国至少印过 12 种不同的版本。第一个英译本是由海伦·麦克法林女士翻译的，于 1850 年在伦敦《红色共和党人》[60]杂志上发表，1871 年至少又有三种不同的英译本在美国出版。法译本于 1848 年六月起义[61]前不久第一次在巴黎印行，最近又有法译本在纽约《社会主义者报》[62]上发表；现在有人在准备新译本。波兰文译本在德文本初版问世后不久就在伦敦出现。俄译本是 60 年代在日内瓦出版的。丹麦文译本也是在原书问世后不久就出版了。

不管最近 25 年来的情况发生了多大的变化，这个《宣言》中所阐述的一般原理整个说来直到现在还是完全正确的。某些地方本来可以作一些修改。这些原理的实际运用，正如《宣言》中所说的，随时随地都要以当时的历史条件为转移，所以第二章末尾提出的那些革命措施根本没有特别的意义。如果是在今天，这一段在许多方面都会有不同的写法了。由于最近 25 年来大工业有了巨大发展而工人阶级的政党组织也跟着发展起来，由于首先有了二月革命的实际经验而后来尤其是有了无产阶级第一次掌握政权达两月之久的巴黎公社[63]的实际经验，所以这个纲领现在有些地方已经过时了。特别是公社已经证明："工人阶级不能简单地掌握现成的国家机器，并运用它来达到自己的目的。"（见《法兰西内战。国际工人协会总委员会宣言》德文版第 19 页，那里对这个思想作了更详细的阐述。）①其次，很明显，对于社会主义文献所作的批判在今天看来是不完全的，因为这一批判只包括到 1847 年为止；同样也很明显，关于共产党人对待各种反对党派的态度的论述（第四章）虽然在原则上今天还是正确的，但是就其实际运用来说今天毕竟已经过时，因为政治形势已经完全改变，当时所列举的那些党派大部分已被历史的发展彻底扫除了。

但是《宣言》是一个历史文件，我们已没有权利来加以修改。下次再版时也许能加上一篇论述 1847 年到现在这段时期的导言。这次再版太仓促了，我们来不及做这件工作。

卡尔·马克思　弗里德里希·恩格斯

卡·马克思和弗·恩格斯写于 1872 年 6 月 24 日
载于 1872 年在莱比锡出版的
德文版《共产主义宣言》一书

1872 年 6 月 24 日于伦敦
原文是德文
选自《马克思恩格斯文集》第 2 卷第 5—6 页

1882 年俄文版序言[64]

巴枯宁翻译的《共产党宣言》俄文第一版，60 年代初②由《钟声》[65]印刷所出版。当时西方认为这件事（《宣言》译成俄文出版）不过是著作界的一件奇闻。这种看法今天是不可能有了。

---

① 见本选集第 3 卷第 95 页。——编者注
② 应是 1869 年。——编者注

当时（1847年12月）卷入无产阶级运动的地区是多么狭小，这从《宣言》最后一章《共产党人对各国各种反对党派的态度》①中可以看得很清楚。在这一章里，正好没有说到俄国和美国。那时，俄国是欧洲全部反动势力的最后一支庞大后备军；美国正通过移民吸收欧洲无产阶级的过剩力量。这两个国家，都向欧洲提供原料，同时又都是欧洲工业品的销售市场。所以，这两个国家不管怎样当时都是欧洲现存秩序的支柱。

今天，情况完全不同了！正是欧洲移民，使北美能够进行大规模的农业生产，这种农业生产的竞争震撼着欧洲大小土地所有制的根基。此外，这种移民还使美国能够以巨大的力量和规模开发其丰富的工业资源，以至于很快就会摧毁西欧特别是英国迄今为止的工业垄断地位。这两种情况反过来对美国本身也起着革命作用。作为整个政治制度基础的农场主的中小土地所有制，正逐渐被大农场的竞争所征服；同时，在各工业区，人数众多的无产阶级和神话般的资本积聚第一次发展起来了。

现在来看看俄国吧！在1848—1849年革命期间，不仅欧洲的君主，而且连欧洲的资产者，都把俄国的干涉看做是帮助他们对付刚刚开始觉醒的无产阶级的唯一救星。沙皇被宣布为欧洲反动势力的首领。现在，沙皇在加特契纳成了革命的俘虏66，而俄国已是欧洲革命运动的先进部队了。

《共产主义宣言》②的任务，是宣告现代资产阶级所有制必然灭亡。但是在俄国，我们看见，除了迅速盛行起来的资本主义狂热和刚开始发展的资产阶级土地所有制外，大半土地仍归农民公共占有。那么试问：俄国公社，这一固然已经大遭破坏的原始土地公共占有形式，是能够直接过渡到高级的共产主义的公共占有形式呢？或者相反，它还必须先经历西方的历史发展所经历的那个瓦解过程呢？

对于这个问题，目前唯一可能的答复是：假如俄国革命将成为西方无产阶级革命的信号而双方互相补充的话，那么现今的俄国土地公有制便能成为共产主义发展的起点。

卡尔·马克思　弗里德里希·恩格斯

1882年1月21日于伦敦

卡·马克思和弗·恩格斯写于1882年1月21日
载于1882年2月5日《民意》杂志第8—9期

原文是德文
选自《马克思恩格斯文集》第2卷第7—8页

1883年德文版序言67

本版序言不幸只能由我一个人署名了。马克思这位比其他任何人都更应受到欧美整个工人阶级感谢的人物，已经长眠于海格特公墓，他的墓上已经初次长出了青草。在他逝世以后，就更谈不上对《宣言》作什么修改或补充了。因此，我认为更有必要在这里再一次

---

① 《宣言》最后一章的标题应是《共产党人对各种反对党派的态度》。——编者注
② 即《共产党宣言》。——编者注

明确地申述下面这一点。

　　贯穿《宣言》的基本思想：每一历史时代的经济生产以及必然由此产生的社会结构，是该时代政治的和精神的历史的基础；因此(从原始土地公有制解体以来)全部历史都是阶级斗争的历史，即社会发展各个阶段上被剥削阶级和剥削阶级之间、被统治阶级和统治阶级之间斗争的历史；而这个斗争现在已经达到这样一个阶段，即被剥削被压迫的阶级(无产阶级)，如果不同时使整个社会永远摆脱剥削、压迫和阶级斗争，就不再能使自己从剥削它压迫它的那个阶级(资产阶级)下解放出来。——这个基本思想完全是属于马克思一个人的。①

　　这一点我已经屡次说过，但正是现在必须在《宣言》正文的前面也写明这一点。

弗·恩格斯
1883 年 6 月 28 日于伦敦

<table>
<tr><td>弗·恩格斯写于 1883 年 6 月 28 日</td><td>原文是德文</td></tr>
<tr><td>载于 1883 年在霍廷根—苏黎世出版的</td><td>选自《马克思恩格斯文集》</td></tr>
<tr><td>德文版《共产主义宣言》一书</td><td>第 2 卷第 9—10 页</td></tr>
</table>

一　资产者和无产者②

　　至今一切社会的历史③都是阶级斗争的历史。

　　自由民和奴隶、贵族和平民、领主和农奴、行会师傅④和帮工，一句话，压迫者和被压迫者，始终处于相互对立的地位，进行不断的、有时隐蔽有时公开的斗争，而每一次斗

---

　　①　恩格斯在 1890 年德文版转载该序言时在此处加了一个注：“我在英译本序言中说过：‘在我看来这一思想对历史学必定会起到像达尔文学说对生物学所起的那样的作用，我们两人早在 1845 年前的几年中就已经逐渐接近了这个思想。当时我个人独自在这方面达到什么程度，我的《英国工人阶级状况》一书就是最好的说明。但是到 1845 年春我在布鲁塞尔再次见到马克思时，他已经把这个思想考虑成熟，并且用几乎像我在上面所用的那样明晰的语句向我说明了。’”——编者注

　　②　恩格斯在 1888 年英文版上加了一个注：“资产阶级是指占有社会生产资料并使用雇佣劳动的现代资本家阶级。无产阶级是指没有自己的生产资料，因而不得不靠出卖劳动力来维持生活的现代雇佣工人阶级。”——编者注

　　③　恩格斯在 1888 年英文版上加了一个注：“这是指有文字记载的全部历史。在 1847 年，社会的史前史、成文史以前的社会组织，几乎还没有人知道。后来，哈克斯特豪森发现了俄国的土地公有制，毛勒证明了这种公有制是一切条顿族的历史起源的社会基础，而且人们逐渐发现，农村公社是或者曾经是从印度到爱尔兰的各地社会的原始形态。最后，摩尔根发现了氏族的真正本质及其对部落的关系，这一卓绝发现把这种原始共产主义社会的内部组织的典型形式揭示出来了。随着这种原始公社的解体，社会开始分裂为各个独特的、终于彼此对立的阶级。关于这个解体过程，我曾经试图在《家庭、私有制和国家的起源》(1886 年斯图加特第 2 版)中加以探讨。”——编者注

　　④　恩格斯在 1888 年英文版上加了一个注：“行会师傅就是在行会中享有全权的会员，是行会内部的师傅，而不是行会的首领。”——编者注

争的结局都是整个社会受到革命改造或者斗争的各阶级同归于尽。

在过去的各个历史时代，我们几乎到处都可以看到社会完全划分为各个不同的等级，看到社会地位分成多种多样的层次。在古罗马，有贵族、骑士、平民、奴隶，在中世纪，有封建主、臣仆、行会师傅、帮工、农奴，而且几乎在每一个阶级内部又有一些特殊的阶层。

从封建社会的灭亡中产生出来的现代资产阶级社会并没有消灭阶级对立。它只是用新的阶级、新的压迫条件、新的斗争形式代替了旧的。

但是，我们的时代，资产阶级时代，却有一个特点：它使阶级对立简单化了。整个社会日益分裂为两大敌对的阵营，分裂为两大相互直接对立的阶级：资产阶级和无产阶级。

从中世纪的农奴中产生了初期城市的城关市民；从这个市民等级中发展出最初的资产阶级分子。

美洲的发现、绕过非洲的航行，给新兴的资产阶级开辟了新天地。东印度和中国的市场、美洲的殖民化、对殖民地的贸易、交换手段和一般商品的增加，使商业、航海业和工业空前高涨，因而使正在崩溃的封建社会内部的革命因素迅速发展。

以前那种封建的或行会的工业经营方式已经不能满足随着新市场的出现而增加的需求了。工场手工业代替了这种经营方式。行会师傅被工业的中间等级排挤掉了；各种行业组织之间的分工随着各个作坊内部的分工的出现而消失了。

但是，市场总是在扩大，需求总是在增加。甚至工场手工业也不再能满足需要了。于是，蒸汽和机器引起了工业生产的革命。现代大工业代替了工场手工业；工业中的百万富翁、一支一支产业大军的首领、现代资产者，代替了工业的中间等级。

大工业建立了由美洲的发现所准备好的世界市场。世界市场使商业、航海业和陆路交通得到了巨大的发展。这种发展又反过来促进了工业的扩展，同时，随着工业、商业、航海业和铁路的扩展，资产阶级也在同一程度上发展起来，增加自己的资本，把中世纪遗留下来的一切阶级排挤到后面去。

由此可见，现代资产阶级本身是一个长期发展过程的产物，是生产方式和交换方式的一系列变革的产物。

资产阶级的这种发展的每一个阶段，都伴随着相应的政治上的进展①。它在封建主统治下是被压迫的等级，在公社②里是武装的和自治的团体，在一些地方组成独立的城市共

---

① "相应的政治上的进展"在 1888 年英文版中是"这个阶级的相应的政治上的进展"。——编者注

② 恩格斯在 1888 年英文版上加了一个注："法国的新兴城市，甚至在它们从封建主手里争得地方自治和'第三等级'的政治权利以前，就已经称为'公社'了。一般说来，这里是把英国当做资产阶级经济发展的典型国家，而把法国当做资产阶级政治发展的典型国家。"恩格斯在 1890 年德文版上加了一个注："意大利和法国的市民，从他们的封建主手中买得或争得最初的自治权以后，就把自己的城市共同体称为'公社'。"——编者注

和国①，在另一些地方组成君主国中的纳税的第三等级②；后来，在工场手工业时期，它是等级君主国③或专制君主国中同贵族抗衡的势力，而且是大君主国的主要基础；最后，从大工业和世界市场建立的时候起，它在现代的代议制国家里夺得了独占的政治统治。现代的国家政权不过是管理整个资产阶级的共同事务的委员会罢了。

资产阶级在历史上曾经起过非常革命的作用。

资产阶级在它已经取得了统治的地方把一切封建的、宗法的和田园诗般的关系都破坏了。它无情地斩断了把人们束缚于天然尊长的形形色色的封建羁绊，它使人和人之间除了赤裸裸的利害关系，除了冷酷无情的"现金交易"，就再也没有任何别的联系了。它把宗教虔诚、骑士热忱、小市民伤感这些情感的神圣发作，淹没在利己主义打算的冰水之中。它把人的尊严变成了交换价值，用一种没有良心的贸易自由代替了无数特许的和自力挣得的自由。总而言之，它用公开的、无耻的、直接的、露骨的剥削代替了由宗教幻想和政治幻想掩盖着的剥削。

资产阶级抹去了一切向来受人尊崇和令人敬畏的职业的神圣光环。它把医生、律师、教士、诗人和学者变成了它出钱招雇的雇佣劳动者。

资产阶级撕下了罩在家庭关系上的温情脉脉的面纱，把这种关系变成了纯粹的金钱关系。

资产阶级揭示了，在中世纪深受反动派称许的那种人力的野蛮使用，是以极端怠惰作为相应补充的。它第一个证明了，人的活动能够取得什么样的成就。它创造了完全不同于埃及金字塔、罗马水道和哥特式教堂的奇迹；它完成了完全不同于民族大迁徙[68]和十字军征讨[69]的远征。

资产阶级除非对生产工具，从而对生产关系，从而对全部社会关系不断地进行革命，否则就不能生存下去。反之，原封不动地保持旧的生产方式，却是过去的一切工业阶级生存的首要条件。生产的不断变革，一切社会状况不停的动荡，永远的不安定和变动，这就是资产阶级时代不同于过去一切时代的地方。一切固定的僵化的关系以及与之相适应的素被尊崇的观念和见解都被消除了，一切新形成的关系等不到固定下来就陈旧了。一切等级的和固定的东西都烟消云散了，一切神圣的东西都被亵渎了。人们终于不得不用冷静的眼光来看他们的生活地位、他们的相互关系。

不断扩大产品销路的需要，驱使资产阶级奔走于全球各地。它必须到处落户，到处开发，到处建立联系。

资产阶级，由于开拓了世界市场，使一切国家的生产和消费都成为世界性的了。使反动派大为惋惜的是，资产阶级挖掉了工业脚下的民族基础。古老的民族工业被消灭了，并且每天都还在被消灭。它们被新的工业排挤掉了，新的工业的建立已经成为一切文明民族

---

① 在 1888 年英文版中这里加上了"（例如在意大利和德国）"。——编者注
② 在 1888 年英文版中这里加上了"（例如在法国）"。——编者注
③ "等级君主国"在 1888 年英文版中是"半封建君主国"。——编者注

的生命攸关的问题；这些工业所加工的，已经不是本地的原料，而是来自极其遥远的地区的原料；它们的产品不仅供本国消费，而且同时供世界各地消费。旧的、靠本国产品来满足的需要，被新的、要靠极其遥远的国家和地带的产品来满足的需要所代替了。过去那种地方的和民族的自给自足和闭关自守状态，被各民族的各方面的互相往来和各方面的互相依赖所代替了。物质的生产是如此，精神的生产也是如此。各民族的精神产品成了公共的财产。民族的片面性和局限性日益成为不可能，于是由许多种民族的和地方的文学形成了一种世界的文学①。

资产阶级，由于一切生产工具的迅速改进，由于交通的极其便利，把一切民族甚至最野蛮的民族都卷到文明中来了。它的商品的低廉价格，是它用来摧毁一切万里长城、征服野蛮人最顽强的仇外心理的重炮。它迫使一切民族——如果它们不想灭亡的话——采用资产阶级的生产方式；它迫使它们在自己那里推行所谓的文明，即变成资产者。一句话，它按照自己的面貌为自己创造出一个世界。

资产阶级使农村屈服于城市的统治。它创立了巨大的城市，使城市人口比农村人口大大增加起来，因而使很大一部分居民脱离了农村生活的愚昧状态。正像它使农村从属于城市一样，它使未开化和半开化的国家从属于文明的国家，使农民的民族从属于资产阶级的民族，使东方从属于西方。

资产阶级日甚一日地消灭生产资料、财产和人口的分散状态。它使人口密集起来，使生产资料集中起来，使财产聚集在少数人的手里。由此必然产生的结果就是政治的集中。各自独立的、几乎只有同盟关系的、各有不同利益、不同法律、不同政府、不同关税的各个地区，现在已经结合为一个拥有统一的政府、统一的法律、统一的民族阶级利益和统一的关税的统一的民族。

资产阶级在它的不到一百年的阶级统治中所创造的生产力，比过去一切世代创造的全部生产力还要多，还要大。自然力的征服，机器的采用，化学在工业和农业中的应用，轮船的行驶，铁路的通行，电报的使用，整个整个大陆的开垦，河川的通航，仿佛用法术从地下呼唤出来的大量人口——过去哪一个世纪料想到在社会劳动里蕴藏有这样的生产力呢？

由此可见，资产阶级赖以形成的生产资料和交换手段，是在封建社会里造成的。在这些生产资料和交换手段发展的一定阶段上，封建社会的生产和交换在其中进行的关系，封建的农业和工场手工业组织，一句话，封建的所有制关系，就不再适应已经发展的生产力了。这种关系已经在阻碍生产而不是促进生产了。它变成了束缚生产的桎梏。它必须被炸毁，它已经被炸毁了。

起而代之的是自由竞争以及与自由竞争相适应的社会制度和政治制度、资产阶级的经济统治和政治统治。

现在，我们眼前又进行着类似的运动。资产阶级的生产关系和交换关系，资产阶级的所有制关系，这个曾经仿佛用法术创造了如此庞大的生产资料和交换手段的现代资产阶级社会，现在像一个魔法师一样不能再支配自己用法术呼唤出来的魔鬼了。几十年来的工业

---

① "文学"一词德文是"Literatur"，这里泛指科学、艺术、哲学、政治等方面的著作。——编者注

和商业的历史，只不过是现代生产力反抗现代生产关系、反抗作为资产阶级及其统治的存在条件的所有制关系的历史。只要指出在周期性的重复中越来越危及整个资产阶级社会生存的商业危机就够了。在商业危机期间，总是不仅有很大一部分制成的产品被毁灭掉，而且有很大一部分已经造成的生产力被毁灭掉。在危机期间，发生一种在过去一切时代看来都好像是荒唐现象的社会瘟疫，即生产过剩的瘟疫。社会突然发现自己回到了一时的野蛮状态；仿佛是一次饥荒、一场普遍的毁灭性战争，使社会失去了全部生活资料；仿佛是工业和商业全被毁灭了。这是什么缘故呢？因为社会上文明过度，生活资料太多，工业和商业太发达。社会所拥有的生产力已经不能再促进资产阶级文明和资产阶级所有制关系的发展；相反，生产力已经强大到这种关系所不能适应的地步，它已经受到这种关系的阻碍；而它一着手克服这种障碍，就使整个资产阶级社会陷入混乱，就使资产阶级所有制的存在受到威胁。资产阶级的关系已经太狭窄了，再容纳不了它本身所造成的财富了。资产阶级用什么办法来克服这种危机呢？一方面不得不消灭大量生产力，另一方面夺取新的市场，更加彻底地利用旧的市场。这究竟是怎样的一种办法呢？这不过是资产阶级准备更全面更猛烈的危机的办法，不过是使防止危机的手段越来越少的办法。

资产阶级用来推翻封建制度的武器，现在却对准资产阶级自己了。

但是，资产阶级不仅锻造了置自身于死地的武器；它还产生了将要运用这种武器的人——现代的工人，即无产者。

随着资产阶级即资本的发展，无产阶级即现代工人阶级也在同一程度上得到发展；现代的工人只有当他们找到工作的时候才能生存，而且只有当他们的劳动增殖资本的时候才能找到工作。这些不得不把自己零星出卖的工人，像其他任何货物一样，也是一种商品，所以他们同样地受到竞争的一切变化、市场的一切波动的影响。

由于推广机器和分工，无产者的劳动已经失去了任何独立的性质，因而对工人也失去了任何吸引力。工人变成了机器的单纯的附属品，要求他做的只是极其简单、极其单调和极容易学会的操作。因此，花在工人身上的费用，几乎只限于维持工人生活和延续工人后代所必需的生活资料。但是，商品的价格，从而劳动的价格[70]，是同它的生产费用相等的。因此，劳动越使人感到厌恶，工资也就越减少。不仅如此，机器越推广，分工越细致，劳动量①也就越增加，这或者是由于工作时间的延长，或者是由于在一定时间内所要求的劳动的增加，机器运转的加速，等等。

现代工业已经把家长式的师傅的小作坊变成了工业资本家的大工厂。挤在工厂里的工人群众就像士兵一样被组织起来。他们是产业军的普通士兵，受着各级军士和军官的层层监视。他们不仅仅是资产阶级的、资产阶级国家的奴隶，他们每日每时都受机器、受监工、首先是受各个经营工厂的资产者本人的奴役。这种专制制度越是公开地把营利宣布为自己的最终目的，它就越是可鄙、可恨和可恶。

---

① "劳动量"在 1888 年英文版中是"劳动负担"。——编者注

手的操作所要求的技巧和气力越少，换句话说，现代工业越发达，男工也就越受到女工和童工的排挤。对工人阶级来说，性别和年龄的差别再没有什么社会意义了。他们都只是劳动工具，不过因为年龄和性别的不同而需要不同的费用罢了。

当厂主对工人的剥削告一段落，工人领到了用现钱支付的工资的时候，马上就有资产阶级中的另一部分人——房东、小店主、当铺老板等等向他们扑来。

以前的中间等级的下层，即小工业家、小商人和小食利者，手工业者和农民——所有这些阶级都降落到无产阶级的队伍里来了，有的是因为他们的小资本不足以经营大工业，经不起较大的资本家的竞争；有的是因为他们的手艺已经被新的生产方法弄得不值钱了。无产阶级就是这样从居民的所有阶级中得到补充的。

无产阶级经历了各个不同的发展阶段。它反对资产阶级的斗争是和它的存在同时开始的。

最初是单个的工人，然后是某一工厂的工人，然后是某一地方的某一劳动部门的工人，同直接剥削他们的单个资产者作斗争。他们不仅仅攻击资产阶级的生产关系，而且攻击生产工具本身①；他们毁坏那些来竞争的外国商品，捣毁机器，烧毁工厂，力图恢复已经失去的中世纪工人的地位。

在这个阶段上，工人是分散在全国各地并为竞争所分裂的群众。工人的大规模集结，还不是他们自己联合的结果，而是资产阶级联合的结果，当时资产阶级为了达到自己的政治目的必须而且暂时还能够把整个无产阶级发动起来。因此，在这个阶段上，无产者不是同自己的敌人作斗争，而是同自己的敌人的敌人作斗争，即同专制君主制的残余、地主、非工业资产者和小资产者作斗争。因此，整个历史运动都集中在资产阶级手里；在这种条件下取得的每一个胜利都是资产阶级的胜利。

但是，随着工业的发展，无产阶级不仅人数增加了，而且结合成更大的集体，它的力量日益增长，而且它越来越感觉到自己的力量。机器使劳动的差别越来越小，使工资几乎到处都降到同样低的水平，因而无产阶级内部的利益、生活状况也越来越趋于一致。资产者彼此间日益加剧的竞争以及由此引起的商业危机，使工人的工资越来越不稳定；机器的日益迅速的和继续不断的改良，使工人的整个生活地位越来越没有保障；单个工人和单个资产者之间的冲突越来越具有两个阶级的冲突的性质。工人开始成立反对资产者的同盟②；他们联合起来保卫自己的工资。他们甚至建立了经常性的团体，以便为可能发生的反抗准备食品。有些地方，斗争爆发为起义。

工人有时也得到胜利，但这种胜利只是暂时的。他们斗争的真正成果并不是直接取得

①　这句话在 1888 年英文版中是"他们不是攻击资产阶级的生产关系，而是攻击生产工具本身"。——编者注

②　在 1888 年英文版中这里加上了"（工联）"。——编者注

的成功，而是工人的越来越扩大的联合。这种联合由于大工业所造成的日益发达的交通工具而得到发展，这种交通工具把各地的工人彼此联系起来。只要有了这种联系，就能把许多性质相同的地方性的斗争汇合成全国性的斗争，汇合成阶级斗争。而一切阶级斗争都是政治斗争。中世纪的市民靠乡间小道需要几百年才能达到的联合，现代的无产者利用铁路只要几年就可以达到了。

无产者组织成为阶级，从而组织成为政党这件事，不断地由于工人的自相竞争而受到破坏。但是，这种组织总是重新产生，并且一次比一次更强大、更坚固、更有力。它利用资产阶级内部的分裂，迫使他们用法律形式承认工人的个别利益。英国的十小时工作日法案[70]就是一个例子。

旧社会内部的所有冲突在许多方面都促进了无产阶级的发展。资产阶级处于不断的斗争中：最初反对贵族；后来反对同工业进步有利害冲突的那部分资产阶级；经常反对一切外国的资产阶级。在这一切斗争中，资产阶级都不得不向无产阶级呼吁，要求无产阶级援助，这样就把无产阶级卷进了政治运动。于是，资产阶级自己就把自己的教育因素①即反对自身的武器给予了无产阶级。

其次，我们已经看到，工业的进步把统治阶级的整批成员抛到无产阶级队伍里去，或者至少也使他们的生活条件受到威胁。他们也给无产阶级带来了大量的教育因素②。

最后，在阶级斗争接近决战的时期，统治阶级内部的、整个旧社会内部的瓦解过程，就达到非常强烈、非常尖锐的程度，甚至使得统治阶级中的一小部分人脱离统治阶级而归附于革命的阶级，即掌握着未来的阶级。所以，正像过去贵族中有一部分人转到资产阶级方面一样，现在资产阶级中也有一部分人，特别是已经提高到能从理论上认识整个历史运动的一部分资产阶级思想家，转到无产阶级方面来了。

在当前同资产阶级对立的一切阶级中，只有无产阶级是真正革命的阶级。其余的阶级都随着大工业的发展而日趋没落和灭亡，无产阶级却是大工业本身的产物。

中间等级，即小工业家、小商人、手工业者、农民，他们同资产阶级作斗争，都是为了维护他们这种中间等级的生存，以免于灭亡。所以，他们不是革命的，而是保守的。不仅如此，他们甚至是反动的，因为他们力图使历史的车轮倒转。如果说他们是革命的，那是鉴于他们行将转入无产阶级的队伍，这样，他们就不是维护他们目前的利益，而是维护他们将来的利益，他们就离开自己原来的立场，而站到无产阶级的立场上来。

流氓无产阶级是旧社会最下层中消极的腐化的部分，他们在一些地方也被无产阶级革命卷到运动里来，但是，由于他们的整个生活状况，他们更甘心于被人收买，去干反动的勾当。

---

① "教育因素"在 1888 年英文版中是"政治教育和普通教育的因素"。——编者注
② "大量的教育因素"在 1888 年英文版中是"启蒙和进步的新因素"。——编者注

在无产阶级的生活条件中，旧社会的生活条件已经被消灭了。无产者是没有财产的；他们和妻子儿女的关系同资产阶级的家庭关系再没有任何共同之处了；现代的工业劳动，现代的资本压迫，无论在英国或法国，无论在美国或德国，都是一样的，都使无产者失去了任何民族性。法律、道德、宗教在他们看来全都是资产阶级偏见，隐藏在这些偏见后面的全都是资产阶级利益。

过去一切阶级在争得统治之后，总是使整个社会服从于它们发财致富的条件，企图以此来巩固它们已经获得的生活地位。无产者只有废除自己的现存的占有方式，从而废除全部现存的占有方式，才能取得社会生产力。无产者没有什么自己的东西必须加以保护，他们必须摧毁至今保护和保障私有财产的一切。

过去的一切运动都是少数人的，或者为少数人谋利益的运动。无产阶级的运动是绝大多数人的，为绝大多数人谋利益的独立的运动。无产阶级，现今社会的最下层，如果不炸毁构成官方社会的整个上层，就不能抬起头来，挺起胸来。

如果不就内容而就形式来说，无产阶级反对资产阶级的斗争首先是一国范围内的斗争。每一个国家的无产阶级当然首先应该打倒本国的资产阶级。

在叙述无产阶级发展的最一般的阶段的时候，我们循序探讨了现存社会内部或多或少隐蔽着的国内战争，直到这个战争爆发为公开的革命，无产阶级用暴力推翻资产阶级而建立自己的统治。

我们已经看到，至今的一切社会都是建立在压迫阶级和被压迫阶级的对立之上的。但是，为了有可能压迫一个阶级，就必须保证这个阶级至少有能够勉强维持它的奴隶般的生存的条件。农奴曾经在农奴制度下挣扎到公社成员的地位，小资产者曾经在封建专制制度的束缚下挣扎到资产者的地位。现代的工人却相反，他们并不是随着工业的进步而上升，而是越来越降到本阶级的生存条件以下。工人变成赤贫者，贫困比人口和财富增长得还要快。由此可以明显地看出，资产阶级再不能做社会的统治阶级了，再不能把自己阶级的生存条件当做支配一切的规律强加于社会了。资产阶级不能统治下去了，因为它甚至不能保证自己的奴隶维持奴隶的生活，因为它不得不让自己的奴隶落到不能养活它反而要它来养活的地步。社会再不能在它统治下生存下去了，就是说，它的生存不再同社会相容了。

资产阶级生存和统治的根本条件，是财富在私人手里的积累，是资本的形成和增殖；资本的条件是雇佣劳动。雇佣劳动完全是建立在工人的自相竞争之上的。资产阶级无意中造成而又无力抵抗的工业进步，使工人通过结社而达到的革命联合代替了他们由于竞争而造成的分散状态。于是，随着大工业的发展，资产阶级赖以生产和占有产品的基础本身也就从它的脚下被挖掉了。它首先生产的是它自身的掘墓人。资产阶级的灭亡和无产阶级的胜利是同样不可避免的。

二 无产者和共产党人

共产党人同全体无产者的关系是怎样的呢?

共产党人不是同其他工人政党相对立的特殊政党。他们没有任何同整个无产阶级的利益不同的利益。

他们不提出任何特殊的①原则,用以塑造无产阶级的运动。共产党人同其他无产阶级政党不同的地方只是:一方面,在无产者不同的民族的斗争中,共产党人强调和坚持整个无产阶级共同的不分民族的利益;另一方面,在无产阶级和资产阶级的斗争所经历的各个发展阶段上,共产党人始终代表整个运动的利益。

因此,在实践方面,共产党人是各国工人政党中最坚决的、始终起推动作用的部分②;在理论方面,他们胜过其余无产阶级群众的地方在于他们了解无产阶级运动的条件、进程和一般结果。

共产党人的最近目的是和其他一切无产阶级政党的最近目的一样的:使无产阶级形成为阶级,推翻资产阶级的统治,由无产阶级夺取政权。

共产党人的理论原理,决不是以这个或那个世界改革家所发明或发现的思想、原则为根据的。

这些原理不过是现存的阶级斗争、我们眼前的历史运动的真实关系的一般表述。废除先前存在的所有制关系,并不是共产主义所独具的特征。

一切所有制关系都经历了经常的历史更替、经常的历史变更。例如,法国革命废除了封建的所有制,代之以资产阶级的所有制。

共产主义的特征并不是要废除一般的所有制,而是要废除资产阶级的所有制。

但是,现代的资产阶级私有制是建立在阶级对立上面、建立在一些人对另一些人的剥削③上面的产品生产和占有的最后而又最完备的表现。

从这个意义上说,共产党人可以把自己的理论概括为一句话:消灭私有制。

有人责备我们共产党人,说我们要消灭个人挣得的、自己劳动得来的财产,要消灭构成个人的一切自由、活动和独立的基础的财产。

好一个劳动得来的、自己挣得的、自己赚来的财产!你们说的是资产阶级财产出现以前的那种小资产阶级的、小农的财产吗?那种财产用不着我们去消灭,工业的发展已经把它消灭了,而且每天都在消灭它。

或者,你们说的是现代的资产阶级的私有财产吧?

但是,难道雇佣劳动、无产者的劳动,会给无产者创造出财产来吗?没有的事。这种劳动所创造的是资本,即剥削雇佣劳动的财产,只有在不断产生出新的雇佣劳动来重新加以剥削的条件下才能增殖的财产。现今的这种财产是在资本和雇佣劳动的对立中运动的。

---

① "特殊的"在 1888 年英文版中是"宗派的"。——编者注

② "最坚决的、始终起推动作用的部分"在 1888 年英文版中是"最先进的和最坚决的部分,推动所有其他部分前进的部分"。——编者注

③ "一些人对另一些人的剥削"在 1888 年英文版中是"少数人对多数人的剥削"。——编者注

让我们来看看这种对立的两个方面吧。

做一个资本家，这就是说，他在生产中不仅占有一种纯粹个人的地位，而且占有一种社会的地位。资本是集体的产物，它只有通过社会许多成员的共同活动，而且归根到底只有通过社会全体成员的共同活动，才能运动起来。

因此，资本不是一种个人力量，而是一种社会力量。

因此，把资本变为公共的、属于社会全体成员的财产，这并不是把个人财产变为社会财产。这里所改变的只是财产的社会性质。它将失掉它的阶级性质。

现在，我们来看看雇佣劳动。

雇佣劳动的平均价格是最低限度的工资，即工人为维持其工人的生活所必需的生活资料的数额。因此，雇佣工人靠自己的劳动所占有的东西，只够勉强维持他的生命的再生产。我们决不打算消灭这种供直接生命再生产用的劳动产品的个人占有，这种占有并不会留下任何剩余的东西使人们有可能支配别人的劳动。我们要消灭的只是这种占有的可怜的性质，在这种占有下，工人仅仅为增殖资本而活着，只有在统治阶级的利益需要他活着的时候才能活着。

在资产阶级社会里，活的劳动只是增殖已经积累起来的劳动的一种手段。在共产主义社会里，已经积累起来的劳动只是扩大、丰富和提高工人的生活的一种手段。

因此，在资产阶级社会里是过去支配现在，在共产主义社会里是现在支配过去。在资产阶级社会里，资本具有独立性和个性，而活动着的个人却没有独立性和个性。

而资产阶级却把消灭这种关系说成是消灭个性和自由！说对了。的确，正是要消灭资产者的个性、独立性和自由。

在现今的资产阶级生产关系的范围内，所谓自由就是自由贸易、自由买卖。

但是，买卖一消失，自由买卖也就会消失。关于自由买卖的言论，也像我们的资产者的其他一切关于自由的大话一样，仅仅对于不自由的买卖来说，对于中世纪被奴役的市民来说，才是有意义的，而对于共产主义要消灭买卖、消灭资产阶级生产关系和资产阶级本身这一点来说，却是毫无意义的。

我们要消灭私有制，你们就惊慌起来。但是，在你们的现存社会里，私有财产对十分之九的成员来说已经被消灭了；这种私有制之所以存在，正是因为私有财产对十分之九的成员来说已经不存在。可见，你们责备我们，是说我们要消灭那种以社会上的绝大多数人没有财产为必要条件的所有制。

总而言之，你们责备我们，是说我们要消灭你们的那种所有制。的确，我们是要这样做的。

从劳动不再能变为资本、货币、地租，一句话，不再能变为可以垄断的社会力量的时候起，就是说，从个人财产不再能变为资产阶级财产①的时候起，你们说，个性被消灭了。

由此可见，你们是承认，你们所理解的个性，不外是资产者、资产阶级私有者。这样的个性确实应当被消灭。

---

① 在 1888 年英文版中这里加上了"变为资本"。——编者注

共产主义并不剥夺任何人占有社会产品的权力，它只剥夺利用这种占有去奴役他人劳动的权力。

有人反驳说，私有制一消灭，一切活动就会停止，懒惰之风就会兴起。

这样说来，资产阶级社会早就应该因懒惰而灭亡了，因为在这个社会里劳者不获，获者不劳。所有这些顾虑，都可以归结为这样一个同义反复：一旦没有资本，也就不再有雇佣劳动了。

所有这些对共产主义的物质产品的占有方式和生产方式的责备，也被扩展到精神产品的占有和生产方面。正如阶级的所有制的终止在资产者看来是生产本身的终止一样，阶级的教育的终止在他们看来就等于一切教育的终止。

资产者唯恐失去的那种教育，对绝大多数人来说是把人训练成机器。

但是，你们既然用你们资产阶级关于自由、教育、法等等的观念来衡量废除资产阶级所有制的主张，那就请你们不要同我们争论了。你们的观念本身是资产阶级的生产关系和所有制关系的产物，正像你们的法不过是被奉为法律的你们这个阶级的意志一样，而这种意志的内容是由你们这个阶级的物质生活条件来决定的。

你们的利己观念使你们把自己的生产关系和所有制关系从历史的、在生产过程中是暂时的关系变成永恒的自然规律和理性规律，这种利己观念是你们和一切灭亡了的统治阶级所共有的。谈到古代所有制的时候你们所能理解的，谈到封建所有制的时候你们所能理解的，一谈到资产阶级所有制你们就再也不能理解了。

消灭家庭！连极端的激进派也对共产党人的这种可耻的意图表示愤慨。

现代的、资产阶级的家庭是建立在什么基础上的呢？是建立在资本上面，建立在私人发财上面的。这种家庭只是在资产阶级那里才以充分发展的形式存在着，而无产者的被迫独居和公开的卖淫则是它的补充。

资产者的家庭自然会随着它的这种补充的消失而消失，两者都要随着资本的消失而消失。

你们是责备我们要消灭父母对子女的剥削吗？我们承认这种罪状。

但是，你们说，我们用社会教育代替家庭教育，就是要消灭人们最亲密的关系。

而你们的教育不也是由社会决定的吗？不也是由你们进行教育时所处的那种社会关系决定的吗？不也是由社会通过学校等等进行的直接的或间接的干涉决定的吗？共产党人并没有发明社会对教育的作用；他们仅仅是要改变这种作用的性质，要使教育摆脱统治阶级的影响。

无产者的一切家庭联系越是由于大工业的发展而被破坏，他们的子女越是由于这种发展而被变成单纯的商品和劳动工具，资产阶级关于家庭和教育、关于父母和子女的亲密关系的空话就越是令人作呕。

但是，你们共产党人是要实行公妻制的啊。整个资产阶级异口同声地向我们这样叫喊。

资产者是把自己的妻子看做单纯的生产工具的。他们听说生产工具将要公共使用，自然就不能不想到妇女也会遭到同样的命运。

他们想也没有想到，问题正在于使妇女不再处于单纯生产工具的地位。

其实，我们的资产者装得道貌岸然，对所谓的共产党人的正式公妻制表示惊讶，那是再可笑不过了。公妻制无需共产党人来实行，它差不多是一向就有的。

我们的资产者不以他们的无产者的妻子和女儿受他们支配为满足，正式的卖淫更不必说了，他们还以互相诱奸妻子为最大的享乐。

资产阶级的婚姻实际上是公妻制。人们至多只能责备共产党人，说他们想用正式的、公开的公妻制来代替伪善地掩蔽着的公妻制。其实，不言而喻，随着现在的生产关系的消灭，从这种关系中产生的公妻制，即正式的和非正式的卖淫，也就消失了。

有人还责备共产党人，说他们要取消祖国，取消民族。

工人没有祖国。决不能剥夺他们所没有的东西。因为无产阶级首先必须取得政治统治，上升为民族的阶级①，把自身组织成为民族，所以它本身还是民族的，虽然完全不是资产阶级所理解的那种意思。

随着资产阶级的发展，随着贸易自由的实现和世界市场的建立，随着工业生产以及与之相适应的生活条件的趋于一致，各国人民之间的民族分隔和对立日益消失。

无产阶级的统治将使它们更快地消失。联合的行动，至少是各文明国家的联合的行动，是无产阶级获得解放的首要条件之一。

人对人的剥削一消灭，民族对民族的剥削就会随之消灭。民族内部的阶级对立一消失，民族之间的敌对关系就会随之消失。

从宗教的、哲学的和一切意识形态的观点对共产主义提出的种种责难，都不值得详细讨论了。

人们的观念、观点和概念，一句话，人们的意识，随着人们的生活条件、人们的社会关系、人们的社会存在的改变而改变，这难道需要经过深思才能了解吗？

思想的历史除了证明精神生产随着物质生产的改造而改造，还证明了什么呢？任何一个时代的统治思想始终都不过是统治阶级的思想。

当人们谈到使整个社会革命化的思想时，他们只是表明了一个事实：在旧社会内部已经形成了新社会的因素，旧思想的瓦解是同旧生活条件的瓦解步调一致的。

当古代世界走向灭亡的时候，古代的各种宗教就被基督教战胜了。当基督教思想在18世纪被启蒙思想击败的时候，封建社会正在同当时革命的资产阶级进行殊死的斗争。信仰自由和宗教自由的思想，不过表明自由竞争在信仰领域②里占统治地位罢了。

"但是"，有人会说，"宗教的、道德的、哲学的、政治的、法的观念等等在历史发展的进程中固然是不断改变的，而宗教、道德、哲学、政治和法在这种变化中却始终保存着。

此外，还存在着一切社会状态所共有的永恒真理，如自由、正义等等。但是共产主义要废除永恒真理，它要废除宗教、道德，而不是加以革新，所以共产主义是同至今的全部历史发展相矛盾的。"

这种责难归结为什么呢？至今的一切社会的历史都是在阶级对立中运动的，而这种对

---

① "民族的阶级"在1888年英文版中是"民族的领导阶级"。——编者注
② "信仰领域"在1872年、1883年和1890年德文版中是"知识领域"。——编者注

立在不同的时代具有不同的形式。

但是，不管阶级对立具有什么样的形式，社会上一部分人对另一部分人的剥削却是过去各个世纪所共有的事实。因此，毫不奇怪，各个世纪的社会意识，尽管形形色色、千差万别，总是在某些共同的形式中运动的，这些形式，这些意识形式，只有当阶级对立完全消失的时候才会完全消失。

共产主义革命就是同传统的所有制关系实行最彻底的决裂；毫不奇怪，它在自己的发展进程中要同传统的观念实行最彻底的决裂。

不过，我们还是把资产阶级对共产主义的种种责难撇开吧。前面我们已经看到，工人革命的第一步就是使无产阶级上升为统治阶级，争得民主。

无产阶级将利用自己的政治统治，一步一步地夺取资产阶级的全部资本，把一切生产工具集中在国家即组织成为统治阶级的无产阶级手里，并且尽可能快地增加生产力的总量。

要做到这一点，当然首先必须对所有权和资产阶级生产关系实行强制性的干涉，也就是采取这样一些措施，这些措施在经济上似乎是不够充分的和无法持续的，但是在运动进程中它们会越出本身，① 而且作为变革全部生产方式的手段是必不可少的。

这些措施在不同的国家里当然会是不同的。

但是，最先进的国家几乎都可以采取下面的措施：

1. 剥夺地产，把地租用于国家支出。

2. 征收高额累进税。

3. 废除继承权。

4. 没收一切流亡分子和叛乱分子的财产。

5. 通过拥有国家资本和独享垄断权的国家银行，把信贷集中在国家手里。

6. 把全部运输业集中在国家手里。

7. 按照共同的计划增加国家工厂和生产工具，开垦荒地和改良土壤。

8. 实行普遍劳动义务制，成立产业军，特别是在农业方面。

9. 把农业和工业结合起来，促使城乡对立②逐步消灭。③

10. 对所有儿童实行公共的和免费的教育。取消现在这种形式的儿童的工厂劳动。把教育同物质生产结合起来，等等。

当阶级差别在发展进程中已经消失而全部生产集中在联合起来的个人④的手里的时候，公共权力就失去政治性质。原来意义上的政治权力，是一个阶级用以压迫另一个阶级的有组织的暴力。如果说无产阶级在反对资产阶级的斗争中一定要联合为阶级，通过革命使自己成为统治阶级，并以统治阶级的资格用暴力消灭旧的生产关系，那么它在消灭这种

---

① 在 1888 年英文版中这里加上了"使进一步向旧的社会制度进攻成为必要"。——编者注

② "对立"在 1872 年、1883 年和 1890 年德文版中是"差别"。——编者注

③ 在 1888 年英文版中这一条是："把农业和工业结合起来；通过把人口更平均地分布于全国的办法逐步消灭城乡差别。"——编者注

④ "消灭了阶级本身的存在条件"在 1872 年、1883 年和 1890 年德文版中是"消灭了阶级本身"。——编者注

生产关系的同时，也就消灭了阶级对立的存在条件，消灭了阶级本身的存在条件①，从而消灭了它自己这个阶级的统治。

代替那存在着阶级和阶级对立的资产阶级旧社会的，将是这样一个联合体，在那里，每个人的自由发展是一切人的自由发展的条件。

卡·马克思和弗·恩格斯写于　　　　　　　原文是德文
1847 年 12 月—1848 年 1 月底　　　　　　选自《马克思恩格斯文集》
1848 年 2 月以小册子形式在伦敦出版　　　第 2 卷第 30—67 页

《资本论》第一卷[71]（节选）[②]

1867 年第一版序言

我把这部著作的第一卷交给读者。这部著作是我 1859 年发表的《政治经济学批判》的续篇。初篇和续篇相隔很久，是由于多年的疾病一再中断了我的工作。

前书的内容已经在本卷第一章作了概述。这样做不仅是为了连贯和完整，叙述方式也改进了。在情况许可的范围内，前书只是略略提到的许多论点，这里都作了进一步的阐述；相反地，前书已经详细阐述的论点，这里只略略提到。关于价值理论和货币理论的历史的部分，现在自然完全删去了。但是前书的读者可以在本书第一章的注释中，找到有关这两种理论的历史的新资料。

万事开头难，每门科学都是如此。所以本书第一章，特别是分析商品的部分，是最难理解的。其中对价值实体和价值量的分析，我已经尽可能地做到通俗易懂。以货币形式为完成形态的价值形式，是极无内容和极其简单的。然而，两千多年来人类智慧对这种形式进行探讨的努力，并未得到什么结果，而对更有内容和更复杂的形式的分析，却至少已接近于成功。为什么会这样呢？因为已经发育的身体比身体的细胞容易研究些。并且，分析经济形式，既不能用显微镜，也不能用化学试剂。二者都必须用抽象力来代替。而对资产阶级社会说来，劳动产品的商品形式，或者商品的价值形式，就是经济的细胞形式。在浅薄的人看来，分析这种形式好像是斤斤于一些琐事。这的确是琐事，但这是显微解剖学所要做的那种琐事。

因此，除了价值形式那一部分外，不能说这本书难懂。当然，我指的是那些想学到一些新东西、因而愿意自己思考的读者。

物理学家是在自然过程表现得最确实、最少受干扰的地方观察自然过程的，或者，如有可能，是在保证过程以其纯粹形态进行的条件下从事实验的。我要在本书研究的，是资本主义生产方式以及和它相适应的生产关系和交换关系。到现在为止，这种生产方式的典

---

① "消灭了阶级本身的存在条件"在 1872 年、1883 年和 1890 年德文版中是"消灭了阶级本身"。——编者注

② 本篇节选自《马克思恩格斯选集》第 2 卷第 81-300 页，人民出版社 2012 年版。

型地点是英国。因此，我在理论阐述上主要用英国作为例证。但是，如果德国读者看到英国工农业工人所处的境况而伪善地耸耸肩膀，或者以德国的情况远不是那样坏而乐观地自我安慰，那我就要大声地对他说：这正是说的阁下的事情！

问题本身并不在于资本主义生产的自然规律所引起的社会对抗的发展程度的高低。问题在于这些规律本身，在于这些以铁的必然性发生作用并且正在实现的趋势。工业较发达的国家向工业较不发达的国家所显示的，只是后者未来的景象。

撇开这点不说。在资本主义生产已经在我们那里完全确立的地方，例如在真正的工厂里，由于没有起抗衡作用的工厂法，情况比英国要坏得多。在其他一切方面，我们也同西欧大陆所有其他国家一样，不仅苦于资本主义生产的发展，而且苦于资本主义生产的不发展。除了现代的灾难而外，压迫着我们的还有许多遗留下来的灾难，这些灾难的产生，是由于古老的、陈旧的生产方式以及伴随着它们的过时的社会关系和政治关系还在苟延残喘。不仅活人使我们受苦，而且死人也使我们受苦。死人抓住活人！

德国和西欧大陆其他国家的社会统计，与英国相比是很贫乏的。然而它还是把帷幕稍稍揭开，使我们刚刚能够窥见幕内美杜莎的头[72]。如果我国各邦政府和议会像英国那样，定期指派委员会去调查经济状况，如果这些委员会像英国那样，有全权去揭发真相，如果为此能够找到像英国工厂视察员、编写《公共卫生》报告的英国医生、调查女工童工受剥削的情况以及居住和营养条件等等的英国调查委员那样内行、公正、坚决的人们，那么，我国的情况就会使我们大吃一惊。柏修斯[73]需要一顶隐身帽来追捕妖怪。我们却用隐身帽紧紧遮住眼睛和耳朵，以便有可能否认妖怪的存在。

决不要在这上面欺骗自己。正像18世纪美国独立战争给欧洲中等阶级敲起了警钟一样，19世纪美国南北战争又给欧洲工人阶级敲起了警钟。在英国，变革过程已经十分明显。它达到一定程度后，一定会波及大陆。在那里，它将采取较残酷的还是较人道的形式，那要看工人阶级自身的发展程度而定。所以，现在的统治阶级，撇开其较高尚的动机不说，他们的切身利益也迫使他们除掉一切可以由法律控制的、妨害工人阶级发展的障碍。因此，我在本卷中还用了很大的篇幅来叙述英国工厂立法的历史、内容和结果。一个国家应该而且可以向其他国家学习。一个社会即使探索到了本身运动的自然规律——本书的最终目的就是揭示现代社会的经济运动规律——，它还是既不能跳过也不能用法令取消自然的发展阶段。但是它能缩短和减轻分娩的痛苦。

为了避免可能产生的误解，要说明一下。我决不用玫瑰色描绘资本家和地主的面貌。不过这里涉及的人，只是经济范畴的人格化，是一定的阶级关系和利益的承担者。我的观点是把经济的社会形态的发展理解为一种自然史的过程。不管个人在主观上怎样超脱各种关系，他在社会意义上总是这些关系的产物。同其他任何观点比起来，我的观点是更不能要个人对这些关系负责的。

在政治经济学领域内，自由的科学研究遇到的敌人，不只是它在一切其他领域内遇到的敌人。政治经济学所研究的材料的特殊性质，把人们心中最激烈、最卑鄙、最恶劣的感情，把代表私人利益的复仇女神召唤到战场上来反对自由的科学研究。例如，英国高教会[74]派宁愿饶恕对它的三十九条信纲中的三十八条信纲进行的攻击，而不饶恕对它的现金收入的三十九分之一进行的攻击。在今天，同批评传统的财产关系相比，无神论本身是一种很小的过失。但在这方面，进步仍然是无可怀疑的。以最近几星期内发表的蓝皮书[75]《就工业和工联问题同女王陛下驻外使团的信函往来》为例。英国女王驻外使节在那里坦率地说，在德国，在法国，一句话，在欧洲大陆的一切文明国家，现有的劳资关系的变化同英国一样明显，一样不可避免。同时，大西洋彼岸的北美合众国副总统威德先生也在公众集会上说：在奴隶制废除后，资本关系和土地所有权关系的变化会提到日程上来！这是时代的标志，不是用紫衣黑袍遮掩得了的。这并不是说明天就会出现奇迹。但这表明，甚至在统治阶级中间也已经透露出一种模糊的感觉：现在的社会不是坚实的结晶体，而是一个能够变化并且经常处于变化过程中的有机体。

这部著作的第二卷将探讨资本的流通过程（第二册）和总过程的各种形式（第三册），第三卷即最后一卷（第四册）将探讨理论史。

任何的科学批评的意见我都是欢迎的。而对于我从来就不让步的所谓舆论的偏见，我仍然遵守伟大的佛罗伦萨人的格言：

走你的路，让人们去说罢！[76]

1872 年第二版跋（节选）

《资本论》在德国工人阶级广大范围内迅速得到理解，是对我的劳动的最好的报酬。一个在经济方面站在资产阶级立场上的人，维也纳的工厂主迈尔先生，在普法战争期间发行的一本小册子中说得很对：被认为是德国世袭财产的卓越的理论思维能力，已在德国的所谓有教养的阶级中完全消失了，但在德国工人阶级中复活了。

在德国，直到现在，政治经济学一直是外来的科学。古斯塔夫·冯·居利希在他的《商业、工业和农业的历史叙述》中，特别是在 1830 年出版的该书的前两卷中，已经大体上谈到了在我们这里妨碍资本主义生产方式发展、因而也妨碍现代资产阶级社会建立的历史条件。可见，政治经济学在我国缺乏生长的土壤。它作为成品从英国和法国输入；德国的政治经济学教授一直是学生。别国的现实在理论上的表现，在他们手中变成了教条集成，被他们用包围着他们的小资产阶级世界的精神去解释，就是说，被曲解了。他们不能把在科学上无能为力的感觉完全压制下去，他们不安地意识到，他们必须在一个实际上不熟悉的领域内充当先生，于是就企图用博通文史的美装，或用无关材料的混合物来加以掩饰。这种材料是从所谓官房学——各种知识的杂拌，满怀希望的①德国官僚候补者必须通过的炼狱之火——抄袭来的。

从 1848 年起，资本主义生产在德国迅速地发展起来，现在正是它的欺诈盛行的时期。但是我们的专家还是命运不好。当他们能够不偏不倚地研究政治经济学时，在德国的现实中没有现代的经济关系。而当这些关系出现时，他们所处的境况已经不再容许他们在资产阶级的视野之内进行不偏不倚的研究了。只要政治经济学是资产阶级的政治经济学，就是说，只要它把资本主义制度不是看做历史上过渡的发展阶段，而是看做社会生产的绝对的最后的形式，那就只有在阶级斗争处于潜伏状态或只是在个别的现象上表现出来的时候，它还能够是科学。

---

① 在第三、四版中"毫无希望的"。——编者注

拿英国来说。英国古典政治经济学是属于阶级斗争不发展的时期的。它的最后的伟大的代表李嘉图，终于有意识地把阶级利益的对立、工资和利润的对立、利润和地租的对立当做他的研究的出发点，因为他天真地把这种对立看做社会的自然规律。这样，资产阶级的经济科学也就达到了它的不可逾越的界限。还在李嘉图活着的时候，就有一个和他对立的人西斯蒙第批判资产阶级的经济科学了。①

随后一个时期，从 1820 年到 1830 年，在英国，政治经济学方面的科学活动极为活跃。这是李嘉图的理论庸俗化和传播的时期，同时也是他的理论同旧的学派进行斗争的时期。这是一场出色的比赛。当时的情况，欧洲大陆知道得很少，因为论战大部分是分散在杂志论文、关于时事问题的著作和抨击性小册子上。这一论战的不偏不倚的性质——虽然李嘉图的理论也例外地被用做攻击资产阶级经济的武器——可由当时的情况来说明。一方面，大工业本身刚刚脱离幼年时期；大工业只是从 1825 年的危机才开始它的现代生活的周期循环，就证明了这一点。另一方面，资本和劳动之间的阶级斗争被推到后面：在政治方面是由于纠合在神圣同盟⁷⁷周围的政府和封建主同资产阶级所领导的人民大众之间发生了纠纷；在经济方面是由于工业资本和贵族土地所有权之间发生了纷争。这种纷争在法国是隐藏在小块土地所有制和大土地所有制的对立后面，在英国则在谷物法颁布后公开爆发出来。这个时期英国的政治经济学文献，使人想起魁奈医生逝世后法国经济学的狂飙时期，但这只是像晚秋晴日使人想起春天一样。1830 年，最终决定一切的危机发生了。

资产阶级在法国和英国夺得了政权。从那时起，阶级斗争在实践方面和理论方面采取了日益鲜明的和带有威胁性的形式。它敲响了科学的资产阶级经济学的丧钟。现在问题不再是这个或那个原理是否正确，而是它对资本有利还是有害，方便还是不方便，违反警方规定还是不违反警方规定。无私的研究让位于豢养的文丐的争斗，不偏不倚的科学探讨让位于辩护士的坏心恶意。甚至以工厂主科布顿和布莱特为首的反谷物法同盟⁷⁸抛出的强迫人接受的小册子，由于对地主贵族展开了论战，即使没有科学的意义，毕竟也有历史的意义。但是罗伯特·皮尔爵士执政以来的自由贸易的立法，也把庸俗经济学的最后这根刺拔掉了。

1848 年大陆的革命也在英国产生了反应。那些还要求有科学地位、不愿单纯充当统治阶级的诡辩家和献媚者的人，力图使资本的政治经济学同这时已不容忽视的无产阶级的要求调和起来。于是，以约翰·斯图亚特·穆勒为最著名代表的平淡无味的混合主义产生了。这宣告了"资产阶级"经济学的破产，关于这一点，俄国的伟大学者和批评家尼·车尔尼雪夫斯基在他的《穆勒政治经济学概述》中已作了出色的说明。

可见，在资本主义生产方式的对抗性质在法国和英国通过历史斗争而明显地暴露出来以后，资本主义生产方式才在德国成熟起来，同时，德国无产阶级比德国资产阶级在理论上已经有了更明确的阶级意识。因此，当资产阶级政治经济学作为一门科学看来在德国有可能产生的时候，它又成为不可能。

---

① 见我的《政治经济学批判》第 39 页（见《马克思恩格斯全集》中文第 2 版第 31 卷第 455 页）

在这种情况下，资产阶级政治经济学的代表人物分成了两派。一派是精明的、贪利的实践家，他们聚集在庸俗经济学辩护论的最浅薄的因而也是最成功的代表巴师夏的旗帜下；另一派是以经济学教授资望自负的人，他们追随约·斯·穆勒，企图调和不能调和的东西。德国人在资产阶级经济学衰落时期，也同在它的古典时期一样，始终只是学生、盲从者和模仿者，是外国大商行的小贩。

所以，德国社会特殊的历史发展，排除了"资产阶级"经济学在德国取得任何独创的成就的可能性，但是没有排除对它进行批判的可能性。就这种批判代表一个阶级而论，它能代表的只是这样一个阶级，这个阶级的历史使命是推翻资本主义生产方式和最后消灭阶级。这个阶级就是无产阶级。

———

当然，在形式上，叙述方法必须与研究方法不同。研究必须充分地占有材料，分析它的各种发展形式，探寻这些形式的内在联系。只有这项工作完成以后，现实的运动才能适当地叙述出来。这点一旦做到，材料的生命一旦在观念上反映出来，呈现在我们面前的就好像是一个先验的结构了。

我的辩证方法，从根本上来说，不仅和黑格尔的辩证方法不同，而且和它截然相反。在黑格尔看来，思维过程，即甚至被他在观念这一名称下转化为独立主体的思维过程，是现实事物的创造主，而现实事物只是思维过程的外部表现。我的看法则相反，观念的东西不外是移入人的头脑并在人的头脑中改造过的物质的东西而已。

将近 30 年以前，当黑格尔辩证法还很流行的时候，我就批判过黑格尔辩证法的神秘方面。但是，正当我写《资本论》第一卷时，今天在德国知识界发号施令的、愤懑的、自负的、平庸的模仿者们[79]，却已高兴地像莱辛时代大胆的莫泽斯·门德尔松对待斯宾诺莎那样对待黑格尔，即把他当做一条"死狗"了。因此，我公开承认我是这位大思想家的学生，并且在关于价值理论的一章中，有些地方我甚至卖弄起黑格尔特有的表达方式。辩证法在黑格尔手中神秘化了，但这决没有妨碍他第一个全面地有意识地叙述了辩证法的一般运动形式。在他那里，辩证法是倒立着的。必须把它倒过来，以便发现神秘外壳中的合理内核。

辩证法，在其神秘形式上，成了德国的时髦东西，因为它似乎使现存事物显得光彩。辩证法，在其合理形态上，引起资产阶级及其空论主义的代言人的恼怒和恐怖，因为辩证法在对现存事物的肯定的理解中同时包含对现存事物的否定的理解，即对现存事物的必然灭亡的理解；辩证法对每一种既成的形式都是从不断的运动中，因而也是从它的暂时性方面去理解；辩证法不崇拜任何东西，按其本质来说，它是批判的和革命的。

使实际的资产者最深切地感到资本主义社会充满矛盾的运动的，是现代工业所经历的周期循环的各个变动，而这种变动的顶点就是普遍危机。这个危机又要临头了，虽然它还处于预备阶段；由于它的舞台的广阔和它的作用的强烈，它甚至会把辩证法灌进新的神圣普鲁士德意志帝国的暴发户们的头脑里去。

卡尔·马克思

1873 年 1 月 24 日于伦敦

资本的生产过程(节选)

第二篇　货币转化为资本

第四章　货币转化为资本

1. 资本的总公式

商品流通是资本的起点。商品生产和发达的商品流通,即贸易,是资本产生的历史前提。世界贸易和世界市场在 16 世纪揭开了资本的现代生活史。

如果撇开商品流通的物质内容,撇开各种使用价值的交换,只考察这一过程所造成的经济形式,我们就会发现,货币是这一过程的最后产物。商品流通的这个最后产物是资本的最初的表现形式。[171]①

作为货币的货币和作为资本的货币的区别,首先只是在于它们具有不同的流通形式。

商品流通的直接形式是 W—G—W,商品转化为货币,货币再转化为商品,为买而卖。但除这一形式外,我们还看到具有不同特点的另一形式 G—W—G,货币转化为商品,商品再转化为货币,为卖而买。在运动中通过这后一种流通的货币转化为资本,成为资本,而且按它的使命来说,已经是资本。[172]

首先我们应该说明 G—W—G 和 W—G—W 这两种循环的形式上的区别。这样,隐藏在这种形式上的区别后面的内容上的区别同时也就暴露出来。[173]

在 W—G—W 循环中,始极是一种商品,终极是另一种商品,后者退出流通,转入消费。因此,这一循环的最终目的是消费,是满足需要,总之,是使用价值。相反,G—W—G 循环是从货币一极出发,最后又返回同一极。因此,这一循环的动机和决定目的是交换价值本身。

在简单商品流通中,两极具有同样的经济形式。二者都是商品,而且是价值量相等的商品。但它们是不同质的使用价值,如谷物和衣服。在这里,产品交换,表现社会劳动的不同物质的变换,是运动的内容。G—W—G 这个流通则不同。[……]一个货币额和另一个货币额只能有量的区别。因此,G—W—G 过程所以有内容,不是因为两极有质的区别(二者都是货币),而只是因为它们有量的不同。最后从流通中取出的货币,多于起初投入的货币。例如,用 100 镑买的棉花卖 100 镑+10 镑,即 110 镑。因此,这个过程的完整形式是 G—W—G′。其中的 G′=G+ΔG,即等于原预付货币额加上一个增殖额。我把这个增殖额或超过原价值的余额叫做剩余价值(surplus value)。可见,原预付价值不仅在流通中保存下来,而且在流通中改变了自己的价值量,加上了一个剩余价值,或者说增殖了。正是这种运动使价值转化为资本。[175-176]

简单商品流通——为买而卖——是达到流通以外的最终目的,占有使用价值,满足需

---

① 方括号中的数字表示《资本论》第 1 卷即《马克思恩格斯文集》第 5 卷的页码——编者注

要的手段。相反，作为资本的货币的流通本身就是目的，因为只是在这个不断更新的运动中才有价值的增殖。因此，资本的运动是没有限度的。

作为这一运动的有意识的承担者，货币占有者变成了资本家。他这个人，或不如说他的钱袋，是货币的出发点和复归点。这种流通的客观内容——价值增殖——是他的主观目的；只有在越来越多地占有抽象财富成为他的活动的唯一动机时，他才作为资本家或作为人格化的、有意志和意识的资本执行职能。因此，决不能把使用价值看做资本家的直接目的。他的目的也不是取得一次利润，而只是谋取利润的无休止的运动。［178-179］

价值在这里已经成为一个过程的主体，在这个过程中，它不断地变换货币形式和商品形式，改变着自己的量，作为剩余价值同作为原价值的自身分出来，自行增殖着。既然它生出剩余价值的运动是它自身的运动，它的增殖也就是自行增殖。它所以获得创造价值的奇能，是因为它是价值。它会产仔，或者说，它至少会生金蛋。［180］

因此，价值成了处于过程中的价值，成了处于过程中的货币，从而也就成了资本。它离开流通，又进入流通，在流通中保存自己，扩大自己，扩大以后又从流通中返回来，并且不断重新开始同样的循环。［181］

为卖而买，或者说得完整些，为了贵卖而买，即 G—W—G′，似乎只是一种资本即商人资本所特有的形式。但产业资本也是这样一种货币，它转化为商品，然后通过商品的出售再转化为更多的货币。在买和卖的间歇，即在流通领域以外发生的行为，丝毫不会改变这种运动形式。最后，在生息资本的场合，G—W—G′的流通简化地表现为没有中介的结果，表现为一种简练的形式，G—G′，表现为等于更多货币的货币，比本身价值更大的价值。

因此，G—W—G′事实上是直接在流通领域内表现出来的资本的总公式。［181］

2. 总公式的矛盾

货币羽化为资本的流通形式，是和前面阐明的所有关于商品、价值、货币和流通本身的性质的规律相矛盾的。它和简单商品流通相区别的地方，在于同样两个对立过程（卖和买）的次序相反。但这种纯粹形式上的区别，是用什么魔法使这一过程的性质改变的呢？［182］

假如互相交换的是交换价值相等的商品，或交换价值相等的商品和货币，就是说，是等价物，那么很明显，任何人从流通中取出的价值，都不会大于他投入流通的价值。在这种情形下，就不会有剩余价值形成。商品的流通过程就其纯粹的形式来说，要求等价物的交换。但是在实际上，事情并不是纯粹地进行的。因此，我们假定是非等价物的交换。［186-187］

假定卖者享有某种无法说明的特权，可以高于商品价值出卖商品，把价值100的商品卖110，即在名义上加价10% 。这样，卖者就得到剩余价值10。但是，他当了卖者以后，又成为买者。现在第三个商品占有者作为卖者和他相遇，并且也享有把商品贵卖10%的特权。我们那位商品占有者作为卖者赚得了10，但是作为买者要失去10。实际上，整个事情的结果是，全体商品占有者都高于商品价值10% 互相出卖商品，这与他们把商品按其价值出售完全一样。商品的这种名义上的普遍加价，其结果就像例如用银代替金来计量商品价值一样。商品的货币名称即价格上涨了，但商品间的价值比例仍然不变。

我们再反过来，假定买者享有某种特权，可以低于商品价值购买商品。在这里，不用说，买者还要成为卖者。他在成为买者以前，就曾经是卖者。他在作为买者赚得 10% 以前，就已经作为卖者失去了 10%。结果一切照旧。

因此，剩余价值的形成，从而货币的转化为资本，既不能用卖者高于商品价值出卖商品来说明，也不能用买者低于商品价值购买商品来说明。[187-188]

可见，无论怎样颠来倒去，结果都是一样。如果是等价物交换，不产生剩余价值；如果是非等价物交换，也不产生剩余价值。流通或商品交换不创造价值。[190]

剩余价值不能从流通中产生；因此，在剩余价值的形成上，必然有某种在流通中看不到的情况发生在流通的背后。但是，剩余价值能不能从流通以外的什么地方产生呢？流通是商品占有者全部商品关系的总和。在流通以外，商品占有者只同他自己的商品发生关系。就商品的价值来说，这种关系只是：他的商品包含着他自己的、按一定社会规律计量的劳动量。[……]商品生产者在流通领域以外，也就是不同其他商品占有者接触，就不能使价值增殖，从而使货币或商品转化为资本。

因此，资本不能从流通中产生，又不能不从流通中产生。它必须既在流通中又不在流通中产生。

这样，就得到一个双重的结果。货币转化为资本，必须根据商品交换的内在规律来加以说明，因此等价物的交换应该是起点。① 我们那位还只是资本家幼虫的货币占有者，必须按商品的价值购买商品，按商品的价值出卖商品，但他在过程终了时取出的价值必须大于他投入的价值。他变为蝴蝶，必须在流通领域中，又必须不在流通领域中。这就是问题的条件。这里是罗陀斯，就在这里跳跃吧![80][192-194]

3. 劳动力的买和卖

要转化为资本的货币的价值变化，不可能发生在这个货币本身上，因为货币作为购买手段和支付手段，只是实现它所购买或所支付的商品的价格，而它如果停滞在自己原来的形式上，它就凝固为价值量不变的化石了。同样，在流通的第二个行为即商品的再度出卖上，也不可能发生这种变化，因为这一行为只是使商品从自然形式再转化为货币形式。因此，这种变化必定发生在第一个行为 G—W 中所购买的商品上，但不是发生在这种商品的价值上，因为互相交换的是等价物，商品是按它的价值支付的。因此，这种变化只能从

---

① 根据以上说明，读者可以知道，这里的意思不过是：即使商品价格与商品价值相等，资本也一定可以形成。资本的形成不能用商品价格与商品价值的偏离来说明。假如价格确实与价值相偏离，那就必须首先把前者还原为后者，就是说，把这种情况当做偶然情况撇开，这样才能得到以商品交换为基础的资本形成的纯粹现象，才能在考察这个现象时，不致被那些起干扰作用的、与真正的过程不相干的从属情况所迷惑。而且我们知道，这种还原决不单纯是一种科学的手续。市场价格的不断波动，即它的涨落，会互相补偿，彼此抵消，并且还原为平均价格，而平均价格是市场价格的内在基准。这个基准是例如从事一切需要较长时间经营的企业的商人或工业家的指南。所以他们知道，就整个一段较长的时期来看，商品实际上既不是低于也不是高于平均价格，而是按照平均价格出售的。因此，如果撇开利害得失来考虑问题是符合他们的利益的话，他们就应该这样提出资本形成的问题：既然价格是由平均价格即归根到底是由商品的价值来调节的，那么资本怎么会产生呢？我说"归根到底"，是因为平均价格并不像亚·斯密、李嘉图等人所认为的那样，直接与商品的价值量相一致。

这种商品的使用价值本身，即从这种商品的消费中产生。要从商品的消费中取得价值，我们的货币占有者就必须幸运地在流通领域内即在市场上发现这样一种商品，它的使用价值本身具有成为价值源泉的独特属性，因此，它的实际消费本身就是劳动的对象化，从而是价值的创造。货币占有者在市场上找到了这样一种独特的商品，这就是劳动能力或劳动力。

我们把劳动力或劳动能力，理解为一个人的身体即活的人体中存在的、每当他生产某种使用价值时就运用的体力和智力的总和。[194—195]

货币占有者要把货币转化为资本，就必须在商品市场上找到自由的工人。这里所说的自由，具有双重意义：一方面，工人是自由人，能够把自己的劳动力当做自己的商品来支配，另一方面，他没有别的商品可以出卖，自由得一无所有，没有任何实现自己的劳动力所必需的东西。[197]

有了商品流通和货币流通，决不是就具备了资本存在的历史条件。只有当生产资料和生活资料的占有者在市场上找到出卖自己劳动力的自由工人的时候，资本才产生；而单是这一历史条件就包含着一部世界史。因此，资本一出现，就标志着社会生产过程的一个新时代。①

现在应该进一步考察这个独特商品——劳动力。同一切其他商品一样，劳动力也具有价值。② 这个价值是怎样决定的呢？

同任何其他商品的价值一样，劳动力的价值也是由生产从而再生产这种独特物品所必要的劳动时间决定的。就劳动力代表价值来说，它本身只代表在它身上对象化的一定量的社会平均劳动。劳动力只是作为活的个人的能力而存在。因此，劳动力的生产要以活的个人的存在为前提。假设个人已经存在，劳动力的生产就是这个个人本身的再生产或维持。活的个人要维持自己，需要有一定量的生活资料。因此，生产劳动力所必要的劳动时间，可以归结为生产这些生活资料所必要的劳动时间，或者说，劳动力的价值，就是维持劳动力占有者所必要的生活资料的价值。但是，劳动力只有表现出来才能实现，只有在劳动中才能发挥出来。而劳动力的发挥即劳动，耗费人的一定量的肌肉、神经、脑等等，这些消耗必须重新得到补偿。支出增多，收入也得增多。劳动力所有者今天进行了劳动，他必须明天也能够在同样的精力和健康条件下重复同样的过程。因此，生活资料的总和应当足以使劳动者个人能够在正常生活状况下维持自己。由于一个国家的气候和其他自然特点不同，食物、衣服、取暖、居住等等自然需要本身也就不同。另一方面，所谓必不可少的需要的范围，和满足这些需要的方式一样，本身是历史的产物，因此多半取决于一个国家的文化水平，其中主要取决于自由工人阶级是在什么条件下形成的，从而它有哪些习惯和生活要求。因此，和其他商品不同，劳动力的价值规定包含着一个历史的和道德的要素。但是，在一定的国家，在一定的时期，必要生活资料的平均范围是一定的。

---

① 因此，资本主义时代的特点是，对工人本身来说，劳动力是归他所有的一种商品的形式，因而他的劳动具有雇佣劳动的形式。另一方面，正是从这时起，劳动产品的商品形式才普遍化。

② "人的价值，和其他一切物的价值一样，等于他的价格，就是说，等于对他的能力的使用所付的报酬。"（托·霍布斯《利维坦》，载于莫尔斯沃思编《托马斯·霍布斯英文著作集 1839—1844 年伦敦版第 3 卷第 76 页）

劳动力所有者是会死的。因此，要使他不断出现在市场上（这是货币不断转化为资本的前提），劳动力的卖者就必须"像任何活的个体一样，依靠繁殖使自己永远延续下去"。因损耗和死亡而退出市场的劳动力，至少要不断由同样数目的新劳动力来补充。因此，生产劳动力所必要的生活资料的总和，包括工人的补充者即工人子女的生活资料，只有这样，这种独特的商品占有者的种族才能在商品市场上永远延续下去。

为改变一般人的本性，使它获得一定劳动部门的技能和技巧，成为发达的和专门的劳动力，就要有一定的教育或训练，而这又得花费或多或少的商品等价物。劳动力的教育费用随着劳动力性质的复杂程度而不同。因此，这种教育费用——对于普通劳动力来说是微乎其微的——包括在生产劳动力所耗费的价值总和中。

劳动力的价值可以归结为一定量生活资料的价值。因此，它也随着这些生活资料的价值即生产这些生活资料所需要的劳动时间量的改变而改变。

一部分生活资料，如食品、燃料等等，每天都有新的消耗，因而每天都必须有新的补充。另一些生活资料，如衣服、家具等等，可以使用较长的时期，因而只是经过较长的时期才需要补充。有些商品要每天购买或支付，有些商品要每星期购买或支付，还有些商品要每季度购买或支付，如此等等。但不管这些支出的总和在例如一年当中怎样分配，都必须由每天的平均收入来补偿。假如生产劳动力每天所需要的商品量＝A，每星期所需要的商品量＝B，每季度所需要的商品量＝C，其他等等，那么这些商品每天的平均需要量＝$\frac{365A+52B+4C+其他等等}{365}$。假定平均每天所需要的这个商品量包含六小时社会劳动，那么每天对象化在劳动力中的就是半天的社会平均劳动，或者说，每天生产劳动力所需要的是半个工作日。每天生产劳动力所需要的这个劳动量，构成劳动力的日价值，或每天再生产出的劳动力的价值。假定半天的社会平均劳动又表现为三先令或一塔勒的金量，那么一塔勒就是相当于劳动力日价值的价格。如果劳动力占有者按每天一塔勒出卖劳动力，劳动力的出售价格就等于劳动力的价值，而且根据我们的假定，一心要把自己的塔勒转化为资本的货币占有者是支付这个价值的。

劳动力价值的最低限度或最小限度，是劳动力的承担者即人每天得不到就不能更新他的生命过程的那个商品量的价值，也就是维持身体所必不可少的生活资料的价值。假如劳动力的价格降到这个最低限度，那就降到劳动力的价值以下，因为这样一来，劳动力就只能在萎缩的状态下维持和发挥。但是，每种商品的价值都是由提供标准质量的该种商品所需要的劳动时间决定的。[198-201]

现在我们知道了，货币占有者付给劳动力这种独特商品的占有者的价值是怎样决定的。货币占有者在交换中得到的使用价值，在劳动力的实际使用即消费过程中才表现出来。这个过程所必需的一切物品，如原料等等，是由货币占有者在商品市场上买来并且按十足的价格支付的。劳动力的消费过程，同时就是商品和剩余价值的生产过程。劳动力的消费，像任何其他商品的消费一样，是在市场以外，或者说在流通领域以外进行的。因此，让我们同货币占有者和劳动力占有者一道，离开这个嘈杂的、表面的、有目共睹的领域，跟随他们两人进入门上挂着"非公莫入"牌子的隐蔽的生产场所吧！在那里，不仅可以看到资本是怎样进行生产的，而且还可以看到资本本身是怎样被生产出来的。赚钱的秘密最后一定会暴露出来。

劳动力的买和卖是在流通领域或商品交换领域的界限以内进行的，这个领域确实是天赋人权的真正伊甸园。那里占统治地位的只是自由、平等、所有权和边沁。自由！因为商品例如劳动力的买者和卖者，只取决于自己的自由意志。他们是作为自由的、在法律上平等的人缔结契约的。契约是他们的意志借以得到共同的法律表现的最后结果。平等！因为他们彼此只是作为商品占有者发生关系，用等价物交换等价物。所有权！因为每一个人都只支配自己的东西。边沁！因为双方都只顾自己。使他们连在一起并发生关系的唯一力量，是他们的利己心，是他们的特殊利益，是他们的私人利益。正因为人人只顾自己，谁也不管别人，所以大家都是在事物的前定和谐下，或者说，在全能的神的保佑下，完成着互惠互利、共同有益、全体有利的事业。

一离开这个简单流通领域或商品交换领域，——庸俗的自由贸易论者用来判断资本和雇佣劳动的社会的那些观点、概念和标准就是从这个领域得出的，——就会看到，我们的剧中人的面貌已经起了某些变化。原来的货币占有者作为资本家，昂首前行；劳动力占有者作为他的工人，尾随于后。一个笑容满面，雄心勃勃；一个战战兢兢，畏缩不前，像在市场上出卖了自己的皮一样，只有一个前途——让人家来鞣。[204-205]

第三篇　绝对剩余价值的生产（节选）

第五章　劳动过程和价值增殖过程

1. 劳动过程

劳动过程首先要撇开每一种特定的社会的形式来加以考察。

劳动首先是人和自然之间的过程，是人以自身的活动来中介、调整和控制人和自然之间的物质变换的过程。人自身作为一种自然力与自然物质相对立。为了在对自身生活有用的形式上占有自然物质，人就使他身上的自然力——臂和腿、头和手运动起来。当他通过这种运动作用于他身外的自然并改变自然时，也就同时改变他自身的自然。他使自身的自然中蕴藏着的潜力发挥出来，并且使这种力的活动受他自己控制。在这里，我们不谈最初的动物式的本能的劳动形式。现在，工人是作为他自己的劳动力的卖者出现在商品市场上。对于这种状态来说，人类劳动尚未摆脱最初的本能形式的状态已经是太古时代的事了。我们要考察的是专属于人的那种形式的劳动。蜘蛛的活动与织工的活动相似，蜜蜂建筑蜂房的本领使人间的许多建筑师感到惭愧。但是，最蹩脚的建筑师从一开始就比最灵巧的蜜蜂高明的地方，是他在用蜂蜡建筑蜂房以前，已经在自己的头脑中把它建成了。劳动过程结束时得到的结果，在这个过程开始时就已经在劳动者的表象中存在着，即已经观念地存在着。他不仅使自然物发生形式变化，同时他还在自然物中实现自己的目的，这个目的是他所知道的，是作为规律决定着他的活动的方式和方法的，他必须使他的意志服从这个目的。但是这种服从不是孤立的行为。除了从事劳动的那些器官紧张之外，在整个劳动时间内还需要有作为注意力表现出来的有目的的意志，而且，劳动的内容及其方式和方法越是不能吸引劳动者，劳动者越是不能把劳动当做他自己体力和智力的活动来享受，就越需要这种意志。

劳动过程的简单要素是：有目的的活动或劳动本身，劳动对象和劳动资料。

土地(在经济学上也包括水)最初以食物，现成的生活资料供给人类，它未经人的协助，就作为人类劳动的一般对象而存在。所有那些通过劳动只是同土地脱离直接联系的东西，都是天然存在的劳动对象。例如从鱼的生活要素即水中分离出来的即捕获的鱼，在原始森林中砍伐的树木，从地下矿藏中开采的矿石。相反，已经被以前的劳动可以说滤过的劳动对象，我们称为原料。例如，已经开采出来正在洗的矿石。一切原料都是劳动对象，但并非任何劳动对象都是原料。劳动对象只有在它已经通过劳动而发生变化的情况下，才是原料。

劳动资料是劳动者置于自己和劳动对象之间、用来把自己的活动传导到劳动对象上去的物或物的综合体。劳动者利用物的机械的、物理的和化学的属性，以便把这些物当做发挥力量的手段，依照自己的目的作用于其他的物。劳动者直接掌握的东西，不是劳动对象，而是劳动资料(这里不谈采集果实之类的现成的生活资料，在这种场合，劳动者身体的器官是唯一的劳动资料)。这样，自然物本身就成为他的活动的器官，他把这种器官加到他身体的器官上，不顾圣经的训诫，延长了他的自然的肢体。土地是他的原始的食物仓，也是他的原始的劳动资料库。例如，他用来投、磨、压、切等等的石块就是土地供给的。土地本身是劳动资料，但是它在农业上要起劳动资料的作用，还要以一系列其他的劳动资料和劳动力的较高的发展为前提。一般说来，劳动过程只要稍有一点发展，就已经需要经过加工的劳动资料。在太古人的洞穴中，我们发现了石制工具和石制武器。在人类历史的初期，除了经过加工的石块、木头、骨头和贝壳外，被驯服的，也就是被劳动改变的、被饲养的动物，也曾作为劳动资料起着主要的作用。劳动资料的使用和创造，虽然就其萌芽状态来说已为某几种动物所固有，但是这毕竟是人类劳动过程独有的特征，所以富兰克林给人下的定义是"a toolmarking aninal"，制造工具的动物。动物遗骸的结构对于认识已经绝种的动物的机体有重要的意义，劳动资料的遗骸对于判断已经消亡的经济的社会形态也有同样重要的意义。各种经济时代的区别，不在于生产什么，而在于怎样生产，用什么劳动资料生产。劳动资料不仅是人类劳动力发展的测量器，而且是劳动借以进行的社会关系的指示器。在劳动资料本身中，机械性的劳动资料(其总和可称为生产的骨骼系统和肌肉系统)远比只是充当劳动对象的容器的劳动资料(如管、桶、篮、罐等，其总和一般可称为生产的脉管系统)更能显示一个社会生产时代的具有决定意义的特征。后者只是在化学工业中才起着重要的作用。

广义地说，除了那些把劳动的作用传达到劳动对象，因而以这种或那种方式充当活动的传导体的物以外，劳动过程的进行所需要的一切物质条件也都算做劳动过程的资料。它们不直接加入劳动过程，但是没有它们，劳动过程就不能进行，或者只能不完全地进行。土地本身又是这类一般的劳动资料，因为它给劳动者提供立足之地，给他的劳动过程提供活动场所。这类劳动资料中有的已经经过劳动的改造，例如厂房、运河、道路等等。

可见，在劳动过程中，人的活动借助劳动资料使劳动对象发生预定的变化。过程消失在产品中。它的产品是使用价值，是经过形式变化而适合人的需要的自然物质。劳动与劳动对象结合在一起。劳动对象化了，而对象被加工了。在劳动者方面曾以动的形式表现出来的东西，现在在产品方面作为静的属性，以存在的形式表现出来。劳动者纺纱，产品就是纺成品。

如果整个过程从其结果的角度，从产品的角度加以考察，那么劳动资料和劳动对象二者表现为生产资料①，劳动本身则表现为生产劳动。②

当一个使用价值作为产品退出劳动过程的时候，另一些使用价值，以前的劳动过程的产品，则作为生产资料进入劳动过程。同一个使用价值，既是这种劳动的产品，又是那种劳动的生产资料。所以，产品不仅是劳动过程的结果，同时还是劳动过程的条件。［207-212］

一个使用价值究竟表现为原料、劳动资料还是产品，完全取决于它在劳动过程中所起的特定的作用，取决于它在劳动过程中所处的地位，随着地位的改变，它的规定也就改变。［213］

劳动消费它自己的物质要素，即劳动对象和劳动资料，把它们吞食掉，因而是消费过程。这种生产消费与个人消费的区别在于：后者把产品当做活的个人的生活资料来消费，而前者把产品当做劳动即活的个人发挥作用的劳动力的生活资料来消费。因此，个人消费的产物是消费者本身，生产消费的结果是与消费者不同的产品。［214］

劳动过程，就我们在上面把它描述为它的简单的、抽象的要素来说，是制造使用价值的有目的的活动，是为了人类的需要而对自然物的占有，是人和自然之间的物质变换的一般条件，是人类生活的永恒的自然条件，因此，它不以人类生活的任何形式为转移，倒不如说，它为人类生活的一切社会形式所共有。［215］

劳动过程，就它是资本家消费劳动力的过程来说，显示出两个特殊现象。

工人在资本家的监督下劳动，他的劳动属于资本家。［216］

其次，产品是资本家的所有物，而不是直接生产者工人的所有物。［216］

2. 价值增殖过程

正如商品本身是使用价值和价值的统一一样，商品生产过程必定是劳动过程和价值形成过程的统一。

现在我们就把生产过程作为价值形成过程来考察。

我们知道，每个商品的价值都是由物化在该商品的使用价值中的劳动的量决定的，是由生产该商品的社会必要劳动时间决定的。这一点也适用于作为劳动过程的结果而归我们的资本家所有的产品。因此，首先必须计算对象化在这个产品中的劳动。

假定这个产品是棉纱。

生产棉纱，首先要有原料，例如10磅棉花。而棉花的价值是多少，在这里先用不着探究，因为资本家已经在市场上按照棉花的价值例如10先令把它购买了。在棉花的价格

---

① 例如，把尚未捕获的鱼叫做渔业的生产资料，好像是奇谈怪论。但是至今还没有发明一种技术，能在没有鱼的水中捕鱼。

② 这个从简单劳动过程的观点得出的生产劳动的定义，对于资本主义生产过程是绝对不够的。

中，生产棉花所需要的劳动已经表现为一般社会劳动。我们再假定，棉花加工时消耗的纱锭量代表纺纱用掉的一切其他劳动资料，价值为 2 先令。如果 12 先令的金额是 24 个劳动小时或 2 个工作日的产物，那么首先可以得出，2 个工作日对象化在棉纱中。

棉花改变了它的形状，被消耗的纱锭量完全消失了，但我们不应该受这种情况的迷惑。如果 40 磅棉纱的价值＝40 磅棉花的价值＋1 个纱锭的价值，也就是说，如果生产这个等式两边的产品需要同样的劳动时间，那么按照一般的价值规律，10 磅棉纱就是 10 磅棉花和个纱锭的等价物。在这种情况下，同一劳动时间一次体现在使用价值棉纱中，另一次体现在使用价值棉花和纱锭中。因此，价值无论表现在棉纱、纱锭或者棉花中，都是一样的。纱锭和棉花不再相安无事地并存着，而是在纺纱过程中结合在一起，这种结合改变了它们的使用形式，使它们转化为棉纱。但这种情况不会影响到它们的价值，就像它们通过简单的交换而换成等价物棉纱一样。

生产棉花所需要的劳动时间，是生产以棉花为原料的棉纱所需要的劳动时间的一部分，因而包含在棉纱中。生产纱锭所需要的劳动时间也是如此，因为没有纱锭的磨损或消费，棉花就不能纺成纱。[218-219]

因此，生产资料即棉花和纱锭的表现为 12 先令价格的价值，是棉纱价值或产品价值的组成部分。[220]

在劳动过程中，劳动不断由动的形式转为存在形式，由运动形式转为对象性形式。一小时终了时，纺纱运动就表现为一定量的棉纱，于是一定量的劳动，即一个劳动小时，对象化在棉花中。我们说劳动小时，也就是纺纱工人的生命力在一小时内的耗费，因为在这里，纺纱劳动只有作为劳动力的耗费，而不是作为纺纱这种特殊劳动才具有意义。

在这里具有决定意义的是，在过程的进行中，即在棉花转化为棉纱时，消耗的只是社会必要劳动时间。如果在正常的即平均的社会的生产条件下，一个劳动小时内 a 磅棉花应该转化为 b 磅棉纱，那么，只有把 12×a 磅棉花转化为 12×b 磅棉纱的工作日，才当做 12 小时工作日。因为只有社会必要劳动时间才算是形成价值的劳动时间。

同劳动本身一样，在这里，原料和产品也都与我们从本来意义的劳动过程的角度考察时完全不同了。原料在这里只是当做一定量劳动的吸收器。通过这种吸收，原料确实转化为棉纱，因为劳动力以纺纱形式耗费并加在原料中了。而产品棉纱现在只是棉花所吸收的劳动的测量器。如果一小时内有 $1\frac{2}{3}$ 磅棉花被纺掉，或者说，转化为 $1\frac{2}{3}$ 磅棉纱，那么 10 磅棉纱就表示 6 个被吸收的劳动小时。[221]3

在劳动力出卖时，曾假定它的日价值＝3 先令，在 3 先令中体现了 6 个劳动小时，而这也就是生产出工人每天平均的生活资料量所需要的劳动量。现在，如果我们的纺纱工人在 1 个劳动小时内把 $1\frac{2}{3}$ 磅棉花转化为 $1\frac{2}{3}$ 磅棉纱①，他在 6 小时内就会把 10 磅棉花转化为 10 磅棉纱。因此，在纺纱过程中，棉花吸收了 6 个劳动小时。这个劳动时间表现为

---

① 这里的数字完全是随意假设的。

3 先令金额。这样，由于纺纱本身，棉花就被加上了 3 先令的价值。

现在我们来看看产品即 10 磅棉纱的总价值。在这 10 磅棉纱中对象化了 $2\frac{1}{2}$ 个工作

日：2 日包含在棉花和纱锭量中，$\frac{1}{2}$ 日是在纺纱过程中被吸收的。这个劳动时间表现为 15

先令金额。因此，同 10 磅棉纱的价值相一致的价格是 15 先令，1 磅棉纱的价格是 1 先令
6 便士。

我们的资本家愣住了。产品的价值等于预付资本的价值。预付的价值没有增殖，没有
产生剩余价值，因此，货币没有转化为资本。[222]

让我们更仔细地来看一看。劳动力的日价值是 3 先令，因为在劳动力本身中对象化了
半个工作日，就是说，因为每天生产劳动力所必要的生活资料要费半个工作日。但是，包
含在劳动力中的过去劳动和劳动力所能提供的活劳动，劳动力一天的维持费和劳动力一天
的耗费，是两个完全不同的量。前者决定它的交换价值，后者构成它的使用价值。维持一
个工人 24 小时的生活只需要半个工作日，这种情况并不妨碍工人劳动一整天。因此，劳
动力的价值和劳动力在劳动过程中的价值增殖，是两个不同的量。资本家购买劳动力时，
正是看中了这个价值差额。劳动力能制造棉纱或皮靴的有用属性，只是一个必要条件，因
为劳动必须以有用的形式耗费，才能形成价值。但是，具有决定意义的，是这个商品独特
的使用价值，即它是价值的源泉，并且是大于它自身的价值的源泉。这就是资本家希望劳
动力提供的独特的服务。在这里，他是按照商品交换的各个永恒规律行事的。事实上，劳
动力的卖者，和任何别的商品的卖者一样，实现劳动力的交换价值而让渡劳动力的使用价
值。他不交出后者，就不能取得前者。劳动力的使用价值即劳动本身不归它的卖者所有，
正如已经卖出的油的使用价值不归油商所有一样。货币占有者支付了劳动力的日价值，因
此，劳动力一天的使用即一天的劳动就归他所有。劳动力维持一天只费半个工作日，而劳
动力却能发挥作用或劳动一整天，因此，劳动力使用一天所创造的价值比劳动力自身一天
的价值大一倍。这种情况对买者是一种特别的幸运，对卖者也决不是不公平。

我们的资本家早就预见到了这种情况，这正是他发笑的原因。因此，工人在工场中遇
到的，不仅是 6 小时而且是 12 小时劳动过程所必需的生产资料。如果 10 磅棉花吸收 6 个
劳动小时，转化为 10 磅棉纱，那么 20 磅棉花就会吸收 12 个劳动小时，转化为 20 磅棉
纱。我们来考察一下这个延长了的劳动过程的产品。现在，在这 20 磅棉纱中对象化了 5
个工作日，其中 4 个工作日对象化在已消耗的棉花和纱锭量中，1 个工作日是在纺纱过程
中被棉花吸收的。5 个工作日用金来表现是 30 先令，或 1 镑 10 先令。因此这就是 20 磅棉
纱的价格。1 磅棉纱仍然和以前一样值 1 先令 6 便士。但是，投入劳动过程的商品的价值
总和是 27 先令。棉纱的价值是 30 先令。产品的价值比为了生产产品而预付的价值增长了
$\frac{1}{9}$。27 先令转化为 30 先令，带来了 3 先令的剩余价值。戏法终于变成了。货币转化为资
本了。

问题的一切条件都履行了，商品交换的各个规律也丝毫没有违反。等价物换等价物。

作为买者,资本家对每一种商品——棉花、纱锭和劳动力——都按其价值支付。然后他做了任何别的商品购买者所做的事情。他消费它们的使用价值。劳动力的消费过程(同时是商品的生产过程)提供的产品是20磅棉纱,价值30先令。资本家在购买商品以后,现在又回到市场上来出售商品。他卖棉纱是1先令6便士一磅,既不比它的价值贵,也不比它的价值贱。然而他从流通中取得的货币比原先投入流通的货币多3先令。他的货币转化为资本的这整个过程,既在流通领域中进行,又不在流通领域中进行。它是以流通为中介,因为它以在商品市场上购买劳动力为条件。它不在流通中进行,因为流通只是为价值增殖过程做准备,而这个过程是在生产领域中进行的。[225-227]

如果我们现在把价值形成过程和价值增殖过程比较一下,就会知道,价值增殖过程不外是超过一定点而延长了的价值形成过程。如果价值形成过程只持续到这样一点,即资本所支付的劳动力价值恰好为新的等价物所补偿,那就是单纯的价值形成过程。如果价值形成过程超过这一点而持续下去,那就成为价值增殖过程。

其次,如果我们把价值形成过程和劳动过程比较一下,就会知道,劳动过程的实质在于生产使用价值的有用劳动。在这里,运动只是从质的方面来考察,从它的特殊的方式和方法,从目的和内容方面来考察。在价值形成过程中,同一劳动过程只是表现出它的量的方面。所涉及的只是劳动操作所需要的时间,或者说,只是劳动力被有用地消耗的时间长度。在这里,进入劳动过程的商品,已经不再作为在劳动力有目的地发挥作用时执行一定职能的物质因素了。它们只是作为一定量的对象化劳动来计算。无论是包含在生产资料中的劳动,或者是由劳动力加进去的劳动,都只按时间尺度计算。它等于若干小时、若干日等等。

但是,劳动只是在生产使用价值所耗费的时间是社会必要时间的限度内才被计算。[227-228]

我们看到,以前我们分析商品时所得出的创造使用价值的劳动和创造价值的同一个劳动之间的区别,现在表现为生产过程的不同方面的区别了。

作为劳动过程和价值形成过程的统一,生产过程是商品生产过程;作为劳动过程和价值增殖过程的统一,生产过程是资本主义生产过程,是商品生产的资本主义形式。[229-230]

第六章　不变资本和可变资本

劳动过程的不同因素在产品价值的形成上起着不同的作用。

工人把一定量的劳动——撇开他的劳动所具有的特定的内容、目的和技术性质不说——加到劳动对象上,也就把新价值加到劳动对象上。另一方面我们发现,被消耗的生产资料的价值又成了产品价值的组成部分,例如,棉花和纱锭的价值包含在棉纱的价值中。可见,生产资料的价值由于转移到产品上而被保存下来。这种转移是在生产资料转化为产品时发生的,是在劳动过程中发生的。它是以劳动为中介的。然而它是怎样进行的呢?[232]

把新价值加到劳动对象上和把旧价值保存在产品中，是工人在同一时间内达到的两种完全不同的结果（虽然工人在同一时间内只劳动一次），因此很明显，这种结果的二重性只能用他的劳动本身的二重性来解释。在同一时间内，劳动就一种属性来说必然创造价值，就另一种属性来说必然保存或转移价值。

每个工人怎样加进劳动时间，从而加进价值呢？始终只能通过他特有的生产劳动方式。纺纱工人只有通过纺纱，织布工人只有通过织布，铁匠只有通过打铁，才能加进劳动时间。而通过他们借以加进一般劳动，从而加进新价值的有目的的形式，通过纺纱、织布、打铁，生产资料棉花和纱锭，棉纱和织机，铁和铁砧也就成了一种产品，一种新的使用价值的形成要素。生产资料的使用价值的旧形式消失了，但只是为了以新的使用价值形式出现。我们在考察价值形成过程时已经看到，只要使用价值是有目的地用来生产新的使用价值，制造被用掉的使用价值所必要的劳动时间，就成为制造新的使用价值所必要的劳动时间的一部分，也就是说，这部分劳动时间从被用掉的生产资料转移到新产品上去。可见，工人保存被用掉的生产资料的价值，或者说，把它们作为价值组成部分转移到产品上去，并不是由于他们加进一般劳动，而是由于这种追加劳动的特殊的有用性质，由于它的特殊的生产形式。劳动作为这种有目的的生产活动，纺纱、织布、打铁，只要同生产资料接触，就使它们复活，赋予它们活力，使它们成为劳动过程的因素，并且同它们结合为产品。

如果工人的特殊的生产劳动不是纺纱，他就不能使棉花转化为棉纱，因而也就不能把棉花和纱锭的价值转移到棉纱上。不过，如果这个工人改行当木匠，他仍然会用一个工作日把价值加到他的材料上。可见，他通过自己的劳动加进价值，并不是由于他的劳动是纺纱劳动或木匠劳动，而是由于他的劳动是一般的抽象的社会劳动；他加进一定的价值量，并不是因为他的劳动具有特殊的有用的内容，而是因为他的劳动持续了一定的时间。因此，纺纱工人的劳动，就它的抽象的一般的属性来说，作为人类劳动力的耗费，把新价值加到棉花和纱锭的价值上；而就它的具体的特殊的有用的属性来说，作为纺纱的过程，把这些生产资料的价值转移到产品上，从而把这些价值保存在产品中。由此就产生了劳动在同一时间内所得出的结果的二重性。

新价值的加进，是由于劳动的单纯的量的追加；生产资料的旧价值在产品中的保存，是由于所追加的劳动的质。同一劳动由于它的二重性造成的这种二重作用，清楚地表现在不同的现象上。[232-234]

生产资料转给产品的价值决不会大于它在劳动过程中因本身的使用价值的消灭而丧失的价值。如果生产资料没有价值可以丧失，就是说，如果它本身不是人类劳动的产品，那么，它就不会把任何价值转给产品。它只是充当使用价值的形成要素，而不是充当交换价值的形成要素。一切未经人的协助就天然存在的生产资料，如土地、风、水、矿脉中的铁、原始森林中的树木等等，都是这样。[237]

就生产资料来说，被消耗的是它们的使用价值，由于这种使用价值的消费，劳动制成产品。生产资料的价值实际上没有被消费，因而也不可能再生产出来。这个价值被保存下来，但不是因为在劳动过程中对这个价值本身进行了操作，而是因为这个价值原先借以存在的那种使用价值虽然消失，但只是消失在另一种使用价值之中。因此，生产资料的价值是再现在产品的价值中，确切地说，不是再生产出来。所生产出来的是旧交换价值借以再现的新使用价值。

劳动过程的主观因素，即发挥作用的劳动力，却不是这样。当劳动通过它的有目的的形式把生产资料的价值转移到产品上并保存下来的时候，它的运动的每时每刻都形成追加的价值，形成新价值。假设生产过程在工人生产出他自己的劳动力价值的等价物以后就停下来，例如，他劳动6小时加进3先令价值。这个价值是产品价值超过其中由生产资料价值构成的部分而形成的余额。它是在这个过程中产生的唯一的新价值，是产品中由这个过程本身生产的唯一的价值部分。当然，它只是补偿资本家在购买劳动力时预付的，工人自身在生活资料上花费的货币。就已花费的3先令来说，这3先令的新价值只是表现为再生产。但它是真正再生产出来的，不像生产资料的价值只是表面上再生产出来的。在这里，一个价值用另一个价值来补偿是通过创造新价值来实现的。

然而我们已经知道，劳动过程在只是再生产出劳动力价值的等价物并把它加到劳动对象上以后，还越过这一点继续下去。为再生产出这一等价物，6小时就够了，但是劳动过程不是持续6小时，而是比如说持续12小时。这样，劳动力发挥作用的结果，不仅再生产出劳动力自身的价值，而且生产出一个超额价值。这个剩余价值就是产品价值超过消耗掉的产品形成要素即生产资料和劳动力的价值而形成的余额。

我们叙述了劳动过程的不同因素在产品价值的形成中所起的不同作用，事实上也就说明了资本的不同组成部分在资本本身的价值增殖过程中所执行的不同职能。[241-242]

转变为生产资料即原料、辅助材料、劳动资料的那部分资本，在生产过程中并不改变自己的价值量。因此，我把它称为不变资本部分，或简称为不变资本。

相反，转变为劳动力的那部分资本，在生产过程中改变自己的价值。它再生产自身的等价物和一个超过这个等价物而形成的余额，剩余价值。这个剩余价值本身是可以变化的，是可大可小的。这部分资本从不变量不断转化为可变量。因此，我把它称为可变资本部分，或简称为可变资本。资本的这两个组成部分，从劳动过程的角度看，是作为客观因素和主观因素，作为生产资料和劳动力相区别的；从价值增殖过程的角度看，则是作为不变资本和可变资本相区别的。[243]

同原料的价值一样，已经用在生产过程中的劳动资料即机器等等的价值，也可以发生变动，因此它们转给产品的那部分价值也会发生变动。例如，由于一种新发明，同种机器可由较少的劳动耗费再生产出来，那么旧机器就要或多或少地贬值，因而转移到产品上去的价值也要相应地减少。但就是在这种情况下，价值变动也是在机器作为生产资料执行职能的生产过程以外发生的。机器在这个过程中转移的价值决不会大于它同与这个过程无关而具有的价值。

生产资料价值的变动，虽然也会对已经进入生产过程的生产资料产生影响，但不会改变生产资料作为不变资本的性质。同样，不变资本和可变资本之间的比例的变动也不会影响它们在职能上的区别。例如，劳动过程的技术条件可以大大革新，以致过去10个工人用10件价值很小的工具只能加工比较少量的原料，现在一个工人用一台昂贵的机器就能加工 100 倍的原料。在这种情况下，不变资本即被使用的生产资料的价值量大大增加了，而资本的可变部分即预付劳动力的部分则大大减少了。但是，这种变动只改变不变资本和可变资本之间量的关系，或者说，只改变总资本分为不变组成部分和可变组成部分的比例，而不影响不变资本和可变资本的区别。[244]

第七章　剩余价值率

1. 劳动力的剥削程度

预付资本 C 在生产过程中生出的剩余价值，或预付资本价值 C 的增殖额，首先表现为产品价值超过产品的各种生产要素的价值总和而形成的余额。

资本 C 分为两部分，一部分是为购买生产资料而支出的货币额 c，另一部分是为购买劳动力而支出的货币额 v；c 代表转化为不变资本的价值部分，v 代表转化为可变资本的价值部分。因此最初是 C=c+v，例如，预付资本 500 镑＝410 镑+90 镑。在过程结束时得到商品，它的价值＝c+v+m（m 是剩余价值），例如，410 镑+90 镑+90 镑。原来的资本 C 变为 C′，由 500 镑变为 590 镑。二者的差额＝m，即 90 镑剩余价值。因为各种生产要素的价值等于预付资本的价值，所以，说产品价值超过产品的各种生产要素的价值而形成的余额，等于预付资本的价值增殖额，或等于生产出来的剩余价值，实际上是同义反复。[245]

实际上我们已经知道，剩余价值只是 v 这个转变为劳动力的资本部分发生价值变化的结果，因此，v+m=v+Δv（v 加 v 的增长额）。但是现实的价值变化和价值变化的比率却是被这样的事实掩盖了：由于资本可变组成部分的增加，全部预付资本也增加了。全部预付资本以前是 500，现在变成了 590。可见，要对这个过程进行纯粹的分析，必须把产品价值中只是再现不变资本价值的那一部分完全抽去，就是说，必须使不变资本 c＝0。[247]

于是，预付资本就从 c+v 简化为 v，产品价值 c+v+m 就简化为价值产品）。假定价值产品 v+m。假定价值产品＝180 镑，代表整个生产过程期间流动的劳动，我们从中扣除 90 镑可变资本的价值，就可得到 90 镑剩余价值。90 镑（m）这个数字在这里表示所生产的剩余价值的绝对量。剩余价值的相对量，即可变资本价值增殖的比率，显然由剩余价值同可变资本的比率来决定，或者用 $\frac{m}{v}$ 来表示。在上述例子中，它是 $\frac{90}{90}$＝100%。我把可变资本的这种相对的价值增殖或剩余价值的相对量，称为剩余价值率。

我们已经知道，工人在劳动过程的一段时间内，只是生产自己劳动力的价值，就是说，只是生产他的必要生活资料的价值。[……]因为工人在生产劳动力日价值（如 3 先令）的工作日部分内，只是生产资本家已经支付的劳动力价值的等价物，就是说，只是用新创造的价值来补偿预付的可变资本的价值，所以，这种价值的生产只是表现为再生产。因此，我把进行这种再生产的工作日部分称为必要劳动时间，把在这部分时间内耗费的劳动称为必要劳动。这种劳动对工人来说所以必要，是因为它不以他的劳动的社会的形式为转移。这种劳动对资本和资本世界来说所以必要，是因为工人的经常存在是它们的基础。

劳动过程的第二段时间，工人超出必要劳动的界限做工的时间，虽然耗费工人的劳动，耗费劳动力，但并不为工人形成任何价值。这段时间形成剩余价值，剩余价值以从无生有的全部魅力引诱着资本家。我把工作日的这部分称为剩余劳动时间，把这段时间内耗费的劳动称为剩余劳动(surplus labour)。把价值看做只是劳动时间的凝结，只是对象化的劳动，这对于认识价值本身具有决定性的意义，同样，把剩余价值看做只是剩余劳动时间的凝结，只是对象化的剩余劳动，这对于认识剩余价值也具有决定性的意义。使各种经济的社会形态例如奴隶社会和雇佣劳动的社会区别开来的，只是从直接生产者身上，劳动者身上，榨取这种剩余劳动的形式。

因为可变资本的价值等于它所购买的劳动力的价值，因为这个劳动力的价值决定工作日的必要部分，而剩余价值又由工作日的剩余部分决定，所以从这里可以得出结论：剩余价值和可变资本之比等于剩余劳动和必要劳动之比，或者说，剩余价值率$\frac{m}{v} = \frac{\text{剩余劳动}}{\text{必要劳动}}$。这两个比率把同一种关系表现在不同的形式上：一种必要劳动是对象化劳动的形式，另一种是流动劳动的形式。

因此，剩余价值率是劳动力受资本剥削的程度或工人受资本家剥削的程度的准确表现。[1]　[249-252]

第七篇　资本的积累过程(节选)

第二十四章　所谓原始积累

7. 资本主义积累的历史趋势

资本的原始积累，即资本的历史起源，究竟是指什么呢？既然它不是奴隶和农奴直接转化为雇佣工人，因而不是单纯的形式变换，那么它就只是意味着直接生产者的被剥夺，即以自己劳动为基础的私有制的解体。

私有制作为社会的、集体的所有制的对立物，只是在劳动资料和劳动的外部条件属于私人的地方才存在。但是私有制的性质，却依这些私人是劳动者还是非劳动者而有所不同。私有制在最初看来所表现出的无数色层，只不过反映了这两极间的各种中间状态。

劳动者对他的生产资料的私有权是小生产的基础，而小生产又是发展社会生产和劳动者本人的自由个性的必要条件。诚然，这种生产方式在奴隶制度、农奴制度以及其他从属关系中也是存在的。但是，只有在劳动者是自己使用的劳动条件的自由私有者，农民是自己耕种的土地的自由私有者，手工业者是自己运用自如的工具的自由私有者的地方，它才

---

[1]　第二版注：剩余价值率虽然是劳动力剥削程度的准确表现，但并不是剥削的绝对量的表现。例如，如果必要劳动＝5小时，剩余劳动＝5小时，那么剥削程度＝100%。这里剥削量是5小时。但是如果必要劳动＝6小时，剩余劳动＝6小时，剥削程度仍然是100%，剥削量却增加了20%，由5小时增加到6小时。

得到充分发展，才显示出它的全部力量，才获得适当的典型的形式。

这种生产方式是以土地和其他生产资料的分散为前提的。它既排斥生产资料的积聚，也排斥协作，排斥同一生产过程内部的分工，排斥对自然的社会统治和社会调节，排斥社会生产力的自由发展。它只同生产和社会的狭隘的自然产生的界限相容。要使它永远存在下去，那就像贝魁尔公正地指出的那样，等于"下令实行普遍的中庸"。它发展到一定的程度，就产生出消灭它自身的物质手段。从这时起，社会内部感到受它束缚的力量和激情就活动起来。这种生产方式必然要被消灭，而且已经在消灭。它的消灭，个人的分散的生产资料转化为社会的积聚的生产资料，从而多数人的小财产转化为少数人的大财产，广大人民群众被剥夺土地、生活资料、劳动工具，——人民群众遭受的这种可怕的残酷的剥夺，形成资本的前史。这种剥夺包含一系列的暴力方法，其中我们只考察了那些具有划时代意义的资本原始积累的方法。对直接生产者的剥夺，是用最残酷无情的野蛮手段，在最下流、最龌龊、最卑鄙和最可恶的贪欲的驱使下完成的。靠自己劳动挣得的私有制，即以各个独立劳动者与其劳动条件相结合为基础的私有制，被资本主义私有制，即以剥削他人的但形式上是自由的劳动为基础的私有制所排挤。

一旦这一转化过程使旧社会在深度和广度上充分瓦解，一旦劳动者转化为无产者，他们的劳动条件转化为资本，一旦资本主义生产方式站稳脚跟，劳动的进一步社会化，土地和其他生产资料的进一步转化为社会地使用的即公共的生产资料，从而对私有者的进一步剥夺，就会采取新的形式。现在要剥夺的已经不再是独立经营的劳动者，而是剥削许多工人的资本家了。

这种剥夺是通过资本主义生产本身的内在规律的作用，即通过资本的集中进行的。一个资本家打倒许多资本家。随着这种集中或少数资本家对多数资本家的剥夺，规模不断扩大的劳动过程的协作形式日益发展，科学日益被自觉地应用于技术方面，土地日益被有计划地利用，劳动资料日益转化为只能共同使用的劳动资料，一切生产资料因作为结合的、社会的劳动的生产资料使用而日益节省，各国人民日益被卷入世界市场网，从而资本主义制度日益具有国际的性质。随着那些掠夺和垄断这一转化过程的全部利益的资本巨头不断减少，贫困、压迫、奴役、退化和剥削的程度不断加深，而日益壮大的、由资本主义生产过程本身的机制所训练、联合和组织起来的工人阶级的反抗也不断增长。资本的垄断成了与这种垄断一起并在这种垄断之下繁盛起来的生产方式的桎梏。生产资料的集中和劳动的社会化，达到了同它们的资本主义外壳不能相容的地步。这个外壳就要炸毁了。资本主义私有制的丧钟就要响了。剥夺者就要被剥夺了。

从资本主义生产方式产生的资本主义占有方式，从而资本主义的私有制，是对个人的、以自己劳动为基础的私有制的第一个否定。但资本主义生产由于自然过程的必然性，造成了对自身的否定。这是否定的否定。这种否定不是重新建立私有制，而是在资本主义时代的成就的基础上，也就是说，在协作和对土地及靠劳动本身生产的生产资料的共同占有的基础上，重新建立个人所有制。

以个人自己劳动为基础的分散的私有制转化为资本主义私有制，同事实上已经以社会的生产经营为基础的资本主义所有制转化为社会所有制比较起来，自然是一个长久得多、

艰苦得多、困难得多的过程。前者是少数掠夺者剥夺人民群众,后者是人民群众剥夺少数掠夺者。① [872-875]

注释

1.《1844 年经济学哲学手稿》看来是马克思曾经打算撰写的《政治和政治经济学批判》一书的草稿。我们看到的这部著作是写在 30 厘米×40 厘米纸上的三个手稿。每个手稿都有自己的页码(用罗马数字编号)。在第一手稿(共三十六页)中,每页都分成并列的三栏或两栏,各栏分别加上标题:《工资》、《资本的利润》、《地租》。从第 XXVII 页起只是《地租》这一栏有正文,而从第 XXII 页到第一手稿的末尾,马克思不管原先加的标题,在所有三栏都写了正文。从第 XXII 到 XXVII 页这六页原文由本卷编者加上《异化劳动》这一标题。第二手稿只保存下来四页。第三手稿是用白线钉上的十七大张纸(对折三十四张)。第三手稿的末尾(在第 XXXIX-XL 页)是《序言》,本卷和前几版一样,把它放在开头,按照马克思在《序言》中所表示的意思,把手稿中表明(6)的那一部分(批判黑格尔哲学的部分)放在全书的末尾。

马克思的这部分手稿现在所用的名称,以及放在方括号里的各个部分的标题都是编者加的。

2. 这里以及下面的罗马数字都是作者编的手稿页码。

3. 这一批判的开头是马克思的著作《黑格尔法哲学批判导言》(见《马克思恩格斯全集》中文版第 1 卷第 452-467 页)。

4. 这个计划没有实现。马克思没有写这些小册子,可能不是因为各种外部情况,而是因为他确信,在他还没有对各种社会(其中包括资产阶级社会)的基础——生产关系——作出科学的分析以前,要对法、道德、政治和上层建筑的其他范畴的问题进行独立的科学的考察是不可能的。

5. 指布·鲍威尔,他在《文学总汇报》(《AlgemeineLiteraturZeitung》)上针对有关犹太人问题的图书、论文和小册子发表了两篇长篇评论。马克思在这里所引用的词句大部分是从《文学总汇报》第 1 期(1843 年 12 月)和第 4 期(1844 年 3 月)刊载的这两篇评论中摘来的。"乌托邦的词句"和"密集的群众"这些用语见《文学总汇报》第 8 期(1844 年 7 月)布·鲍威尔的论文《什么是现在批判的对象?》。马克思和恩格斯后来在《神圣家族,或对批判的批判所做的批判》(见《马克思恩格斯全集》中文版第 2 卷)中对这个月刊展开了全面的批判。

---

① "资产阶级无意中造成而又无力抵抗的工业进步,使工人通过结社而达到的革命联合代替了他们由于竞争而造成的分散状态。于是,随着大工业的发展,资产阶级赖以生产和占有产品的基础本身也就从它的脚下被挖掉了。它首先生产的是它自身的掘墓人。资产阶级的灭亡和无产阶级的胜利是同样不可避免的……在当前同资产阶级对立的一切阶级中,只有无产阶级是真正革命的阶级。其余的阶级都随着大工业的发展而日趋没落和灭亡,无产阶级却是大工业本身的产物。中间等级,即小工业家、小商人、手工业者、农民,他们同资产阶级作斗争,都是为了维护他们这种中间等级的生存,以免于灭亡……他们甚至是反动的,因为他们力图使历史的车轮倒转。"(卡尔·马克思和弗·恩格斯《共产党宣言》1848 年伦敦版第 11、9 页)

6. 这时，马克思除德文以外还掌握了法文，对法国的文献十分熟悉。他读了孔西得朗、列鲁、蒲鲁东、卡贝、德萨米、邦纳罗蒂、傅立叶、劳蒂埃尔、维尔加尔德尔和其他作者的著作，而且还经常做摘要。在四十年代前半期，马克思还没有掌握英文，因此他只能通过德译本或法译本来利用英国社会主义者的著作。例如，欧文的作品，他就是通过法译本和论述欧文观点的法国作家的著作来了解的。《经济学哲学手稿》正文和其他文献资料都还没有表明，马克思这时已具有了他后来例如在《哲学的贫困》（写于1847年）中所显示出来的那种对英国社会主义者的著作的渊博知识。

7. 除了魏特林的主要著作《和谐与自由的保证》（1842）以外，马克思大概还指魏特林在他本人于1841—1843年出版的杂志上所发表的文章，以及他为正义者同盟写的纲领性著作《人类的现状和未来》。

在格奥尔格·海尔维格出版的《来自瑞士的二十一印张》（《EinundzwanzigBogenausder-Schweiz》，1843年苏黎世和温特图尔版）文集中，匿名发表了赫斯的三篇文章：《社会主义和共产主义》、《行动的哲学》和《唯一和完全的自由》。

8. 见《马克思恩格斯全集》中文版第1卷第596-625页。

9. 马克思给卢格的信以及发表在《德法年鉴》上的《论犹太人问题》和《黑格尔法哲学批判导言》这两篇文章，至少探讨了《经济学哲学手稿》——《政治和政治经济学批判》——的内容所包含的如下一些要点：要求无情地批判现存的世界，是建立新世界的最重要的前提之一；号召对政治进行批判，号召在政治上采取一定的党性立场，从而把理论同现实斗争生动地结合起来；揭示了资产阶级社会中货币拜物教的本性，揭示了货币的本质即同人相异化的、人的劳动和人的存在的本质；提出了资本主义条件下人同自身和同自然界相异化的问题；对卡贝、德萨米、魏特林等人所鼓吹的那种空想的（"当时的"）共产主义形式作了批判的评价；强调消灭资本主义私有制是彻底的社会革命（"全人类的解放"）的主要目的和内容；扼要论述了无产阶级作为负有消灭私有制的使命的、定将成为对社会进行革命改造的"心脏"即基本动力的阶级，将随着资本主义的发展而形成和提高。

10. 路·费尔巴哈《未来哲学原理》1843年苏黎世和温特图尔版。

路·费尔巴哈的《关于哲学改革的临时纲要》一文刊载在《现代德国哲学和政论轶文集》第2卷上。这个两卷本的文集，除了其他作者的著作以外，还收入了马克思的《评普鲁士最近的书报检查令》一文。在这个文集上发表的《路德是施特劳斯和费尔巴哈的仲裁人》一文，不久前一直认为是马克思写的，实际上却是路·费尔巴哈写的。

11. 这里马克思指的是费尔巴哈的整个唯物主义观点。费尔巴哈自己把这种观点称为"自然主义"和"人道主义"或"人类学"。它发挥了这样一个思想：新哲学即费尔巴哈的哲学，使人这一自然界的不可分离的部分，成为自己的唯一的和最高的对象。费尔巴哈认为，这样的哲学即人类学包含着生理学，并将成为全面的科学；他断言，新时代的本质是把现实的、物质地存在着的东西神化；新哲学的本质则在于否定神学，确立唯物主义、经验主义、现实主义、人道主义。

12. 马克思的这个想法在他写了这篇《序言》以后不久，就在他和恩格斯合写的《神圣家族，或对批判的批判所做的批判》（见《马克思恩格斯全集》中文版第2卷）一书中实现了。

13. 这个结论在当时的社会批判性著作中相当流行。例如，魏特林在他的《和谐与自由的保证》一书中就曾写道："正象在筑堤时要产生土坑一样，在积累财富时也要产生贫穷。"

14. 马克思在本手稿中往往并列使用两个术语"Entfremdung"(异化)和"Entau βerung"(外化)来表示异化这一概念。但是有时把"Entau βerung"这个术语用于另一种意义，例如，用于表示交换活动、从一种状态向另一种状态转化、获得，也就是说，用于表示那些并不意味着敌对性和异己性的关系的经济和社会现象。除了"Entfremdung"这个术语外，马克思还使用"Selbstentfremdung"(直译是"自我异化")这个术语。他用这个术语来表示：工人在资本主义基础上的活动、劳动是回过来反对工人自己的、不以工人为转移的和不属于工人的活动。

15. 马克思在这里以改造过的形式转述了费尔巴哈哲学把宗教看作人的本质的异化这样一个论点。费尔巴哈在他的《基督教的本质》这一著作中曾经证明，因为在神的本质的观点中肯定的东西仅仅是人的东西，所以作为意识对象的人的观点就只能是否定的。费尔巴哈说，为了使上帝富有，人就必须贫穷；为了使上帝成为一切，人就必须成为乌有。人在自身中否定了他在上帝身上加以肯定的东西。

16. 这里所表述的思想是跟费尔巴哈的论点呼应的。费尔巴哈认为宗教和唯心主义哲学是人的存在及其精神活动的异化。费尔巴哈写道，上帝作为对人说来某种至高的、非人的东西，是理性的客观本质；上帝和宗教就是幻想的客观本质。他还写道，黑格尔逻辑学的本质是主体的活动，是主体的被窃走的思维，而绝对哲学则使人自身的本质、人的活动在人那里异化。

17. 马克思在本段和下一段利用了费尔巴哈的术语，并且创造性地吸取了他的思想：人把他的"类本质"、他的社会性质异化在宗教中；宗教以人同动物的本质区别为基础，以意识为基础，而意识严格说来只是在存在物的类成为存在物的对象、本质的地方才存在；人不象动物那样是单个的存在物，而是普遍的、无限的存在物。

18. 类、类生活、类本质——都是费尔巴哈的术语，表示人的概念、真正人的生活的概念。真正人的生活以友谊和善良的关系，即以爱为前提，这些都是类的自我感觉或关于个人属于人群这种能动意识。费尔巴哈认为，类本质使每个具体的个人能够在无限多的不同个人中实现自己。费尔巴哈也承认人们之间真实存在着利益的相互敌对和对立关系，但是他认为这种关系不是来自阶级社会的历史的现实条件，即资产阶级社会的经济生活条件，而是来自人的真正的即类的本质的异化，来自人的人为的、绝非不可避免的同大自然本身所预先决定了的和谐的类生活的脱离。

19. 这里讲的是马克思在批判蒲鲁东的名著《什么是财产?》中所论述的资本主义关系基础上的"平等"观念时所持的基本论点。蒲鲁东的空想的、改良主义的、小资产阶级的药方规定，私有财产要由"公有财产"代替，而这种"公有财产"将以平等的小占有的形式，在"平等"交换产品的条件下掌握在直接生产者手中。这实际上指的是均分私有财产。蒲鲁东是这样设想交换的"平等"的，即"联合的工人"始终得到同等的工资，因为在相互交换他们的产品时，即使产品实际上不同等，但每个人得到的仍然是相同的，而一个人的产品多于另一个人的产品的余额将处于交换之外，不会成为社会的财产，这样就完全不会破坏工资的平等。马克思说，在蒲鲁东的理论中，社会是作为抽象的资本家出现的。他指出蒲鲁东没有考虑到即使在小（"平等"）占有制度下也仍然起作用的商品生产的现实矛盾。不久后，马克思在《神圣家族》中表述了这样一个结论：蒲鲁东在经济异化范围内克服经济异化，也就是说，实际上根本没有克服它。

20. 黑格尔在他的《逻辑学》中把"对立"和"矛盾"这两个概念作了区分。在对立中两个方面的关系是这样的：其中的每一个方面为另一个方面所规定，因此都只是一个环节，但同时每一个方面也为自身所规定，这就使它具有独立性；相反，在矛盾中两个方面的关系是这样的：每一个方面都在自己的独立性中包含着另一个方面，因此两个方面的独立性都是被排斥了的。

21. 沙利·博立叶在他关于未来世界、所谓协作制度的空想中，违反经济发展的现实趋向和政治经济学的基本原理（他对政治经济学抱着极端否定的态度，认为它是一门错误的科学），断言在"合理制度"的条件下，工业生产只能被当作对农业的补充，当作在漫长的冬闲季节和倾盆大雨时期"避免情欲消沉的一种手段"。他还断言，上帝和大自然本身确定，协作制度下的人只能为工业劳动拿出四分之一的时间，工业劳动只是辅助性的、使农业多样化的作业。

22. 圣西门在《实业家问答》（1824 年巴黎版）这一著作中发挥了这些论点。

23. 马克思在这里所说的"共产主义"是指法国的巴贝夫、卡贝、德萨米，英国的欧文和德国的魏特林所创立的空想主义的观点体系。马克思只是在《神圣家族》中才第一次用"共产主义"这个名词来表示自己的观点。

24. 马克思在这里所说的共产主义的最初形式，大概首先是指 1789—1794 年法国资产阶级革命影响下形成的巴贝夫及其拥护者关于"完全平等"的社会以及在排挤私人经济的"国民公社"的基础上实现这种社会的空想主义观点。虽然这种观点也表现了当时无产阶级的要求，但整个说来这种观点还带有原始的粗陋的平均主义的性质。

25. 马克思的这个说法完全可能是针对着卢梭的，因为卢梭及其信徒认为没有受过教育、文化和文明触动的状态对人来说才是自然的，而马克思则认为这种状态是非自然的。卢梭在《论科学和艺术》、《论人间不平等的起源和原因》等著作中阐发了他的上述论点。

26. 马克思在这里用费尔巴哈的术语来表述自己的辩证唯物主义的共产主义观点，这种观点提供了"历史之谜的解答"，换句话说，也就是从建立在私有制上的社会的客观矛盾的发展中得出共产主义必然性的结论。

27. 指欧文对一切宗教的批判言论。用欧文的话来说，宗教给人以危险的和可悲的前提，在社会中培植人为的敌对；欧文指出，宗教的偏狭性是达到普遍的和谐和快乐的直接障碍；欧文认为任何宗教观念都是极端谬误的。

28. 拥有（"Haben"）这个范畴见莫·赫斯的一些著作，特别是发表在《来自瑞士的二十一印张》文集的《行动的哲学》一文（见注 15）。

29. 费尔巴哈把自己的认识论叫作心理学。看来这里也是在这个意义上使用这个术语的。

30. 地球构造学是十八和十九世纪对记载地质学的通称。

31. 马克思把 Generatioaequivoca 这一用语当作法文 générationspontanéé 的同义词来使

用，照字面直译就是自然发生的意思。恩格斯在《自然辩证法》中也曾谈到 generatioaequiv-oca——生命通过自然发生而产生(见《马克思恩格斯全集》中文版第 20 卷第 640-641 页)。

32.《关于费尔巴哈的提纲》是马克思在 1845 年春于布鲁塞尔写在他的 1844—1847 年笔记本中的笔记，笔记上端写着：1. 关于费尔巴哈。恩格斯指出，"这是匆匆写成的供以后研究用的笔记，根本没有打算付印。但是它作为包含着新世界观天才萌芽的第一个文件，是非常宝贵的。"他称这些笔记是"十一条关于费尔巴哈的提纲"(《马克思恩格斯全集》第 21 卷第 412 页)。笔记因此而得名。

1888 年，恩格斯把《提纲》作为《路德维希·费尔巴哈和德国古典哲学的终结》一书的附录第一次予以发表，并对个别地方做了修改，发表时的标题为《马克思论费尔巴哈》。

本书收辑马克思写在笔记本中的 1845 年稿本。

33. 经院哲学也称烦琐哲学，是欧洲中世纪基督教学院中形成的一种哲学。经院哲学家们通过烦琐的抽象推理的方法来解释基督教教义和信条，实际上把哲学当做"神学的婢女"。

34. 市民社会(bürgerliche Gesellschaft)这一术语出自黑格尔《法哲学原理》第 182 节(见《黑格尔全集》1833 年柏林版第 8 卷)。在马克思和恩格斯的早期著作中，这一术语有两重含义。广义地说，是指社会发展各历史时期的经济制度，即决定政治制度和意识形态的物质关系总和；狭义地说，是指资产阶级社会的物质关系。因此，应按照上下文作不同的理解。

35.《德意志意识形态。对费尔巴哈、布·鲍威尔和施蒂纳所代表的现代德国哲学以及各式各样先知所代表的德国社会主义的批判》是马克思和恩格斯于 1845 年秋至 1846 年5 月左右共同撰写，是马克思主义形成时期的重要著作。这部著作共分两卷，其主要内容是阐述作者指定的唯物主义历史观的基本原理、批判分析费尔巴哈、布·鲍威尔和麦·施蒂纳的唯心主义历史观，批判"真正的社会主义"或"德国社会主义"的各式各样代表的哲学观点，表述对科学社会主义的认识。

马克思和恩格斯从 1846 年到 1847 年在德国曾多次为出版《德意志意识形态》在德国寻找出版商。由于书报检查机关的阻挠，加上出版商对书中所批判的哲学流派及其代表人物的同情，这部著作未能出版。

《德意志意识形态》在马克思、恩格斯生前，只在 1847 年《威斯特伐利亚汽船》杂志 8月号和 9 月号上发表了第 2 卷第 4 章。全书以手稿形式保存下来，没有总标题。《德意志意识形态。对费尔巴哈、布·鲍威尔和施蒂纳所代表的现代德国哲学以及各式各样先知所代表的德国社会主义的批判》这一标题源于马克思在 1847 年 4 月 6 日发表的声明《驳卡尔·格律恩》中对这部著作的称呼(见《马克思恩格斯全集》中文第 1 版第 4 卷第 43 页)。

收入本卷的《德意志意识形态》第 1 卷第 1 章《费尔巴哈》是未完成的手稿，写于第 1卷写作过程中的不同时间。但是就理论内容来说，该书具有独立的价值，在《德意志意识形态》一书中占有十分重要的地位。马克思和恩格斯在这里第一次系统地阐述了唯物主义历史观的基本原理，并根据自己新的历史观对共产主义作了科学的论证。这一章在手稿中，原来的标题只是《一、费尔巴哈》。在手稿第 1 章的结尾处恩格斯写有：《一、费尔巴哈。唯物主义观点和唯心主义观点的对立》。显然，这是恩格斯在马克思逝世后整理马克思遗稿，重读《德意志意识形态》手稿时对原有标题所作的具体说明。

《费尔巴哈》这一章在马克思恩格斯生前并未能发表，直到 1924 年才由苏共中央马克思恩格斯研究院第一次译成俄文发表，1926 年在《马克思恩格斯文库》第一卷中以德文原文发表；1932 年，《德意志意识形态》全书第一次以原文发表于《马克思恩格斯全集》历史考证版第 1 部分第 5 卷，其中《费尔巴哈》这一章由编者重新编排，加了分节标题，删去手稿结尾部分关于社会意识形式等内容的几段札记。《马克思恩格斯全集》俄文第 2 版、德文版和中文第 1 版的第 3 卷均以这一版本为依据。后来，苏联《哲学问题》杂志 1965 年第 10、11 期发表了巴加图里亚根据手稿重新编排的《费尔巴哈》这一章的俄译文；1966 年《德国哲学杂志》第 10 期用德文发表了该章的新编版本；此后该章的俄、德文单行本也相继问世。收入本卷的《费尔巴哈》章是根据该章 1985 年德文单行本译校的。

本卷收录了第一卷中《第一章 费尔巴哈》。《德意志意识形态》全文见《马克思恩格斯全集》中文第 1 版第 3 卷。

《费尔巴哈》这一章曾由郭沫若译成中文，1938 年由上海言行出版社出版，书名为《德意志意识形态》；1942 年 7 月上海珠林书店还出版了克士（周建人）翻译的这一章的中译文，书名为《德意志观念体系》。

36. 大·施特劳斯的主要著作《耶稣传》（1835—1836 年蒂宾根版第 1—2 卷）开创了对宗教的哲学批判，并使黑格尔学派开始分裂为老年黑格尔派和青年黑格尔派。老年黑格尔派强调黑格尔的体系，对德国三月革命（见注 157）前的社会和政治实践持保守的甚至反动的态度。因此，他们也被称做右翼黑格尔派，其成员有格·加布勒、卡·道布、汉宁和亨·莱奥。青年黑格尔派注重黑格尔的辩证方法，对基督教和普鲁士国家持批判态度，他们也被称做左翼黑格尔派，其主要成员有大·施特劳斯、麦·施蒂纳、阿·卢格、鲍威尔兄弟等，路·费尔巴哈一度也是该派成员。

37. 狄亚多希是马其顿亚历山大大帝的将领们，他们在亚历山大死后为争夺权力而彼此进行残酷的厮杀。在这场争斗的过程中（公元前 4 世纪末至公元前 3 世纪初），亚历山大的帝国这个不巩固的、实行军事管理的联盟分裂为许多单独的国家。

38. "震撼世界的"一词是《维干德季刊》（见注 106）上一篇匿名文章的用语（见该杂志 1845 年第 4 卷第 327 页）。

39. "交往"（Verkehr）这个术语在《德意志意识形态》中含义很广。它包括单个人、社会团体以及国家之间的物质交往和精神交往。马克思和恩格斯在这部著作中指出：物质交往，首先是人们在生产过程中的交往，这是任何其他交往的基础。《德意志意识形态》中所用的"交往形式"、"交往方式"、"交往关系"、"生产关系和交往关系"这些术语，表达了马克思和恩格斯在这个时期形成的生产关系概念。

40. 马克思和恩格斯使用的术语 Stamm，在本文中译为"部落"。在 19 世纪中叶的历史研究中，这个术语的含义比现在宽泛。它是指渊源于共同祖先的人们的共同体，包括近代所谓的"氏族"和"部落"。美国的民族学家路·亨·摩尔根在其主要著作《古代社会》（1877 年）中第一次把"氏族"和"部落"这两个概念区分开来，并下了准确的定义。摩尔根指明，氏族是原始公社制度的基层单位，部落则是由若干血缘相近的氏族结合而成的集体，从而为研究原始社会的全部历史奠定了科学的基础。恩格斯在《家庭、私有制和国家的起源》(见本选集第 4 卷)一书中总结了摩尔根的这些发现,全面地解释了氏族和部落这两个概念的内容。

41. 李奇尼乌斯土地法是公元前 367 年在古罗马通过的一项法律,又称李奇尼乌斯法。该法律对于把公有地转交个人使用的权利作了某种限制,并规定撤销部分债务。该法反对大土地占有制,反对扩大贵族的特权,反映了平民的经济地位和政治地位有所加强。根据罗马的传统说法,该法是罗马护民官李奇尼乌斯和塞克斯蒂乌斯制定的。

42. 内战指在罗马发生的内战,通常是指罗马统治阶级各集团之间从公元前 2 世纪末至公元前 30 年持续进行的斗争。这些内战连同日益尖锐的阶级矛盾和奴隶起义加速了罗马共和国的衰亡,并导致罗马帝国的建立。

43. 在恩格斯的《家庭、私有制和国家的起源》(见本选集第 4 卷)以及《法兰克时代》(见《马克思恩格斯全集》中文第 2 版第 25 卷)中均有关于日耳曼人军事制度的论述。

44. 马克思和恩格斯在这里和后面的论述,主要涉及路·费尔巴哈的著作《未来哲学原理》,并且从中引用了费尔巴哈的一些用语。

45.《德法年鉴》(Deutsch Franz sische J ahrbücher)是由马克思和阿·卢格在巴黎编辑出版的德文刊物,仅在 1844 年 2 月出版过第 1—2 期合刊;其中刊载有马克思的著作《论犹太人问题》(见《马克思恩格斯文集》第 1 卷)和《〈黑格尔法哲学批判〉导言》(见本卷),以及恩格斯的著作《国民经济学批判大纲》(见本卷)和《英国状况。评托马斯·卡莱尔的〈过去和现在〉》(见《马克思恩格斯全集》中文第 2 版第 3 卷)。这些著作标志着马克思和恩格斯完成了从唯心主义向唯物主义、从革命民主主义向共产主义的转变。该杂志由于马克思和资产阶级激进分子卢格之间存在原则分歧而停刊。

46. 重大政治历史事件的德文原文是 Haupt-und Staatsaktion,其原意是"大型政治历史剧",指 17 世纪和 18 世纪上半叶德国巡回剧团演出的戏剧。这些戏剧用夸张的、粗俗的和笑剧的方式展现悲剧性的历史事件。

这个词的引申意义是指重大的政治历史事件。德国历史科学中的一个流派"客观的历史编纂学"学派就是在这个意义上使用这个词的。莱·兰克是该学派的主要代表之一。他把 Haupt-und Staatsaktion 看做是需要陈述的重要主题。"客观的历史编纂学"学派看重国家的政治和外交历史,宣称外交政治高于国内政治,无视人们的社会关系及其在历史中的积极作用。

47. 大陆体系或大陆封锁是法国皇帝拿破仑第一在拿破仑战争期间为反对英国而采取的一项重要的经济政治措施。1805 年法国舰队被英国舰队消灭后,拿破仑于 1806 年 11 月 21 日颁布了《柏林敕令》,禁止欧洲大陆各国同英国进行贸易。参加大陆体系的有西班牙、那不勒斯、荷兰、普鲁士、丹麦和奥地利。根据 1807 年的蒂尔西特条约的秘密条款,俄国加入了大陆体系。1812 年拿破仑在俄国遭到失败后,所谓的大陆体系便瓦解了。

48. 指布·鲍威尔的论文《评路德维希·费尔巴哈》,载于 1845 年《维干德季刊》(见注 106)第 3 卷。

49.《马赛曲》、《卡马尼奥拉曲》、《Çaira》(意为:就这么办)都是 18 世纪末法国资产阶级革命时期的革命歌曲。《Çaira》这首歌曲结尾的叠句是:"好!就这么办,就这么办,就这么办。把贵族吊在路灯上！"

50. 种姓是职业世袭、内部通婚和不准外人参加的社会等级集团。种姓的出现和阶级社会形成时期的分工有关。种姓制度曾以不同形式存在于古代和中世纪各国，但在印度社会中表现得最为典型。古印度的《摩奴法典》规定有四个种姓：婆罗门、刹帝利、吠舍及首陀罗。

51.《哈雷年鉴》(Hallische Jahrbücher)和《德国年鉴》(Deutsche Jahrbücher)是青年黑格尔派的刊物《德国科学和艺术哈雷年鉴》(Hallische Jahrbücher für deutsche Wissenschaft und Kunst)的简称，1831 年 1 月—1841 年 6 月以日报形式在莱比锡出版，由阿·卢格和泰·埃希特迈尔负责编辑；因在普鲁士受到禁止刊行的威胁，编辑部从哈雷迁到萨克森的德累斯顿，并更名为《德国科学和艺术年鉴》(Deutsche Jahrbücher für Wissenschaft und Kunst)从 1841 年 7 月起由阿·卢格负责编辑，继续出版；起初为文学哲学杂志，从 1839 年底起逐步成为政治评论性刊物，在 1838—1841 年还出版《哈雷年鉴附刊》(Intelligenzblatt zu den Hallischen Jahrbüchern)，主要刊登新书广告；1843 年 1 月 3 日被萨克森政府查封，并经联邦议会决定在全国查禁。

52. 莱茵之歌是指德国诗人尼·贝克尔的诗歌《德国的莱茵河》。这首诗在 1840 年写成后被多次谱成歌曲。

53.《维干德季刊》(Wigand's Vierteljahrsschrift)是青年黑格尔派的哲学杂志，1844—1845 年由奥·维干德在莱比锡出版；参加该杂志工作的有布·鲍威尔、麦·施蒂纳和路·费尔巴哈等人。

54. 路·费尔巴哈在《因〈唯一者及其所有物〉而论〈基督教的本质〉》一文的结尾处这样写道："由此可见，既不应当称费尔巴哈为唯物主义者，也不应当称他为唯心主义者，更不应当称他为同一哲学家。那他究竟是什么呢？思想中的他，就是行动中的他，精神中的他，就是肉体中的他，本质中的他，就是感觉中的他；他是人，或者，说得更确切一些，——因为，费尔巴哈把人的本质仅仅设定在共同性之中——他是共同人，是共产主义者。"

55. 路·费尔巴哈《未来哲学原理》1843 年苏黎世—温特图尔版第 47 页。恩格斯在为写作《德意志意识形态》第一卷第一章而写的札记《费尔巴哈》(见《马克思恩格斯全集》中文第 1 版第 42 卷)中，引用和评论了费尔巴哈这部著作中有关的话。

56.《共产党宣言》是科学共产主义的最伟大的纲领性文件。列宁说："这部著作以天才的透彻而鲜明的语言描述了新的世界观，既把社会生活领域也包括在内的彻底的唯物主义，作为最全面的最深刻的发展学说的辩证法、以及关于阶级斗争和共产主义新社会创造者无产阶级肩负的世界历史性的革命使命的理论。"(《列宁全集》中文第 2 版第 50 页)

《共产党宣言》是马克思和恩格斯为共产主义者同盟起草的纲领 1847 年 11 月，共产主义者同盟第二次代表大会在伦敦召开，马克思和恩格斯在大会上阐述了科学社会主义的思想。大会经过辩论，接受了他们的观点，并委托他们为同盟起草一个准备公布的纲领。马克思和恩格斯从 1847 年 12 月—1848 年 1 月底用德文写成了《共产党宣言》。

1848 年 2 月底，《共产党宣言》第一个德文单行本在伦敦出版。《宣言》一问世便被译成欧洲多种文字。在 1848 年的各个版本中作者没有署名。1850 年英国宪章派机关刊物

《红色共和党人》杂志登载《宣言》的英译文时，编辑乔·哈尼在序言中第一次指出了作者的名字。

57. 1872 年，《宣言》出版了新的德文版。这一版以及后来出版的 1883 年和 1890 年德文版，书名改用《共产主义宣言》。

58. 共产主义者同盟是历史上第一个以科学社会主义为指导的无产阶级政党，1847 年在伦敦成立。共产主义者同盟的前身是 1836 年成立的正义者同盟，这是一个主要由德国工人和手工业者组成的德国政治流亡者秘密革命组织，后期也有其他国家的人参加。随着形势的发展，正义者同盟的领导成员逐步认识到必须使同盟摆脱旧的密谋传统和方式，并且确信马克思和恩格斯的理论是正确的，遂于 1847 年邀请马克思和恩格斯参加正义者同盟，协助同盟改组。1847 年 6 月，正义者同盟在伦敦召开代表大会，恩格斯出席了大会，按照他的倡议，同盟的名称改为共产主义者同盟，因此这次大会也是共产主义者同盟的第一次代表大会。大会批准了同盟的章程草案，并用"全世界无产者，联合起来！"的战斗口号取代了正义者同盟原来的"人人皆兄弟！"的口号。同年 11 月 29 日—12 月 8 日，同盟召开第二次代表大会，马克思和恩格斯出席了大会。大会通过了同盟的章程，并委托马克思和恩格斯起草同盟的纲领，这就是 1848 年 2 月问世的《共产党宣言》。

1848 年 2 月法国爆发革命，在伦敦的同盟中央委员会于 1848 年 2 月底把同盟的领导权移交给了以马克思为首的布鲁塞尔区部委员会。3 月初，马克思被驱逐出布鲁塞尔并迁居巴黎。同盟在巴黎成立新的中央委员会，马克思当选为中央委员会主席，恩格斯当选为中央委员。

1848 年 3 月下半月至 4 月初，马克思、恩格斯和数百名德国工人（他们多半是共产主义者同盟盟员）回国参加已经爆发的德国革命。马克思和恩格斯在 3 月底写成的《共产党在德国的要求》（见《马克思恩格斯全集》中文第 1 版第 5 卷）是共产主义者同盟在这次革命中的政治纲领。同年 6 月，马克思和恩格斯创办了《新莱茵报》（见注 149），该报成为革命的指导中心。

欧洲 1848—1849 年革命失败后，共产主义者同盟进行了改组并继续开展活动。1850 年夏，同盟中央委员会内部在斗争策略问题上发生严重分歧。以马克思和恩格斯为首的中央委员会多数派坚决反对维利希—沙佩尔集团提出的宗派主义、冒险主义的策略，反对该集团无视革命发展的客观规律和欧洲现实政治形势而主张立即发动革命。1850 年 9 月中，维利希—沙佩尔集团的分裂活动最终导致同盟与该集团决裂。1851 年 5 月，由于警察的迫害和大批盟员被捕，共产主义者同盟在德国的活动实际上已陷于停顿。1852 年 11 月 17 日，科隆共产党人案件宣判后不久，同盟根据马克思的建议宣告解散。

共产主义者同盟在国际工人运动史上起了巨大的作用，它是培养无产阶级革命家的学校，很多共产主义者同盟盟员后来都积极参加了国际工人协会的活动。

59. 二月革命指 1848 年 2 月爆发的法国资产阶级民主革命。代表金融资产阶级利益的"七月王朝"推行极端反动的政策，反对任何政治改革和经济改革，阻碍资本主义发展，加剧对无产阶级和农民的剥削，引起全国人民的不满；农业歉收和经济危机进一步加深了国内矛盾。1848 年 2 月 22—24 日巴黎爆发革命，推翻了"七月王朝"，建立了资产阶级共和派的临时政府，宣布成立了法兰西第二共和国。法国二月革命在欧洲 1848—1849 年革命中具有重要影响。无产阶级和小资产阶级积极参加了这次革命，但革命果实却落到了资产阶级手里。

60.《红色共和党人》(The Red Republican)是英国的一家周刊，宪章派左翼的机关报，1850年6—11月在伦敦出版，主编是乔·朱·哈尼。

61. 指1848年6月巴黎无产阶级的起义。二月革命后，无产阶级要求把革命推向前进，资产阶级共和派政府推行反对无产阶级的政策，6月22日颁布了封闭"国家工场"的挑衅性法令，激起巴黎工人的强烈反抗。6月23—26日，巴黎工人举行了大规模武装起义。6月25日，镇压起义的让·巴·菲·布雷亚将军在枫丹白露哨兵站被起义者打死，两名起义者后来被判处死刑。经过四天英勇斗争，起义被资产阶级共和派政府残酷镇压下去。马克思论述这次起义时指出："这是分裂现代社会的两个阶级之间的第一次大规模的战斗。这是保存还是消灭资产阶级制度的斗争。"

62.《社会主义者报》(Le Socialiste)是美国的一家法文日报，1871年10月—1873年5月在纽约出版，国际法国人支部的机关报；海牙代表大会(1872年9月2—7日)以后与国际断绝了关系。1872年1—2月该报曾发表《共产党宣言》。

63. 巴黎公社是1871年法国无产阶级在巴黎建立的人类历史上第一个无产阶级政权。1871年3月18日，巴黎无产者举行武装起义，夺取了政权；28日巴黎公社宣告成立。公社打碎了资产阶级国家机器，废除常备军代之以人民武装，废除官僚制度代之以民主选举产生的、对选民负责的、受群众监督的公职人员。公社没收逃亡资本家的企业交给工人管理，并颁布一系列保护劳动者利益的法令。5月28日，巴黎公社在国内外反动势力的打击下遭到失败，总共只存在了72天。

64. 1882年《共产党宣言》第二个俄译本在日内瓦出版，由普列汉诺夫翻译，马克思和恩格斯为这个译本合写了这篇序言。它于1882年2月5日在俄国民意党人的《民意》杂志上用俄文发表。1882年4月，德国社会民主党中央机关报《社会民主党人报》用德文发表。恩格斯在1890年德文版《宣言》序言里收进了这篇序言。

65.《钟声》(Колоколь)是俄国革命民主主义的报纸，1857—1865年由亚·伊·赫尔岑和尼·普·奥格辽夫用俄文在伦敦不定期出版，1865—1867年在日内瓦出版，1868—1869年改用法文出版，同时出版俄文版附刊。

66. 1881年3月13日民意党人刺杀沙皇亚历山大二世以后，亚历山大三世因害怕民意党人采取新的恐怖行动，终日藏匿在彼得堡附近的加特契纳行宫内，因而被人们戏谑地称为"加特契纳的俘虏"。

67.《1883年德文版序言》是恩格斯为1883年在霍廷根—苏黎世出版的《共产党宣言》第三个德文版写的序言，该版本是马克思逝世后经恩格斯同意出版的第一个德文本。序言明确表述了贯穿《宣言》的基本思想："每一历史时代的经济生产以及必然由此产生的社会结构，是该时代政治的和精神的历史的基础；因此(从原始土地公有制解体以来)全部历史都是阶级斗争的历史，即社会发展各个阶段上被剥削阶级和剥削阶级之间、被统治阶级和统治阶级之间斗争的历史；而这个斗争现在已经达到这样一个阶段，即被剥削被压迫的阶级(无产阶级)，如果不同时使整个社会永远摆脱剥削、压迫和阶级斗争，就不再能使自己从剥削它压迫它的那个阶级(资产阶级)下解放出来。"(见本卷第380页)恩格斯的这一表述，概括了唯物史观的主要内容。

68. 民族大迁徙指公元 3—7 世纪日耳曼、斯拉夫及其他部落向罗马帝国的大规模迁徙。4 世纪上半叶，日耳曼部落中的西哥特人因遭到匈奴人的进攻侵入罗马帝国。经过长期的战争，西哥特人于 5 世纪在西罗马帝国境内定居下来，建立了自己的国家。日耳曼人的其他部落也相继在欧洲和北非建立了独立的国家。民族大迁徙对摧毁罗马帝国的奴隶制度和推动西欧封建制度的产生起了重要的作用。

69. 十字军征讨指 11—13 世纪西欧天主教会、封建主和大商人打着从伊斯兰教徒手中解放圣地耶路撒冷的宗教旗帜，主要对东地中海沿岸伊斯兰教国家发动的侵略战争。因参加者的衣服上缝有红十字，故称"十字军"。十字军征讨前后共八次，历时近 200 年，最后以失败而告终。十字军征讨给东方国家的人民带来了深重的灾难，也使西欧国家的人民遭受惨重的牺牲，但是，它在客观上也对东西方的经济和文化交流起到了一定的促进作用。

70. 马克思和恩格斯在 19 世纪 40—50 年代，即马克思制定出剩余价值理论以前所写的著作中使用过"劳动价值"、"劳动价格"、"出卖劳动"这样的概念。1891 年，恩格斯在为马克思的《雇佣劳动与资本》这本小册子所写的导言中指出："用后来的著作中的观点来衡量"，这些概念"是不妥当的，甚至是不正确的"（见本卷第 318 页）。马克思和恩格斯在后来的著作中使用的是"劳动力价值"和"劳动力价格"、"出卖劳动力"等概念。

英国工人阶级从 18 世纪末开始争取用立法手段限制工作日，从 19 世纪 30 年代起，广大无产阶级群众投入争取十小时工作日的斗争。十小时工作日法案是英国议会在 1847 年 6 月 8 日通过的，作为法律于 1848 年 5 月 1 日起生效。该法律将妇女和儿童的日劳动时间限制为 10 小时。但是，许多英国工厂主并不遵守这项法律，他们寻找种种借口把工作日从早晨 5 时半延续到晚上 8 时半。工厂视察员伦·霍纳的报告就是很好的证明（参看《马克思恩格斯文集》第 5 卷第 335 页）。恩格斯在《十小时工作日问题》和《英国的十小时工作日法》（见《马克思恩格斯全集》中文第 20 版第 10 卷）中对该法案作了详细的分析。关于英国工人阶级争取正常工作日的斗争，马克思在《资本论》第一卷第八章（见《马克思恩格斯文集》第 5 卷第 267-350 页）中作了详细考察。

71.《资本论》是马克思毕生研究的成果和主要的著作。马克思写这部著作花费了 40 年的时间，从 40 年代初直到他逝世。

1843 年底，马克思在巴黎开始研究政治经济学。目的是要写一部批判现存制度和资产阶级政治经济学的巨著。他在这方面的最初研究成果反映在《1844 年经济学哲学手稿》、《德意志意识形态》、《哲学的贫困》、《雇佣劳动与资本》、《共产党宣言》等著作里。这些著作就已经揭示了资本主义剥削的原理、资本家的利益和雇佣工人的利益之间不可调和的对立、资本主义经济关系和社会政治关系的对抗性和暂时性。

1848—1849 年的革命使马克思暂时中断了经济学的研究。1849 年 8 月马克思被迫侨居伦敦，在那里他继续进行这一研究。他深刻而全面地研究了资产阶级经济学家的著作、国民经济史和各国特别是当时典型的资本主义国家英国的经济。

1857 年 1 月至 1858 年 6 月，马克思写了约 50 印张的手稿，这实际上是未来《资本论》的第一草稿。在写作这部手稿的过程中，马克思制定了他准备撰写的政治经济学巨著的计划。这一计划经过不断修订和完善，后来定为六册：(1)资本(包括一些绪论性章节)；(2)土地所有制；(3)雇佣劳动；(4)国家；(5)国际贸易；(6)世界市场。第一册《资本》分为四篇：资本一般；竞争；信用；股份资本。而第一篇"资本一般"又分为三部分：资本的生产过程；资本的流通过程；两者的统一，或资本和利润、利息。这一篇的划分成为后来《资本论》三卷的雏形。

马克思最初打算把他写的书分册出版，第一分册"应当是一部比较完整的著作"，它只包括第一分册的第一篇，这一篇分为三章：(1)商品；(2)货币或简单流通；(3)资本。但是处于政治上的考虑，第一分册的最后定稿即《政治经济学批判》第一分册一书中没有把第三章放进去。

《政治经济学批判》第一分册于1859年问世。马克思曾经计划在这之后很快出版第二分册，即上述1857—1858年手稿主要内容的资本一章。他在英国博物馆里重新系统地研究政治经济学，但是不久，由于必须在报刊上揭露路易·波拿巴雇用的密探卡·福格特的污蔑性攻击和做其他急事，他不得不停止研究工作达整整一年半之久。只是到了1861年8月，他又开始写"第二分册"。1863年中，马克思又写了另一手稿，其篇幅远远超过1857—1858年的手稿，共二十三个笔记本，约二百印张。其中约有一半是阐述经济学说史的，以《剩余价值理论》这一书名著称。其余的笔记本在某种程度上涉及《资本论》一至三卷的问题。1861—1863年的整个手稿被看作《资本论》的第二稿。

马克思在以后的写作过程中，决定把自己的著作分为三部分。而手稿的历史批判部分应构成第四个，即最后一个环节。马克思也放弃了过去分册出版这一著作的计划，他决定不妨先基本上完成这部著作，然后再出版。

为此，马克思在1861—1863年手稿的基础上继续致力于完善手稿中还没有得到充分阐述的部分。马克思用两年半的时间(从1853年8月至1865年底)完成了新的、篇幅很大的手稿，这就是三卷《资本论》理论著作的第一个详加琢磨的稿本。只是在全部著作完成(1866年1月)之后，马克思才进行付印前的最后加工。根据恩格斯的建议，他决定不一下子付印全部著作，而是首先只付印第一卷。马克思极其细致地完成了这次最后的加工，这一工作实质上是整个第一卷的一次重新修订。为了叙述的完整、充分和明确，马克思认为，必须在《资本论》第一卷的开头部分扼要地复述1859年出版的《政治经济学批判》第一分册的内容中的主要问题。在目前的版本中，这些问题构成了整个第一篇(《商品和货币》)。

在《资本论》第一卷出版(1867年9月)以后，马克思继续从事第一卷的工作，准备德文版的再版和出版外文译本。他在第2版的(1872年)里作了大量的修改，就出版俄译本作了重要的指示。俄译本是1872年在彼得堡出版的，它是《资本论》的外文译本。马克思还对1872—1875年分册出版的法译本作了相当大的加工和修订。

在《资本论》第一卷出版以后，马克思继续从事其他各卷的工作，他打算迅速完成全部著作。但是他没有能做到这一点。国际工人协会总委员会的过方面活动占去了他的许多时间。由于健康状况不好，他不得不越来越频繁地中断工作。马克思高度的科学的认真精神和一丝不苟的态度，严格的自我批判使他在研究这一或那一问题时不断地回头做补充的考察。而在这一创新工作的过程中，也出现了许多新的问题。

《资本论》的后两卷是在马克思逝世后，由恩格斯准备付印和出版。第二卷于 1853 年出版，第三卷于 1894 年出版。这样，恩格斯就对科学共产主义的宝库作了无法估量的贡献。

马克思逝世后，恩格斯还校订了《资本论》第一卷英译本(1887 年)，准备了《资本论》第一卷的德文第 3 版(1883 年)和第 4 版(1890 年)。在准备《资本论》第一卷第 4 版时，恩格斯根据马克思本人的指示，对正文和脚注作了最后的校订。

72. 美杜莎是古希腊神话中三个女怪之一，原为美女，因触犯智慧女神雅典娜，头发变为毒蛇，面貌奇丑无比，谁看她一眼，就立即变成石头。后为柏修斯所杀。转意为可怕的怪物或人。

73. 柏修斯是古希腊神话中的英雄，是宙斯同丹娜所生的儿子，因神谕他将杀其外祖父，所以出生后即同母亲一起被外祖父装进木箱，投入大海，随流飘至塞利福斯岛。该岛国王欲娶其母，便用计使他取女怪美杜莎的头。回国后出示女怪头使国王及随从全部变成了石头，救出了母亲。后来又除去海怪，救出埃塞俄比亚公主，同她结为夫妇。

74. 高教会派是英国国教会中的一派，产生于 19 世纪。高教会信徒主要是贵族和金融贵族。他们主张保持古老的豪华仪式，强调与天主教徒的传统的联系。英国国教会中与高教会相对立的另一派为低教会派，其信徒主要是资产阶级和下层教士，具有新教倾向。

75. 蓝皮书是英国议会或政府的(包括政府向议会提交的)文件或报告书的通称，因封皮为蓝色而得名。英国从 17 世纪开始发表蓝皮书，它是英国经济史和外交史方面主要的官方资料。

76. "走你的路，让人们去说罢!"(Segui li tuo corso, e lascia dir le genti!)是套用但丁《神曲》中《炼狱篇》第 5 首中的一句(Vien dietro a me, e lascia dir le genti)。

77. 神圣同盟是欧洲各专制君主镇压欧洲各国进步运动和维护封建君主制度的反动联盟。该同盟是战胜拿破仑第一以后，由俄国沙皇亚历山大一世和奥地利首相梅特涅倡议，于 1815 年 9 月 26 日在巴黎建立的，同时还缔结了神圣同盟条约。几乎所有欧洲君主国家都参加了同盟。这些国家的君主负有相互提供经济、军事和其他方面援助的义务，以维持维也纳会议上重新划定的边界和镇压各国革命。神圣同盟为了镇压欧洲各国资产阶级革命和民族解放运动，先后召开过几次会议。由于欧洲诸国间的矛盾以及民族革命运动的发展，1830 年法国七月革命后神圣同盟实际上已经瓦解。

78. 反谷物法同盟是英国工业资产阶级的组织，由曼彻斯特的两个纺织厂主理·科布顿和约·布莱特于 1838 年创立。谷物法是英国政府为维护大土地占有者的利益，从 1815 年起实施的旨在限制或禁止从国外输入谷物的法令(见注 36)。同盟要求贸易完全自由，废除谷物法，其目的是为了降低国内谷物价格，从而降低工人工资，削弱土地贵族的经济和政治地位。同盟在反对大土地占有者的斗争中曾经企图利用工人群众，宣称工人和工厂主的利益是一致的。但是，就在这个时候，英国的先进工人展开了独立的、政治性的宪章运动。1846 年谷物法废除以后，反谷物法同盟宣布解散。实际上，同盟的一些分支一直存在到 1849 年。

79. 指德国资产阶级哲学家路·毕希纳、弗·阿·朗格、欧·杜林、古·泰·费希纳等人。

80."这里是罗陀斯，就在这里跳跃吧！"（Hic Rhodus，hic salta！）这句话出自伊索寓言《说大话的人》。一个说大话的人自吹在罗陀斯岛上跳得很远很远。别人就用这句话反驳他。其转义是：这里就是最主要的，你就在这里证明吧！

后　记

《马克思主义经典著作解读》历时两年半的时间，今天出版了，在此最想说的话就是感谢。

首先，我要感谢我们这个伟大的时代。正是时代的发展和深刻变化推动了对马克思主义理论的需求，马克思主义正显示其指引新时代中国特色社会主义伟大事业和人类文明前进方向的巨大真理价值。作为一名马克思主义理论教育工作者，应该原原本本学习阅读马克思主义著作，把自觉接受马克思主义思想的滋养作为一件幸福的事。只有这样，我们才能不断提高自己的马克思主义理论水平，增强教书育人的本领。本书是自己长期在教学科研中研读马克思主义著作的心得与思考，也希望对广大学子学习马克思主义著作具有启发和参考价值。

其次，我要感谢马克思主义研究领域的各位前辈，各位专家学者，正是对他们最新研究成果的广泛吸收和借鉴才避免了解读可能陷入的偏狭和肤浅。解读经典著作的过程既是走进马克思主义经典作家思想深处的过程，也是虚心向前人学习、向各位专家学者学习的过程。国内一流学者的相关解读我们尽可能吸收进来，这就使解读本既有较为开阔的学术视野，又有一定的学术深度，有利于学生感受马克思主义理论魅力和真理力量。

再次，我要感谢武汉大学哲学学院的冷蓉博士。她在攻读硕士期间就认真阅读了马克思主义的著作，其毕业论文也是以马克思早期著作《1844年经济学哲学手稿》为研究对象的。她这次也积极参与了本书的撰写，在第二章和第五章中共完成了三万多字的写作。她还负责本书附录和注释的文字核对与修改。在此，我对她的贡献表示衷心的感谢。

最后，我要特别感谢武汉大学出版社和出版社的黄金涛编辑。本书受到武汉大学出版社优秀著作项目部分资助。黄金涛编辑从选题、审稿到出版，花费了大量的时间和精力。他对工作的认真细致精神令我感动。我对母校教师员工的敬业态度与工作作风深感敬佩。

本书既可以作为大学生和研究生的马克思主义理论课程的教材、教辅，也可以作为理论工作者的阅读和研究资料。由于作者学识和水平有限，不当之处在所难免，请读者批评指正。

2019 年 11 月 25 日